普通高等教育“十一五”国家级规划教材

21世纪高职高专汽车技术系列教材·汽车技术服务与营销类

shiji gaozhigaozhuan qiche jishu xilie jiaocai • qiche jishu fuwu yu yingxiao lei

汽车贸易理论与实务

（第二版）

主　编　胡艳曦　黄本新

副主编　陈曙征　官志华

华南理工大学出版社

SOUTH CHINA UNIVERSITY OF TECHNOLOGY PRESS

·广州·

内容简介

本书从高职高专的实用性出发，全面阐述了国内外汽车贸易理论与实务，在编排结构上，以“项目引领、任务驱动”的模式，分必备知识、拓展知识、项目考核三大部分。内容涵盖汽车国际贸易的发展和政策环境、汽车国际与国内贸易的内容、主要方式、交易程序、惯例术语、贸易谈判等方面的知识，对汽车报关、二手车贸易、汽车服务贸易等知识也相应进行了介绍。

本书紧贴市场，配以案例，突出实践性和实用性，专业术语均标注了英文，是高职高专汽车营销专业的理想教材，也可以作为汽车贸易从业人员的学习参考用书。

图书在版编目（CIP）数据

汽车贸易理论与实务/胡艳曦，黄本新主编．—2 版．—广州：华南理工大学出版社，2013.2（2017.7 重印）
（21 世纪高职高专汽车技术系列教材·汽车技术服务与营销类）
ISBN 978－7－5623－3877－2

Ⅰ.①汽…　Ⅱ.①胡…　②黄…　Ⅲ.①汽车－国际贸易－高等职业教育－教材　Ⅳ.①F746.6

中国版本图书馆 CIP 数据核字（2013）第 031004 号

汽车贸易理论与实务
胡艳曦　黄本新　主编

出 版 人： 卢家明
出版发行： 华南理工大学出版社
（广州五山华南理工大学 17 号楼，邮编 510640）
http：//www.scutpress.com.cn　　E-mail：scutc13@scut.edu.cn
营销部电话：020－87113487　87111048（传真）
责任编辑： 袁　泽
印 刷 者： 虎彩印艺股份有限公司
开　　本： 787mm×1092mm　1/16　**印张：** 18.25　**字数：** 455 千
版　　次： 2013 年 2 月第 2 版　2017 年 7 月第 7 次印刷
定　　价： 35.00 元

第二版前言

随着人们消费水平的提高，人们住、行、通讯和第三产业已经进入了高速增长的时期。而汽车是我国当前发展最快的一个产业，汽车工业已经成为我国国民经济最重要的推动力量之一，对扩大内需、推动消费，甚至对加快我国的城市进程等都作了巨大的贡献。

日益壮大的中国汽车市场越来越受到国外大公司的青睐，随着跨国公司的大量涌入，我国汽车工业的发展正在迈向一个新的阶段。一方面，发展模式正由分散经营、各自为政向产业集群演进，在全球汽车工业大重组、大集群的背景下，近几年来，我国汽车工业内部加快了兼并重组的步伐。另一方面，赢利模式开始由大利时代步入平均利润时代。国际汽车产业的赢利模式已由提高汽车销售量和单纯添置硬件，向技术进步、产品开发、销售及售后服务、品牌效益转变，销售及售后服务已占各大汽车产商利润的60%以上。

基于市场的需求和培养人才的需要，编写组对原版进行了改编。教材充分考虑高职高专学制短、课时少、实践性强的特点，编写内容一再精选，并注重内容的实用性。在编排思路上，使用了高等职业教育的理念——项目引领、任务驱动的模式。

改版教材由广东工程职业技术学院胡艳曦、黄本新任主编，广东工程职业技术学院陈曙征、官志华任副主编。参加改编的还有广东工程职业技术学院张华、刘永红、陈国雄、万平来老师，炎黄东方（北京）健康科技有限公司总经理单晓峰对教材提供多方面的支持和改编意见，在此一并感谢。

希望本教材对汽车贸易应用型人才的培养有所帮助，由于编者水平的关系，本书难免存在不完善之处，恳请广大读者批评指正。

编　者

2012 年 12 月

前　言

中国乃至世界的客观经济形势都为中国的汽车工业和汽车贸易发展提供了有利的大环境，中国的汽车工业和汽车贸易已进入了崭新的发展阶段。有权威人士预测，到2010年，中国将成为全球汽车需求量最大的国家之一。在2010年前，中国成为世界主要汽车制造国，汽车产品满足国内市场大部分需求并进入国际市场不是梦想。

伴随中国汽车产业的崛起，中国汽车的国际贸易、服务贸易迅速发展，高职高专急需紧贴市场、突出实践性和实用性的《汽车贸易理论与实务》教材，但目前此类教材为数甚少。针对社会需求，华南理工大学出版社组织了高职高专院校多年从事该专业教学的教师和企业第一线专业技术人员编写本教材，作为“21世纪高职高专汽车技术服务与营销系列教材”之一。

本教材具有如下特点：

一、选材注重创新，紧贴国际与国内市场

本教材全面阐述国内外汽车贸易理论与实务，内容涵盖汽车贸易的发展和政策环境、汽车国际与国内贸易内容、主要方式、交易程序、惯例术语、贸易谈判等知识。在此基础上，全面介绍汽车报关、二手车贸易、汽车服务贸易、汽车电子商务等新知识，并对《汽车贸易政策》作了较全面、深刻的分析。

二、内容精练，条理性强，连贯性好

本教材以“实用为度”精选内容，语言简洁易懂，从汽车贸易发展和政策环境入手，逐步介绍汽车国际贸易、服务贸易、二手车贸易、汽车电子商务及汽车贸易的主要方式、交易程序、汽车报关等理论与实务，章节之间内容循序渐进，条理性强，连贯性好。

三、编写注重实务，实践性、实用性和适用性强

本教材在阐述汽车贸易理论的基础上，注重汽车贸易实务。参加本教材编写的人员既有长期从事教学的专业教师，也有汽车贸易实践经验丰富的企业技术人员。教材配有合适的案例和复习思考题，实践性、实用性和适用性较强，力求成为高职高专汽车技术服务与营销专业、汽车贸易学科的理想教材，同时可作为相关从业人员的学习参考用书。

本教材由广东工程职业技术学院胡艳曦任主编，黄本新任副主编。编写内容具体分工：第一章由胡艳曦编写；第二章由单晓峰（广州龙的丰田汽车销售公司）编写；第三章、第十章由黄本新编写；第五章、第六章由官志华编写；第七章、第九章由陈曙征编写；第八章、第十一章由眭蔚编写；第十二章由陈国雄编写；第四章、第十三章由张华编写。全书由胡艳曦总纂和定稿，英文由甘利审校。

由于编写者编写水平有限，教材难免存在不足之处，恳请读者批评指正。

编　　者

2005 年 11 月

目　录

项目一　汽车贸易概论

【知识目标】

1. 了解世界及我国汽车工业和汽车贸易发展概况；
2. 掌握汽车国际贸易、汽车服务贸易及汽车技术贸易的内涵。

【技能目标】

能够利用汽车贸易的有关统计数据进行汽车贸易形势分析。

◇引导案例◇

2010 年全球车市盘点

2010 年无疑是全球汽车行业复苏的一年，根据德国汽车联合会公布的数据显示，2010 年全球轿车销量比上一年增长 12%，总数超过 6 170 万辆，家用小汽车迅猛增长成为全球车市的主要推动剂。

从搜狐汽车研究室对 2009—2011 年主要国家汽车销售增长率与未来预期统计中可以看出，2009 年欧美发达国家汽车市场受全球金融危机影响最大，多数出现负增长，而在新兴市场，除俄罗斯外均获得快速增长，中国和印度成为增速最快的国家。

2010 年，北美市场对汽车的需求有所改善，汽车行业逐渐恢复增长；欧洲国家市场表现依旧疲软，在欧洲汽车销量前五位的国家中，除英国、西班牙年度销量微幅增长外，其他国家均呈现负增长；而亚洲及新兴市场却一片繁荣，领跑全球汽车市场，印度尼西亚增速最快，中国、印度依旧保持飞速增长，俄罗斯开始恢复性增长，巴西增速稳定。

2011 年，由于全球经济依旧面临诸多不确定性因素，多数国家纷纷调低 2011 年销量增长目标，其中法国、英国、日本做出负增长的预期。根据德国汽车联合会预计，2011 年全球汽车销售市场将继续保持增长态势，但对增长幅度表示谨慎，欧洲最大的汽车生产商德国大众汽车公司预计，2011 年全球轿车销量将增加 5%。

引导问题

根据 2010 年全球车市盘点，预测我国汽车贸易走势。

必备知识

任务 1.1　汽车贸易发展概述

汽车工业的诞生使人类社会的文明和发达程度大大向前推进。汽车贸易与汽车工业的关系密不可分，互为促进。有汽车工业才有汽车贸易，而汽车贸易的发展又使汽车成为当

今世界第一大商品，极大地促进了汽车工业的发展。世界汽车工业与汽车国际贸易互为促进的关系尤为显著，如今，世界汽车出口贸易额约占全球商品出口贸易总额的1/10，占机械产品出口贸易总额的1/4。可以说，迄今尚无任何一种商品能动摇或取代汽车商品在全球进出口贸易中的重要地位，汽车工业已成为不少国家国民经济的支柱产业。

一、世界汽车工业与汽车贸易发展概况

汽车工业起源于欧洲。1886年德国人卡尔·奔驰(Carl Benz)设计出世界上第一辆以汽油为动力的四冲程发动机汽车，这可以说是现代汽车产业的开端。它为欧洲众多知名的汽车品牌开拓了崛起之路，使欧洲成为世界汽车工业的摇篮。之后，欧洲陆续出现了标致、奥斯汀、罗孚、菲亚特等生产汽车的公司，至1890年，欧洲的汽车产量已达6 000余辆，欧洲成为世界汽车工业的中心。

欧洲的汽车工业迈出了第一步后，世界许多国家纷纷开始发展自己的汽车产业。发展形成竞争，竞争在发展中加剧。世界汽车产业发展过程的竞争格局发生了四次大转移：

第一次，世界汽车工业的中心由欧洲转移到美国。19世纪欧洲汽车工业的技术水平比较领先，工艺精细，讲究豪华，因而价格也非常昂贵，汽车仅仅是王公贵族和富商们的奢侈品。1908年，福特汽车公司推出了T形汽车，它操作简便，维修简单，价格便宜，当时美国一个普通工人一年的收入就可以购买一辆T形汽车，从而使汽车成为普通家庭的代步工具，大大拓展了美国汽车市场。1913年，福特汽车公司又发明了汽车装配流水线，实现了汽车大批量生产，使美国汽车工业发生了革命性的变化和高速发展。20世纪初，美国汽车年产量突破400万辆，成为美国的支柱产业。此时，欧洲的汽车工业在第二次世界大战影响下基本处于停滞状态，欧洲以外的不少国家也因战争、社会变革等原因未能发展汽车工业，因此，美国汽车迅速占领了世界汽车市场91%的份额。

第二次，世界汽车工业发展的中心又回到欧洲。20世纪50年代，欧洲渐渐走出战争创伤的影响。欧洲内部形成经济联合体，取消关税壁垒，这一举措使美国汽车的批量生产技术和管理模式迅速传入欧洲，美国的汽车生产商也逐渐进入欧洲市场，给欧洲汽车工业的发展注入了活力。加上欧洲二战后的经济复苏，家庭平均收入成倍增长，战争中被抑制的消费欲望迅速爆发，各国政府大力扶持汽车产业，欧洲汽车市场出现空前高潮。1950年，欧洲汽车产量达200万辆，至1966年突破1 000万辆。比1950年增长了5倍，大大超过了同期美国和加拿大750万辆的汽车生产能力。至1973年，欧洲汽车产量提高到1 500万辆，主要集中于德国、法国、英国、意大利、西班牙5个国家。

第三次，世界汽车工业的发展中心从欧洲转移到日本。1951—1953年朝鲜战争期间，日本成为美军的后勤基地，这给日本的汽车工业提供了发展的契机。1955年日本通产省宣布发展国民车构想，各汽车公司都为发展民用型汽车展开了宏伟蓝图，陆续推出物美价廉的汽车，其售价与20世纪50年代中期世界汽车大国的汽车价格相比下降了30%～50%，使日本出现了普及汽车高潮。日本政府不断推出扶持汽车产业发展的政策，使日本的汽车产业很快进入了高速发展期并形成了民族特色，以低油耗的小型汽车迅速占领国际市场。1980年，日本汽车产量达1 100万辆，超过美国而跃居世界第一位，并且汽车出口量与日俱增，平均2～3年翻一番，创下了世界汽车产业发展的奇迹。

第四次，汽车工业发展的重心从发达国家转移到发展中国家。20世纪70年代，石油

危机爆发，使发达国家的汽车工业发展变缓，而发展中国家的汽车工业却在悄无声息中慢慢崛起。之前，广大亚非拉国家和地区的汽车主要依靠汽车工业发达的国家进口。当发达国家汽车工业发展变缓时，发展中国家经济普遍复苏，汽车工业获得了良好的发展环境：1980 年，发展中国家汽车产量开始增长，当年产量达到 300 万辆，占世界汽车总产量的 9%左右；至 1995 年，发展中国家的汽车总产量达 1 000 万辆，占世界汽车总产量的 20%，主要集中在韩国、中国、印度、东南亚各国、巴西、墨西哥、阿根廷和南非等国家。

从 21 世纪初至 2007 年全球金融危机爆发前，世界汽车进入稳步提升阶段，2007 年全球汽车产量 7 310 万辆。美国、欧盟、日本三个传统汽车制造中心的发展较为平稳，以“金砖四国”（巴西、俄罗斯、印度、中国）为代表的新兴汽车市场发展迅猛。世界汽车工业形成了以美、日、欧和新兴汽车生产国“四强”并立的新格局。世界十大汽车生产国（美、日、德、法、加、韩、西班牙、英、意和巴西）的汽车产量之和约占世界汽车总产量的 85%。同时，世界十大汽车生产国基本又是世界十大汽车出口国（只有巴西例外，第十大汽车出口国是瑞典）。

随着 2008 年由美国次贷危机引发的金融危机蔓延，2009 年全球汽车产量急剧萎缩，其中美国、日本以及欧洲等发达国家受金融危机的影响较大，产量缩减幅度最大。2010 年，伴随美国和日本市场的逐步复苏以及中国、印度等新兴市场的持续快速增长，全球汽车产量恢复性增长至 7 761 万辆。

从区域分布看，伴随以中国为代表的新兴市场的崛起，全球汽车生产格局发生了巨大变化，2009 年亚洲市场份额上升至 52. 6%，欧洲市场份额略有下降为 26%，北美洲份额降至 14. 1%。

世界各大汽车企业为了追求更大的产业规模，在激烈的市场竞争中形成兼并和联合，相互提供零部件，产品联合开发，技术成果共享等，使汽车整车销售及汽车服务业、汽车服务贸易和技术贸易市场高度完善发达。此外，经济全球化、信息化、能源、资源、污染、交通等问题引发更高的社会需求，使世界汽车工业和汽车贸易正向产业集中化、技术高新化、生产精细化和经营全球化的方向发展，为汽车消费者提供全方位的优质服务。

二、我国汽车工业与汽车贸易发展概况

旧中国没有汽车工业，但有汽车制造和汽车贸易史迹。

唐朝天文学家高僧一行（原名张遂，677—721）发明了“激铜轮自转之法，加以火蒸气运，名曰汽车”。他应是世界上设想汽车的第一人，比达·芬奇设想发明汽车要早 800 年。

1670 年，著名的比利时传教士南怀仁在中国京都（今北京）制成一辆蒸汽汽车。

1902 年，袁世凯为讨好慈禧太后，在她 66 岁寿辰，从香港购买了一辆德国奔驰公司 1898 年生产的汽车送给慈禧，这是在中国出现的第一辆汽车。

20 世纪初，外国人在上海、天津、广州等城市开设汽车洋行，经销国外汽车并雇佣中国工人建立汽车维修工场。30 年代，一些民族资本的汽车修配厂相继兴起，如上海的杨得兴、郑兴泰、宝昌、大中华、祥生等，开始生产简单的维修配件。

20 世纪 30 年代，当时的中国政府成立了一个“中国汽车制造公司”，先后在上海、九龙、四川等地进口德国奔驰货车散装件，组装了 2 000 多辆汽车。但至新中国成立，还

未能建成一间汽车制造厂。

新中国成立后，中国政府决定发展自己的汽车工业。1953 年建成了第一汽车制造厂，1956 年 7 月 15 日正式投产，生产出第一辆“解放牌”汽车，从此结束了中国不能制造汽车的历史。经过半个世纪的努力，尤其是经过改革开放 30 多年的发展，中国逐步形成了自己的汽车产业体系并在“十五”期间进入高速发展阶段，令世人瞩目。

回顾我国的汽车工业和汽车贸易的发展历程，可概括为以下三个阶段。

（一）1953—1978 年，是我国汽车产业的发育、培植期

这时期中国国民经济基础薄弱，生产能力较低，国家集中力量重点建设汽车工业。先后建成了中国第一汽车制造厂和第二汽车制造厂以及一批零部件制造厂。这些制造厂的汽车产品主要是中型载货车、军用车及其他改装车(如民用救护车、消防车等)。

第一汽车制造厂(下称“一汽”)，是中国第一个汽车工业生产基地，国产第一辆“解放牌”载货汽车就是“一汽”1956 年 7 月 15 日投产制造的。1957 年 5 月，“一汽”开始仿照外国自行设计轿车，1958 年先后试制成功了 CA71 型“东风牌”小轿车和 CA72 型“红旗牌”高级轿车；同年 9 月，又诞生了“凤凰牌”轿车。第二汽车制造厂(下称“二汽”)，是 1964 年中国建设的第二个汽车工业生产基地，主要生产“东风牌”中型载货汽车、“延安牌”重型货车和越野汽车。与“一汽”不同的是，“二汽”开创了中国汽车工业以自己的力量设计产品、确定工艺、制造设备、兴建工厂的纪录，标志着中国汽车工业上了一个新台阶。但总的来说，这时期在国家计划经济体制下，国家对汽车工业实行计划管理、计划生产、计划销售，汽车制造企业自主权限很小，中国汽车工业发展缓慢。

（二）1979—1993 年，是我国汽车产业的改革、成长期

1978 年十一届三中全会后，国家率先将汽车行业纳入经济体制改革试点。随着改革开放突破了单一的计划经济模式，市场杠杆的调控作用使中国汽车产业走上改革轨道，商品经济的市场需求推动中国汽车产业成长。

国家先后组建了以“一汽”为龙头的“解放”联营公司，以“二汽”为主体的“东风”联营公司，以济南、四川和陕西汽车制造厂为骨干的重型汽车联营公司以及北京、天津、上海、南京、沈阳和西南等汽车工业公司，还有中国汽车零部件联营公司。通过专业化大协作加速技术交流和产品更新换代，使中国汽车工业的生产能力快速增长。

1982 年成立了“中国汽车工业公司”(1987 年 5 月改名为“中国汽车工业联合会”)，引导企业由“小而全”重复生产过渡到走协作、联合、专业化道路。

汽车企业开始引进国外先进技术，包括汽车整车生产、特种车技术及专用车、零部件和相关的配套工业，提高了国产汽车的制造水平及缩小了与世界汽车工业的差距，从自我封闭走上了与国际汽车工业合作发展的道路。

随着改革开放后国民经济的迅速增长，国民消费水平不断提高，对轿车的需求量急增。1985 年，中国“七五”计划提出要把汽车制造业作为国民经济支柱产业，1987 年，国务院又确定了“发展轿车工业，振兴我国汽车产业”的发展战略，确定以“一汽”、东风汽车公司、上海为三大基地，生产奥迪、捷达、高尔夫、红旗、富康、神龙、桑塔纳、别克牌等轿车；确定天津、北京、广州三个较小的轿车生产基地，生产夏利微型轿车、切诺基吉普车、雅阁牌轿车等。汽车业“三大巨头”都向系统化、系列化发展，形成重、中、轻、微、轿、客六大系列，形成规模经营，满足国内市场并扩大出口，参与国际

竞争。

（三）1994 年至今，是我国汽车产业的发展、兴盛期

1994 年中国颁布了《汽车工业产业政策》，使中国汽车行业向标准化和法制管理迈出了可喜的一步。汽车生产集中度明显提高，市场结构、产品结构趋于合理，产品质量不断提高。加入 WTO 后，中国市场的开放又大大促进了中国汽车产业的发展。世界汽车巨头利用中国扩大开放、改善投资环境的有利时机，扩大对中国的汽车出口量并进入中国的服务贸易领域；汽车零部件跨国公司也通过合作、合资等方式进入中国发展。这些都促进了中国整车及零部件技术水平和生产能力的提高，也推动了中国许多汽车公司的联合和改组。

2002 年 6 月，“一汽”成功重组天津夏利，控制了“天汽”的优良资产——夏利股份公司和华利公司；同年 8 月，“一汽”与日本丰田公司签署全面合作协议，共同打造中国汽车的航空母舰；东风集团与法国的合作由雪铁龙提升到标志 - 雪铁龙，东风与日产也签署了全面合作协议，在乘用车和商用车领域进行全系列的广泛合作；上海汽车工业（集团）总公司（简称“上汽”集团）先是于 2002 年 4 月续签与德国大众的合同，将合作期延长 20 年，6 月又与美国通用公司联手进入柳州五菱，共同打造以生产微型轿车为主的上汽通用五菱汽车。

中国经济持续稳定地发展，国家推行以扩大内需为主的发展战略和积极的财政政策，以及围绕建设小康社会这个宏伟目标加快城市化进程等，为中国汽车产业的发展开辟了广阔的前景。2002 年，中国汽车产量近 300 万辆，在世界排名第五位，轿车产量为第 10 位；2004 年，中国汽车产量超过法国成为在美国、日本、德国之后的世界第四大汽车生产国。在 2004 年世界机械 500 强中，有 43 家中国机械企业，而这 43 家中国机械企业大多数是汽车制造商。这标志着世界汽车工业的重心开始转向中国。

伴随中国汽车产业的崛起，中国汽车的贸易方式、零配件流通市场、汽车服务业迅速发展，汽车金融、二手车市场起步。2004 年 6 月 1 日，中国《汽车产业发展政策》出台，对中国汽车的贸易方式、配件流通、汽车维修、二手车市场、汽车对外贸易等进行了科学的指导。此前，有关汽车流通方面的问题从未在政策、法规中出现过。2005 年 8 月 10 日，中国商务部又颁布了《汽车贸易政策》，在汽车销售、二手车流通、汽车维修与配件流通、汽车租赁、汽车报废与报废汽车回收、汽车对外贸易六大方面又有新的亮点：《汽车贸易政策》在呼应《汽车产业发展政策》的基础上，贯彻与环境和谐发展、建设节约型社会、走可持续发展之路的方针，提出从以往“重生产、轻流通”向重视流通环节增值的战略转变。

2008 年国际金融危机后，为扩大内需，促进汽车产业健康发展，国家在之后的两年中出台了一系列相关政策，如汽车下乡、购置税优惠、汽车以旧换新等利好政策，促进了汽车产业的快速发展。中国在 2009 年一举取代日本和美国，成为全球最大的汽车生产国和全球最大的汽车消费市场，2010 年汽车产业实现快速平稳发展，产销量再创新高，分别为 1 733. 67 万辆和 1 527. 78 万辆，再一次取得世界第一的好成绩。但是，受宏观经济调控的影响，汽车产业调控也正逐渐由保量、保发展为重心向以重质量、重持续发展为重心转变。

这一阶段，国家在汽车产业布局上，积极鼓励企业兼并重组。2009 年 3 月，国家出台了《汽车产业调整和振兴规划》，在这一政策的驱动下，中国汽车业界开始了较大规模

的重组，如广汽集团收编长丰、长安联姻中航汽车、北汽与福汽的重整、东风重组云汽、广汽兼并吉奥、北汽收购宝龙，等等。随着兼并重组浪潮的推进，我国汽车产业的集中度不断得到提高。

中国乃至世界的宏观经济形势都为中国的汽车工业和汽车贸易发展提供了有利的大环境。2010 年，中国汽车的需求量为 650 万辆，汽车保有量(合法、可正常使用的汽车数量)达 1.04 亿辆，大中城市中汽车保有量达到 100 万辆以上的城市数量达 14 个。中国已成为全球汽车需求量最大的国家之一。中国的汽车工业和汽车贸易已进入崭新的发展阶段，步入兴盛时期。

今后，中国汽车产业的发展将从以往单一发展的思路转变为重视产业链的深耕细作，积极拓展中国汽车产业新的利润增长点。

任务 1.2　汽车国际贸易

一、国际贸易

贸易，指商品和服务(Goods and Services)的交换活动。国际贸易(International Trade)又称世界贸易，指世界各国或地区之间商品和服务的交换活动。从一个国家或地区的角度来看，这种交换活动称为对外贸易；从国际范围来看，这种交换活动称为国际贸易。国际贸易是各国对外贸易的总称。

传统的国际贸易仅指有形商品的贸易，现代国际贸易包括有形商品贸易和无形商品贸易。无形商品贸易主要指服务贸易和技术贸易。

二、汽车国际贸易

汽车国际贸易(International Trade of Automobile)，是各国汽车商品对外贸易的总称。汽车国际贸易伴随着国际贸易的发展而发展。

受生产条件或生产水平的限制，一个国家的生产能力不可能完全满足国内各层面、各档次的市场需要。汽车国际贸易通过购买和出口本国汽车产品及进口和出售外国汽车产品，有机地把国内市场和国外市场联系起来，通过国际之间汽车产品的交换，转换使用价值形态，用本国的部分汽车产品到国际市场上间接换回国内急需的产品，合理调节国内汽车市场的供需平衡。

汽车产业是一个牵动力很强的综合性产业。汽车产业的发展可以带动众多相关产业的发展，涉及冶金、橡胶、化工、机械制造、电子、纺织、材料等一系列工业，在汽车产品的流通和使用过程中，又涉及运输、维修、保险、商业等第三产业。根据有关部门的统计，汽车从生产、流通到使用的整个过程涉及约 34 个相关行业。因此，汽车产业是各国重点发展的产业，汽车国际贸易也就成为各国对外贸易的主要内容之一。

汽车国际贸易的内容主要是四大块：整车贸易、汽车产品贸易、汽车技术贸易、汽车服务贸易。

【案例1-1】 汽车产业：1:10乘数效应拉动经济

在"2009中国汽车产业发展国际论坛"上，国家统计局总经济师姚景源曾表示，今年上半年国家出台了一系列利好政策，加之中国消费结构的升级，使得今年上半年汽车市场出乎意料的增长，作为支柱产业的汽车业为整个国民经济的企稳回升、企稳向好作了重大贡献。

国务院发展研究中心的一项研究成果显示，汽车工业是一个1:10的产业，即汽车工业1个单位的产出，可以带动整个国民经济各环节总体增加10个单位的产出。这巨大的乘数效应是任何其他产业都望尘莫及的。

汽车产业的振兴对相关产业的带动作用是十分有效的。以钢铁业为例，据中信建投提供的数据显示，2009年1月份宝钢公司热镀锌产品中汽车板的订单仅有2.3万吨；而5月份，此类产品的订单已上升至9万吨。汽车产业的蓬勃发展带动了钢铁、石化、有色金属、塑料、橡胶、玻璃等上游原材料产业的发展；在中游生产制造环节，汽车产业给机械电子、数控机床、自动化生产线等行业带来了可观的收益；到下游产业，汽车产业又有效地拉动了物流、金融、保险、销售、广告等服务业，2009年"黄金周"各地火爆的自驾游就极大地带动了旅游消费市场。除此之外，汽车保有量的增长，还拉动了高速公路的投资需求，从而带动了水泥、建材等基建行业的发展。

据国家发改委统计数据显示，2002年，我国汽车工业总产值跨过万亿大关时占全国GDP的比重接近2%；到2008年，汽车工业总产值占GDP的比重已超过8%，如果再加上对整个上下游行业的带动，汽车工业对国民经济的拉动作用远远超过10%。

【案例分析】

鉴于汽车产业对国民经济的巨大拉动作用，各国都非常重视汽车产业及汽车贸易的发展。

任务1.3 汽车服务贸易

汽车服务贸易与汽车服务业涉及相同的服务领域，但概念不一样。

一、汽车服务业

汽车服务业(Automobile Service Industry)，是与汽车产业相关的所有服务活动的统称。

汽车服务业作为第三产业，它不是孤立存在的，在整个汽车产业链中具有举足轻重的作用。图1-1表明了汽车服务业在汽车产业链中的作用。

汽车服务业在汽车产业链中的作用可以概括为以下四点。

（一）汽车服务业是汽车产业链的龙头

从图1-1可以看出，汽车服务业虽然处于汽车产业链的下游，但紧贴用户。汽车是耐用商品，它的消费涉及消费信贷、保险理赔、维修保养、配件供应、二手车交易、车辆年检、汽车文化娱乐等一系列的问题。谁能顺利地解决这一系列问题，谁就能获得客户的青睐，赢得发展，赢得机遇，赢得利润增长点。因此，汽车服务业直接影响最终消费用户

对整车的消费，从而间接影响其相关上游产业的发展，不仅包括整车与零部件制造业，同时包括机械、电子、石油、钢铁、化工业等。汽车服务业成了汽车产业链的发展龙头。

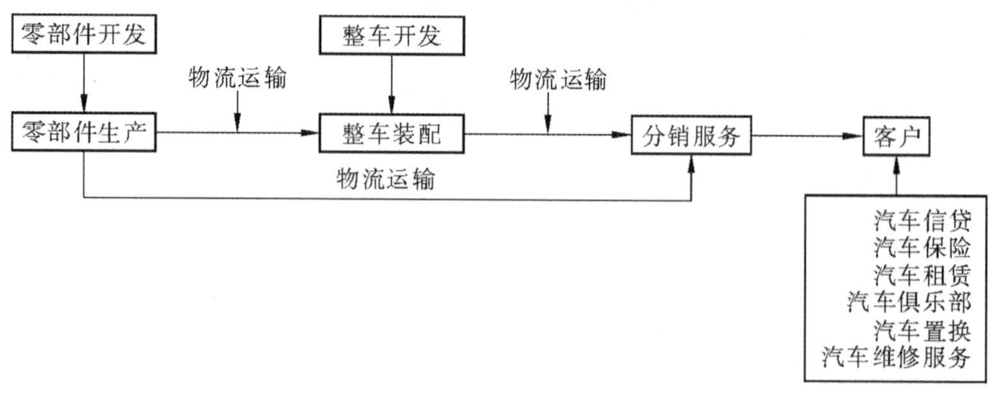

图 1-1　汽车服务业在汽车产业链中的作用

（二）汽车服务业是整车企业的核心竞争力

汽车服务业有机连接整个汽车产业链，成为整车企业的核心竞争力。汽车产业是典型的国际化规模经济产业，这种产业特性主要表现为零部件的大规模生产导致整车成本的降低。随着市场竞争的加剧，整车与零部件公司的角色将发生重大改变，逐步由原来的互为隶属、相互依赖关系转变成为彼此独立、专业经营的关系。汽车技术的革新由原来的以整车公司为中心逐步向零部件公司转移，零部件供应方式也向全球化、模块化转变，整车生产也逐步向“组装贴标签工程”方式转变。汽车的绝大部分零部件由独立的零部件供应商完成，整车开发与匹配、全球采购与物流管理、人性化的营销服务将成为整车公司的核心业务。因此，包括整车与零部件开发、汽车物流服务、人性化的营销服务在内的汽车服务业将有机地连接整个汽车产业链，整车企业的核心竞争力将集中体现在汽车服务业上。

（三）汽车服务业有助于提高汽车企业的竞争力

从汽车产业链看，汽车企业的竞争力主要表现在三大环节：产品开发、生产制造、营销服务。相对于国际汽车巨头，中国汽车企业在产品研发方面与之差距最大，生产制造方面与之差距最小，而在营销服务方面中外企业各有所长。尽管中国汽车服务业并不发达，但得天独厚的地理优势为中国汽车企业抢占先机创造了条件。正如东风汽车公司总经理苗圩所言：“外资企业可以在 2 ～3 年内建立自己的研发生产机构，但很难在 2 ～3 年内建立完整的营销服务网络。”因此，建立完整的营销服务网络，发展汽车服务业，有助于提高中国汽车企业的整体竞争力。

（四）汽车服务业既增加就业机会又带来利润增长点

汽车的整车与零部件设计、开发与制造，属于技术密集型、资本密集型的产业；但汽车服务业，则为劳动密集型。据统计，2000 年中国汽车工业及其直接相关产业就业人数为 2 873.9 万人，占全国城镇就业总数的 13.5%，其中，绝大部分就业于汽车服务业。另据相关统计资料显示，在一个成熟的汽车市场，汽车的销售利润约占整个汽车业利润的 20%，而 50% ～60% 的利润是在服务领域中产生的。因此，大力发展汽车服务业不仅有助于增加就业机会，还有助于增加新的利润增长点。

二、汽车服务贸易

根据1993年GATT乌拉圭回合谈判中达成的《服务贸易总协定》，“服务贸易”专指国际服务贸易。因此，汽车服务贸易(Automobile Service Trade)，是指与汽车产业相关的跨国服务活动，指发生在国家(地区)与国家(地区)之间汽车服务产品的交易行为和交易过程。汽车服务贸易包括以下内容。

(一) 整车与零部件研发服务

国际上汽车研发力量主要有两部分：一是跨国汽车巨头自己的产品研发机构，主要服务于企业内部，建立自己的技术领先优势；二是独立的专业汽车研发机构，向全球提供汽车研发服务。如曾经专为中国市场设计过C88家庭轿车的德国保时捷公司，在提供整车开发服务的同时，也生产保时捷跑车；美国MSX公司，对外承接整车设计工程，并提供相关模具；意大利的ITAL公司，专业提供整车设计方案。专业设计公司最大的优势在于跨国设计经验丰富，并为客户严守技术秘密，因此，不乏技术实力雄厚的国际汽车巨头乐于邀请专业设计公司为其提供设计方案。

(二) 汽车融资服务

汽车融资服务主要包括三方面：一是经销商库存融资业务；二是汽车租售消费信贷；三是生产企业的生产经营性融资。

汽车融资服务不仅能为顾客提供便利的购车服务，同时也成为国际汽车巨头重要的利润来源，如通用和福特的汽车信贷公司，汽车金融服务带来的赢利约占这两家大集团全部利润的36%。

(三) 汽车保险服务

汽车保险的经营主体包括保险公司和保险中介，主要依靠保险代理人和保险经纪人来完成，其中保险经纪人业务占80%。汽车保险的销售方式除了代理人个人推销外，电话销售、网上销售已成为汽车保险销售的主流。

中国目前汽车保险服务发展滞后，汽车保险的销售严重依赖甚至受控于保险代理人(汽车经销商为主)，导致车险费率过高、保险理赔困难，给个人汽车销售带来巨大的心理障碍。今后，整车公司如何与保险公司合作，开发适销对路的保险产品，整顿保险中介市场，实现快速理赔，促进汽车保险业全面健康发展，应成为整车公司汽车营销战略的一部分。

(四) 汽车分销服务

汽车分销服务包括新车销售、二手车贸易、汽车租赁与零配件分销业务等。

1. 新车销售

国际上新车销售普遍采用品牌特许经销模式。2001年10月，欧盟进行大规模的汽车销售改革计划，取消特许经销，打破汽车市场的行业垄断。经销商可以在任何一个欧盟国家设立经销网点，并可以同时销售不同品牌的汽车，形成“汽车超市”经营，还允许汽车交易不必提供维修和售后服务，以便使独立的汽车维修商可以以竞争性价格提供服务。

中国目前轿车企业的销售模式不仅普遍采用特许经销模式，而且趋于集整车销售(Sales)、零配件供应(Spare Parts)、售后服务(Services)“三位一体”的3S专营店、4S专营店模式[3S加“信息调查反馈(Survey)”称为4S，再加“二手车置换(Secondhand

Vehicle Trade)”称为5S]。特许经销模式功能齐全，服务优良，具有其他经营模式无可比拟的优势。但该模式因投资巨大、经营品牌单一等原因给经销商带来巨大的经营风险，同时，因为布点数量有限，给消费者带来维修上的不便及维修成本居高不下。所以，汽车销售到底应采取何种经营模式应根据顾客需要灵活处理。

2. 二手车贸易

根据国际汽车大国的发展经验，二手车贸易市场是否活跃可以直接反映出一个国家的汽车市场活跃程度。一个活跃的二手车市场，可以促进新车市场的繁荣。虽然我国目前二手车交易市场数目众多，但二手车市场整体水平还很不成熟。（二手车贸易在第十一章专门介绍。）

3. 汽车租赁

汽车租赁在国际上已成为一种非常重要的汽车消费方式。在美国，以汽车租赁方式销售的新车占新车销售的1/3，日本约占15%，德国奔驰和大众也占10%～20%。

美国的赫兹国际租车公司(Hertz Car Rental Corporation)，是全球经营规模最大的美国汽车租赁企业。经营网络遍布全球140多个国家，现有营运车辆55万辆，站点8 500多个，1926年被通用汽车公司收购，1994年成为福特汽车公司的全资子公司。欧洲最大的汽车租赁公司欧洲汽车(Eurocar)，现有营运车辆22万辆，仅在欧洲就有1 515个站点，1979年被雷诺汽车公司兼并，1989年与大众公司的德国互租赁公司合并，1999年成为大众公司的全资子公司。目前，中国尚有1 000多万持有驾驶执照却无车者，这说明中国汽车租赁业具有很大的市场空间。

4. 汽车零配件分销

汽车零配件的分销渠道主要有两种途径：

（1）进口零配件。

①全国总代理——区域分销商——修理厂；

②国外整车制造商——3S(4S)维修站。

（2）国产配件。

①零配件制造商销售——区域代理——多级分销——修理厂；

②零配件制造商销售——整车配件中心——3S(4S)维修站。

零配件分销最终将经过修理厂到达消费者手中，整车公司要打击假冒伪劣零部件，确保原厂零部件快速供应，给顾客提供方便、快捷、高质的维修服务，离不开合理分布的维修服务网络。

（五）汽车维修服务

汽车维修服务包括汽车换件、保养、美容等。从营销学角度来说，建立完善的维修服务网络，是汽车贸易必不可少的重要部分。目前，国内整车公司实现汽车售后服务的主要方式是建立整车公司的特许维修服务站，但特许维修服务站由于其区域垄断、数目有限的缺陷，普遍表现为服务质量好但维修成本高、维修不方便，因而出现了“保修期内进维修站，保修期后进路边”的现象。因此，以品牌经营为中心的大型汽车养护中心连锁网络成为整车公司特许维修服务网络的有效补充，是中国汽车维修服务的当务之需。

（六）汽车俱乐部服务

汽车俱乐部可以给消费者营造良好的购车、用车环境，传播汽车文化，很多国家已建

立起实施会员制的汽车俱乐部。目前，世界上最大的汽车俱乐部是美国的“AAA 汽车俱乐部”，它拥有超过 4 800 万会员，下属 139 个分支机构。中国目前规模最大的汽车俱乐部是“大陆汽车俱乐部”，客户量 100 万，拥有 2 000 多家的网点。

汽车消费涉及汽车资讯、汽车消费信贷、汽车保险理赔、汽车消费税费、汽车维修与保养、汽车改装与装潢、汽车年检、汽车租赁、交通事故的处理、汽车文化交流(包括赛车、车模、汽车知识、汽车安全技术、汽车娱乐、汽车驾驶技术)、二手车交易等一系列问题。汽车俱乐部作为综合性的服务机构，能向顾客提供全方位的服务，解决顾客购车用车的后顾之忧，深受汽车消费者的青睐。

任务 1.4 汽车技术贸易

一、技术贸易

(一) 技术贸易的概念

技术贸易(Technology Trade)，是指企业或个人之间按一般商业规则转让技术使用权的交易行为，也称技术商品的有偿转让。

技术贸易分国内技术贸易和国际技术贸易。国内技术贸易指在国内技术市场上技术使用权的交易行为；国际技术贸易指不同国家之间在国际技术市场上进行的技术使用权的交易行为。第二次世界大战以来，国际技术贸易得到了迅速发展。据统计，在 20 世纪 50 年代，世界技术贸易额年约 10 亿美元，1965 年发展到 20 亿美元，1985 年增加到 500 亿美元，1995 年达到 2 600 亿美元，相当于每年递增 20%。国际技术贸易的迅猛发展，使国际技术贸易额的增长率大大超过了实物贸易额的增长率。

正确理解技术贸易的定义应把握如下几点：

(1) 技术贸易的主体指技术贸易市场上从事技术商品交易的供需双方。他们可以是法人，也可以是自然人。一般是企业法人。

(2) 技术贸易的客体即标的物是技术商品。技术商品是特殊商品，不同于一般商品，是用于生产某种产品或提供某种服务的系统知识或技能，而不是看得见、摸得着的实实在在的商品。技术商品包括专利、商标和专有技术。

(3) 技术贸易转让的内容与一般商品贸易不同，贸易的结果不是技术商品所有权的转移，仅是商品使用权的转让，其所有权的归属并不发生变化。技术贸易转让的内容主要包括：专利使用权、专有技术使用权和商标使用权。

(4) 在技术贸易中很难实现技术使用权的终身转让。因为技术商品是一种知识和技能，在买方得到的同时，卖方并不会失掉，仍然可以继续使用和转让。如果不加限制的话，卖方可以反复地转让，买方也可以转手出让。因此要想兼顾技术所有者利益和买方使用者利益，很需要相应的法律法规保证技术贸易市场的秩序。

(5) 技术贸易主体合作期长，风险大。技术贸易的内容不仅是款项支付和技术资料交流，还涉及技术的传递、保密和技术的改进及信息反馈等一系列技术问题，涉及工业产权保护、技术风险、限制与反限制等特殊而复杂的社会问题。因此，技术贸易主体需要长期合作，风险增大。

（6）技术贸易涉及众多的法律法规。以我国的技术贸易为例，技术贸易涉及的法律有：《专利法》、《商标法》、《外国企业所得税法》、《个人所得税法》和《涉外经济合同法》等。国际技术贸易除了要遵守有关国家和地区的法规，还要遵守有关的国际公约和规则。例如：保护工业产权的《巴黎公约》、商标国际注册的《马德里协定》、《商标注册条约》和《联合国国际技术转让行动守则草案》等。而一般商品贸易所涉及的法律主要是《经济合同法》。

（7）政府对技术贸易的管理严格。由于科学技术对社会的影响深远，技术贸易不仅涉及交易主体的利益，还与国家的政治、经济利益有密切关系。因此，各国对技术贸易尤其是国际技术贸易问题都极为重视，都对技术贸易实施国家管理。

（二）技术贸易的作用

（1）技术贸易有利于促进人类社会的技术进步和经济增长。随着高新技术的发展，技术进步对经济发展的促进作用越来越大。技术贸易通过科技成果的转让、应用，有利于企业技术进步，促进社会生产力的发展。国际技术贸易，有利于缩小国家间技术水平的差距，对于发展中国家，更有利于缩小与发达国家之间技术水平的差距。

（2）技术贸易有利于提高技术研发成本的投入回报，降低成本风险。科技的日新月异，使新技术、新产品的研究与开发难度日益增大，从而导致新技术、新产品的开发费用增加，成本风险加大。通过技术贸易，转让方可以使研发成本得到补偿甚至超常补偿，而受让方可以低于技术研发成本的费用购买自己所需要的技术，减少技术研发的投入和成本风险。

二、汽车技术贸易

汽车技术贸易(Automobile Technology Trade)，是汽车技术使用权的有偿转让，是交易双方以约定的条件，将交易的汽车技术从出让方转让给受让方的行为。

汽车技术贸易的方式主要采取国际技术转让途径。国际技术转让主要包括许可证贸易、工程承包、合营企业、补偿贸易、合作生产、咨询服务、技贸结合和国际招标等。

汽车技术贸易发展的必要性和必然性：

（1）科技的飞速发展，科技成果的大量涌现，为汽车技术贸易的发展提供了大量的技术资源。随着科技分工专业化程度的提高，国际商品分工也逐步向国际技术分工过渡，科技的开发跨越了国界，任何一个国家都不可能在所有领域保持领先地位，都需要从国外引进技术，汽车产业更需如此。21 世纪汽车技术已成为决定汽车产业发展的重要因素，技术创新能力成为汽车产业竞争取胜的关键，各国都十分重视汽车技术的研制和开发，不惜投入巨额资金。许多汽车制造商、跨国公司都改变单纯生产加工，研制和开发新技术、新产品。世界范围内对汽车技术的巨大需求，为国际汽车技术贸易提供了广阔的市场。

（2）科技的飞速发展，使汽车技术更新速度进一步加快，产品的更新换代周期变短，技术研发的成本不断增大，从而进一步刺激了汽车国际技术贸易的发展。国际上许多技术先进的公司都迅速将旧的技术转让出去，以尽快回收技术研发成本，加快技术更新。

拓展知识

拓展1.1 国际贸易的分类

一、按商品移动的方向分类

(1) 进口贸易(Import Trade):将其他国家的商品或服务引进到该国市场销售。

(2) 出口贸易(Export Trade):将该国的商品或服务输出到其他国家市场销售。

(3) 过境贸易(Transit Trade):A 国的商品经过 C 国境内运至 B 国市场销售,对 C 国而言就是过境贸易。由于过境贸易对国际贸易的阻碍作用,目前,WTO 成员国之间互不从事过境贸易。

进口贸易和出口贸易是就每笔交易的双方而言的,卖方就是出口贸易,买方就是进口贸易。此外输入该国的商品再输出时,成为复出口;输出国外的商品在输入该国时,称为复进口。

二、按商品的形态分类

(1) 有形贸易(Visible Trade):有实物形态的商品的进出口。例如,机器、设备、家具等都是有实物形态的商品,这些商品的进出口称为有形贸易。

(2) 无形贸易(Invisible Trade):没有实物形态的技术和服务的进出口。专利使用权的转让、旅游、金融保险企业跨国提供服务等都是没有实物形态的商品,其进出口称为无形贸易。

三、按生产国和消费国在贸易中的关系分类

(1) 直接贸易(Direct Trade):指商品生产国与商品消费国不通过第三国进行买卖商品的行为。贸易的出口国方面称为直接出口,进口国方面称为直接进口。

(2) 间接贸易(Indirect Trade)和转口贸易(Transit Trade):指商品生产国与商品消费国通过第三国进行买卖商品的行为,间接贸易中的生产国称为间接出口国,消费国称为间接进口国,而第三国则是转口贸易国,第三国所从事的就是转口贸易。

四、按贸易内容分类

按贸易内容可分为服务贸易、加工贸易、商品贸易、一般贸易。

五、按贸易参加国的数量分类

(1) 双边贸易。是指两国之间通过协议在双边结算的基础上进行的贸易。这种贸易,双方各以一方的出口支付从另一方的进口,这种方式多实行于外汇管制国家。另外,双边贸易也泛指两国间的贸易往来。

(2) 多边贸易。也称多角贸易,是指三个或三个以上的国家通过协议在多边结算的基础上进行互有买卖的贸易。很显然,在经济全球化的趋势下,多边贸易表现得更为普遍。

【项目考核】

一、知识考核

1. 世界汽车工业与贸易的发展重心经历了哪四大转移？
2. 我国汽车工业及贸易的发展历程可划分为哪几个阶段？
3. 汽车国际贸易的主要内容有哪些？
4. 汽车服务业与汽车服务贸易有何联系与区别？汽车服务贸易的主要内容有哪些？
5. 何谓汽车技术贸易？为什么要发展汽车技术贸易？

二、案例分析考核

据海关总署最近公布的统计数据显示（图 1－2），2012 年上半年，全国实现外贸进出口总额 18 398 亿美元，同比增长 8%；其中，出口 9 544 亿美元，增长 9.2%，进口 8 855 亿美元，增长 6.7%；贸易顺差 689 亿美元，同比扩大 56.4%。

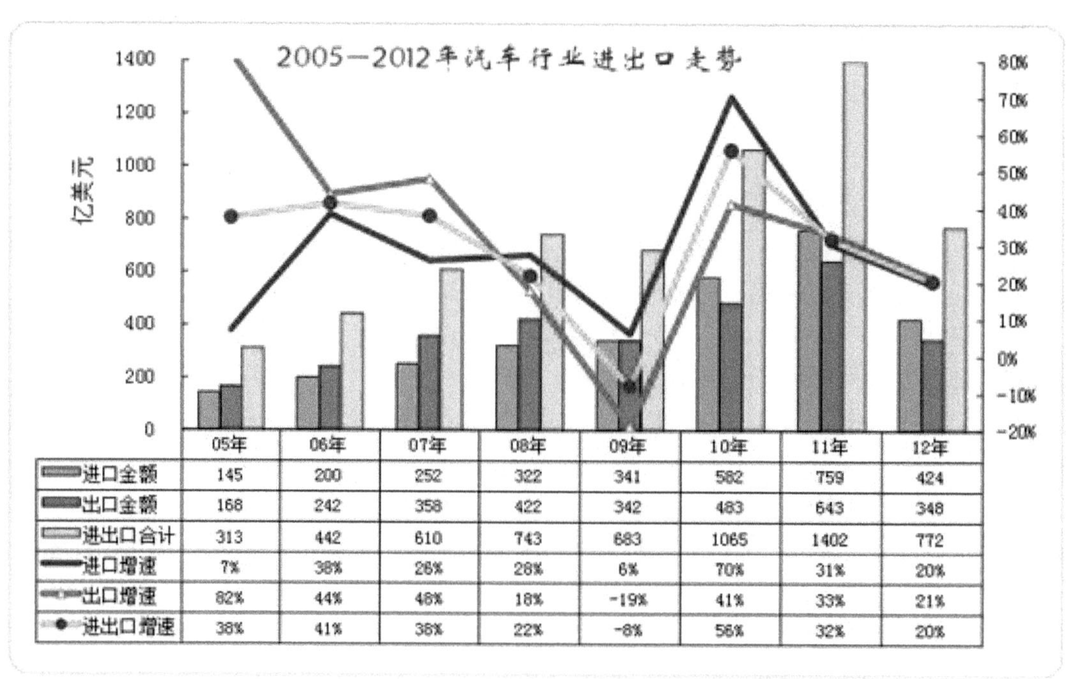

	05年	06年	07年	08年	09年	10年	11年	12年
进口金额	145	200	252	322	341	582	759	424
出口金额	168	242	358	422	342	483	643	348
进出口合计	313	442	610	743	683	1065	1402	772
进口增速	7%	38%	26%	28%	6%	70%	31%	20%
出口增速	82%	44%	48%	18%	-19%	41%	33%	21%
进出口增速	38%	41%	38%	22%	-8%	56%	32%	20%

图 1－2　中国 2005—2012 年汽车及零部件进出口走势

注：此处汽车产品不包括摩托车及其零部件、排量≤250mL 的发动机。

为平衡欧美贸易的顺差，汽车进出口继续努力保持贸易逆差。2012 年 1—6 月全国汽车整车及零部件进出口贸易总额累计 772 亿美元，同比累计增长 20%。其中进口 424 亿美元，出口 348 亿美元，实现贸易逆差 76 亿美元。

汽车行业进出口历经几个阶段，进出口的增速特征也体现得较充分。2002—2007 年中国靠出口高增长而经济增速较快，在此背景下的汽车行业出口增速高于进口增速。但自 2008—2010 年的汽车进口增速超越出口增速，加之进口促进战略的实施，中国成为拉动世界经济和高端消费的主要市场，2011 年以来的进口增速放缓，出口也出现增长乏力局面，但相对于国内车市的低迷，进出口仍是拉动车市的主导力量。

图 1－3 为 2005—2012 年上半年汽车整车与零部件进出口走势。

汽车行业进出口走势与总体的外向型经济走势特征基本一致，2008 年以前的出口高速增长，2007 年汽车及零部件出口达到 358 亿美元，占进出口总额的 59%。但随着 2008 年世界金融危机的出现，汽车及零部件出口的增速远低于进口增速，导致 2010 年的汽车及零部件出口占进出口总量比例仅有 45%，不足三年的时间份额下降了 14 个百分点。而 2011 年以来的汽车行业出口增速快于进口，2012 年上半年出口占比仍仅有 45% 的低水平。

其中出口危机最为严重的是整车出口。2010 年的整车出口金额仅为整车进出口总金额 378 亿美元的 18%，较 2007 年的 40% 高点下滑 22 个百分点。2011 年出口整车占整车进出口金额份额稍有回升，达到 20%，但 2012 年上半年又回落 19% 的低位。而汽车零部件行业的出口虽然也受影响，但 2011 年零部件出口的份额占汽车零件进出口总额的比例较 2007 年仅下降 5 个百分点，2012 年上半年的汽车零部件出口也占到汽车零部件进出口总额的 64%，出口仍是零部件行业大头。

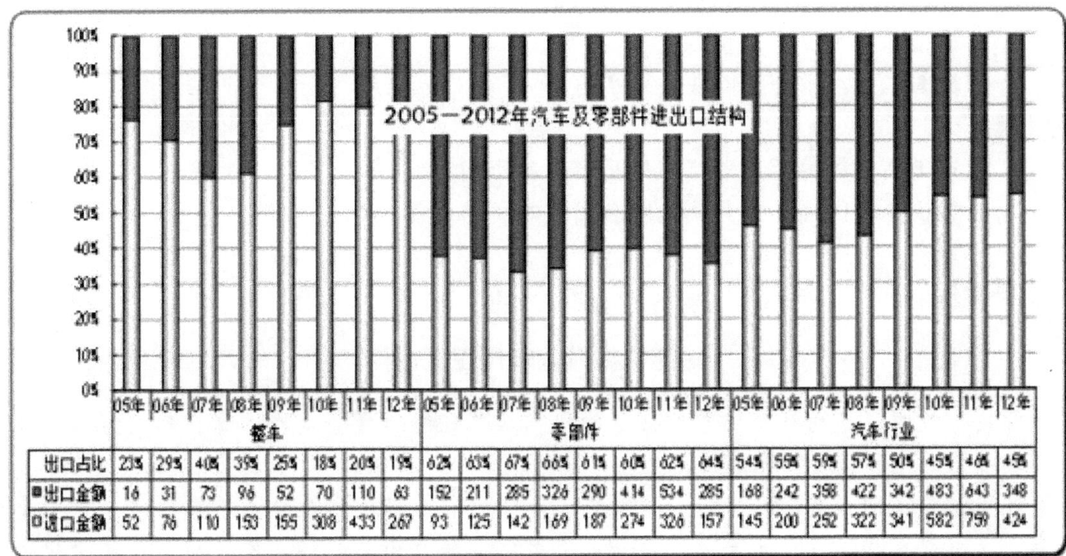

	05年	06年	07年	08年	09年	10年	11年	12年	05年	06年	07年	08年	09年	10年	11年	12年	05年	06年	07年	08年	09年	10年	11年	12年
	整车								零部件								汽车行业							
出口占比	23%	29%	40%	39%	25%	18%	20%	19%	62%	63%	67%	66%	61%	60%	62%	64%	54%	55%	59%	57%	50%	45%	46%	45%
■出口金额	16	31	73	96	52	70	110	63	152	211	285	326	290	414	534	285	168	242	358	422	342	483	643	348
□进口金额	52	76	110	153	155	308	433	267	93	125	142	169	187	274	326	157	145	200	252	322	341	582	759	424

图 1－3　中国汽车及零部件 2005—2012 年进出口走势

? 试问：

1. 我国汽车进出口均高速增长的原因是什么？
2. 汽车出口增速低于进口增速会对我国汽车生产制造业带来什么样的影响？

项目二　汽车市场与产业政策环境

【知识目标】

1. 掌握国际分工的分类，了解国际分工对国际汽车市场布局的作用；
2. 掌握汽车市场的构成；
3. 熟悉我国汽车贸易政策；
4. 了解近十年来我国汽车行业其他相关政策；
5. 了解国外汽车贸易与相关政策；
6. 了解国际汽车市场的现状及发展趋势。

【技能目标】

1. 能够正确分析国际汽车市场格局形成的原因；
2. 能够认清我国汽车贸易政策对我国汽车贸易的影响。

◇ 引导案例◇

标志雪铁龙与通用正式合作

标致雪铁龙与通用汽车结盟后，尽管仅向媒体粗略透露了合作内容，然而经过整理可以勾勒并推测出大致轮廓与框架。

联盟结构由两大支柱构成：一是共享汽车平台、零部件和模块，前期将着手在中小型轿车、多用途车和跨界车领域展开合作；二是共同建立全球采购合资公司，以从供应商处采购各类成品、零部件及其他产品服务等，双方联合购买力可达 1 250 亿美元。而两家公司仍将保持独立性，在各自的品牌和经销网络体系下销售车辆。

2012 年 3 月 2 日，标致雪铁龙 CEO 菲利普·瓦兰(Philippe Varin)向法国 RTL 广播电台透露：“我们的工厂已经开始在相同的生产线上同时组装标致和雪铁龙车型，未来我们或许还能制造通用汽车的车辆，反之亦然(在通用汽车工厂组装标致雪铁龙车型)。不过联合生产不会早于 2016 年，因此短期内对生产造成的影响甚微。”

引导问题

1. 分析这两大汽车企业联盟对他们自身发展有什么好处?
2. 分析我国鼓励汽车企业兼并重组政策的现实意义。

必备知识

任务2.1 国际分工与汽车市场

国际分工与汽车市场的关系密不可分。没有汽车产业的国际分工，就没有汽车国际贸易。我们在了解汽车市场之前，应先了解国际分工对汽车贸易所起的作用和影响。

国际分工(International Division of Labour)是指世界各国(地区)之间的劳动分工，是国际贸易和各国(地区)经济联系的基础，是社会生产力发展到一定阶段的产物，是生产社会化向国际化发展的趋势。

一、国际分工的主要方式

国际分工有不同的分类方式，目前普遍采用的是根据参与国际分工的各国经济水平进行的分类，主要包括以下三种方式。

1. 垂直型国际分工

垂直型国际分工(Vertical International Division of Labour)是指经济技术水平相差悬殊的国家(如发达国家和发展中国家)之间的国际分工。它分为两种：一种是指部分国家供给初级原料，而另一部分国家供给制成品的分工形态(如发展中国家生产初级产品，发达国家生产工业制成品)，这是不同国家在不同产业间的垂直分工；另一种是指同一产业内技术密集程度高的产品与技术密集程度低的产品之间的国际分工，或同一产品的生产过程中技术密集程度较高的工序与技术密集程度较低的工序之间的国际分工，这是相同产业内部因技术差距所引致的国际分工。垂直型的国际分工是工业发达国家与发展中国家之间的一种重要的分工形式。

2. 水平型国际分工

水平型国际分工(Horizontal International Division of Labour)是指经济发展水平相当或接近的国家(如发达国家以及一部分新兴工业化国家)之间在工业制成品生产上的国际分工。现代发达国家的相互贸易主要是建立在水平型国际分工的基础之上的。水平型国际分工可分为产业内水平分工和产业间水平分工。

产业内水平分工又称“差异产品分工”，是指同一产业内不同厂商生产的产品，虽有相同或相近的技术，但其外观设计、内在质量、规格、品种、商标、牌号或价格方面有所差异，从而产生的国际分工和相互交换；产业间水平分工，指不同产业所生产的制成品之间的国际分工和贸易。由于发达国家的工业发展有先有后，侧重的工业部门有所不同，各国的技术水平也存在差别，因此，各类工业生产部门的国际分工日趋重要。各国以其具有生产优势的产品去换取不具生产优势的产品，使工业生产分工不断向纵深发展，由此形成了水平型的国际分工。

3. 混合型国际分工

混合型国际分工(Mixed International Division of Labour)是把水平型国际分工和垂直型国际分工两种方式结合起来的分工方式。从一个国家来看，它既参与垂直分工，又参与水平分工，目前许多发达国家的分工都采用这种方式。他们向发展中国家进口原料，出口工

业品；而对发达国家则是水平型的，以工业品交换工业品。

二、国际分工直接影响汽车市场

随着全球经济一体化的发展，国际贸易的基础与利益分配逐渐发生较大变化，各国参与国际分工的形式也在发生变化，具体表现在以下四方面。

（一）发达国家间产业内分工及水平型国际分工日益扩大

20世纪80年代以来，发达国家工业发展加快、彼此间技术水平差异减小，工业部门发展的不平衡有所减弱，水平型分工不断加强。与此同时，水平型分工的范围从传统的工业部门之间的水平型国际分工转向同一产业内部不同产品、零部件，相同产品的不同型号、品牌及不同服务间的分工。从传统的农业、制造业转向更多地在服务业内部进行较密切的国际分工。这既是国际贸易竞争的结果，也是在这些领域各国间不同程度的经济自由化和一体化的必然反映。在汽车业这一状况表现得愈加明显。世界几大汽车厂商一方面相互之间充分竞争，另一方面却在技术领域加强合作，利用各自的优势进行产品的研发，提升产品的市场竞争力。2012年7月，宝马汽车、丰田汽车对外宣布将在可持续性的未来技术方面进行合作，在这一合作中丰田将学习宝马在传统柴油发动机方面的相关技术，而宝马则学习丰田在新能源汽车方面的技术，双方宣布将共同研发新一代锂离子电池。

20世纪90年代以来，世界经济区域集团化以及新贸易保护主义的盛行，更使企业在开拓新市场、巩固旧市场方面困难重重。一个企业要想在国际市场中占有一席之地，仅仅依靠自身的力量已远远不够，即使实力非凡的大型跨国巨头在现今世界经济区域化、一体化和全球化发展的格局下也难以完全左右和垄断全球市场。在此背景下，跨区域的联盟模式开始出现。在汽车领域，缔结联盟在全球汽车巨头之间早已盛行。前有戴姆勒-克莱斯勒、大众-铃木等失败案例，也有雷诺-日产这样的成功案例。现如今则有菲亚特-克莱斯勒的联盟，通用-标致雪铁龙联盟等。

（二）发展中国家与发达国家的垂直型国家分工有所减弱

20世纪80年代以来，随着国际投资的迅速发展，发展中国家成为发达国家重要投资场所，发达国家在发展中国家投资、设厂，一方面开发资源，另一方面进行一定程度的加工制造。这种分工形式的改变，导致发展中国家对发达国家的工业制成品出口规模扩大，原材料及初级产品的直接出口减少。投资替代贸易的因素增大，进一步使垂直型分工更有利于发达国家。

目前，美国、日本等汽车工业发达的国家，国内市场基本饱和，产销量出现了下降。同时，由于本国经济发达，生产成本较高，因此，充分利用发展中国家巨大的潜在市场以及低廉的成本和资源，依托自身所掌握的先进技术和管理服务系统进行产品的制造，一方面满足本地市场的消费需求，另一方面能够以更具竞争力的价格对外出口，这已是各大汽车品牌普遍的做法，在这方面，日本企业取得了很大的成功。

（三）混合型国际分工成为发达国家及新兴工业化国家和地区参与国际分工的主要形式

兼有水平和垂直型国际分工的混合型国际分工，日益成为迅速发展的新兴工业化国家和地区、少数发达国家和发展中国家在制造业和服务业中参与国际分工的重要形式。

这一点在汽车业中具有鲜明的特点。如德、美、日等汽车工业发达的国家，一方面各国之间相互取长补短，进行技术合作和共同研发，进行水平型的横向劳动分工；另一方

面，充分利用技术和管理优势加大对发展中国家的投资，利用发展中国家的廉价劳动力及资源进行生产。但是，我们也应该看到，发展中国家在与发达国家的合资合作中，也在不断成长，随着整体经济的发展，发展中国家也开始积极参与国际分工和国际贸易，并且显现出了巨大的作用。

（四）国际分工的发展趋势及变革

目前，发达国家逐渐着力于研发品牌营销，控制核心技术和经营技巧，而把加工制造环节转移出去。发展中国家则在全球价值链条中寻求自己的发展空间，着力于加工制造环节。这一趋势在国际贸易方面影响日益突显，并带动了各个国家和地区对自身产业结构进行调整、改革，以适应国际分工的需要。

国际汽车贸易市场也同样顺应国际分工的发展趋势。世界著名的汽车公司多是跨国公司，它们的研发中心、生产工厂、销售网络遍布世界各地。这些跨国公司已将经营的重点放在了技术的研发和品牌的营销方面，汽车这一工业产品越来越没有了国家的烙印，人们在购买汽车的时候，往往只注重品牌，而不再关注汽车的生产国家。例如购买一辆丰田佳美轿车，对于它的产地已不再关注了。从这一点来看，汽车工业及贸易已完全融入了全球一体化的经济大潮之中。

国际分工产生和发展的过程就是国际贸易产生和发展的历史，国际贸易随着国际分工的发展而发展，国际分工与国际贸易的关系就是分工和交换的关系，没有分工就不存在交换，同样，没有交换也就不存在分工。汽车工业的全球化更加突显了汽车国际贸易的重要性。

任务2.2 汽车市场的构成

汽车市场作为汽车贸易的载体，随着汽车贸易的发展而不断地发展。目前汽车贸易市场已经由原来的单一汽车商品贸易发展为汽车整车贸易、配件交易、生产技术转让、生产设备的引进和转让、汽车服务贸易、金融保险等涵盖汽车生产、流通、使用过程中的每一个环节。综合起来，可以将汽车国际市场划分为汽车商品贸易市场、汽车服务贸易市场、汽车技术贸易市场三个主要的市场。

一、汽车商品贸易市场

汽车商品贸易市场包括：新车贸易市场、二手车贸易市场、汽车配件贸易市场、汽车生产设备市场、汽车维修设备市场等。

（一）新车贸易市场

汽车新车贸易市场是汽车生产企业为了满足消费者现实和潜在需求及实现企业的经营目标，通过开展各种商务活动，达成汽车商品与消费者持有货币交换的场所。汽车生产的全球化，其内涵是汽车贸易的全球化。到贴近市场的地方去开发，到市场大、获利高的地方去销售，这已经是跨国汽车企业的普遍做法，特别是在美国、日本、德国等汽车工业发达国家，这些国家的汽车保有量已趋于饱和，近年来新车销售已经出现了负增长，而目前以中国为首的发展中国家成了新车消费增长点，世界知名的汽车品牌都将目光投向了这些发展中国家，以此作为扩大贸易的契机。发展中国家拥有巨大的消费潜力，已经成为最具发展潜力的新兴汽车贸易市场。

随着市场的发展，汽车贸易的方式也在发生巨大的革命，传统的分销体制正受到挑战，规模化经营已是大势所趋。20 世纪 80 年代，通用公司在美国有 13 000 多个代理商，到 1999 年只剩 7 000 多个，每个经销商的销售量增加了一倍多，许多业内的小型公司已陆续退出市场竞争，市场的集中倾向已十分明显，目前连锁经营已经取得了巨大的成功，经营规模在前八名的连锁公司，其销售收入已占到全行业的一半。

进入 21 世纪，电子商务作为新兴的先进的商业贸易工具和营销手段，正在世界各地迅猛发展，并得到广泛运用。与传统的贸易手段相比，汽车电子商务具有明显的发展优势，是为消费者提供个性化特色服务的有效途径。在美国，接近 50 % 的人在买车时曾经到网上查询过汽车的相关资料，网络交易凭借其成本低、速度快、灵活和不受时间和空间限制等优势正成为汽车贸易的重要手段。

（二）二手车贸易市场

人们对二手车有着异乎寻常的热情。统计资料显示，作为世界上最大的汽车市场，截至 2012 年的过去十年，美国新车的年平均销量为 1 600 万辆，而二手车的年销量却高达 4 000 万辆以上，是新车的 2. 5 倍。在美国的马路上跑的汽车很多都是二手车。2009 年美国政府推出“旧车换现金”政策，消费者以旧车换取燃油经济性更好的汽车，将获取 3 500 ～4 500 美元的回报，政府先后提供超过 30 亿美元补贴，缓解燃油危机。而发展中国家的二手车市场才刚刚起步，中国 2011 年的二手车销量约为 400 万辆，相对于超过 1 800 万辆的新车销量，只占到 22% 的比例，远远低于 75% 的国际平均水平。二手车交易在我国是一个起步较晚的行业，只是到了近几年由于新车交易量的大幅度增加，二手车的交易规模才逐步地显现出来。

由于没有相关的法律、法规对这一行业进行约束和指导，因此，二手车交易发展的时间虽短，但其存在的矛盾和问题却大量涌现。虽然二手车交易随行就市，但是对二手车的评估问题、售后服务问题、事故车的欺诈问题、经营者投机取巧问题、坑蒙拐骗问题等困扰着消费者和二手车的市场管理部门。由于缺乏操作性强的法律、法规，汽车市场的管理部门对二手车交易的管理，表现为无所作为，严重制约了二手车交易的发展。

（三）汽车配件贸易市场

随着汽车工业的不断发展，特别是发达国家的汽车保有量(合法的、可以正常使用的汽车数量)已趋于饱和，生产成本不断增大，汽车销售的价格却不断下降，因此，整车销售的利润在各汽车公司总利润中的比重逐年下降。一个成熟的国际化汽车市场中，汽车的销售利润仅占整个汽车业利润的 20%，而汽车配件的销售利润也已经达到了 20%，因此，汽车配件贸易市场迅速发展，竞争也日益激烈。

从汽车零配件技术发展趋势来看，主要体现在系统化、模块化、电子化技术的大量运用；从零配件供应商与整车厂商的相互关系来看，主要体现在零配件供应商逐步脱离了对单一汽车厂商的依赖，形成了与整车厂商相互独立又互相依托的关系；从产业结构的角度来看，主要体现在国际零配件供应商之间竞争加剧，横向并购已成为零配件供应商争夺商场、提高竞争力的主要手段。

（四）汽车生产设备市场

随着发达国家新车销售的负增长，而国外新兴汽车市场拥有巨大的市场空间，各大汽车厂商纷纷加大了对汽车生产设备市场的投入，在短短的几年时间，世界知名品牌的汽车

生产设备悉数进入中国。随着一个个整车项目的建立，一条条最先进的生产线的引进，中国的汽车工业得到了长足的发展，自然也带动了生产设备贸易的发展，汽车生产设备市场也就兴旺起来。

（五）汽车维修设备市场

随着中国汽车市场如火如荼的发展，中国汽车服务市场的前景也日益备受瞩目。其中汽车维修与保养市场更是最大的受益者。有关资料表明，全国的汽车维修商有30万家，而全国的汽车保修设备及工具厂商才1 000多家——中国汽车保修设备及工具需求和供应环节显示出明显的不平衡态势。这恰恰证明了汽车维修与保养市场的强大市场潜力。同时，国产维修设备技术含量较低，无论从品质、科技含量、耐用性等都与国外产品有较大的差距，特别是在电脑检测仪器、高精密设备方面，主要还是依赖进口。

随着汽车工业的发展和汽车贸易的不断增长，汽车工业技术的不断提升，对汽车维修的要求也越来越高，面对新的汽车技术，科技含量更高的维修设备也应运而生，特别是发展中国家，由于本身工业基础落后，对高科技的维修设备有很大的需求。

二、汽车服务贸易市场

20世纪90年代以来，国外汽车企业陆续进行了战略调整，其中之一就是强调突出核心优势。由于传统汽车市场基本饱和，市场的竞争日趋激烈，而竞争的结果是将大家的赢利率拉低拉平。目前，全球汽车工业处于同质化的状态，即产品的造型越来越相似，成本和质量大致相当，企业间的均势形成，边际效益递减。在普遍采用精益生产方式之后，制造环节的成本节约潜力已经榨干，汽车厂商开始把眼光转向开发新产品和售后服务，开发新的利润增长点。

汽车服务贸易有着丰厚的回报。据通用和福特汽车信贷公司的资料，仅汽车金融服务带来的赢利就占这两家大集团全部利润的36%。美国汽车售后服务业从业人员有350万人，年产值高达1 400亿美元，汽车维修业的利润率达到27%。

汽车服务贸易市场包括：汽车物流市场、汽车售后服务市场、汽车保险及金融市场等。

（一）汽车物流市场

汽车物流是指有计划地对汽车生产原材料、零配件及汽车成品由生产地到消费地的高效流通活动。

汽车工业发展到今天，已经没有哪家汽车企业能够独立完成从零件生产、整车装配到最终把汽车卖到客户手中的全过程。为了提高新产品的开发速度，降低生产成本，各大汽车公司纷纷实行全球采购、全球生产、全球合作开发、全球销售的全球经营策略。汽车工业从专业化的原材料供应、汽车零件加工、零部件配套、整车装配到汽车分销及至售后服务，已经形成了一整套汽车制造—销售—服务供应链，而物流在供应链间起到穿针引线的作用。就汽车产业而言，汽车企业物流就是从原材料和零配件的采购开始，经过运输、装卸、入库验收、储存、搬运，然后与一系列加工、装配、检测环节连接起来，生产出合格的产品，直到最后通过运输渠道送至经销商和客户手中为止。在整个过程中，物流自始至终贯穿于汽车企业供应链的各个环节。由此可见，在汽车产业中，物流所起的作用已越来越突出，地位也越来越重要，其市场空间也越来越大。

（二）汽车售后服务市场

汽车售后服务是指汽车在出售之后，对车辆进行维修和保养及提供相关的咨询服务。在欧美等汽车工业发达的国家，汽车维修服务业利润丰厚，成为汽车业主要的获利来源，其利润额已远远超过了整车销售的利润，成为有名的黄金产业。汽车售后服务包括以下形式。

1. 汽车维修和保养

汽车维修和保养是最为常见的汽车售后服务。随着社会的发展，用户用车的观念也在发生转变，由原来的以修为主转变为以保养为主。通过保养，保持汽车的技术性能，保证汽车具有良好的使用性能和可靠性。及时、正确的汽车保养会使汽车的使用寿命得以延长，确保汽车的安全性。当然，汽车在使用过程中机件的自然磨损、自然腐蚀及其他原因，都会造成汽车性能下降，因此，汽车维修也必然伴随汽车的使用客观存在。

随着汽车拥有量的不断增长，汽车的维修保养市场不断增大。随着汽车科技的发展，保养维修业的技术含量也在不断提高，各种先进的维修设备已经成为基本配置。目前维修业面临最大的问题是缺乏专业的技术人才，像我国维修企业中真正具有高级技术资格的人才很少，很多修理工不会操作先进的检测仪器，看不懂英文资料，不懂专用电脑的操作，这些都制约着汽车维修行业的发展。

2. 汽车美容服务

据不完全统计，到 2010 年年底，我国汽车保有量约为 7 500 万辆，并且正以每年 20% 的速度增长。随着汽车保有量的快速增长，为汽车文化带来了迅猛的发展，汽车服务业市场也日益成熟，汽车运动、竞技、休闲、娱乐、展会等行业蓬勃发展，百花齐放。到 2010 年年底，我国汽车后产业已拥有 6 000 亿的巨大市场，而且不断呈规模化、品牌化发展，每年后产业经济以 22. 1% 的规模递增。与此不相协调的是，同期我国汽车美容行业企业数量约为 5 万家，且大多数集中在北京、上海等大中城市，而汽车修理企业却多达 25 万家左右。也就是说，从事汽车美容的企业在数量上不到汽车维修企业的 20%。在发达国家汽车美容养护业已占整个汽车后续市场的 80% 左右，我国与发达国家相去甚远。

汽车美容与汽车清洁的概念完全不同，汽车美容是一个专业性很强的行业，它针对汽车各个部位不同材料所需的保养条件，采用不同性质的护理产品，用高科技手段对汽车进行外观美容保养和局部修复，直至对旧车进行彻底翻新。

目前我国汽车行业利润的主要来源还是整车的制造和销售，虽然汽车美容市场在汽车保有量快速增长的推动下发展增速，但汽车美容行业存在的问题并没有得到根本改善，主要问题有行业管理法规制度不健全、从业人员素质低、专业化人才不足、汽车美容用品质量参差不齐、恶性竞争现象严重等。在国外汽车美容连锁巨头的眼中，中国汽车美容服务市场潜力巨大，预计在不久的将来，中国汽车美容服务将迎来发展的春天。

3. 汽车改装

汽车改装主要包括汽车个性化外观的改装和汽车性能的改装。几乎所有的汽车销售店都有汽车改装项目，有些汽车厂商还直接按客户的要求进行出厂前的改装。随着人们生活水平及文化素质的提高，对汽车消费者来说，个性化的需求越来越强烈，汽车改装已经受到所有消费者的认同，特别是轿车用户。这也刺激了汽车改装业的发展。汽车改装能够带来汽车性能上的提升，或者赋予汽车一个个性化的外观。由于我国汽车改装业发展时间较

短，未有专门的管理规范，因此，改装企业良莠不齐。但可以肯定，汽车改装市场必然迎来更大的发展。

（三）汽车保险及金融市场

汽车保险即“机动车辆保险”。汽车行业的发展给汽车保险业带来了巨大的商机。保险公司不断推出新的保险条款和保险内容，提高保险产品的性价比，以提高市场竞争力。

汽车保险涉及保险公司、中介代理商、经销商和消费者。目前汽车保险市场具有以下三个特点：

（1）汽车保险市场随着车辆数的增长而不断增大。

（2）车主的保险意识不断增强，购买保险已经成为车主的必然选择。

（3）保险行业竞争日益激烈，促使保险条款不断更新和完善，同时也派生出了特色保险项目，如车型专用保险、集团险等。

汽车金融指汽车销售过程中对消费者或经销商提供融资及其他金融服务。汽车金融实际上包括对经销商的库存融资和对汽车营运机构及用户的消费信贷或融资租赁。

从国际金融市场看，汽车金融服务包括：汽车信贷、融资租赁、购车储蓄、信用卡业务等。据统计，全球每年新旧车销售收入中30%是现金交易，70%是通过融资方式购车的，在美国这一比例更高达80%以上。由此可见，汽车金融服务是一个很大的市场，目前已经成为各大汽车厂商争夺消费者的一个新的竞争手段。

目前汽车金融服务的模式主要包括：

（1）由各汽车厂商直接构建汽车金融服务公司。

（2）由本国商业银行提供汽车金融服务。

（3）由大企业财团的财务公司提供汽车金融服务。

（4）商业银行与汽车厂商的金融服务公司合作，共同提供金融服务。

三、汽车技术贸易市场

汽车技术贸易是一种有偿的技术转让，汽车技术贸易的结果是使购买者获得使用汽车技术的权利。随着高新技术在汽车中的应用，汽车技术贸易市场呈现如下特点：

（1）汽车技术贸易日益活跃。科技的飞速发展和科技成果的大量涌现为汽车技术贸易的发展提供了大量的技术资源。随着科学的发展，技术已成为一个国家经济与社会发展的重要因素，科技的开发也跨越了国界。因此，各国在大力发展汽车贸易市场的同时，也非常注重从国外引进先进的汽车技术，增强本国的科技竞争能力。通过汽车技术的引进、转让，推动汽车技术贸易市场的发展。

（2）汽车技术更新加快，贸易周期变短。在高科技的开发研究中，科技的开发成本越来越高，同时技术更新的速度越来越快，这样就促使技术先进的国家将旧的技术转让出去，以尽快收回技术成本，同时加快新技术的研发。

任务2.3 我国汽车贸易政策

近十年来，我国的汽车工业取得了长足发展，1994年的《汽车工业产业政策》功不可没。当前，汽车工业的国际竞争格局和竞争趋势发生了新的变化：一是全球性的大规模

兼并重组，强强联合，导致企业规模进一步扩大，市场集中度明显提高；二是技术创新步伐加快，电子信息技术产品比重越来越高，低排放的新动力、新材料、可回收材料应用比例逐步加大，电子信息技术改变了传统的汽车生产组织和营销方式。

中国步入汽车社会之后，车与道路、环境、能源的矛盾也日益尖锐，社会使用环境的容纳程度已成为中国汽车产业能否持续发展的关键。面对新的矛盾和问题，2004 年 6 月 1 日，一个具有创新性、前瞻性、科学性的并对中国汽车产业发展具有指导意义的《汽车产业发展政策》问世。《汽车产业发展政策》对我国汽车产业的发展具有划时代的意义：

第一，国际汽车工业发展的水平和国内市场需求均要求中国汽车产业必须加快组织结构和产品结构的调整。随着中国汽车工业的快速发展，汽车产业内部也出现了新的问题。近年来，汽车生产集中度有所提高，但汽车工业分散和低水平重复建设的问题仍没有较好地解决。通过汽车产业组织结构和产品结构的调整，使中国汽车生产企业能够逐步适应国际国内竞争的需要，产品能够逐步适应国内外市场的需要。《汽车产业发展政策》有利于促进中国汽车工业跟上国际汽车工业的发展步伐，力争使中国从世界汽车制造大国向世界汽车制造强国迈进。

第二，《汽车产业发展政策》加快了汽车产品法制化的进程。汽车的使用涉及千千万万消费者，并对社会每一位公民的利益产生影响。因为，汽车的生产、制造、销售、使用及报废的全寿命周期的管理涉及多个政策部门，是一项复杂的系统工程。但是，在由计划经济向社会主义市场经济转变的过程中，中国政府对汽车产品实行法制化管理缺乏必要的法律法规。《汽车产业发展政策》起到承上启下的作用，一方面引导企业的发展，另一方面指导政府相关部门加强规章制度建设和法制化管理。

第三，《汽车产业发展政策》推动汽车工业与社会使用环境协调发展。在汽车保有量快速增加的情况下，如不采取有效措施，汽车能源供应将成为汽车产业发展的瓶颈。节能降耗，使用替代能源，是汽车产业面临的重大课题。城市道路交通基础设施的建设和管理与汽车工业发展不相适应，机动车出行效率低，已开始成为困扰政府管理部门和城镇居民的大难题。限制购买汽车的举措时有出现，社会使用环境的容纳程度已经成为中国汽车产业能否长期、持续、健康发展的关键。

《汽车产业发展政策》涉及面广、原则性强，但不具有法律效力，实施起来有一定的困难。为了贯彻《汽车产业发展政策》的精神，各有关部门制定了相关的管理规则和制度。例如《二手车流通管理办法》、《汽车品牌销售管理实施办法》、《道路机动车辆生产企业及产品准入批准管理规定》、《进口汽车零部件生产汽车构成整车特征的管理规定》，等等，作为对《汽车产业发展政策》的补充和完善。更可喜的是，2005 年 8 月 10 日，中国商务部又颁布了新的《汽车贸易政策》。

一、《汽车贸易政策》出台的背景

这几年，随着中国国民经济的飞速发展，国民的生活水平迅速提高，汽车消费需求快速增长。中国汽车消费市场已由潜在的需求变为现实的市场，并从公款购车向私人购车转变。

与此不协调的是，汽车贸易法律法规不健全，不能适应新的形势要求。汽车贸易作为汽车工业的下游产业，不仅是汽车工业顺利发展的重要保障，而且对引导消费、扩大内

需、形成新的经济增长点发挥着重要作用。改革开放以来，中国汽车贸易得到一定的发展，但是，由于长期以来重生产、轻流通，使中国汽车贸易体系建设滞后于生产发展。汽车贸易规模化、集约化水平低，管理方式、经营模式及理念落后，体系不完善，消费者权益难以得到保护。

此前，原国家计委、国家经贸委、国内贸易部等部门均出台涉及汽车贸易管理的政策和规定。苦于没有统一的牵头部门，难以形成合力；再是因为《行政许可法》实施后，原有的部分规章已经失效，使汽车贸易的相关法规不完整、不配套的问题更为突出。比如，原国内贸易部在1998年颁布的《旧机动车交易管理办法》规定，二手车只能在二手车市场交易，市场外的交易都是非法的。在当时管理手段单一、落后的情况下起到一定的作用；但在今天场外交易条件已经具备、管理方式日益改进的情况下，应按国际惯例允许汽车经销商、拍卖公司等经营主体经营二手车。

按中国加入WTO的承诺，从2004年12月11日起汽车分销领域有条件地对外开放，允许国外汽车生产企业等投资者在国内建立营销网络，销售进口汽车；自2005年起汽车进口配额已经取消，国外汽车也由原来通过进口商在国内销售，变为由其在国内的总经销商建立网络后销售。那么，外商投资汽车销售企业的市场准入条件是什么？如何申办？申办程序是怎么样的？以上问题，客观上需要国家明确作出规定，亟待《汽车贸易政策》的出台。

二、《汽车贸易政策》的作用

《汽车贸易政策》的内容涉及当前我国汽车流通领域几乎所有的大问题，包括汽车销售、二手车流通、汽车维修与配件流通、汽车租赁、汽车报废与报废汽车回收、汽车对外贸易六大方面都有新的亮点。

（1）在汽车销售方面。与以往不同的是，《汽车贸易政策》明确提出了实施品牌销售和服务，同时第一次提到汽车供应商和经销商应通过签订书面合同明确双方的权利和义务，建立长期稳定的合作关系。汽车供应商要对经销商提供指导和技术支持，不得要求经销商接受不平等的合作条件，不应随意解除与经销商的合作关系。一旦明确了汽车供应商与经销商之间的平等关系，经销商就能在现实市场中摆脱目前的弱势地位，最终获益的将是普通消费者。

在美国和日本汽车市场，掌握更多话语权的是经销商，而不是生产厂家。而一旦经销商获得强势地位或者仅仅是和供应商平等了，在汽车价格方面，消费者肯定会获得更多的实惠。

（2）在二手车流通方面。《汽车贸易政策》最大的亮点就是放开——经营主体的多元化和交易方式的多元化，而这将极大地刺激国内二手车市场。据统计，《汽车贸易政策》出台前后国内二手车交易量不到新车交易量的1/3，而在美国这一比例却是3∶1。更为重要的是，一旦二手车交易活跃起来，不仅会带动相关鉴定、评估行业的发展，还将刺激新车的销售，带动中国整个汽车产业的发展。

之所以判断二手车市场将会迅速发展，是因为在《汽车贸易政策》中规定：放开二手车经营，鼓励有条件的汽车品牌经销商等经营主体经营二手车，以及在异地设立分支机构，开展连锁经营，允许二手车所有人直接将车辆出售给买方，简化二手车交易、转移登

记手续，提高异地车辆合法性和安全性的查询效率，并将进一步规范二手车交易行为及鉴定评估行为。

（3）在汽车维修与配件流通方面。针对当前我国汽车配件和维修市场存在着假冒伪劣商品泛滥，维修网络不完善，经营秩序混乱，欺诈、坑害消费者的问题时有发生的情况，《汽车贸易政策》在汽车维修与配件流通方面，鼓励汽车配件流通和汽车维修业采取特许、连锁经营的方式向规模化、品牌化、网络化方向发展，支持企业进行整合，提高规模效应和专业化服务水平。这意味着传统汽车维修业将逐步失去市场。

随着汽车维修采取特许、连锁经营的形式，更多的消费者在修理汽车时会选择专门的4S店，而一些小修、小补，包括保养、换油等则可能更多地选择快修连锁店。

（4）在汽车租赁方面。《汽车贸易政策》首次提到将积极发展汽车租赁，鼓励有条件的汽车租赁企业发展连锁经营，促进网络化、规模化发展，支持汽车供应商以自营、合作、合资等多种方式从事汽车租赁业务，支持汽车租赁企业扩大融资渠道，引导有条件的汽车租赁企业拓展汽车融资租赁业务。

（5）在汽车报废与报废汽车回收方面。《汽车贸易政策》进一步完善了老旧汽车报废更新补贴制度，尽管有关部门此前也曾对汽车报废和报废汽车回收给予补贴，但发放情况一直时好时坏，此次又再一次强调，符合有关规定的报废汽车所有人可申请相应的资金补贴。商务部将会同公安机关建立报废汽车回收管理信息系统，实现报废汽车回收过程实时控制，防止报废汽车及其发动机、前后桥、变速器、方向机、车架这五大总成流向社会。

（6）在汽车对外贸易方面。《汽车贸易政策》已经提出了非常明确的政策目标：到2010年，建立起与国际接轨并具有竞争优势的现代汽车贸易体系，拥有一批具有竞争实力的汽车贸易企业，贸易额有较大幅度增长，贸易水平显著提高，对外贸易能力明显增强，实现汽车贸易与汽车工业的协调发展。

三、《汽车贸易政策》的影响

《汽车贸易政策》作为汽车流通领域内确定汽车发展战略方向的原则性法律规范，尽管各项内容的细化仍然不够，但在规范汽车贸易的经营行为和维护公平竞争的市场秩序，推动整个汽车行业各个领域的法制化、规范化建设的进程中，其标志性意义更重于实质作用，具有里程碑的意义。

第一，汽车产业的发展依赖于汽车市场的发展。已经融入世界经济之中的中国汽车市场，只有建立起统一、开放、竞争、有序的市场环境，汽车产业才有可能持续发展。《汽车贸易政策》通过完整的宏观指导，以科学、规范和系统的管理办法来建立现代化的汽车市场体系，做到有法可依，有章可循，促进汽车商品在全国市场自由流通，使汽车市场充满生机和活力。

第二，中国政府在发展国民经济、完善社会主义市场经济体制的进程中一再强调，要建立以人为本，全面、协调、可持续的发展观。如何体现以人为本的原则，关键的落脚点就是要维护公共安全和公众利益，保护消费者的合法权益。最典型的像消费者砸奔驰、老牛拉宝马等报道，涉及一个深层次的问题：汽车消费者的合法权益谁来保护？《汽车贸易政策》的一项重要内容就是要着力推进解决这些问题。

第三，中国汽车贸易要实现与汽车工业协调发展，必须培育竞争优势，尽快增强整体

实力。《汽车贸易政策》旨在通过引入竞争机制，扩大开放，优化资源配置，激励和引导贸易企业不断创新，提高水平，推进汽车商品进入国际市场，参与国际竞争。

【案例2-1】 2011年上半年中国汽车市场贸易分析

与国内销售市场仅增长3.35%的低迷状态相反，2011年上半年汽车出口大增，增幅高达56.99%，特别是以前所占比重不大的轿车出口量翻倍。有相关负责人预计，2011年出口有望超过历史最高的2008年64.4万辆的水平，再创历史新高。不过，2011年的增幅很大，与前两年出口大幅下降导致的基数较小相关。此外，同口径相比，1—5月，中国汽车产品累计进口38.93万辆，出口29.87万辆，进口金额286.51亿美元，出口金额248.85亿美元，总量和金额都有巨大逆差，而且中国汽车整车出口量占总产销量的比例仅为3%，出口的产品都属中低端，面向的市场也多为欠发达国家和地区。

2005年，我国汽车贸易第一次实现了贸易顺差，当时，中国汽车业整车出口不仅数量很小，而且单车价格低廉，大多不挣钱，出于调侃，有人曾撰文，《何时也对中国汽车反倾销》。如今，我们汽车出口尽管增幅很高，但绝对数仍然很小，单车价格仍然低廉，产品品质仍然难以进入发达国家市场，因而，无论从哪个角度看，中国汽车出口都远没有达到引以为傲的时候。

2008年由美国引发的一场全球金融危机，改变了世界汽车格局，欧美日市场暴跌，中国一不小心做了世界第一大汽车市场，但国际汽车市场的不景气，也极大挫伤了中国汽车的出口。2009年，中国国内汽车市场暴增47%，出口却是“量价齐跌”，整车出口37.07万台，同比减少44.7%，出口金额51.93亿美元，同比减少42.6%，降幅都接近一半。

2010年，中国国内汽车继续保持高速增长，出口形势虽然出现“逆转”，但仍未恢复到2008年以前的状态。2011年上半年，国际汽车市场普遍复苏，美国、德国、韩国产销量与新车注册量都有10%左右的增长，而我国国内市场仅有3.35%的增速，出口却呈大幅增长。

【案例分析】

分析以上数据发现，中国汽车市场和国际市场呈反向变化状态：国际市场暴跌，中国国内市场则暴涨；国际市场复苏，则中国国内市场低迷，中国市场与国际市场呈逆向变化。而出口大幅增长，则基本与国际市场呈正向变化。

这说明中国汽车市场与国际市场并不接轨，原因就在于我们的市场受人为因素影响很大，很大程度上是一个“政策市场”，容易大起大落。

中国的汽车市场变化不仅是受“汽车政策”的影响，更要受到宏观经济变化的左右。近两年的市场“井喷”，既有实施鼓励汽车销售政策的原因，更受到过于宽松的货币政策导致的宏观经济过热的影响。4万亿元的投资刺激，9.6万亿元的信贷投放，汽车业像坐在一列高速列车上，双重加速，想不加快发展都不行，一年净增400多万辆销量，提前透支了市场。同样，2011年汽车市场低迷，既有汽车刺激政策退出的原因，更有宏观经济调整大环境变化的原因，而且受后者影响更大。

拓展知识

拓展 2.1 近十年来我国汽车行业其他相关政策

一、汽车产业相关政策

2009 年 3 月，国务院办公厅公布了《汽车产业调整和振兴规划》（下称《规划》）。《规划》指出，汽车产业是国民经济重要的支柱产业，产业链长、关联度高、就业面广、消费拉动大，在国民经济和社会发展中发挥着重要作用。为应对国际金融危机的影响，落实党中央、国务院保增长、扩内需、调结构的总体要求，稳定汽车消费，加快结构调整，增强自主创新能力，推动产业升级，促进我国汽车产业持续、健康、稳定发展，特制定本规划，作为汽车产业综合性应对措施的行动方案。

《规划》提出了 2009—2011 年我国汽车产业发展的八大目标：一是汽车产销实现稳定增长，二是汽车消费环境明显改善，三是市场需求结构得到优化，四是兼并重组取得重大进展，五是自主品牌汽车市场比例扩大，六是电动汽车产销形成规模，七是整车研发水平大幅提高，八是关键零部件技术实现自主化。

《规划》提出了汽车产业调整和振兴的八大主要任务：一是培育汽车消费市场，二是推进汽车产业重组，三是支持企业自主创新，四是实施技术改造专项，五是实施新能源汽车战略，六是实施自主品牌战略，七是实施汽车产品出口战略，八是发展现代汽车服务业。

为了实现上述目标和任务，国家将采取十一项政策措施，包括减征乘用车购置税、开展“汽车下乡”、加快老旧汽车报废更新、清理取消限购汽车的不合理规定、促进和规范汽车消费信贷、规范和促进二手车市场发展、加快城市道路交通体系建设、完善汽车企业重组政策、加大技术进步和技术改造投资力度、推广使用节能和新能源汽车、落实和完善《汽车产业发展政策》。

二、汽车贸易及出口相关政策

（一）《汽车品牌销售管理实施办法》

《汽车品牌销售管理实施办法》（下称《办法》）于 2004 年 12 月 8 日商务部第 17 次部务会议审议通过，自 2005 年 4 月 1 日起施行。《办法》的核心是授权销售，即品牌销售须经汽车生产企业或经其授权的汽车总经销商授权才能从事汽车品牌销售活动。《办法》的实施，对汽车经销商的设立、分布、销售、售后服务等行为进行了全面、彻底的整合。《办法》颁布实施初期，确实对汽车市场的规范管理起到了一定的促进作用。但是，随着中国汽车在市场广度、地域深度、市场容量、车型多样化等方面的变化发展，《办法》已经逐步偏离其初衷，各方都在呼吁新的汽车品牌销售管理办法的出台。

（二）《促进我国汽车产品出口持续健康发展的意见》

2009 年 10 月，商务部联合发改委、财政部等六部委发布了《促进我国汽车产品出口持续健康发展的意见》，明确了扶持汽车出口行业的决心和力度。《意见》确定了到 2020

年我国汽车出口目标，提出了为达到目标的几个着力点：一是加快国家汽车及零部件出口基地建设，增强汽车产品出口的技术基础；二是鼓励企业利用金融工具，提高企业国际竞争力；三是鼓励企业增强自主创新能力，优化出口产品结构；四是加强知识产权保护，积极应对和化解贸易摩擦；五是大力实施"走出去"战略，加大国际市场开拓力度；六是加强服务体系建设，全面提高服务水平。

（三）《国家汽车及零部件出口基地管理办法》

2012年8月，商务部和发展改革委员会联合发布了《国家汽车及零部件出口基地管理办法》（附《国家汽车及零部件出口基地认定和考核管理实施细则》）。《国家汽车及零部件出口基地管理办法》中明确了基地的管理机构和管理内容，并通过制定《国家汽车及零部件出口基地认定和考核管理实施细则》开展基地认定和考核工作。《细则》中制定了基地的认定和考核程序、基地考核内容和评分标准及考核结果的处理方法等。

三、新能源汽车相关政策

（一）《新能源汽车生产准入管理规则》

2007年11月，《新能源汽车生产准入管理规则》出台。正式将新能源车纳入发改委管理，要求生产企业需要至少掌握新能源汽车车载能源系统、驱动系统及控制系统三者之一的核心技术。

（二）《节能与新能源汽车示范推广财政补助资金管理暂行办法》

2009年1月，财政部、科技部公布了《节能与新能源汽车示范推广财政补助资金管理暂行办法》，决定在北京、上海、重庆、长春、大连、杭州、济南、武汉、深圳、合肥、长沙、昆明、南昌13个城市开展节能与新能源汽车示范推广试点工作，以财政政策鼓励在公交、出租、公务、环卫和邮政等公共服务领域率先推广使用节能与新能源汽车，对推广使用单位购买节能与新能源汽车给予补助。其中，中央财政重点对购置节能与新能源汽车给予补助，地方财政重点对相关配套设施建设及维护保养给予补助。

（三）《新能源汽车生产企业及产品准入管理规则》

2009年7月正式实施的《新能源汽车生产企业及产品准入管理规则》确定了新能源汽车的范围，明确新能源汽车包括混合动力电动汽车（HEV）、纯电动汽车（BEV，包括太阳能汽车）、燃料电池电动汽车（FCEV）、其他新能源（如超级电容器、飞轮等高效储能器）汽车等。对新能源汽车的三个技术阶段的产品进行了细化，将其分为起步期、发展期、成熟期三个不同的技术阶段。

（四）《关于开展私人购买新能源汽车补贴试点的通知》

2010年5月，财政部、科技部、工信部和发展与改革委员会联合出台《关于开展私人购买新能源汽车补贴试点的通知》，确定在上海、长春、深圳、杭州、合肥5个城市启动私人购买新能源汽车补贴试点工作，试点补助资金管理按照《私人购买新能源汽车试点财政补助资金管理暂行办法》执行。其中，购买插电式混合动力乘用车最高补助5万元/辆，纯电动乘用车最高补助6万元/辆。

（五）《关于加快培育和发展战略性新兴产业的决定》

2010年10月，国务院下发了《关于加快培育和发展战略性新兴产业的决定》，明确将从财税金融等方面出台一揽子政策加快培育和发展战略性新兴产业。这个决定把新能源

汽车列为现阶段重点发展的七大产业之一，并提出要加大财税金融等政策扶持力度。

（六）《节能与新能源汽车产业发展规划》

2012 年 6 月，国务院发布了《节能与新能源汽车产业发展规划》，规定要以纯电驱动为汽车工业转型的主要战略取向，当前重点推进纯电动汽车和插电式混合动力汽车产业化，推广普及非插电式混合动力汽车、节能内燃机汽车，争取到 2015 年，纯电动汽车和插电式混合动力汽车累计产销量达到 50 万辆，到 2020 年超过 500 万辆。

规划的出台，为长期徘徊于优先发展纯电动还是混合动力，混合动力倾向微混还是重混的几大技术流派指明了方向，理论分歧的消除为中国新能源汽车产业化按下了启动键。

四、二手车流通相关政策

（一）《二手车流通管理办法》

2005 年 10 月，由商务部、公安部、工商总局、税务总局联合发布的《二手车流通管理办法》正式实施。从 1998 年起国家有关部门相继出台了《旧机动车交易管理办法》（内贸机制〔1998〕第 33 号）、《关于加强旧机动车市场管理工作的通知》（国经贸贸易〔2001〕1281 号）等相关文件和规定，这些规定对培育二手汽车市场和规范市场交易秩序起到了积极的作用。但随着二手车市场的不断发展，原有管理办法已不能满足实践的需要，也不能适应入世后汽车贸易领域对外开放步伐加快的形势。《二手车流通管理办法》最重大的变化在于打破垄断格局，引入竞争机制，实现经营主体多样化。原有规定要求二手车交易必须在二手车交易市场进行，这样就人为地造成了新车市场与二手车市场的隔离。从我国二手车流通现状和发展来看，这一规定使汽车品牌经销商等经营主体经营二手车受到阻碍，已严重地影响和制约了二手车及汽车市场的发展。取消二手车交易场所的限制，及时引入汽车品牌经销商等经营主体，实现经营主体多元化，一是有助于打破垄断，建立竞争机制，提高交易规模及服务水平，改善消费环境，实现资源的优化配置；二是有助于充分利用现有营销网络和较成熟的运营管理体系，发挥规模优势，加强质量管理，确保所售二手车的质量符合国家有关规定；三是有助于为消费者提供售后服务，保障消费者的利益；四是有助于为二手车市场提供丰富的经营资源并促进新车销售，进一步增强汽车市场活力。《二手车流通管理办法》明确规定，符合相关条件的汽车品牌经销商等经营主体均可依法申请从事二手车经营。《二手车流通管理办法》简化了二手车交易程序。新办法出台前，一些地方行政部门自行出台各种政策，导致政出多门，交易手续烦琐，一辆车要完成交易和转移登记手续需要十多道程序，给消费者带来诸多不便。为方便交易，加快二手车流通，《办法》取消了不必要的二手车交易环节。

（二）《二手车交易规范》

2006 年 3 月，商务部发布了《二手车交易规范》（商务部公告 2006 年第 22 号）。二手车市场是汽车市场的重要组成部分，在中国极具发展潜力。2005 年二手车交易量达 145 万辆。随着汽车保有量不断增加，二手车市场也越来越有吸引力，客观上需要有一个健全、规范、通畅的二手车流通体系，需要有一个公平、公正、开放、有序的市场环境，也需要完善的二手车流通法律保障。但是，由于二手车交易行为不规范、不透明，信息不对称，在二手车交易中普遍存在买方对卖方不信任，对车辆来源的合法性、事故情况、违规责任、性能、里程真实性表示怀疑，对二手车望而却步，严重影响了二手车市场做好做

大。出台《二手车交易规范》，目的是从维护二手车交易各方的合法权益出发，进一步规范二手车交易行为，明确二手车交易流程和各方相应的责任；营造公正、公开的交易氛围，引导二手车经营主体和交易市场经营者诚实守信，合法经营；增加交易透明度，方便消费者参与交易，让交易车辆、交易行为在阳光下一览无余，真正让消费者买得舒心、买得放心、用得安心，更好地维护公共安全和公众利益，推动二手车流通市场繁荣发展。

（三）《关于进一步规范二手车市场秩序促进二手车市场健康发展的意见》

2009 年 10 月，由工商总局、商务部、财政部、公安部、工业和信息化部、税务总局、国家发展改革委员会等七部委联合发布了《关于进一步规范二手车市场秩序促进二手车市场健康发展的意见》（下称《意见》）。随着我国新车消费的快速增长，各地二手车市场得到较快发展，但是，一些地方的二手车市场经营场地和经营行为不规范，不正当竞争、欺诈消费者等现象仍时有发生，严重损害了消费者的合法权益，扰乱了二手车市场经营秩序。为加快汽车产业调整和振兴，积极培育汽车消费市场，拉动汽车消费，促进汽车产业结构调整，国家工商总局等七部委联合发布了此意见。《意见》从规范经营主体，严格市场准入条件、加强监督检查，规范经营行为、查处违法违章行为，净化市场环境、构建诚信体系，立足长效监管等几方面提出了要求。为落实意见精神，《意见》中对各部委进行了明确的职责分工。

五、汽车产品、零部件召回及回收利用相关政策

（一）《汽车产品回收利用技术政策》

2006 年 2 月，国家发展与改革委员会、科学技术部、国家环保总局联合颁布了《汽车产品回收利用技术政策》，该政策将汽车产品的回收利用率指标纳入到汽车产品的市场准入许可管理体系，设定了未来十年汽车产品回收利用目标；首次要求加强汽车生产企业的责任管理，在汽车生产、使用、报废回收等环节建立起以汽车生产企业为主导的管理体系，从而将汽车生产企业的责任从传统的产品开发设计、生产制造、销售和售后服务等领域延伸到报废汽车回收利用领域；鼓励汽车行业高效利用材料、降低能耗、消除废弃物的危害性，限制使用重金属。

（二）《汽车零部件再制造试点管理办法》

2008 年 3 月，国家发展与改革委员会正式发布《汽车零部件再制造试点管理办法》，确定了首批 14 家汽车零部件再制造试点企业，同时将开展再制造试点的汽车零部件产品范围暂定为：发动机、变速箱、发电机、启动机、转向器五类产品。《汽车零部件再制造试点管理办法》中，发改委规定，暂不允许再制造企业从报废汽车拆解企业收购“五大总成”进行再制造；再制造产品原则上不得低于同类原产品新件的质量保修期；零部件再制造企业不得回收或再制造未获得授权的其他企业产品；再制造产品应进入汽车生产企业售后服务系统进行流通，不得直接向社会零售市场销售；再制造企业应获得可再制造旧件的原生产企业的商标使用权。

（三）《缺陷汽车产品召回管理条例》

2012 年 10 月，国务院会议通过《缺陷汽车产品召回管理条例》，并将自 2013 年 1 月 1 日起施行。《缺陷汽车产品召回管理条例》的通过，标志着汽车召回制度终于从部门规章升级为国家法律法规，强制要求汽车企业召回问题车辆，保证了消费者的权益。

六、其他相关政策

（一）《车辆购置税征收管理办法》

《车辆购置税征收管理办法》2005 年出台，2011 年修订。

车辆购置税是指对在中华人民共和国境内发生购买、进口、自产、受赠、获奖或者以其他方式取得并自用应税车辆的行为的纳税人征收的一种税。该税种以《中华人民共和国车辆购置税暂行条例》的颁布为标志和政策依据，自 2001 年 1 月 1 日起委托交通部门比照车购费的有关规定代为征收。2004 年国家税务总局又下发了《关于车辆购置税税收政策及征收管理有关问题的通知》（国税发〔2004〕160 号），自 2005 年 1 月 1 日起，车辆购置税由国家税务局负责征收。在 160 号文件执行近三个月后国家税务总局又下发了《关于车辆购置税税收政策及征收管理有关问题的补充通知》（国税发〔2005〕47 号）对车辆购置税税收政策界限、管理方式进行明确。

为了进一步加强和规范车辆购置税征收管理工作，提升税收征管政策的法律级次，提高车辆购置税的征管质量和效率，2005 年 11 月 15 日国家税务总局对已经在 2005 年 10 月 25 日第 7 次局务会议审议通过的《车辆购置税征收管理办法》予以发布，自 2006 年 1 月 1 日起施行。《车辆购置税征收管理办法》共 50 条，详细规定了车辆购置税申报程序、免税程序、退税程序、税款征收程序、完税证明的管理程序以及档案资料的管理程序六部分。

2011 年 12 月 19 日，国家税务总局局长肖捷签署国家税务总局第 27 号令，发布了国家税务总局关于修改《车辆购置税征收管理办法》的决定，新办法明确从 2012 年 1 月 1 日起，取消车辆购置税过户、转籍、变更业务，调整实地验车范围，减轻纳税人办税负担，并增加对免税条件消失车辆的监管。

（二）《汽车金融公司管理办法》

2004 年 10 月 3 日，经国务院批准，中国银行业监督管理委员会颁布并开始实施《汽车金融公司管理办法》。《汽车金融公司管理办法》主要对汽车金融机构的进入条件作出规定：只要符合一定的资产以及负债条件即可，车贷业务不但对非金融机构开放，也同样对外资机构开放。该办法的颁布实施是我国履行加入世贸组织有关承诺、规范汽车消费信贷业务管理的重要举措，对培育和促进我国汽车融资业务主体多元化、汽车消费市场专业化，促进我国汽车产业的发展等发挥了积极的作用。

2007 年 12 月 27 日中国银行业监督管理委员会第 64 次主席会议通过了新的《汽车金融公司管理办法》，于 2008 年 1 月 24 日起施行。新办法强调设立汽车金融公司的出资人应具有汽车金融管理经验或专业团队；强调三大核心主业：零售贷款、批发贷款(特指对经销商的采购车辆贷款，有别于一般公司贷款)、融资租赁业务。

（三）《关于建立汽车行业退出机制的通知》

2012 年 7 月，工业和信息化部发布《关于建立汽车行业退出机制的通知》，决定在汽车行业建立落后企业退出机制，如果乘用车企业连续两年销量为零或者少于 1 000 辆将被要求整改，对于破产或进入破产清算程序的汽车企业，注销其《车辆生产企业及产品公告》。该通知的实行将结束汽车生产企业有增无减的局面，对于调整产业结构，推动汽车产业转型升级起到积极作用。

拓展 2.2　国外汽车贸易与相关政策

不同的时代、不同的社会制度下，各国对汽车产业的认识及态度有很大的不同，从而导致了各国汽车产业政策的差异。但毋庸置疑，政策法规对汽车产业的发展影响是巨大的。

一、日本对国内汽车产业实行扶持政策

日本是一个对汽车产业实行扶持政策的国家。日本制定了设备投资低息融资、引进技术优先配汇以及税制优惠等一系列政策来对国内汽车生产厂家进行扶持。日本政府在 1952 年和 1957 年先后颁布了《企业合理化促进法》和《租税特别措施法》，这两部法律都是以扶持国内骨干产业为目的的，根据这两项法律及其附则，凡属于扶持对象的汽车生产厂家，在购买大型机械设备和引进最新生产技术时，均可享受低息贷款和关税减免的优惠，同时，对企业的技改项目实行资金补助和税制优惠的制度，从而充分调动了企业的积极性，使企业积极扩大资本积累，引进最先进的技术，全面提高企业的市场竞争力。

日本还于 1956 年颁布实施了《机械工业振兴临时措施法》，将汽车产业和其他 17 个行业作为重点扶持的“特定机械工业”，由政府直属金融机构实行长达 10 年、利率仅为 6%～7% 的长期低息设备资金贷款保证，并制定与贸易自由化相适应的措施对零部件生产厂家加以扶持。零部件生产厂商在得到融资后，得以引进国外的最新科学技术，更新生产设备，大大提高了劳动生产率和产品的科技含量，企业的国际竞争力大大增强。也就是从这一时期开始，日本的汽车工业迎来了高速的发展，创造了工业生产的奇迹。

二、韩国对国外汽车产业实行限制政策

为了避免进口汽车对本国汽车产业形成冲击，韩国利用关税壁垒对国产车进行有效的保护。在韩国汽车产业发展之初，为保护国内汽车市场，韩国政府实行了严格的抑制汽车进口的措施。如 1962 年制定了《汽车产业保护法》，大幅度提高进口汽车关税。直到 1985 年韩国汽车产业基本成熟后，才在其他国家的要求和压力下，开始逐步降低汽车进口关税。但同时韩国政府对汽车进口设置了各种非关税壁垒：如限制建立进口汽车销售网络；禁止在电视和报刊上做广告；对购买外国高级汽车的顾客进行特别税务检查；政府推行“买韩国货”运动；对每辆汽车进行单项技术验收；贷款限制，限制进口商一次性大量进口国外汽车，等等。

三、全球化产业政策改变美国汽车业发展格局

汽车工业是美国经济的脊梁和美国工业的领头羊，有“汽车开动，美国便前进”之说。现在，美国的汽车业更加繁荣，但不再是由于底特律的美国汽车公司的力量，而是外国汽车制造商使美国的汽车制造业走向复苏，并把美国变成了全球汽车制造业中心。一个来自欧洲和亚洲的激烈竞争浪潮，正在促使美国汽车业从制造到设计都发生了意义深远的变化。

二十多年前，第一家外国汽车厂——本田公司开始在俄亥俄州的马里斯维尔制造小汽

车，随后更多的外国公司跟进。在2006年，外国公司在北美的汽车生产能力提高了40%。从美国的南方到北方，从美国人拥有的公司到美国人与外国人共同拥有的公司，外国汽车厂商的运作，已使美国汽车业发生重大的变化。

外国汽车公司在美国设厂生产，对美国汽车厂商并非是好事情。欧洲的豪华品牌压倒了曾经风光无限的“凯迪拉克”和“林肯”；日本汽车制造商正在攻入利润丰厚的卡车市场，甚至那些曾经不起眼的韩国小汽车也提升了价值链，赢得了首批顾客。结果是美国汽车制造商的市场份额大幅下降，从1995年以来，他们整整输给了外国竞争对手10个百分点。

但由于这种全球化的发展，美国获得了大量的人才和投资。实际上，从更广泛的角度看，美国汽车市场从未像现在这样繁荣，顾客也获得了更好的服务。因此说，美国汽车产业全球化的开放政策虽然对本国汽车工业产生了巨大的冲击，但对美国整体经济的发展带来了勃勃的生机和活力。

四、德国重视自主开发，打造核心竞争力

德国的汽车工业历史悠久，至今还引领着世界汽车工业技术的发展。德国汽车产业在蓬勃发展时期给国民经济的贡献度是：税收的1/4；出口的1/5；产值的1/6；就业的1/7。汽车产业之所以在德国这般突出，最重要的因素就是德国在制定产业政策时特别注重汽车产业自主开发能力的培养，大力促使各汽车生产企业不遗余力地开发自主知识产权的汽车技术和工艺，这种政策使德国汽车工业拥有了具备核心竞争力的产品，尤其是在豪华轿车领域，如奔驰、宝马和保时捷，使德国成为世界豪华轿车的代言人，给德国带来了巨大的经济利益。

五、产业政策不当使英国汽车业滑向低谷

二战结束后，英国政府对自己的汽车工业实行关税保护。由于这一原因，英国加入欧共体的努力多次受挫，最终英国政府对外作出了妥协，取消了关税壁垒。英国的汽车工业虽然没有面临本质上的动摇，但却面临外国产品的竞争。

从1952年起，英国实行分期付款赊销政策，但英国是个进口国，为了改善国际收支平衡，英国政府经常会采取降低国内经济增长速度、限制国内需求鼓励出口的政策。从1952年到1973年，分期付款法案修改了18次，因而造成国内需求起伏不定。英国的汽车厂家因为摸不准国内需求的脉搏都不敢贸然提高产量。在英国的汽车转向出口的时候，英国政府却在20世纪60年代末出台保英镑的政策，这又使得英国汽车出口无利可图。在内需和外需都疲软的情况下，英国汽车工业的产量和销量只能保持在一个较低水平，这就影响了英国汽车业的创新能力，加剧了英国汽车工业的落伍。

为了应对严峻的形势，英国的汽车厂开始走向联合。1968年，利兰(Leyland)汽车集团成立。在利兰集团中，罗孚、凯旋和捷豹合并，这本来是一个不错的态势。同时，英国政府为了支持国内汽车企业，开始实行减税促进消费的政策，但没想到这却是对英国汽车工业最致命的一击。这一剂补药令已经过了壮年的英国汽车企业无福消受，却让外来的竞争者大受其益。衰落的英国汽车满足不了消费者猛增的消费需求，价廉物美的日本车乘机蜂拥而入，从此，英国的汽车工业就再也没有还手的余地。

拓展2.3　国际汽车市场的现状及发展趋势

（一）国际汽车市场的现状

1. 欧洲市场：消费需求萎缩，汽车市场面临巨大挑战

2009年以来持续发酵的欧洲主权债务危机使整个欧洲经济陷入了难以逆转的衰退之中。劳动密集型的汽车企业首当其冲成为经济下滑的牺牲品。2012年除德国市场的汽车销量仍呈小幅上涨趋势外，意大利、法国和西班牙等市场都出现了接近两位数的下滑。法国2012年8月份的汽车销售量同比下跌11%，至96 115辆，这已经是第十个月连续下滑。意大利汽车销量下降20%，已经是连续第九次两位数下滑。

在经济形势没有好转之前，欧洲汽车市场面临持续的产能过剩压力，各大厂商开始拿出相应的政策来减少损失，以PSA、菲亚特、欧宝等集团为代表的厂商开始以关闭工厂和裁员作为在这次危机中减少损失的主要方法。自2012年起，部分跨国整车制造商会陆续地开始处理其在欧洲的产能问题。2012年欧洲汽车行业从业人员为700万人，其中临时工有150万人，这些人正面临着失业带来的巨大压力。

2. 美国市场：美国品牌独领风骚，亚洲品牌地位稳固，欧洲品牌占领高档车市场

美国是2008年国际金融危机的发源地，2009年受到北美经济低迷的影响，北美汽车市场也呈现出下降趋势，美国汽车市场销量达到近年来的新低，降幅超过20%。2009—2011年，随着北美经济的稳健复苏以及各种刺激政策发挥作用，美国经济呈现出“快速下滑—快速反弹”的走势。2011年数据显示，美国在成熟汽车市场中一骑当先，在积压购买力的释放作用下，保持全年两位数的同比增幅。2011年美国轻型车总销量为12 778 335辆，比2010年的11 589 844辆同比提高10%。美国汽车市场呈现美、亚、欧三分天下的格局。

（1）底特律汽车三巨头通用、福特、克莱斯勒的本土销量增长12%，总销量6 016 012辆，合计占市场份额46.9%。三巨头2011年在美销量分别位居第1、第2和第4名。

（2）受日本地震及泰国洪灾等自然灾害的影响，2011年，日系车在美销量总体呈现下降趋势，丰田、本田和日产在美总销量3 834 479辆。这一年，三家企业在美销量分别位居第3、第5和第7名。

（3）韩国现代汽车集团（含起亚）2011年全年在美销量同比增长27%，至1 131 200辆，在美销量排名居第6位。

（4）德系三巨头大众、宝马和戴姆勒仍处于美国车市的第二梯队。2011年，德系品牌巩固了在美高档汽车市场的地位。

3. 日本市场：复苏步伐缓慢

2009年是日本汽车业30多年来最艰难的一年。2008年国际金融危机爆发后，日本经济陷入深度衰退，失业人数增加，国民收入下降，汽车消费也随之陷入低迷。为此，日本政府出台了针对汽车业的一揽子危机应对政策。不过，主要靠政府刺激政策拉动的日本汽车市场要实现真正复苏，恐怕仍是前路漫漫。

另外，受“3·11”强震的影响，日本在未来十年都将处于灾后重建中，短时期内还将把主要精力放在核泄漏的处理上，因此，电力供应在未来三五年内不可能彻底恢复到灾

前水平。汽车、电子、工程机械等众多产业将不得不向周边国家转移，新一波日本产业大转移将很快形成。

4. 韩国市场：国内需求疲软，海外市场发展迅猛

从2005年1月份开始，韩国的五大汽车制造商纷纷推出新车型，扩大海外出口计划，试图以此来应对2004年延续下来的萧条的国内市场。目前韩国汽车发展势头迅猛，特别是现代汽车在海外市场的发展取得了长足的进步，不仅仅是数量上的增长，同时，韩国汽车价低质劣的形象已大大改观，产品质量大幅提升，以其极高的性价比广受欢迎。

5. 东欧市场：发展前景看好

波兰、匈牙利、捷克、斯洛文尼亚、斯洛伐克、爱沙尼亚、拉脱维亚、立陶宛、塞浦路斯和马耳他等10个中东欧国家将正式加入欧盟，自此欧盟将形成一个规模与美国不相上下的统一大市场。

外界普遍看好该地区的经济增长前景。在欧盟东扩后，其贸易规则也会随之“东扩”。例如，在这些国家生产的产品与在欧盟内部生产的产品将被一视同仁，无需交纳关税。同时，在生产和销售中不会受到货币汇率的影响。各种优惠的贸易政策为各大汽车生产快速进入欧洲市场提供了条件。中东欧地区有可能成为继北美洲、亚洲和西欧之后的第四大汽车生产基地。

6. 中国市场：最具发展潜力

世界汽车大国纷纷瞄准中国的汽车市场。中国汽车市场的巨大发展潜力主要来自于几个方面：一是中国经济的持续稳步增长，民众生活水平和质量的提高；二是汽车消费政策和环境的改善及城镇化建设速度的加快，促进了私人购买乘用车和轻型商用车的热潮；三是国家积极的财政政策以及西部大开发战略的实施，促进了重型货车和专用汽车的发展；四是城市交通和旅游事业的发展拉动了大客车和出租车的需求。

截至2011年8月底，全国机动车保有量达到2.19亿辆。其中，汽车保有量首次突破1亿辆大关，占机动车总量的45.88%。如果减去农用车，我国汽车保有量实际上只有8 000万辆左右，略高于日本的7 500万辆汽车保有量，不到美国2.85亿辆汽车保有量的1/3。从全世界范围来看，千人汽车保有量为120辆。而中国目前千人汽车保有量只有54辆，因此中国的汽车市场仍有巨大的发展潜力。

（二）国际汽车市场的发展趋势

美国汽车工业协会的一项调查报告指出，为了跟上千变万化的市场，各国汽车工业正在全面革新，包括经营、销售、开发、制造和信息管理等。随着世界经济一体化进程的加快，以及令人目不暇接的信息技术的革新，传统的汽车业正在出现根本性的变革。与以往不同的是，此次变革领域之广、力度之大、进展之快，几乎是任何单独一家厂商难以驾驭的。为了及时获得市场，不被淘汰，越来越多的厂商开始通过扩大产业规模、全球化的技术合作，变革传统的经营管理模式，提供更加全面的服务等来提升自身的市场竞争力，并取得了很好的效果。

国际汽车市场的变革呈现如下六大趋势。

1. 全球性汽车产业资产重组、联合、兼并步伐加快

20世纪90年代以来，汽车跨国联盟成为世界汽车工业发展的主流趋势，基本形成了六大汽车集团(或战略联盟)和三大独立自主公司的格局。“六”指通用、福特、戴姆勒－

克莱斯勒、大众、丰田、雷诺－日产；“三”指本田、宝马、标致－雪铁龙。

“强强联合”使大汽车集团更具实力和竞争力，汽车技术、产品和企业国际化的特征更加明显，其生产能力已占世界汽车市场的90%以上。汽车工业的全球化在很大程度上改变了人们的传统观念，现在人们已经很难说清汽车的“国籍”，也许品牌是日本的，但发动机或变速器是德国的，悬挂系统可能是美国生产的，万向节是中国制造的。

2. 国际汽车市场的竞争实质上是技术创新的竞争

随着社会的进步，人们对节能排放和安全的要求日益提高，对汽车、发动机和关键零部件等提出了更高的技术要求，如线控制系统将取代传统的机械连杆结构而采用以信息技术传感器为基础的计算机控制、智能交通运输系统、卫星导航系统的推广等。世界各大汽车公司已把主攻方向从实施精益生产、提高规模效益等转向以微电子技术和信息技术为代表的高新技术，对汽车工业开发、生产和销售的全过程进行提升。

3. 采取平台战略，全球采购、模块化供货已成趋势

为提高产品竞争力，国际汽车工业正在广泛采用零部件全球采购、系统设计、模块化供货的策略，使新产品开发费用和工作量部分地转嫁到零部件供应商，使风险共担，实现在全球范围内合理配置资源，提高产品通用化程度，大幅度降低成本，使新产品更具竞争力。著名的跨国零部件集团公司规模越来越大，附属于各大汽车公司的零部件公司将成为独立的跨国零部件集团。零部件业的技术和产品开发权，由汽车开发部门转向零部件公司。零部件的采购由零件向部件(模块)发展，形成一级和二级供货商。零部件供应商与汽车制造商签订长期合同，从产品开发到生产供货，成为合作伙伴。

4. 汽车巨头进军新兴市场，布局基本完成

由于世界汽车发达国家的市场已趋于饱和，本国市场增长速度放缓，利润大幅下降，因此，国际汽车巨头争夺新兴市场就成为持续发展的关键因素。目前的新兴市场主要包括中国、印度、东南亚等在内的亚洲，以及以巴西、阿根廷、乌拉圭和巴拉圭为代表的中南美国家。世界主要的汽车厂商都加快了对新兴市场的开拓力度，纷纷投资设厂，目前产业布局已基本完成。

5. 整车开发周期缩短

由于市场竞争日益激烈，产品的更新换代也更加频繁，能否在尽可能短的时间内推出最新的产品成了汽车厂商抢占市场先机的法宝。目前整车开发周期一般1～2年，有的短至半年。随着信息产业的发展及技术更新的进一步加快，许多国际先进的公司将旧的技术转让出去，以尽快回收技术费用，加快技术的更新，力求在最短的时间内推出最新产品。

6. 整车销售利润不断下降

目前，汽车服务利润将成为汽车厂家的主要利润来源。这是因为市场竞争的加剧和发达国家汽车市场的饱和，整车的销售利润在不断下降。据美国权威机构调查，目前国际汽车企业集团的整车销售利润仅占其总利润的20%，而零配件销售的利润占20%，其余60%的利润都来自于汽车服务。因此，提高汽车服务水平就成了各汽车厂商的努力方向。

(三) 我国汽车市场的发展方向

根据国际汽车市场的发展现状和发展趋势，我国汽车市场的发展应注重以下几方面。

1. 适应大市场，建立新体系

我国汽车市场的潜力很大，每一个细分市场都存在着巨大的市场空间。为满足多样化

的用户需求，我国汽车工业应建立新型的柔性生产和物流体系；实行模块化采购，提高市场反应速度和供应商、销售商的协同能力，建立 IT 物流体系和销售网络，发展电子商务、网上购车等；通过强化专业分工，使每个企业都能在某个专业领域潜心发展，产品逐步向“四高”（高附加值、高技术含量、高可靠性、高环保）转变，实现赶超国外先进企业的目标。

2. 创建世界级汽车品牌是关键

据联合国工业发展组织的统计数据表明，中国制造业已占据世界第 4 位，其中汽车占据世界第 3 位。其他包括能源、化工、建材、纺织、家电、电子等十几个行业的百余种产品已经位居世界第 1 位。但与以上数据不相称的是，世界 100 个著名品牌中，美国、日本、德国占了 2/3，中国的知名品牌却少得可怜。

汽车制造业的发展水平是衡量一个国家经济实力的重要标志。国外发达国家纷纷抢占其技术制高点，取得品牌效应后，又加速抢占其市场份额。目前几乎所有的汽车跨国公司都把中国作为全球战略的一个重点，而且在华经营重点也从贸易和技术转让变成建立生产基地，由商品输出变为资本和品牌输出，为的是占领中国这个巨大的市场。据专家分析，发达国家将汽车制造业加速向中国转移，对中国的定位无一不是廉价的组装车间和销售。美、欧、日、韩等发达国家对世界范围内的产业转移作了如下分工：高技术制造部分在国内，一般零部件和组装在其他发达国家和地区进行，最终产品从这些国家出口到世界各地。

面对这种局势，我国汽车工业的应对策略是顺应潮流，将中国建成世界级汽车制造基地。世界级制造应该由世界级管理、世界级技术、世界级物流、世界级设计和世界级品牌来支撑。其中最重要的是世界级品牌。应该说，从现在开始的 5 ～10 年内，是中国汽车制造业树立自己的世界级品牌的绝佳机会。截止到 2011 年，中国经济总量已占到世界 10% 以上，超过日本成为世界第 2 名；到 2020 年，经济总量有望超过美国成为世界第 1 位。由于我国的 GDP 占世界总量超过 10%，相应的世界级品牌也应该向 10% 靠近。

3. 坚定不移地走国际化之路

面对经济全球化、新科技革命和世界经济结构调整三大趋势，我国汽车工业任重而道远。经济全球化在一定程度上为我国在更大范围内融入世界经济，发挥我国的比较优势尤其是汽车产业优势提供了新的机遇，同时也将受到更大范围、更深程度的国际竞争压力。新科技革命的发展，使我国面临着加速工业化和紧跟知识经济潮流的双重任务，为在现代信息技术等高科技产业领域占有一席之地，汽车工业要凭借地域优势，在新的国际产业格局中，要把拥有核心技术、掌握关键产品和零部件的生产能力作为重中之重，主动抢占高新技术制高点，选准目标市场，进行海外战略联盟，提升我国汽车产品在国际市场的地位。

【项目考核】

一、知识考核

1. 国际分工对汽车市场有什么影响？国际汽车市场的现状及发展趋势如何？
2. 国际汽车市场可细分为哪些市场？
3. 我国《汽车贸易政策》有哪些特点？它在什么背景下产生？
4. 日本与韩国的汽车产业政策有何差异？
5. 特许经销制和品牌专营制有何区别？

6. 汽车贸易的支付工具主要有哪些？它们主要有哪些区别？
7. 什么是信用证？它的特点和作用是什么？

二、案例分析考核

《汽车贸易政策》中有关二手车交易的条款

第十六条　国家鼓励二手车流通。建立竞争机制，拓展流通渠道，支持有条件的汽车品牌经销商等经营主体经营二手车，以及在异地设立分支机构开展连锁经营。

第十七条　积极创造条件，简化二手车交易、转移登记手续，提高车辆合法性与安全性的查询效率，降低交易成本，统一规范交易发票；强化二手车质量管理，推动二手车经销商提供优质售后服务。

第十八条　加快二手车市场的培育和建设，引导二手车交易市场转变观念，强化市场管理，拓展市场服务功能。

第十九条　实施二手车自愿评估制度。除涉及国有资产的车辆外，二手车的交易价格由买卖双方商定，当事人可以自愿委托具有资格的二手车鉴定评估机构进行评估，供交易时参考。除法律、行政法规规定外，任何单位和部门不得强制或变相强制对交易车辆进行评估。

第二十条　积极规范二手车鉴定评估行为。二手车鉴定评估机构应当本着“客观、真实、公正、公开”的原则，依据国家有关法律法规，开展二手车鉴定评估经营活动，出具车辆鉴定评估报告，明确车辆技术状况(包括是否属事故车辆等内容)。

第二十一条　二手车经营、拍卖企业在销售、拍卖二手车时，应当向买方提供真实情况，不得有隐瞒和欺诈行为。所销售和拍卖的车辆必须具有机动车号牌、《机动车登记证书》、《机动车行驶证》、有效的机动车安全技术检验合格标志、车辆保险单和交纳税费凭证等。

第二十二条　二手车经营企业销售二手车时，应当向买方提供质量保证及售后服务承诺。在产品质量责任担保期内的，汽车供应商应当按国家有关法律法规以及向消费者的承诺，承担汽车质量保证和售后服务。

第二十三条　从事二手车拍卖和鉴定评估经营活动应当经省级商务主管部门核准。

试问：

1. 通过以上条款，分析《汽车贸易政策》对于二手车交易的具体影响。
2. 分析我国今后二手车市场发展趋势。

项目三　汽车贸易方式和贸易支付

【知识目标】

1. 掌握汽车贸易的各种方式；
2. 熟悉我国汽车贸易的主要模式；
3. 了解贸易的支付工具和支付方式。

【技能目标】

1. 能够根据汽车各种贸易方式做好汽车营销业务；
2. 能够掌握贸易的支付工具和支付方式。

◇引导案例◇

目前中国汽车销售市场的主要营销模式

1. 汽车专卖店。这种销售模式通常是汽车制造商与汽车经销商签订合同，授权汽车经销商在一定区域内从事指定品牌汽车的营销活动。汽车制造商通常会对汽车经销商的销售方式、宣传方式、服务标准、销售流程等作出要求，通常在同一专卖店中销售同一品牌的产品。汽车专卖店的功能通常包括新车销售、二手车回收及销售、维修服务、配件销售、信息反馈。根据汽车专卖店功能的组合，可以将汽车专卖店分成1S专卖店、2S专卖店、3S专卖店、4S专卖店和5S专卖店。

从1998年广本首先推出4S店模式开始，这种卖车模式就在全国风行，成为一种汽车销售的主流模式。4S店利润丰厚，一度有着“上千万的建设投资，一年回本”的大好光景，也因此受到众多经销商的追捧。而消费者在4S店享受服务，确实也有一种享用“原装正品”的踏实感。汽车专卖店具有品牌和服务优势，对客户来说，汽车专卖店可以提供让客户放心的原厂配件以及汽车制造商认可的维修服务；而对汽车制造商来说，汽车专卖店是他们的信息触角，可以收集到客户的需求和市场信息，同时保证汽车制造商在售后方面的收入和利润。

虽然4S店模式被认为是目前最先进的汽车营销模式，但并非用在所有的车型、品牌上都奏效。近年来，4S店先天的许多“短板”开始凸显：投资大、运营成本高、营销同质化、盈利捉襟见肘等，这些都增加了4S店的销售压力。由于很多强势品牌网点数量的一再扩张，以及经销商在前期建设上动不动上千万元的高投入，4S店高利润时代已经一去不复返，很多店处于半亏损甚至亏损状态。据相关数据显示，目前北京地区的4S店只有三分之一盈利，三分之一处于亏损边缘，另外有三分之一是负盈利运营。对客户来说，车型品种相对单一，不符合中国消费者比价的消费习惯，而且通常不能提供购车一条龙服务，同时消费者对4S店提供的昂贵的售后服务也产生了质疑。对汽车经销商来说，汽车专卖店的投资大，收回投资的周期长。对汽车制造商来说，不容易找到合适的汽车经销商，同时管理的难度较大。

2. 汽车超市。这是一种可以代理多种品牌汽车、提供这些代理品牌汽车销售和服务的方式。例如北京的亚之杰联合汽车销售展厅里就有大众、奥迪、福特和奔驰品牌轿车，并且进口车与国产车摆在一起销售。汽车超市是与汽车制造商品牌专卖的要求相违背的，因此，汽车超市通常由一些有实力的、手上掌握了多个汽车品牌销售代理权的经销商运作，或者从其他4S店进货。

汽车超市的优势在于，对消费者来说，方便了对车型的挑选，很容易货比三家。但对于生产制造商来说，通常会担心在同一个店里展示的其他品牌会影响到自己品牌产品的销售，因此，通常生产制造商都不会直接将代理权交给汽车超市，一些汽车超市只能从4S专卖店进货，增加了汽车超市的进货成本。目前一些汽车生产厂家也开始主导打破这种思维定式，例如国内自主品牌吉利和江淮，他们已开始尝试建设品牌汽车超市或者小规模的经销店。吉利作为一个迅速成长中的企业，给经销店的门槛就很低，允许建1S店、2S店，而江淮则是在一些县级市建设汽车超市，把旗下所有产品，包括轻卡和轿车打包销售。

3. 汽车交易市场。这是将许多3S、4S汽车专卖店集中在一起，提供多种品牌汽车的销售和服务，同时还提供汽车销售的其他延伸服务，如贷款、保险、上牌等的一种模式。通常有一家类似于房地产公司的实体公司来运作汽车交易市场，形成自己的品牌，并由该公司组织相关资源来提供延伸服务。最为著名的例子是北京的亚运村汽车交易市场，目前拥有160多家经销商。

汽车交易市场的优势在于消费者拥有更为自由的购车环境，有更多的选择机会，同时可以享受购车的一条龙服务。汽车交易市场还带来规模效应，统一的维修和配件供应，使得经销商的运作成本降低，而消费者可以买到更低价格的车。但是，由于汽车交易市场中聚集了几十甚至上百的汽车经销商，以及其他各种供应商和贸易商，从市场的管理上来说难度较大。同时，由于汽车交易市场通常占地较大，要找到地理位置好并且面积合适的地皮非常困难，而且由于一些整车制造商对汽车专卖店服务半径的限制，也阻碍了一些汽车专卖店的加入。

4. 汽车园区。这是汽车交易市场规模和功能上的“升级版”。除了规模上的扩张，汽车园区最主要体现在功能上的全面性，在汽车销售、汽车维修、配件销售等方面，汽车园区更多的是加入了汽车文化、汽车科技交流、汽车科普教育、汽车展示、汽车旅游和娱乐等众多的功能。例如北京东方基业汽车城，不仅提供汽车交易，以及工商、税务、车检、交通、银行、保险等职能部门服务，而且提供汽车咨询、车迷论坛、汽车俱乐部、汽车博物馆等服务。未来甚至会包括购物中心的设施也会建在汽车园区内或紧邻，以满足中国消费者一站式服务的消费需求。

汽车园区的优势在于功能齐全，对客户购车来说非常方便，同时汽车园区自身具有更强的吸引消费人气的能力。而它的劣势在于投资巨大，投资回收期长，功能复杂，管理困难。

引导问题

1. 试比较各种汽车营销方式的不同特点？
2. 汽车4S店今后的走向如何？

必备知识

任务3.1　汽车贸易方式

一、经销

经销(Distribution)是指经销商(Distributor)与供货商(Supplier)达成协议，承担在规定的期限和地域内购销指定商品的义务。

经销是汽车贸易中常见的一种交易方式。通常是供货商通过与经销商签订经销协议，给予经销商在一定时期和指定区域内销售某种商品的权利，由经销商承购商品后自行销售。供货商可以通过订立经销协议与客户建立一种长期稳定的购销关系，利用经销商的销售渠道来推销商品，巩固并不断扩大市场份额，提高其产品销售量。

按经销商权限的不同，经销可划分为两种：

(1) 经销，也称定销。在这种方式下，经销商不享有独家专营权，供货商可在同一时间、同一地区内委派几家商号来经销同类商品。这种经销商与供货商之间的关系与一般买方和卖方之间的关系并无本质区别，所不同的只是确立了相对长期和稳固的购销关系。

(2) 独家经销，是指经销商在规定的期限和地域内，对指定的商品享有独家专营权。

在汽车贸易中，经销是供货商扩大产品在市场保有量的有效方式之一。这是因为在经销方式下，供货商通常要在价格、支付条件等方面给予经销商一定的优惠，这有利于调动经销商的积极性，利用其销售渠道来推销商品，有时还可要求经销商提供售后服务、进行市场调研，这一切都有利于扩大产品销售。但经销方式也有弊病，尤其是独家经销，若该经销商经营不利，就会出现“经而不销”的局面，导致商品受阻；也存在独家经销商利用其垄断地位操纵价格、控制市场的可能性。

二、包销

(一) 包销的含义

包销(Exclusive Sales)是指出口商通过协议把自己某类商品在某一时期某一地区的经营权单独给予指定的外国商人(包销人)的贸易做法。这种贸易方式的特点可归纳为三定(双方定商品、定地区、定时间)；三自(自行购买、自行销售、自负盈亏)；一专(专营权)。包销贸易方式既带有售定贸易方式的性质，即出口商和包销商之间是买卖关系，又有不同于售定业务的特点，即包销商享有一定范围的独家专营权。

(二) 包销协议

在进出口贸易中，开展包销业务需要事先由出口商和包销商签订包销协议，并据此确定双方之间的包销业务，划分各自的权利和义务，达成买卖合同。对于包销协议内容的规定，目前无统一的格式，一般包括下列主要内容：

(1) 包销专营权。包销专营权包括专卖权和专买权。它是出口商与他所授权的包销商之间规定的双方的基本权利和义务，并从法律上确立双方关系的基本出发点，是包销协议的核心条款。专卖权是指出口商将指定的商品在约定的时期和地区内给予包销商从事独

家销售的权利，出口商应承担不再向该地区的其他买主直接销售指定商品的义务。专买权是包销商承担只向出口商购买而不得向第三者购买指定商品的义务。

（2）包销商品的范围。包销商经销的商品可以是供货商经营的全部商品，也可以是其中的一部分，因此，在协议中要明确经销商品的范围，以及同一类商品的不同牌号和规格。在确定经销商品的范围时，要与供货商的经营意图和经销商的经营能力、资信状况相适应。如商品范围规定为供货商经营的全部商品，为避免争议，最好在协议中还要明确包销商品停止生产或有新产品推出时对协议是否适用。

（3）包销地区。包销地区是经销商行使经营权的地理范围。它可以是一个或几个城市，也可以是一个甚至是几个国家。其大小的确定，除应考虑商品和市场的特点、包销商的规模与经营能力及其销售网络外，还应考虑地区的政治区域划分、地理和交通条件以及市场差异程度等因素。包销地区能否扩大，习惯上根据经销实绩由双方协商后加以调整。在包销协议中，供货人在包销区域内不得再指定其他经销商经营同类商品，以维护包销商的专营权。为维护供货商的利益，包销协议也往往规定包销商不得将包销商品越区销售。

（4）包销数量或金额。包销协议规定包销商在一定时间内的经销数量和金额，对协议双方有同等的约束力。包销数额一般采用最低承购额的做法，规定一定时期内包销商应承购的数额下限，并明确经销数额的计算方法。为防止包销商定约后有意拖延，可以规定最低承购额并以实际装运数为准。规定最低承购额的同时，还应规定包销商未能完成承购额时卖方的权利。

（5）包销商品的期限。在我国的出口业务中，包销商品的期限一般定为 1 年。对于新开拓的包销市场，包销期限应短些，以 3 ～6 个月为宜，这样有利于出口商争取主动。在贸易中，无论哪种包销期限，均应规定包销协议期满后的续约和终止条款。

（6）广告宣传、市场指导和商标保护。在包销业务中，包销商在包销地区范围内对其所包销的商品负有广告宣传、市场报道和商标保护的义务，这是包销方式不同于一般售定业务的方面。

在实际业务中，要慎重选择适当的包销商，再通过认真签订包销协议，扬长避短，充分发挥包销业务的有利作用。采用包销方式出口时应注意以下问题：

（1）选择合适的包销商。包销商应是政治态度友好、资金信用可靠，并有一定经营能力，在包销地区有较高商业地位的进口商。一般来说，可以从往来的客户中选择包销商，但单纯从事转手买卖的中间商不宜做包销商。为了防止利用专营权造成垄断，对于那些经营规模大、经营能力强的垄断商，或已包销同类竞争商品而又不愿放弃其经营的商号，也不应作为指定商品的包销商。对于选定的包销商要进行适当的考查和评估，为了慎重起见，对于选定的包销商应有一个试用阶段。

（2）要注意当地的有关法律规定。独家经销方式下，协议中有关专营权的规定有时会构成“限制性商业惯例”。“限制性商业惯例”的一般解释是企业通过滥用市场力量的支配地位，限制其他企业进入市场或以其他不正当的方式限制竞争，从而对贸易或商业的发展造成不利的影响。其核心问题是限制竞争、操纵市场，这在许多国家的立法中属于管制之列。在有些包销协议中，规定包销商品的种类及经销区域时，有时作出下列限制性规定：“包销商不得经营其他厂家的同类商品”、“禁止将包销的商品销往包销区域以外的地区”等等。这类规定就有可能违反有些国家管制“限制性商业惯例”的条例和法令，如

反托拉斯法(Antitrust Law)。因此，在签订独家经销协议时，应当了解当地的有关法规，并注意使用文句，尽可能避免与当地的法律发生抵触。

(3) 签好包销协议。在包销协议中，首先必须对双方的权利和义务作出明确的规定，明确规定专营权及其对等条件。其次确定包销商品的范围、地区及包销数量或金额。包销商品的范围要适当，包销地区的范围要同客户的资信能力和出口商的经营意图相适应。最后应在包销协议中规定终止条款和索赔条款，以防止包销商垄断市场或不利的经营现象发生。

三、代理

(一) 代理的含义和特点

代理(Agency)是许多企业在从事贸易业务中习惯采用的一种贸易方式。在这种贸易方式中，有多种多样的代理，例如采购代理、销售代理、运输代理、保险代理、广告代理等。以下主要介绍销售代理。

国际贸易中的销售代理，是指委托人授权代理人代表其向第三者招揽生意、签订合同和办理与交易有关的各项事宜，由此而产生的权利和义务直接对委托人发生效力。在代理方式下，委托商与代理商之间属于委托代理关系而不是买卖关系，代理商行使代理权旨在取得佣金，而不承担经营风险。

(二) 代理的种类

1. 一般代理(Agency)

一般代理又称佣金代理，是指在同一地区同一时期内，委托人可以选定多个客户作为代理商，根据推销商品的实际金额付给佣金，或者根据协议规定的办法和百分率支付佣金。如果委托人另有直接与该地区的买(卖)主达成交易的，则无须向一般代理计付佣金。我国的出口业务中，运用此类代理商的较多。

2. 总代理(General Agency)

总代理是在特定地区和一定时间内委托人的全权代表。除有权代表委托人签订买卖合同、处理货物等商务活动外，也可以进行一些非商业性的活动，而且还有权指派分代理，并可分享分代理的佣金。在我国出口业务中，只指定我国驻外的贸易机构作为我国外贸公司的总代理。如香港地区华润集团、德信行、五丰行和澳门地区的南光公司，分别为我国外贸专业总公司在香港和澳门地区的总代理。

3. 独家代理(Exclusive Agent or Sole Agent)

独家代理指在规定地区和时间内独家享有委托商给予的指定商品经营权的代理。只要在指定地区和期限内做成指定商品的生意，无论是由代理商做成或是由出口企业自己与其他商人做成，代理商都享有收取佣金的权利。根据协议的规定，代理商可在适当的时候以出口企业的名义代签销售合同。独家代理商所具有的专营权与包销商所具有的专营权是有区别的：

(1) 两者的业务性质不同。独家代理属代销性质，其双方为委托关系；而包销属于售定性质，双方是买卖关系。

(2) 专营权的内容不同。独家代理权仅享有代理专营权，委托商仍可向代理地区推销；而包销商享有的专营权，则包括专卖权和专买权，出口商不得在包销地区内推销包销

商品。

(3) 代理人一般不以自己的名义与第三者签订合同，而在经销方式下，经销商与第三者之间要订立合同。

(4) 盈亏负担和经营的目的不同。独家代理不承担盈亏风险，仅为收取佣金；包销商则要承担经营风险，自负盈亏，旨在谋得利润。

四、寄售

(一) 寄售的含义和特点

寄售(Consignment)是一种委托代售的贸易方式。它是指寄售委托人(货主)(Consignor)将寄售商品运送给代售人(受托人)(Consignee)，由代售人按照寄售协议规定的条件和办法，代替货主在当地市场上进行销售，商品售出后所得货款由代售人扣除佣金及其他费用后汇交寄售人的一种贸易方式。寄售方式有以下主要特点：

(1) 寄售双方之间是一种委托关系，而不是买卖关系。代销人只能根据寄售人的指示代为处置货物，商品所有权仍属于寄售人。就此而言，它与商业代理相类似。但是，代销人在委托人的授权范围内可以以自己的名义出售货物，收取货款并负责执行与买主订立的合同。

(2) 寄售人先将货物运至目的地市场，然后经代销人在寄售地向当地买主销售，与通常的先成交、后交货的做法正好相反，是一种先将货物出运，后售卖的贸易方式。

(3) 商品出售前所有权属于寄售人，如代销人破产，寄售人可以收回商品；如寄售人不执行代销协议，代销人有权对寄售人的货物行使处置权。

(4) 代销商不承担代销货物可能产生的一切费用和风险，仅为赚取佣金。

(二) 寄售协议的主要内容

(1) 协议双方关系条款。该条款要明确双方当事人名称、协议性质、协议签订的时间和地点。双方是委托与代销的关系，代售人是以代理人的身份办理寄售业务，委托人有权监督代售人执行寄售协议中的各项条件。

(2) 寄售商品名称、规格、数量、寄售地区等。

(3) 寄售货物的作价。一般有以下几种作价方法：①规定最低限价，在此限价之上代销人可任意售货，低于该价需征得委托人的许可；②规定寄售地的市场价，即随行就市，由代销人掌握；③寄售地买主的每一笔递价，销售前逐笔征求寄售人同意。这种作价由于作价方法弹性较大，对方都易于接受，实践中使用得较为普遍。

(4) 佣金。寄售协议中的有关佣金支付，与代理协议相类似。

(5) 付款。寄售货物售后收到的货款，一般由代销商扣除佣金及代垫费用后付给寄售人。

为保证及时收汇，在寄售协议中应规定汇付货款的方式和时间，还应要求代销人提供银行保函或备用信用证。

(6) 协议双方当事人义务条款。双方当事人的义务如下：

①寄售人的主要义务：按质、按量、按时提供寄售商品，偿付代售人在寄售过程的代垫费用。

②代售人的主要义务：提供储存寄售商品的仓库、雇佣工作人员，取得进口商品许可

证；努力保证货物在仓库存放期间品质和数量完好无损；代垫寄售商品在仓储、经营期间内所产生的有关费用；代垫费用为寄售商品办理保险；做好宣传展示及售后服务工作，及时向寄售人提供市场行情报告等。

五、拍卖

拍卖(Auction)，是由专营拍卖业务的拍卖行受货主委托，在规定时间和地点，按照一定的章程和规则，用公开叫价的方法，将货物卖给出价最高的买主的一种现货交易方式。拍卖具有以下特征：

（1）拍卖在一定的机构内有组织地进行。拍卖一般都是在拍卖中心或在拍卖行的统一组织下进行。拍卖行可以是由公司或协会组成的专业拍卖行，也可是由货主临时组织的拍卖会。

（2）拍卖具有自己独特的法律和规章。拍卖不同于一般的贸易业务，在交易磋商程序和方式上，在合同的成立和履行上都有较大区别。许多国家的买卖法对拍卖有专门的规定，而各个拍卖行又制定了自己的章程和规则。

（3）拍卖是一种公开竞买的现货交易。拍卖采用事先看货，当场叫价，落槌成交的做法；成交后，买主即可付款提货。

（4）参与拍卖的买主，通常须向拍卖机构缴存一定数额的履约保证金。买主的叫价若落槌成交，就必须付款提货，否则将被没收保证金。而对未能成交的其他参与者，拍卖机构将原数退还其保证金。

（5）拍卖交易时间短，交易数量往往较大。在国际贸易中，通过拍卖进行交易的商品，大多是一些品质不易标准化或不能长期保存或历史上有拍卖习惯的商品。如：茶叶、烟草、木材、羊毛、纸张、香料、水果、蔬菜、艺术品等。

【案例3-1】 “拍卖”车来源不合法是否导致拍卖无效?

甲公司的董事会决议决定解散公司，在解散公司前，甲公司准备将自己的固定资产全部变卖掉。在这些固定资产中有一辆奥迪轿车，甲公司决定委托乙拍卖行对其进行拍卖。2000年10月13日，甲公司与乙拍卖行签订了一份委托拍卖奥迪轿车的《委托拍卖合同》。同日，竞拍人杜某在乙拍卖行举办的拍卖会上以10万元的价格竞拍成功了这辆奥迪轿车，并向乙拍卖行支付拍卖佣金4 000元。之后，杜某与乙拍卖行签订《拍卖成交确认书》。2000年10月15日，乙拍卖行将拍卖车辆交付给杜某。杜某对乙拍卖行交付的车辆进行了维修，花费修理费2万元。杜某在缴纳了车辆保险等费用后，欲办理过户手续。但交警却告知杜某该车系伪造合格证领取的牌照和行驶证，不能过户。为此，杜某要求乙拍卖行退还车款，未果，遂将乙拍卖行及甲公司告上法庭，要求确认合同无效，并判令甲公司归还车款并赔偿经济损失2万元。法院审理后认为，作为拍卖法律关系中的委托人，甲公司应当告知乙拍卖行拍卖物的瑕疵。本案拍卖标的物奥迪轿车不能过户的原因是合格证系伪造，对此瑕疵，甲公司未尽到告知义务，具有过错。因此，其应承担由此产生的法律责任。据此，法院判决支持了杜某的诉讼请求。

【案例分析】

法院判决无疑是正确的，根据《合同法》第四十二条第二款：故意隐瞒与订立合同有关的重要事实或者提供虚假情况给对方造成损失的，应当承担损害赔偿责任。甲公司应当归还杜某车款并赔偿经济损失2万元，乙拍卖行应负连带责任，并归还杜某拍卖佣金4 000元。

六、展销

（一）展销的含义和特点

展销，又称展卖(Fairs and Sales)，是具有悠久历史的交易方式之一，其最早的雏形是区域性的集市。在国际贸易不断扩大和现代化交通、通讯条件日益完善的情况下，展卖日趋国际化、大型化和综合化，在当今的国际贸易中得到越来越广泛的运用。

展销方式把商品的展览和推销活动有机地结合起来，边展边销，以展促销，其最明显的优势表现在：

(1) 对客户吸引力大。展销活动中的商品种类多，规格齐全，品质好，可吸引众多的买主参与。

(2) 有利于建立和发展客户关系，广交朋友，扩大销售地区，实现市场多元化。

(3) 商情集中，反馈及时。集中展销有利于收集市场信息，买卖双方直接见面，便于交流商情，掌握市场动态。

(4) 一次展销业务的成交量往往超过平时一个季度甚至半年逐笔成交量的总和，这对于安排生产、组织货源有很大好处。

展销也有不足之处，如季节性强的商品参与展销活动有很大局限性；又如集中成交易于出现争市场、争客户、争资源的问题，造成内耗；还会出现畅销货和滞销货销售不平衡现象，等等。

（二）展销应注意的问题

展销是一种将产品宣传、推销和市场调研结合起来的贸易方式，它所带来的经济效益不能单纯地从一次展销会的销售额来衡量。经验证明，一次成功的展销会后，由于建立了广泛的客户联系，往往会给参展者带来数量可观的订单。当然，并非每次展销会都会硕果累累。要想取得展销的成功，应注意下列问题：

(1) 选择适当的展销时机。尤其是对于一些销售季节性较强的商品而言，应选择与该商品销售季节相一致的展销时间。一般而言，参加具有影响的专业展销会，效果较好。

(2) 选择合适的合作伙伴。合作伙伴的得力与否，是决定展销效果的关键因素之一。合适的合作伙伴，应当在当地有良好的商业地位和影响，熟悉当地市场，有一定的业务联系网和销售渠道，具有较强的经营能力。

(3) 选择适当的展销商品。展销这种交易方式并不是对所有商品都普遍适用的，它主要适合于一些品种规格复杂，用户对造型、设计要求严格，而且性能发展变化较快的商品。如机械、化工、轻工、电子、纺织产品等。选择参展商品时，要注意先进性、新颖性和多样性，要能反映现代科技水平，代表时代潮流。

(4) 选择合适的展出地点。一般来说，应考虑选择一些交易比较集中、市场潜力大、有发展前途的集散地进行展卖。同时还应考虑当地的各项设施，如展出场地、旅馆、通讯、交通等基本设施所能提供的方便条件和这些服务的收费水平。

（5）做好宣传组织工作。展销本身是一种宣传活动，但要成功地进行展销，更需要做大量的宣传组织工作。展销前，应向重要客户及有影响的人士事先发出邀请；在展出前和展销中，应广泛利用各种媒体扩大影响；为加强实际效果，应精心布置展台，准备宣传画册，甚至可以配有现场工艺或使用表演。

（三）展销的类型和做法

1. 国际博览会

国际博览会（International Fair）又称国际集市，是指在定地点、定期举办的由一国或多国联合经办邀请各国商人参加交易的贸易方式。国际博览是由区域性的集市发展演变而来的，可以分为以下两种：

（1）综合性的国际博览会，又称“水平型博览会”。是各种商品均可参展并洽谈交易的博览会，如历史悠久的米兰、莱比锡、巴黎等地的国际博览会。

（2）专业性的国际博览会，又称“垂直型博览会”。是指仅限于某类专业性产品参加展览和交易的博览会，其规模较小，会期也较短。如科隆博览会，每年举行两次，一次是展销纺织品，一次是展销五金制品。

2. 出口商品交易会

出口商品交易会（Export Commodities Fair）是为促进一国商品的出口，出口企业定期联合举办的、邀请外国客商参加的、集展览和交易为一体的出口商品展销会。目前，我国有三类这样的交易会。

（1）中国出口商品交易会。因为地点在广州又称广州交易会（Guangzhou Trade Fair）。目前是我国规模最大的出口商品交易会，新的会址在广州琶洲。自1957年举办首届交易会以来，每年于春秋两季各举办一次，为扩大我国的对外贸易，加强同世界各国的经济联系发挥了重要作用。

（2）区域性的出口商品交易会。近年来，随着我国经济体制改革的深入和对外开放的扩大，在我国的华东、华北、东北、西南、西北的一些中心城市，定期或不定期举办出口商品交易会。这些出口商品交易会，对于推动我国的对外交流和商品出口起到了较大的积极作用。

（3）专业性的出口商品交易会。这是大型交易会的重要补充，是出口企业利用某种商品的产地、出口口岸举办的一些规模较小的各种类型的出口商品交易会。

3. 汽车嘉年华

由南方著名媒体——《羊城晚报》举办的广州汽车嘉年华，是华南地区最具影响力的车展之一。汽车嘉年华每年5月举行，已成功举办三届。广州汽车嘉年华得到广大汽车生产商和经销商的响应和参与，取得非常好的效果。它为消费者和厂家搭建了一个平台，是媒体搭台、商家唱戏、消费者获实惠的多方共赢的车展。它的特点是集汽车展示、销售和汽车文化、娱乐于一体，一方面显示了《羊城晚报》巨大的社会影响力，另一方面也显示了汽车市场的巨大发展潜力。

4. 国外展销会

到国外举办展销会一般有两种形式：自行举办展销会和与外商联合举办展销会。前者

风险过高，代价太大，我国企业界很少采用。与外商联合举办展销一般也有两种方式：

(1) 我方将货物通过签约方式卖给外商，外商在国外举办或参加展览会。这种方式比较适合于过去已有一定的销售基础，今后又有一定的发展潜力的展卖品，同时拥有比较密切的客户关系或代理关系的市场。

(2) 我方同外商合作，我方提供展品，在展销时商品所有权仍属我方；而商品的运输、保险、劳务等费用一般由外方承担，展台的租赁、设计、施工以及宣传广告费用也由外商承担。展卖商品出售后提供合作的外商可以从出售所得中取得一定的手续费作为报酬。

任务3.2　我国汽车贸易的主要模式

自1956年7月新中国第一辆汽车诞生，中国的汽车贸易曾经由国营的汽车销售公司垄断经营。到了20世纪90年代中期，随着社会主义市场经济的发展，汽车厂商开始建立自己的销售渠道，并逐渐形成以下几种汽车销售模式：

(1) 总代理制。销售渠道模式可表述为：厂商→总代理→区域代理→下级代理商→最终用户。进口汽车主要采用这种销售模式，如奔驰、宝马等。

(2) 区域代理制。销售渠道模式可表述为：厂商→区域总代理→下级代理商→最终用户。这种模式与IT渠道的区域代理制基本一致。这是汽车渠道最早采用的模式，目前使用这种模式的厂商已较少。

(3) 特许经销制。销售渠道模式可表述为：厂商→特许经销商→最终用户。区域代理制实施一段时间后，汽车厂商逐渐发现很难对经销商的经销行为进行规范，市场价格体系混乱，1996年后，汽车销售渠道逐渐向特许经销制转变。目前，捷达、神龙富康等采用这种模式。

(4) 品牌专营制。销售渠道模式可表述为：厂商→专卖店→最终用户。品牌专营制是1999年发展起来的销售渠道模式，主要以整车销售、零配件供应、售后服务“三位一体”(3S专卖店)和整车销售、零配件供应、售后服务、信息反馈“四位一体”(4S专卖店)为表现形式。目前广州本田、上海通用采用这种模式。

国产汽车主要采用后三种模式，其中特许经销和品牌专营是目前的主流模式。下面介绍特许经销、品牌专营和其他汽车销售模式。

一、特许经销

特许经销(Franchise)也称为经营模式特许(Business Format Franchise)或特许经营(Franchise Chain)。在我国台湾又称为加盟经营。虽然称呼有所不同，但在国际上特许经销已经有了约定俗成的含义，在欧洲特许经销联合会对其定义是：

特许经销是一种营销产品和(或)技术的体系，是基于在法律和财务上分离和独立的当事人(特许人和他的单个受许人)之间紧密而持续的合作基础之上的营销产品和(或)服务和(或)技术的体系，依靠特许人授予其单个受许人权利，并附以义务，以便其使用特许人的概念进行经营。此项权利经由直接或间接财务上的交流，给予或迫使单个受许人在双方一致同意而制定的书面特许合同的框架之内，使用特许人的商号和(或)商标和(或)服务标记、经营诀窍、商业和技术方法、持续体系及其他工业和(或)知识产权。

在特许经销的运营中，至少涉及以下两者：特许人(Franchisor)和受许人(Franchisee)。特许经销在本质上是一种连锁经营的市场销售分配方式，其基本特征如图 3-1 所示。

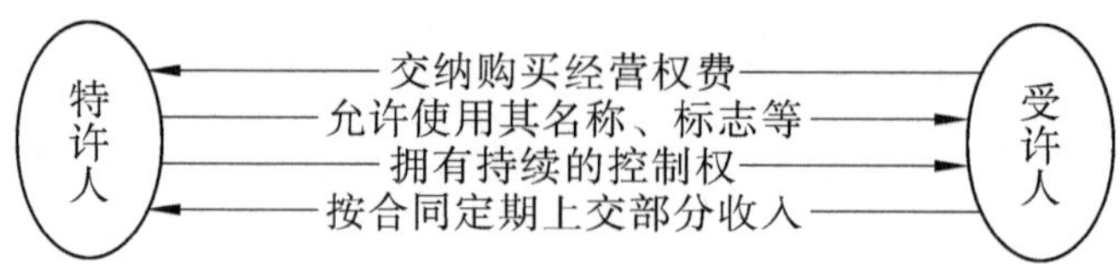

图 3-1　特许经销的基本特征

二、品牌专营

品牌专营汽车专卖店是指由汽车制造商或销售商授权，只经营销售专一汽车品牌、为消费者提供全方位购车服务的汽车交易场所。它是随着与全球经济接轨而引入的“舶来品”，也是目前国际较流行的营销模式。我国汽车品牌专营的发展相对较晚。20 世纪 90 年代中期开始，汽车市场由卖方市场转为买方市场，厂家的市场销售转为被动，大量产品积压，不得不给经销商让利来处理库存，最后肥了经销商苦了生产商。于是，从 1997 年底开始，厂家开始建立一种新的营销体系——以汽车厂家的营销部门为中心，以区域管理中心为依托，以特许或特约经销商为基点，受控于厂家的全新营销模式——品牌专营。

品牌专营模式是目前各大厂商发展的重点，也是主要模式之一。以轿车为例，上海通用、广州本田等八大厂商目前已经开始和正在构建自己的品牌营销模式，各厂商的品牌专营理论基本一致，但在功能组合与称谓上各有不同。在功能组合上，有的是集整车销售、零配件供应、售后服务“三位一体”功能的(3S 店)模式；有的是在前面三者基础上再加上信息调查反馈“四位一体”功能的(4S 店)模式。在称谓上，有的称“特许(授权)销售服务中心”，有的称“特许代理”，有的则称“特许专卖店”。该模式较好地解决了服务的专业化、方便化、优质化问题。

特许经销和品牌专营两者的区别主要有以下几点：

(1) 对经销商的要求不同。特许经销制下，厂商一般只能就经销商的地理位置、销售能力等进行考察，不能对申请特许经销的代理商有过多的软硬件要求，比如店面的大小、装修水平、售后服务方面；而品牌专营制下，厂商不仅注重专卖店的位置和销售，同时对专卖店的硬件有着严格的规定，有的甚至连装修材料的采购地点都有明确的规定，“四位一体”(4S 店)还特别强调售后服务、信息反馈。

(2) 管理力度不同。厂商对特许经销商的销售管理和培训方面支持较少；而品牌专营制下，厂商对专卖店有着严格的管理，在店面管理、销售管理、员工培训等方面都有统一的管理措施。

(3) 展示的形象不同。特许经销制下，经销商不能打厂商的品牌形象；而品牌专营制下，专卖店可以打厂商的牌子，注重展示厂商的形象。

(4) 经营品牌的数量不同。特许经销商经营汽车的品牌数量不是唯一的，厂商也不能对此进行控制；而品牌专营店则只能经营单一的汽车品牌。

自 1998 年广本、别克、奥迪率先在我国建立汽车品牌专卖店以来，这种形式得到了制造商的青睐，随后，大大小小的新品牌纷纷建立自己的专卖店，短短 5 年内，品牌专卖店如雨后春笋般遍布于全国各大城市，数量远远超过有形市场。

为规范汽车品牌销售行为，促进汽车市场健康发展，保护消费者合法权益，国家商务

部、国家发展和改革委员会、国家工商局联合制定了《汽车品牌销售管理实施办法》。该办法开始实施时间是 2005 年 4 月 1 日，规定经销商在取得某一生产商销售许可后才可从事该品牌在某一地区的产品专营，也就是目前流行的 4S 店专卖形式；至于那些具有汽车销售资格但是没有得到厂家直接授权的经销商，只能作为 4S 店的“下线”二级代理商。图 3 –2 是特许经销四位一体(4S)经营模式的标准。

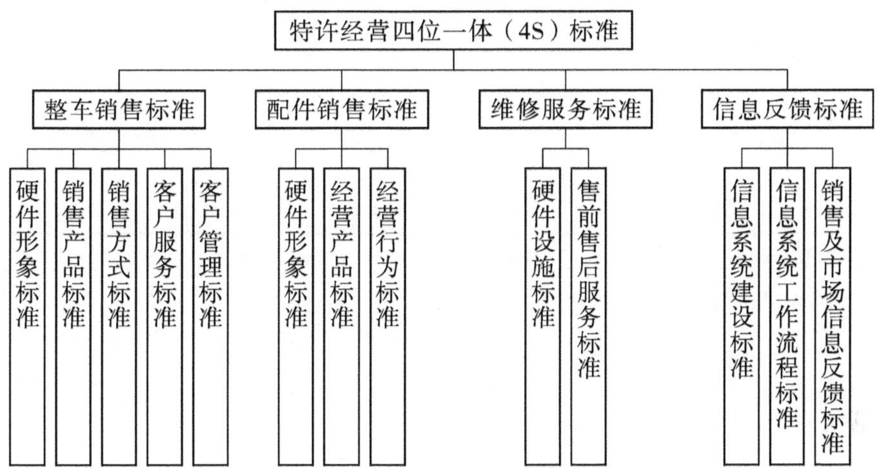

图 3 –2　特许经销四位一体(4S)标准

目前国内各汽车厂商都积极致力于建设四位一体的特许经营模式，这种集销售、配件、服务、信息为一体的汽车销售服务网络与国际接轨，有利于结束“千军万马”搞流通的混乱营销局面，强化营销资质认定。由于责任明确、产品售后服务更有保障，对于广大消费者来说，当然利大于弊。真正有实力的经营商可以借助“专卖店”砍掉许多竞争对手，从中受益。这种经销队伍的优胜劣汰可以起到净化汽车流通市场的积极作用，对汽车工业的发展也是大有好处的。

【案例 3 –2】　　广州本田——汽车 4S 店的始创者

广州本田在选择经销商和设立销售网点的过程中一直本着公开、公平、公正的原则。因为广州本田在发展初期，产量还有限，尚未达到年产 10 万辆。如果销售网点布得太多，经销商的投资回报率会比较差。

广州本田的目标是，每个销售点 3 年内必须能够收回投资。因此，为了保证经销网络建一家成功一家，在投资过程中，厂家都要返回一部分投资额给经销商或专卖店，如经销商投资 1 000 万元，广州本田根据情况有可能给其返回 200 万元或 300 万元，从而激励经销商大胆投入。

广州本田选择经销商有几个必要的条件和标准。首先，必须有资金的保障；其次，经销商资产结构应比较紧密和合理；还必须有合法的经营场地和场所；最关键的还是要有为用户服务的正确观念和意识，也就是要有先进的服务理念。

选择经销商的过程中，广州本田是在进行调查的基础上，经中日双方企业领导层召开评价会，对其经营能力、资格进行评估后才作出结论的。需要特别解释的一点是，广州本田所提出的资产结构合理，主要是指经销企业应该资产清晰，而且负债率不要太高。广州

本田并不排斥国有资产的进入，但如果资产负债率高，则意味着该企业没有资金和能力开展汽车购销业务，必然会影响其业务的发展，这样的申请者广州本田是不会选择的。

广州本田把设立销售网的重点放在大中城市和一些经济发达地区等用户群集中的地方。广州本田的建店原则是：客户在哪里，广州本田的网点就设在哪里。对不同的地区，广州本田根据其市场保有量，并考虑投资者回报率情况，会提出一些合理建议，比如某个店一年销售达到多少台、某个城市的合理销售规模有多大，等等。

广州本田与所有的经销商们都在倾心打造"广州本田"的品牌。从硬件上来讲，每家专卖店的店面设计整齐统一，内部的功能室和车间划分都非常严格，让每位来访者都会感觉到置身于简洁高雅、井然有序的环境。更有经销商根据自身条件，投资了客户俱乐部、娱乐室、户外运动场等设施，让客户体会到了"家"的感觉。

从软件上来讲，广州本田在服务程序上给经销商们制定了严格的近乎苛刻的规定，从车辆销售前的97项检查到对来宾、来电详细地登记存档，对客户定期的跟踪、提醒服务，乃至对客户的出迎、相送，都有详细的要求。

不仅如此，经销商们还要进一步了解客户的需求，开发了系列的个性化服务。比如，建立客户会员制度，在价格服务上给会员更大优惠；详细分析每位客户用车习惯，准确地提醒客户维修保养的时间；免费上门取车送车，免费赠送客户紧急救援卡，等等。我们不能不说，广州本田的客户真正成为服务的中心。

广州本田对经销商的甄选、培训、管理都有严格的规范制度，每位申请者只有在保证履行所有广州本田之规定才有可能成为经销商。因为只有在厂家、经销商对于经营管理秉持了共识之后才能结盟成为利益共同体，广州本田强调同经销商建立"鱼水关系"。

广州本田高层每一个季度举行一次店长会议，商谈内容包括：心得体会、不足、改进要求、销售动向等。广州本田在管理经销商方面采用的是最简单也是最有效的手段——调整配额，这种"断粮"或"加餐"的方式是最能够触及经销商灵魂深处的。

广州本田每年组织特约销售服务店举行春季、秋季服务周活动，为前来维修保养的顾客提供零部件优惠；还组织特约销售服务店定期就销售、售后、零部件服务等开展用户满意度调查，针对用户的意见和建议改进特约销售服务店的服务。

【案例分析】

1．广州本田在进行调查的基础上，经中日双方企业领导层召开评价会，对其经营能力、资格进行评估后才作出结论。广州本田选择经销商的条件是严格的，标准是比较高的，最关键的还是要有为用户服务的正确观念和意识，也就是要有先进的服务理念。

2．根据经销商反馈的信息，广州本田对经销商承诺：保证他们在1年半到2年内收回投资成本，最长期限不超过3年。实际运营情况如何呢？以广州本田专营500台店为例：每位经销商根据自身的实力及开店的时期不同，总投资额约为1 400万～1 800万元不等，包括基建费和设备采购费(不含地皮费)，每年销售汽车大约为600～800台(除了基本的500台以外，广州本田会根据每位经销商的业绩追加配额)，那么经销商每年售车的毛利润应该在1 000万元左右。另外，广州本田的返利政策是卖车时即时兑现的。所以，在正常情况下经销商两年以内收回成本完全不成问题。如果说到早期加盟的经销商，他们以很少的投资起步，又恰逢广州本田轿车的国内市场极为火爆的时期，他们的利润是很高的。

3. 广州本田与所有的经销商一起，全心打造“广州本田”这一品牌。

（1）从硬件上，广州本田要求每家专卖店的店面设计整齐统一，内部的功能室和车间划分都非常严格。

（2）从软件上，广州本田在服务程序上给经销商们制定了严格的近乎苛刻的规定。

（3）广州本田要求经销商进一步了解客户的需求，开发系列的个性化服务。

（4）广州本田高层每一个季度举行一次店长会议，商谈经销心得，交流销售体会，改进服务质量。广州本田每年组织特约销售服务店举行春季、秋季服务周活动，为前来维修保养的顾客提供零部件优惠。

三、其他汽车销售模式

（一）自营自销

自营自销就是汽车生产企业自筹自建销售网络体系。它的优势在于：

（1）网点布建快。由于是自产自销的营销体系，可以省略许多商务与法律程序，在单一权力意志的推动下，集中人、财、物进行单刀直入的网点布建工作。

（2）产品占领市场快。自营自建营销风格便于形成金字塔式的多层次销售网络体系，能使新产品迅速深入到各个区域市场及市场的各个层面。

（3）有利于树立品牌形象。自营自建销售网点，一般只经营自家的品牌，故使品牌形象迅速传播与确立。

（4）便于市场管理。由于是统一品牌，管理起来很方便。

当然，自营自销的弊端也显而易见：

（1）运作成本高。在营销体系的构建过程中，整车制造商需投入大量的人力、物力、财力和精力，同时由于产权—经营权一体化的运作机制，缺乏有效的监管与自控，致使铺张浪费严重，使制造商的销售成本不堪重负，企业利润大为下降。

（2）客户的利益得不到保障。由于是产销一体化的销售机制，服务意识不强，以大少爷自居者多，视客户为“上帝”者少，严重影响企业的市场口碑与品牌的公众形象。

（二）汽车超市

汽车超市又称汽车商店，它与专卖店最大的不同之处在于：汽车超市可以代理多家品牌，也就是一家商店可以提供多种品牌的选择和服务。另外，有些汽车超市还可以为顾客提供休息和娱乐。汽车超市的特点是以汽车服务贸易为主体，并千方百计地拓展服务的外延，促使服务效益最大化。

（三）汽车城

汽车城是大型的汽车交易市场，集纳众多的汽车经销商和汽车品牌于统一场地，形成了集中的多样化交易场所。其品种的丰富多样，不仅便于购车者比较选择，而且具有服务快捷、管理规范的优势，是集咨询、选车、贷款、保险、上牌、售后服务于一体的汽车营销新模式。此外，汽车城内热烈的交易气氛和规模经营所营造的良好购车氛围，以及由此产生的示范效应，再加上与之毗邻的相关汽车服务市场的繁荣，都是汽车城有别于其他汽车营销模式的独特优势。

拓展知识

拓展3.1　招标与投标

招标、投标是贸易中常见的一种方式。在我国，更多地被国家政府机构、国有企业或公用事业单位在采购大批物资和大型器材设备(包括汽车采购)中广泛采用。其主要目的是：降低采购成本，保证采购质量，杜绝采购中的不正之风。

一、招标与投标的概念

招标(Invitation to Tender or Call for Tender)，是指买方按事先发出通知或公布的交易条件，公开邀请卖方发盘的行为；投标(Submission of Tender)是指由卖方应招标人的邀请，按照招标人所提出的招标要求和条件，在规定时间内向招标人递盘的行为。

投标是针对招标而来的后续行动，有招标才需要投标，因而，招标和投标不是两种贸易方式，它们是一种贸易方式的两个方面。举办招标的一方称为招标人，参加投标的一方称为投标人。

二、招标与投标的特点

(1) 招标与投标是一种较为复杂的贸易方式，包括的环节较多，工作量也大，而且成交金额一般都较大。

(2) 这种贸易方式对买方比较有利。投标人只能按照招标人提出的条件和要求向招标人作一次性递价，而且递出的必须是实盘，没有讨价还价的余地，没有交易磋商过程，能否中标，主要取决于投标人的投标条件是否优于其他投标竞争者而被招标人所接受。

(3) 招标和投标属于竞卖和竞包性质。在招标和投标中，由一家招标人向多家投标人发出投标邀请，投标人都各自为了争取中标，相互之间展开激烈的竞争。这样，招标人处于比较主动的地位，而投标人则处于比较被动的地位。

三、招标方式

目前国际上采用的招标方式大体可分为三种：

(1) 竞争性招标(International Competitive Bidding，ICB)。是指招标人邀请几个乃至几十个投标人参加投标，通过多数投标人竞争，选择其中对招标人最有利的投标达成交易的方式。它有两种做法：

①公开招标(Open Bidding)，又称无限竞争性招标。招标人在国内外主要报刊上刊登招标广告使所有合格的投标者都具有同等的机会了解投标要求，参加投标。政府采购物资，利用国际金融组织贷款采购的物资等，大部分采用竞争性的公开招标办法。

②选择招标(Selected Bidding)，即有限竞争性招标。招标人不在报刊上刊登招标广告，仅有选择地邀请投标人参加投标，通过资格预审后，再由他们进行投标。

(2) 谈判招标(Negotiated Bidding)，又叫议标。它是非公开的，是一种非竞争性的招标。这种招标由招标人物色几家客商直接进行合同谈判，谈判成功，交易即达成。它不属

于严格意义上的招标方式。

（3）两段招标(Two-Stop Bidding)。这是一种将公开招标和选择招标结合运用的招标方式，即第一阶段先用公开招标方式，第二阶段再用选择性招标方式，将招标分两段进行。

四、招标与投标的基本程序

（一）招标前的准备工作

（1）制作招标文件。招标文件又称标书、标单。招标必须事先制定好招标文件，列明招标的技术条件和贸易条件。招标文件既可由招标人独立制定，也可吸收专业化咨询公司参加制定。标书主要内容有两个方面：一是“投标须知”；二是列明合同条件，包括双方的责任义务、投标人保证金条款。

招标文件与一般买卖合同的贸易条件不同，它不是由买卖双方洽商决定的，而是由招标人单方面制定的，一般说来，投标人没有讨价还价的余地。

“投标须知”主要包括三项内容：

①一般情况：投标项目的简要说明、投标费用、投标资格等；

②程序性规定：投标的时间、地点、投标有效期等；

③实质性规定：是否可提出替代方案，是否可分包，是否可投标中的一部分等。

（2）发布招标公告。采用“公开招标”或“两段招标”时，通常应在招标人所在国普遍发行的、带有权威性的报纸上刊登招标广告。有的招标通告还要根据规定，在国外指定的刊物上刊登。在进行“非公开招标”时，则只要向少数在这一行业享有盛誉并殷实可靠的公司发送招标通知。

（3）对投标人进行资格预审。投标人的资信和能力是投标人能否胜任招标任务的基础，也是投资效益和安全的保证。公开招标，特别是国际公开招标和一些国家的较大项目的招标，都要对投标人进行资格预审。所谓预审包括对投标人的基本情况、情况状况、供应或生产能力、经营作风及信誉进行全面的预先审查。预审不合格者就不准参加投标。使用外国政府贷款和国际金融组织贷款的项目，一般还有合格货源国的限制。

（二）投标

（1）投标前的准备工作。投标人在参加投标前，须做许多准备工作，如编制投标资格审查表、分析研究招标文件、寻找投标担保单位等。其中，分析研究招标文件是一个核心问题。投标人要对招标文件中的招标条件、技术标准、合同格式等认真研究分析，做到量力而行。因为投标人递价是一个“要约”，在投标有效期内不得撤标，投标人只有在确有充分把握时方可进行投标。

（2）认真制作投标文件。投标人在决定投标后，就要根据招标文件的要求和规定编制和填报投标文件。制作投标文件时要注意：凡招标文件所规定的贸易条件和技术条件都不得更改或修正；编制时采用的术语要前后一致；投标文件必须按规定打印清楚；不管是独家投标，还是几家联合投标，名义投标人只能是一个。

（3）提供投标保证金。为防止投标人投标后撤标或中标后拒不签订合同，招标人通常都要求投标人在投标时提供一定比例或金额的投标保证金，投标保证金可以交纳现金，也可由银行出具保函，有的国家还使用备用信用证。若投标人中途撤标或中标后拒不签约，招标人有权没收投标保证金或通知有关银行支付保证金额。招标人选定中标人后，未

中标的投标人所缴纳的保证金可以在评标后全部退回。

(4) 递送投标文件。投标文件必须在规定期限内送达招标人所规定的地址，逾期失效。递送投标文件一般应密封后挂号邮寄，或派专人送达。

(三) 开标、评标

(1) 开标(Opening of Tender)。开标有公开开标和秘密开标之分。公开开标是按照规定的时间、地点，在投标人均可自由参加的情况下，当众拆开密封的投标文件，宣读文件内容的方式。秘密开标是指没有投标人参加，由招标人自行根据投标的内容，选择不同的开标方式。一般情况下，物资和劳务采购除报出的价格条件外，其他交易条件一般差别不大，价格是区分投标优劣的主要标志，可采用公开开标方式。而承包工程除价格因素外，还需要对投标人的其他条件进行逐项分析比较，才能确定中标人，所以对一些大型工程的承包的招标往往采用秘密开标方式。开标的作用，只是把各投标人的投标内容记入正式记录或公布于众，并不当场评出中标人。

(2) 评标(Evaluation of Bid)。评标或审评标书就是招标人对投标文件进行评审、比较，选出最佳投标人作为中标的过程。具体过程是：

①审核投标文件内容是否符合招标条件的要求，包括招标文件的贸易条件和技术条件；

②比较各投标人投标内容的优劣利弊；

③审查中标候选人的履约能力，对初步选定的中标候选人还必须进行最后的资格补审，审定其生产能力、信贷能力。

此外，评标时要防止投标人之间在表面竞争掩盖下的实际相互勾结。如果出现所有标价都大大超过国际市场的平均水平、全部投标与招标文件要求不符等情况，招标人可因所有投标书都不合适而宣布招标失败，招标人可拒绝全部投标，重新招标。

(四) 签订协议

签订协议是投标招标业务活动的最后阶段，即在决标(Award of Tender/Bid)后，招标人以书面形式通知中标人在规定时间内到招标人所在地与招标人签订买卖协议或承包项目协议，并按规定缴付履约保证金。

在国际招标业务中，通常在招标文件中已附有十分明确的合同条件以及合同协议书的格式，而且中标者在投标书中也明确表明接受标书的条件，并允诺在规定投标期限内其投标书具有约束力。但在招标人和投标人正式签订合同之前，双方仍有评议的机会，即对合同的条款可以进一步澄清，甚至还可以相互讨价还价。双方经评议达成一致意见后，即签订正式合同。

拓展3.2 汽车贸易的支付工具和支付方式

在汽车贸易中，卖方交货和买方付款是相互对应的两个条件，货款的收付是买卖双方的基本权利和义务。货款的收付关系到买卖双方的利益，直接影响到双方的资金周转、资金融通、金融风险和各种费用的承担。因此，货款的收付是购销合同中的重要条款，也是交易结算的重要内容。

一、汽车贸易支付工具

在汽车贸易中，由于涉及金额较大，货款的支付采用现金结算的很少，大多采用非现

金结算，主要包括汇票、本票、支票三种方式。

（一）汇票

1. 汇票的定义

在国际货款结算中，汇票(Bill of Exchange，Draft，B/E)是使用最多的票据。《中华人民共和国票据法》对汇票所下的定义是：汇票是出票人签发的，委托付款人在见票时或者在指定日期无条件支付确定金额给收款人或持票人的票据。

2. 汇票的内容

汇票应当具备必要的内容。如汇票上所记载的必备项目不全，则汇票无效。各国票据法对票据必要项目的规定并不完全一样，但基本内容是相同的，主要有以下几项：①汇票字样；②无条件支付委托；③确定的金额；④付款人(Payer)的名称；⑤付款期限和地点；⑥出票日期及出票地点；⑦受款人(Payee)的名称；⑧出票人(Drawer)签章。

3. 汇票的种类

(1) 根据出票人的不同，可划分为商业汇票和银行汇票。商业汇票(Commercial Draft)是由工商企业或个人签发的汇票；银行汇票(Banker's Draft)是由银行或其他金融机构签发的汇票。

(2) 按汇票是否随附货运单据，划分为光票和跟单汇票。光票(Clean Bill)是指不附货运单据的汇票；跟单汇票(Documentary Bill)是指附有提单、发票等货运单据的汇票。出票人必须提交约定的货运单据才能取得货款，受票人也必须在付清货款后才能取得货运单据，提取货物。

(3) 以付款期限长短，划分为即期汇票和远期汇票。即期汇票(Sight Draft，Demand Draft)是规定付款人见票时立即付款的汇票；远期汇票(Time Draft，Issuance Draft)是规定付款人在见票后某一个将来的日期付款的汇票。例如：①见票后若干天付款；②出票日后若干天付款；③提单签发日后若干天付款。

(4) 以承兑人的不同，可划分为商业承兑汇票和银行承兑汇票。商业承兑汇票(Commercial Acceptance Bill)是由工商企业或个人承兑的远期汇票；银行承兑汇票(Banker's Acceptance Bill)是由银行承兑的远期汇票。

4. 汇票的使用

汇票的使用通常须经过出票、提示、承兑、付款、贴现等环节。如需流通转让，还须通过背书；遭到拒付时，还要做成拒付证书，以便依法追索等。

(1) 出票(Issue)，是指出票人签发票据并将其交给收款人的行为。出票行为由两个具体动作构成：一是做成汇票；二是将其交付给收款人。由于出票是设立债权债务的行为，因此，交付行为是出票的关键。只有经过交付，汇票的各种票据行为才开始生效并不可撤销。在出票时，对汇票受款人通常有三种写法：①限制式抬头；②指示式抬头；③来人式抬头，又称持票人抬头。

(2) 提示(Presentation)是指持票人向付款人出示汇票要求承兑或付款的行为。付款人看到汇票叫做“见票”(Sight)。提示分为承兑提示和付款提示两种。远期汇票通常应先向付款人作承兑提示，然后于汇票到期日再作付款提示；即期汇票则只需做付款提示。

(3) 承兑(Acceptance)，是付款人承诺在汇票到期日支付汇票金额的行为。其手续是由付款人在汇票正面写明“承兑”字样并签字，同时注明承兑日期，然后交给持票人。

（4）付款(Payment)，是付款人或承兑人向持票人清偿汇票金额的行为。付款人付清款额后，持票人应在汇票上记载收讫字样并签名，并将汇票交给付款人作为收据存查。

（5）背书(Endorsement)，是由汇票持有人在汇票背面或粘单上记载有关事项并签章的行为。这一行为的目的是将全部或部分汇票权利转让给他人。通过背书，汇票可以不断转让下去。对受让人而言，所有在他以前的背书人及原出票人都是他的“前手”；对出让人而言，凡是在他以后的受让人都是他的“后手”。“前手”对“后手”负有保证汇票必定被承兑或付款的担保责任。背书有特别背书、空白背书、限制背书三种方式。

（6）贴现(Discount)，是指持票人将汇票背书转让给银行，银行扣除贴现息后将余款付给持票人的行为。银行贴现后，就成为汇票的持有人，可将汇票在市场上继续转让或到期向付款人索取票款。

（7）拒付(Dishonor)，也称退票，是指汇票在提示付款或提示承兑时遭到拒绝。值得注意的是汇票的拒付行为不局限于付款人正式表示不付款或不承兑，在付款人或承兑人拒不见票或死亡、宣告破产，或因违法被责令停止业务活动等情况下，使得付款在事实上已不可能，也构成拒付。当付款人拒付时，出票人应根据原契约与之进行交涉。

（二）本票

本票是出票人签发的、承诺自己在见票时或定期或在可以确定的将来时间无条件支付确定的金额给收款人或持票人的票据。

本票依出票人的不同可分为商业本票和银行本票。银行本票都是即期的，商业本票依付款时间的不同可分为即期和远期两种。

（三）支票

支票是出票人签发的，委托办理支票存款业务的银行或其他金融机构在见票时无条件支付确定的金额给收款人或持票人的票据。

汇票、本票和支票的主要区别见表3－1。

表3－1　汇票、本票、支票的主要区别

	汇票	本票	支票
当事人	出票人、付款人、收款人	出票人、收款人	出票人、付款人、收款人
出票人和付款人关系	不必先有资金关系	无所谓资金关系	先有资金关系
主债务人	承兑前：出票人 承兑后：承兑人	出票人	出票人
出票人担保责任	付款、承兑	自付款	付款
有无到期日记载	有	有	无(即期)
付款人	承兑人(单位或银行)	出票人(单位或银行)	银行
有无副本	有	无	无
票据行为	出票　提示承兑 付款　保证	出票　付款 保证	出票　提示

二、汽车贸易支付方式

汽车贸易的支付方式主要有汇付、托收、信用证、银行保证函等几种方式。

（一）汇付

汇付，又称汇款。指付款人主动通过银行或其他途径将款项汇交收款人。在汇付业务中，通常有四个关系人：汇款人、收款人、汇出行、汇入行。汇付方式可分为信汇、电汇和票汇三种：

（1）信汇（Mail Transfer，M/T）。是汇出行应汇款人的申请，将信汇委托书寄给汇入行，授权解付一定金额给收款人的一种汇款方式。信汇方式的优点是费用较为低廉，但收款人收到汇款的时间较迟。

（2）电汇（Telegraphic Transfer，T/T）。是汇出行应汇款人的申请，以电报或电传的方式给在收款人国家或地区的分行或代理行（即汇入行）指示解付一定金额给收款人的一种汇款方式。电汇方式的优点是收款人可迅速收到汇款，但费用较高。

（3）票汇（Demand Draft，D/D）。是汇出行应汇款人的申请，代汇款人开立以其分行或代理行为解付行的银行即期汇票，支付一定金额给收款人的一种汇款。票汇与电汇、信汇的不同之处在于票汇的汇入行无须通知收款人取款，而由收款人持票登门取款；这种汇票除有限制转让和流通的规定外，经收款人背书，可以转让流通，而电汇、信汇的收款人则不能将收款权转让。

在国际汽车贸易中，汇付方式通常是用于预付货款、随订单付款和赊销等业务。采用预付货款和订货付现，对卖方来说，就是先收款，后交货，资金不受积压，对其最为有利；反之，采用赊销贸易时，对卖方来说，就是先交货，后收款，卖方不仅要占压资金而且还要承担买方不付款的风险，因此，对其不利，而对买方最为有利。此外，汇付方式还用于支付订金、分期付款、待付货款尾数以及佣金等费用的支付。

（二）托收

托收（Collection），又称银行托收，是指由接到托收指示的银行根据所收到的指示处理金融单据和/或商业单据以便取得付款或承兑，或凭付款或承兑交出商业单据，或凭其他条款或条件交出单据。

1. 托收方式的当事人

托收方式的当事人包括委托人、托收银行、代收银行和付款人。

（1）委托人（Principal），是指委托银行办理托收业务的客户，即债权人，在进出口业务中，通常是出口人。

（2）托收银行（Remitting Bank），又称寄单行、汇出行，是指接受委托人的委托，办理托收业务的银行，通常是债权人所在地的银行。

（3）代收银行（Collecting Bank），是接受托收银行的委托向付款人收取票款的进口地银行。代收银行通常是托收银行的国外分行或代理行。

（4）付款人（Payer），就是债务人，也是汇票上的受票人，通常是进口人。

2. 光票托收和跟单托收

光票托收是指金融单据不附有商业单据的托收，即仅把金融单据委托银行代为收款。跟单托收是指金融单据附有商业单据或不附有金融单据的商业单据的托收。

国际贸易中，货款的收取大多采用跟单托收。在跟单托收情况下，根据交单条件的不同，又可分为付款交单和承兑交单两种。

（1）付款交单(Documents against Payments，D/P)是指出口人的交单是以进口人的付款为条件，即出口人发货后，取得装运单据，委托银行办理托收，并在托收委托书中指示银行，只有在进口人付清货款后，才能把商业单据交给进口人。按付款时间的不同，付款交单又可分为即期付款交单和远期付款交单。

①即期付款交单(Documents against Payment at sight，D/P at sight)。指出口人发货后开具即期汇票连同商业单据，通过银行向进口人提示，进口人见票后立即付款，在付清货款后向银行领取商业单据。

②远期付款交单(Documents against Payment after sight，D/P after sight)。指出口人发货后开具远期汇票连同商业单据，通过银行向进口人提示，进口人审核无误后即在汇票上进行承兑，于汇票到期日付清货款后再领取商业单据。

无论是即期付款交单或是远期付款交单，进口商必须在付清货款之后，才能取得单据，提取或转售货物。

（2）承兑交单(Documents against Acceptance，D/A)。指出口人的交单以进口人在汇票上承兑为条件，即出口人在装运货物后开具远期汇票，连同商业单据，通过银行向进口人提示，进口人承兑汇票后，代收银行即将商业单据交给进口人，在汇票到期时，方履行付款义务。由于承兑交单是进口人只要在汇票上办理承兑之后，即可取得商业单据，凭此提取货物，所以，承兑交单方式只适用于远期汇票的托收。承兑交单是出口人先交出商业单据，其收款的保障依赖进口人的信用，一旦进口人到期不付款，出口人便会遭到货物与货款全部落空的损失。因此，出口人对这种方式一般采取很慎重的态度。

3. 托收的性质及其利弊

托收的性质为商业信用。银行办理托收业务时，只是按委托人的指示办事，并不承担对付款人必然付款的义务。如进口商破产或丧失清偿债务的能力，出口人则可能收不回或晚收到货款。在进口人拒不付款赎单后，除非事先约定，银行没有义务代为保管货物。如货物已到达，出口人还要承担在进口地办理提货、交纳进口关税、存仓、保险、转售以至被低价拍卖或被运回国内的损失。在承兑交单条件下，进口人只要在汇票上办理承兑手续，即可取得商业单据，凭此提取货物；出口人收款的保障就是进口人的信用，一旦进口人到期不付款，出口人便会遭到货款全部落空的损失。所以，承兑交单比付款交单的风险更大。

跟单托收对出口人虽有一定的风险，但对进口人却很有利，不但可免去申请开立信用证的手续，不必预付银行押金，减少费用支出，而且有利于资金融通和周转。由于托收对进口商有利，所以在出口业务中采用托收，有利于调动进口商采购货物的积极性，从而有利于促进成交和扩大出口，故许多出口商都把采用托收作为推销库存货和加强对外竞销的手段。

4. 使用托收方式应注意的问题

（1）调查和考虑进口人的资信情况和经营作风，成交金额应妥善掌握，不宜超过其信用程度。

（2）了解进口国家的贸易管制和外汇管制条例，以免货到目的地后，由于不准进口

或收不到外汇而造成损失。

（3）了解进口国家的商业惯例，以免由于当地习惯做法影响安全迅速收汇。

（4）出口合同应争取按 CIF 或 CIP 条件成交，由出口人办理货运保险，或投保出口信用险。在不采取 CIF 或 CIP 条件时，应投保卖方利益险。

（5）对托收方式的交易，要建立健全管理制度，定期检查，及时催收清理，发现问题应迅速采取措施，以避免或减少可能发生的损失。

【案例 3－3】 外贸公司是否有义务支付货款

某外贸公司受国内用户委托，以本公司名义与国外一公司签订一项进口某种汽车商品的合同，支付条件为“即期付款交单”。在履行合同时，卖方未经该公司同意，就直接将货物连同单据都交给了国内用户，但该国内用户在收到货物后由于财务困难，无力支付货款。在这种情况下，国外卖方认为，我外贸公司作为合同的买方，根据买卖合同的支付条款，要求我公司支付货款。

【案例分析】

我外贸公司无付款义务。这是因为合同中的支付方式为即期付款交单，这种方式要求卖方应按合同规定向买方交单，买方才有义务付款。本案中，由于卖方没有按合同规定向买方交单，而是向国内用户交单，因此，外贸公司作为买方就没有义务付款。

（三）信用证

信用证（Letter of Credit，L/C）是目前汽车进出口业务中最常见的一种支付方式，它是在国际贸易迅速发展、银行及其他金融机构积极参与贸易结算背景下产生的。

1. 信用证的定义

信用证是银行应进口商的要求向出口商开立的、载有一定金额、在一定期限内凭规定的单据付款的书面保证文件。简而言之，它是一种银行开立的在一定条件下付款的书面承诺文件。

2. 信用证的主要内容

信用证的格式、内容、措辞并无统一的标准，且信用证的种类繁多，不同类型的信用证也都有其不同的特征，但其基本内容或必备条件都大致相同。

（1）关于信用证本身的说明应包括：信用证的当事人（开证申请人、受益人、开证行、通知行、议付行等），信用证的编号、种类、开证日期、金额、有效期及到期地点等。

（2）汇票条款：汇票金额、付款人、付款期限与地点、出票条款、收款人及收票条款等。

（3）对货物的要求：品名、规格、数量、包装、价格等。

（4）单据条款：应提交单据的种类、份数、单据内容等。

（5）运输条款：装运期限、装运港（地）和目的港（地）、运输方式、分批装运与转运等。

（6）其他条款：开证行的保证文句、其他特殊的要求或说明等。

3. 信用证方式的当事人

（1）开证申请人（Applicant），指向银行申请开立信用证的人。

（2）开证行（Opening Bank or Notifying Bnk），指接受开证申请人的申请，向出口人开立信用证的银行。

(3) 通知行(Advising Bank or Notifying Bank)，指接受开证行的委托，将信用证转交出口人的银行。

(4) 收益人(Beneficiary)，指信用证上所指定的有权使用该证的人，是出口人。

(5) 议付行(Negotiating Bank)，指愿意买入或贴现收益人交来跟单汇票的银行。

(6) 付款行(Paying Bank or Drawee Bank)，指信用证指定的付款人，可以是开证行，也可以是它指定的另一家银行，这一家银行称为代付行。

4. 信用证的一般业务流程

信用证类型不同，其收付程序的具体做法有所不同，但其基本环节和程序大致相同：

(1) 买卖双方在合同中规定以信用证方式付款。

(2) 进口商按合同规定向当地银行提出申请，填写开证申请书，并缴纳押金或提供其他担保，要求开证行开证。

(3) 开证行按申请书内容开立信用证，并寄交通知行办理信用证的通知事宜。

(4) 通知行核对印鉴或密押无误后，将信用证传递给受益人。

(5) 受益人审核信用证与合同相符后，备货装运，并备齐各种出口单据，开具汇票，在信用证有效期内向议付行议付。

(6) 议付行审单无误后，向受益人承兑或垫付货款，即按汇票金额扣除利息等费用后付款给受益人。

(7) 议付行将汇票和单据寄付款行索偿。

(8) 付款行审单无误后偿付议付行。

(9) 开证行通知开证人付款赎单。

(10) 开证人审单无误后付款赎单。

5. 信用证的种类

信用证可根据其性质、期限、流通方式等特点，分为以下几种：

(1) 以信用证项下的汇票是否附有货运单据，划分为跟单信用证和光票信用证。

①跟单信用证(Documentary L/C)，是指开证行凭跟单汇票或仅凭单据付款的信用证。国际贸易所使用的信用证绝大部分是跟单信用证。

②光票信用证(Clean L/C)，是指开证行仅凭不附单据的汇票付款的信用证。有的信用证要求汇票附有非货运单据，如发票、垫款清单等，也属光票信用证。在采用信用证方式预付货款时，通常是用光票信用证。

(2) 以开证行所负的责任不同，划分为不可撤销信用证和可撤销信用证。

①不可撤销信用证(Irrevocable Letter of Credit)，是指信用证一经开出，在有效期内，未经受益人及有关当事人的同意，开证行不得片面修改和撤销，只要受益人提供的单据符合信用证规定，开证行必须履行付款义务。这种信用证对受益人较有保障，在国际贸易中使用最为广泛。凡是不可撤销信用证，在信用证中应注明“不可撤销”字样，并载有开证行保证付款的文句。

②可撤销信用证(Revocable Letter of Credit)，是指开证行对所开信用证不必征得受益人或有关当事人的同意就有权随时撤销或修改的信用证。凡是可撤销信用证，应在信用证上注明“可撤销”字样，以资识别。这种信用证对出口人极为不利，因此，出口人一般

不接受这种信用证。鉴于国际上开立的信用证绝大部分都是不可撤销的，因此，在《跟单信用证统一惯例》中规定，如信用证中无表明“不可撤销”或“可撤销”的信用证，应视为不可撤销信用证。

（3）按有没有另一银行加以保证兑付为标准，划分为保兑信用证和不保兑信用证。

①保兑信用证(Confirmed Letter of Credit)，它是指开证行开出的信用证，由另一银行保证对符合信用证条款规定的单据履行付款义务。

②不保兑信用证(Unconfirmed Letter of Credit)，它是指开证银行开出的信用证没有经另一家银行保兑。当开证银行资信好和成交金额不大时，一般都使用这种不保兑的信用证。

（4）根据付款时间的不同，可划分为即期信用证和远期信用证。

①即期信用证(Sight L/C)，是指开证行或付款行收到符合信用证条款的跟单汇票或装运单据后，立即履行付款义务的信用证。这种信用证的特点是出口人收汇迅速安全，有利于资金周转。

②远期信用证(Usance L/C)，是指开证行或付款行收到信用证的单据时，在规定期限内履行付款义务的信用证。远期信用证还可分为下列几种：(a)银行承兑远期信用证；(b)延期付款信用证；(c)假远期信用证。

（5）根据受益人对信用证的权利可否转让，划分为可转让信用证和不可转让信用证。

①可转让信用证(Transferable L/C)，是指信用证的受益人(第一受益人)可以要求授权付款、承担延期付款责任，承兑或议付的银行(统称“转让银行”)，或当信用证是自由议付时，可以要求信用证中特别授权的转让银行，将信用证全部或部分转让给一个或数个受益人(第二受益人)使用的信用证。

可转让信用证只能转让一次，即只能由第一受益人转让给第二受益人。第二受益人不得要求将信用证转让给其后的第三受益人，但是，再转让给第一受益人，不属被禁止转让的范畴。

②不可转让信用证(Untransferable L/C)，是指受益人不能将信用证的权利转让给他人的信用证。凡信用证中未注明“可转让”字样者，就是不可转让信用证。

（6）循环信用证(Revolving L/C)。指信用证被全部或部分使用后，其金额又恢复到原金额，可再次使用，直至达到规定的次数或规定的总金额为止。

循环信用证与一般信用证的不同之处在于，一般信用证在使用后即告失效，而循环信用证则可多次循环使用。

（7）对开信用证。指两张信用证的开证申请人互以对方为受益人而开立的信用证。对开信用证的特点是第一张信用证的受益人(出口人)和开证申请人(进口人)就是第二张信用证的开证申请人和受益人，第一张信用证的通知行通常就是第二张信用证的开证行。两张信用证的金额相等或大体相等，两证可同时互开，也可先后开立。对开信用证多用于易货交易或来料加工和补偿贸易业务等。

（8）背对背信用证(Back to back L/C)。指受益人要求原证的通知行或其他银行以原证为基础，另开一张内容相似的新信用证。背对背信用证的受益人可以是国外的，也可以是国内的。背对背信用证的开证银行只能根据不可撤销信用证来开立。

（9）预支信用证(Anticipatory L/C)。指开证行授权代付行(通常是通知行)向受益人预付信用证金额的全部或部分，由开证行保证偿还并负担利息。预支信用证与远期信用证

相反，它是开证人付款在先，受益人交单在后。预支信用证可分全部预支或部分预支。预支信用证凭出口人的光票付款，也有要求出口人附一份负责补交信用证规定单据的声明书的。如出口人以后不交单，开证行和代付行并不承担责任。当货运单据交到后，代付行在付给剩余货款时，将扣除预支货款的利息。为引人注目，这种预支货款的条款，常用红字打成，故习称“红条款信用证”。

（10）备用信用证(Standby L/C)。是适用于跟单信用证统一惯例的一种特殊形式的信用证，它是开证行对受益人承担一项义务的凭证。

【案例3-4】 进口商欲拒付有否依据

某汽车公司自西德进口一批汽车配件，所开出的信用证中规定以青岛为目的港，但由开证行转来的单据中发现下列问题：（1）装箱单不是由信用证受益人签发的而是由包装公司签发的；（2）集装箱提单指示的目的港是大连港，不是青岛或青岛附近的集装箱堆积场；（3）发票和装箱单在一起；（4）提单上的被通知人不正确；（5）提单上的重量大于装箱单上的重量。于是，进口商欲拒付。

【案例分析】

进口商可以上述各点拒付。因为信用证是一种银行信用，银行对单据实行严格符合原则，即出口商提交的单据只有做到“单单相符，单证相符”才能得到付款，因此，本案中由于出口商所提交的单据存在多处不符点：

（1）包装单由包装公司，而不是出口商出具；

（2）提单上指示的卸货港大连与信用证上规定的青岛港不符；

（3）信用证中规定发票和装箱单应单独制作，而实际是二者合一，明显与信用证规定不符；

（4）提单上的被通知人不符合信用证中的规定；

（5）提单上的重量与装箱单的记载不符。

故可以判定该信用证下的单证和单据之间有许多不符之处，进口商可以据此拒付。

（四）各种支付方式的综合运用

在汽车贸易选择支付方式时，要对各种因素进行全面的考虑，如客户的信用和经营策略、产品本身的市场状况、交易数量及交易金额的大小等，并在此基础上采用一种对交易双方都比较安全的支付方式。为了吸引顾客，促进成交，有时也需要采用对双方较为有利、风险较大的支付方式，如托收；为了降低风险，提高效率，有时也根据交易的具体情况把各种支付方式结合在一起，采用综合支付方式。

1. 信用证与汇付相结合

信用证与汇付相结合系指部分货款采用信用证，余额货款采用汇付结算。例如，在汽车交易买卖合同中规定，进出口商同意采用信用证支付总金额的90%，余额10%，待货到后经过验收，确定其货物计数单位后，将余额货款采用汇付方式支付。

2. 信用证与托收相结合

它是不可撤销信用证与跟单托收相结合的支付方式，是指部分货款采用信用证支付，部分余额货款采用跟单托收结算。一般的做法是，在信用证中应规定出口商须签发两张汇

票，一张汇票是依信用证项下部分，货款凭光票付款；另一张汇票须附全部规定的单据，按即期或远期托收。例如，货款50%应开具不可撤销信用证，其余的50%见票付款交单，全套货运单据应附在托收部分项下，于到期时全数付清发票金额后方可交单。

3. 跟单托收与汇付相结合

该方式采用跟单托收并由买方预付部分货款或拿一定比例的押金作为保证，卖方收到预付款或押金后发货，并从货款中扣除已收款项，将余额部分委托银行托收。托收采取即期或远期付款交单的方式。如果托收金额被拒付，卖方可将货物运回，而从已收款项中扣除来往运费、利息及合理的损失费用。

4. 分期付款与延期付款

在汽车贸易中，由于货物金额大、制造生产周期长、检验手段复杂、交货条件严格及产品质量保证期较长等，可采用如下两种不同的支付方式。

（1）分期付款(Progression payment)。买方在合同签订后先交付部分货款作为订金，其余货款根据货物交货进度分若干期交付，一般最后一期货款在交货方或卖方承担的质量保证期终了时付清，货物的所有权也在付清最后一笔货款时转移给买方。卖方在买方支付订金前应提供已取得的该项产品的出口许可证副本及银行开立的保函或备用信用证，保证在卖方不履约时，由银行负责退还订金、已付款及利息损失。

（2）延期付款(Deferred payment)。买方在卖方交货时先付一部分货款，余额部分在交货后相当长的一段时间内分期还清。一般而言，货物的所有权在交货时转移。在我国，货款的延期支付部分通常采用远期信用证和银行保函两种方式进行。

【项目考核】

一、知识考核

1. 包销有何特点？独家代理商与包销商有何区别？
2. 什么叫寄售？寄售协议应注意哪些事项？
3. 拍卖有何特征？展销的优势体现在哪些方面？
4. 特许经销制和品牌专营制有何区别？
5. 招标和投标有何特点？招标和投标业务的基本程序如何？
6. 汽车贸易的支付工具主要有哪些？它们主要有哪些区别？
7. 什么是信用证？它的特点和作用是什么？

二、案例分析考核

上海私车需求现状与汽车贸易经营模式

进入21世纪，上海的私车需求呈现节节升高的态势，与此相伴随，上海的汽车贸易日益兴旺发达，各种汽车销售商店和市场如雨后春笋般在市区遍地出现，成为上海零售业中最具成长性的一个业种。

● 上海私车需求现状

上海作为中国经济最发达的地区之一，汽车普及率在国内大城市中却是较低的，仅为12%；而GDP与人均收入都低于上海的北京、成都等地，汽车普及率却达到25%。

由于上海私车牌照成本太高，一定程度上导致上海的轿车市场呈现高档热、低档冷的特点。在进口车需求量方面，由于国内轿车升级的加速，进口轿车不断向高端发展，档次和排气量都不断提高，与定位于中低档的国产汽车形成互补。虽然进口量和进口额每年都有大幅度的增长，但进口车占汽车市场的

份额却在逐年缩减。根据上海外高桥汽车交易市场的统计，2003 年外高桥市场成交车辆约 12 000 辆，与 2002 年相比增长了 75.5%，但与全国 17 万辆的进口总量相比，上海进口车销量只占全国市场的 7%，与上海作为全国贸易中心与物流中心的地位极不相称，也显示上升空间极大。同时，2003 年上海私人买进口车的比率大幅提高，由过去的 7.8% 上升到 18.5%。三资企业是进口车需求的主力军，占 80% 以上。而且 2003 年 100 万元以上的高档进口车需求量也在增加，在进口车中所占的比例从 2002 年的 15% 上升到了 22%。

但是上海实行的牌照限量发放制度，控制了私车保有量的增长速度。值得注意的是，上海市居民近年来在周边省份上牌，使上海私人轿车的实际增长快于官方的统计。

● 上海汽车贸易经营模式

私人轿车热的出现，使近几年上海兴起了一大批汽车销售网点，星罗棋布地遍布于全市。目前，上海汽车的主要销售模式是专卖店、大卖场、现代多功能巨型汽车综合营销市场。

1. 4S 品牌专卖店

上海汽车销售中占绝对主力的是 4S 店，尤其是某几个著名品牌的 4S 店。据上海汽车销售协会的统计：上海共有五六百家 4S 店，经销商数量更是达到 1 300 家。尽管 4S 店的投资巨大，但这没有阻挡经销商投资的热情，可以说，没有哪个城市像上海一样具有如此星罗棋布的 4S 店。而且，继宝马、奔驰之后，宾利、法拉利、劳斯莱斯等世界品牌车也纷纷在上海开了专卖店。就目前的销售情况而言，4S 店与非 4S 店经营业绩方面相差很大。据称，2004 年 1—6 月一些大的 4S 店销售比去年同期仍有所上升，只是“增幅趋缓”；而非 4S 店的销售则不太乐观。集整车销售、零配件、售后服务、信息反馈四位一体的 4S 店汽车销售模式是目前汽车生产厂家积极推行、代理经销商争相推崇的一种销售模式。

2. 汽车大卖场

从 20 世纪 90 年代开始，上海就有了联合汽车市场，它基本上是把各种品牌的汽车集中到一个交易市场内来销售。如果把这种销售模式称为大卖场模式，可以看到，经过几年的实践，这种大卖场模式并不成功。如今上海又出现另一种大卖场模式，而且占据了一定的市场份额。这种大卖场模式是由大型经销集团开设的汇集了其经销的所有品牌的新车销售、配件供应等的卖场模式。这种由大型经销集团开设的大卖场销售模式在上海汽车销售界蓬勃发展。

3. 现代多功能巨型汽车综合营销市场

现代多功能巨型汽车综合市场是一种全新的汽车销售模式，它集 4S 店和汽车超市于一体，配套汽车金融服务、汽车商贸、汽车销售、汽车文化休闲等多种功能，整车及二手车贸易、零配件供应、进出口销售、汽车消费信贷、保险租赁、置换、汽车文化沙龙和同汽车相关的餐饮、购物等多项功能，可以吸引有各种需要的顾客来此消费购物、休闲度假、参展观赛，体现了更人性化的汽车贸易环境。巨型销售市场具有品种齐全的规模优势，兼有举办车展和信息方面的有利条件，配有畅通、高效的物流体系，可以把汽车销售及配件供应等多项功能面向华东甚至全国。上海目前巨型汽车综合市场已日趋成熟，形成了五大贸易板块。

现代多功能巨型汽车综合销售市场代表了上海汽车销售模式的最新水平。上海巨型汽车综合销售市场有：欲立足长三角、辐射全国、影响亚太，成为我国汽车贸易的中心与枢纽的上海国际汽车城；以汽车销售服务为主题的“庞然巨物”——上海车市，令人瞩目的闸北区“汽车大道”；春申汽配商贸城；另外还有一些各具特色的汽车一条街，如以“实用性汽车消费街”为特色的吴中路一条街及东昌汽车销售公司拟建的“东昌汽车文化休闲一条街”。

? 试问：

请分析上海汽车贸易经营模式的发展趋势。

项目四　汽车贸易合同

【知识目标】

1. 掌握贸易合同的概念，了解贸易合同的作用、形式、内容和各类违约情况责任；
2. 掌握汽车贸易合同的内容和类型；
3. 熟悉汽车国际贸易合同的格式。

【技能目标】

1. 能够正确分析汽车贸易合同的内容；
2. 能够熟悉汽车贸易合同和国际贸易合同格式。

◇引导案例◇

汽车贸易保险合同纠纷

神龙汽车有限公司（以下简称神龙公司）与武汉博大汽车贸易有限公司（以下简称博大公司）于2009年4月15日签订了一份《分期付款轿车购销合同》，同日，中保财产保险有限公司武汉市汉阳区支公司（以下简称中保汉阳公司）、神龙公司及博大公司三方签订了一份《分期付款购车保险协议》，其中约定：神龙公司同意以分期付款的方式向博大公司销售车辆，中保汉阳公司同意由博大公司向中保汉阳公司购买分期付款购车保险，当博大公司不按分期付款购车合同履行付款义务时，由中保汉阳公司按本协议规定履行保险责任；神龙公司与博大公司所签分期付款《轿车购销合同》规定的博大公司应向神龙公司履行的分期付款义务，为本协议的保险标的；博大公司连续三个月未按合同履行分期付款义务时，由中保汉阳公司一次性向神龙公司予以赔付；保险人免赔金额为损失金额的5%。

合同签订后，中保汉阳公司向神龙公司签发了数份分期付款购车保险单。之后，中保财产保险有限公司于2009年9月27日下发了《机动车辆分期付款售车信用保险条款》，其中规定分期付款的车辆购买人应为最终用户，否则不予承保；还规定保险条款的投保人、被保险人是分期付款的售车人。

其后博大公司未能按合同履行分期付款义务，于是，神龙公司于2009年12月11日向湖北省高级人民法院提起诉讼，诉请判令博大公司和中保汉阳公司偿还购车款及利息和违约金并承担诉讼费用。一审湖北省高级人民法院认定：本案保险合同无效，判决中保汉阳公司对博大公司不能偿还神龙公司的债务承担部分赔偿责任，其赔偿数额为博大公司不能偿还部分的30%；中保汉阳公司返还博大公司支付的保险费及其利息。神龙公司不服该判决，向最高人民法院提起上诉。最高人民法院认定：本案保险合同有效，中保汉阳公司对博大公司不能偿还神龙公司上述款项在95%范围内承担赔偿责任。

引导问题

1. 这是一起什么样的合同纠纷？案件的关键点是什么问题？

2. 应当如何认定本案保险合同的效力？

必备知识

任务4.1　汽车贸易合同

一、贸易合同的定义和作用

贸易合同是贸易双方当事人经过商务洽谈而形成的具有法律效力的契约。贸易合同在经济贸易中具有重大的作用。

（1）在法律上，当双方当事人在贸易合同的履行过程中发生争端或纠纷时，提供以书面形式所签订的合同是证明双方存在合同关系的一种最有效、最简便的方法，也可作为仲裁员和法官进行仲裁和判决的有力证据。

（2）无论是口头还是书面达成的协议，如果没有一份包括各项条款的合同，则给履行合同带来诸多不便。所以，在经济贸易中，双方都要将各自应享受的权利和应承担的义务用文字规定下来，作为正确履行合同的依据。

（3）在经济贸易中，合同的生效常常是以书面签订合同作为条件的。尤其在一方当事人要求签订确认书时，只有签订确认书后，合同才告成立。否则，即使双方已取得了满意的谈判结果，也不存在法律上的有效合同。

二、贸易合同的形式

合同的形式，也称合同的方式，是指订立合同的双方当事人设立、变更、终止债权债务关系的合意的表现形式。贸易合同包括以下形式。

（一）约定形式和法定形式

合同的约定形式，是指在法律没有作出形式方面要求的情况下，当事人约定合同必须采取的形式。约定形式一般于合同成立前由当事人在要约中声明，约定某种形式为合同成立的要件，如要约中规定承诺必须以书面形式作出。有约定某种形式为合同生效的要件，如当事人约定合同订立后必须予以公证方可生效。当然，约定形式要以法律允许为条件。

合同的法定形式是指法律直接规定的合同应当采取的形式。根据我国现行的法律，口头形式以外的其他合同形式都可以作为法定形式。

（二）口头形式、书面形式和其他形式

1. 口头形式

口头形式是指合同当事人以直接的语言交流方式为意思表示并订立合同的形式。它通常适用于面对面的交易和通过电话达成的交易。合同以口头形式订立，并不需要当事人特别约定。只要是没有约定形式，也没有法定形式的合同，就可采取口头形式。

在口头形式的合同订立和履行过程中，也可能产生一些文字材料，如商业发票、收据、电话记录或录音材料等，但这些文字材料或录音均只能构成合同成立的证明，并不能作为合同成立的要件。

口头形式简便易行，符合交易便捷的要求，但由于缺乏有关合同内容的文字根据，所以在贸易纠纷发生时难于取证，也不利于贸易安全。因此，贸易合同的口头形式宜审慎取之。

2. 书面形式

书面形式指当事人以文字表达合同权利义务关系的形式，它通常用于一些标的额大、关系复杂、不能即时清结的合同。我国《合同法》第十条规定，法律、行政法规规定采用书面形式的，应当采用书面形式。此外，当事人约定采用书面形式的，应当采用书面形式。可见，书面形式也是当事人普遍采用的合同约定形式。

书面形式多种多样，并不固定。我国《合同法》第十一条规定，书面形式是指合同书、信件以及数据电文等可有形地表现所载内容的形式。其中，数据电文包括电报、电传、传真、电子数据交换和电子邮件等。

书面形式必须由文字材料构成，但并非一切文字材料都是合同的组成部分。能构成合同的文字材料必须符合下列要求：

①有某种文字材料；

②当事人在该文字材料上签字或盖章；

③该文字材料记载有合同权利和义务等内容。

书面形式的最大优点是有据可查，比较容易举证，有利于减少欺诈，保证了贸易安全，因此应用非常广泛。

三、贸易合同的有效和无效

根据我国《合同法》规定，依法成立的合同，自成立时生效。当事人对合同的效力可以约定附条件。附生效条件的合同，自条件成就时生效。附解除条件的合同，自条件成就时失效。

（一）贸易合同有效的要件

根据我国《合同法》规定，贸易合同欲发生法律效力，必须具备法律所规定的生效要件：

①行为人具有相应的民事行为能力；

②合同意思的表达要真实；

③合同的内容不违反法律或社会公共利益。

（二）贸易合同无效的要件

根据我国《合同法》规定，若贸易合同有下列情形之一，即为合同无效：

①一方以欺诈、胁迫的手段订立合同；

②恶意串通，损害国家、集体或第三人利益的；

③以合法形式掩盖非法目的；

④损害社会公共利益；

⑤违反法律、行政法规的强制性规定。

四、贸易合同的内容与条款

从法律关系的角度看，合同的内容是指合同权利与义务关系。但是，合同权利与义务

关系，除少数是由法律直接规定而产生之外，绝大部分是通过合同条款确定的。因此，从这个意义上说，贸易合同的内容是指确定合同当事人双方权利与义务关系的合同条款。

贸易合同的条款可分为三种：

（1）订立合同所需的必备条款，如买卖合同中的标的条款。

（2）合同通常应包含的条款，如果当事人没有相反的约定，当然成为合同的内容之一。如买卖合同中的瑕疵担保义务条款或权利担保义务条款。

（3）通常情况下合同不包含的条款，但当事人有特别约定时，依约定成为合同内容的组成条款。如买卖合同中的买回条款。

当然，当事人在订立合同时享有充分的意志自由。在法律许可的范围内，当事人可就上述三种合同条款中的任何一种进行约定。如买卖合同中价款的支付日期和地点等条款，在法律上并未要求为合同成立的必备内容，但如果当事人约定其为合同的必备条款的话，则价款的支付日期和地点就成为合同成立的必备要件。

在我国，习惯于将合同条款分为主要条款和普通条款。

（一）主要条款

主要条款是指合同应当具备的条款。它们有的是由立法直接规定，如我国《担保法》第十五条规定了担保合同必须具有的六个方面的主要条款；有的是由合同的类型和性质决定，如价格条款是买卖合同的主要条款，而不是赠与合同的主要条款；有的是由当事人直接约定的，如上述买卖合同中有关价款的支付日期和地点条款。

（二）普通条款

普通条款是指合同的主要条款以外的条款。它主要包括三类：

（1）法律没有直接规定，也不是依合同类型和性质必须具备的、当事人也没有约定为主要条款的合同条款。如包装物的返还条款、解决争议的条款、不可抗力条款和免责条款等。

（2）当事人没有订入合同，甚至未曾协商，但基于当事人的有关行为或合同的某些明示条款，或者按法律的直接规定理当存在的合同条款，如当事人系列交易的惯有规则或某些商业惯例。

（3）当事人有意留待以后商定，或由第三人确定，或根据具体情况加以确定的条款。从作用上看，主要条款的缺乏或严重欠缺将导致合同的不成立，而普通条款的缺乏并不构成此类后果。

五、贸易合同的违约责任

根据我国《合同法》规定，当事人一方不履行合同义务或者履行合同义务不符合约定的，应当承担继续履行、采取补救措施或者赔偿损失等违约责任。

当事人一方明确表示或者以自己的行为表明不履行合同义务的，对方可以在履行期限届满之前要求其承担违约责任。

当事人一方不履行合同义务或者履行合同义务不符合约定的，在履行义务或者采取补救措施后，对方还有其他损失的，应当赔偿损失。

经营者对消费者提供商品或者服务有欺诈行为的，依照《中华人民共和国消费者权益保护法》的规定承担损害赔偿责任。

因不可抗力不能履行合同的，根据不可抗力的影响，部分或者全部免除责任，但法律另有规定的除外。当事人迟延履行后发生不可抗力的，不能免除责任。当事人一方因不可抗力不能履行合同的，应当及时通知对方，以减轻可能给对方造成的损失，并应当在合理期限内提供证明。

任务4.2　汽车贸易合同的内容和类型

一、汽车贸易合同的内容

贸易合同的内容，一般由合同的首部(约首)、合同的主体(本文)、合同的结尾(约尾)三部分组成。

(一) 合同的首部

合同的首部是指合同的序言部分。它包括合同的名称与编号、合同签订的时间与地点、订约双方当事人的名称和地址(要求写明全称)。同时还应写明双方订立合同的意愿和执行合同的保证。合同的序言可简可繁，对双方均有约束力，所以，在制定序言时，要慎加考虑，细加斟酌。

(二) 合同的主体

合同的主体主要由合同的条款组成，具体订明贸易的条件和当事人双方的权利和义务。

根据我国《合同法》第十二条规定，合同的内容由当事人约定，一般包括以下条款：

①当事人的名称或者姓名和住所；②标的；③数量；④质量；⑤价款或者报酬；⑥履行期限、地点和方式；⑦违约责任；⑧解决争议的方法。

当事人可以参照各类合同的示范文本订立合同。

(三) 合同的结尾

合同的结尾是合同的最后一部分，注明合同使用的文字及其效力，合同的份数以及合同的生效时间。最后由双方当事人在合同的末尾签字，在签字栏目内要写明双方企业名称及签署人的职务。

贸易合同的内容应注明合同的签订时间和地点。不同的订约地点往往涉及合同的法律问题。我国出口合同的订约地点一般都注明“中国”字样。订约的时间和地点可以在约首，也可以在约尾。

二、汽车贸易合同的条款

汽车贸易合同的条款分为主要条款和一般条款。主要条款有：汽车产品的品名、品质、型号、数量、性能、包装、单价、总值、支付方式、装运时间与地点、运输方式、保险条件。一般性合同条款有：汽车商品的检验、异议与索赔、仲裁和不可抗力等。(汽车商品的品质、数量和包装在第五章作专门介绍；汽车商品的检验、索赔、不可抗力和仲裁在第十章作专门介绍。)

三、汽车贸易合同的类型

1. 从贸易的范围分

从贸易的范围来划分，可分为汽车国内贸易合同和汽车国际贸易合同。汽车国际贸易合同包括进口贸易合同和出口贸易合同，其中进口贸易合同也称购买合同，出口贸易合同也称销售合同。

2. 从贸易的内容分

从贸易的内容来划分，可分为汽车贸易合同、汽车产品贸易合同、二手车贸易合同、汽车服务贸易合同和汽车技术贸易合同。

四、汽车国际贸易合同的格式

汽车国际贸易合同的格式应采用一般货物进出口合同的格式。主要由三大部分构成：合同的首部或序言、合同的主文、合同的结尾。

（一）合同的首部或序言

一般在合同的首页右上方载明合同的编号和签约日期，有的还加上签约的地点。在合同首页的左上方载明合同号、签约日期和地点，稍低的位置写明订约双方的名称及法律地位、营业所在地等。另起行写明合同双方自愿缔结本协议。用两种文字缔结协议并予以说明其效力，通常是表示两种文字的合同文本具有同等效力。有的协议还写入据以订约的有关函电的日期及编号。

合同首部或序文的内容常不为人们所重视。但实践证明，忽视这部分内容是不应该的，尤其是当合同签订并发生法律效力后，如在履行中发生争议，合同序言的作用就会凸现出来。合同中若写明了订立合同的时间与地点，在法律上具有如下作用：首先，除非法律或合同对合同生效的时间有不同规定，合同签订的日期是生效日期。其次，其合同当中对合同适用的法律没有做出明确约定，按照国际私法的法律冲突规则，发生关于合同有效性的争议，通常由合同成立地的法律确定。中国 1987 年《关于适用〈涉外经济合同法〉若干问题的解答》第二条第六款规定："国际货物买卖合同，适用合同订立时卖方营业地所在地的法律，若合同是在卖方营业地谈判订立的，或合同主要依据买方买定的条件并依买方招标订立的，或合同规定在买方营业地交货，则适用合同订立时买方营业地的法律。"在中国订立汽车产品交易合同，若合同对法律适用未作约定，合同中注明了合同订立地，可以按上述原则确定合同的适用法律。如果合同未注明合同订立地，就缺少了确定合同准据法的依据。合同序言中列明双方的名称、营业地和法律地位是有意义的。股份有限公司股东对公司债务的责任仅以出资为限，合伙企业的合伙人对企业的债务应承担无限连带责任。因此，一旦履约时，合同的一方当事人破产，对其自身和合同的对方当事人都会产生重要影响。

合同的序言内容应当完整。一旦合同订立生效后，履约当中产生争议而合同当中又缺乏约定，此时内容完整、正确的序言可以对解决上述问题产生作用，具有指向标的意义，可以成为重要的找寻准据法的连接点。汽车贸易的谈判者应谨记这一点，起草协议时应认真、谨慎；粗枝大叶、丢三落四的合同序言可能给自己带来不利的影响。

（二）合同的主文

合同的主文是合同的主体部分，合同标的物情况及要求、合同双方的权利义务等主体问题包含在合同主文中。

合同主文主要有如下条款：交易的产品名称及品质规格条款、产品的数量条款。数量条款是合同约定的卖方向买方交货的数量和计量单位，是货物买卖合同的主要条款。在确定了交易标的物的名称、品质、规格之后，数量条款必须确定下来，两者结合，成为合同的卖方向买方交货的依据，卖方如不按合同规定交货就构成违约，应承担违约责任。另外，还有包装条款、价格条款、装运条款、保险条款、支付条款、不可抗力条款和仲裁条款等。

（三）合同的结尾

合同的结尾是合同的最后一部分，主要载明合同以何种文字记载以及各种文本的效力。由合同双方的签字人在签字栏内签字，如有必要，可以加列见证人并副署。在双方签字栏内应载明双方企业的名称以及签署人的职务。签字栏的位置一般是卖方在左侧，买方在右侧。

五、汽车技术贸易合同的条款

汽车技术贸易合同是知识形态的商品通过汽车贸易市场进行交换的法律形式。由于技术合同在贸易过程中操作有较大的难度，因此，为保证技术交易的顺利进行，交易双方必须重视技术合同，非常认真地研究、起草和签订，作为日后指导和约束双方交易行为的基本依据。汽车技术贸易合同主要包括以下条款：

（1）合同名称。技术贸易合同的名称应当运用简明、准确的语言给出合同的技术特征和法律特征。例如，“东风标致 307 - Prestige 1.6L 生产工艺技术转让合同”、“GSM 汽车防盗器合作开发合同”。

（2）标的内容、范围和要求。技术贸易合同标的内容不能简单地重复项目名称，必须具体全面地表达技术交易的内容和实质特征。合同标的表述不清或者过于笼统，对于交易双方都是危险的：技术买方或委托方难以按照预期目的拿到应得的无形资产；而当技术买方提出过分要求时，技术卖方又解释不清，无言以对。

（3）履行的计划、进度、期限、地点和方式。任何技术贸易合同都应有一个明确的履行计划，规定技术交易双方在各阶段应当完成的工作和达到的目标。合同期限较长的技术合同，应载明总体计划、年度计划和具体步骤，明确各阶段目标，把相关工作列入统筹计划体系之中，以便在实施阶段做到衔接有序，忙而不乱。

（4）保密条款。技术贸易合同应当列出秘密情报、资料、样品、数据和其他秘密事项的清单，保密期限和违反保密义务的责任。

（5）风险责任条款。技术贸易合同应载明合同的风险责任由谁负担，约定由双方分担的，载明各方负担的份额或者比例。

（6）技术成果的归属和分享。载明履行技术合同中标的一方向另一方提供的成果和双方所完成的技术成果，其权利的归属，如何使用和转让，以及由此产生的利益怎样分配等。

（7）验收标准和方式。技术贸易合同应载明技术合同的检验项目、技术经济指标、验收时所采取的评价、鉴定和其他考核办法。

（8）支付条款。技术贸易合同的价款、报酬包括转让专利权的价款，技术开发、咨询、服务的报酬和专利实施许可、非专利技术转让的使用费。

（9）违约条款。技术贸易合同的当事人应当确定是否约定违约金，就什么义务约定违约金，约定的违约金与赔偿损失的关系及违反合同的损失赔偿额如何计算等。

（10）仲裁条款。技术贸易合同的当事人可以决定一旦发生合同争议时是否申请仲裁和向哪一个仲裁机构申请仲裁。附有仲裁条款的合同所发生的争议，排除司法管辖，即不得就该技术合同争议向人民法院起诉。

（11）名词和术语的解释。技术贸易合同专业性很强，为避免对关键词和术语的理解发生歧义而引起争议，可对定义不特定的词语和概念作特定的界定，以免引起误解或留下漏洞。

（12）补充协议。由于各项工作进度不一，以及交易双方比较熟悉，常常通过当面协商和电话联系的方式达成一系列的口头协议。如果是比较重要的口头协议，应当以书面形式记录下来，成为补充协议。

拓展知识

拓展4.1　汽车贸易合同示例

一、汽车国际贸易合同示例

售货合同

SALES CONTRACT

买方：

The Buyers：

卖方：

The Sellers：

传真(FAX)：　　　　　　　　电话(TEL)：

地址(ADDRESS)：

双方同意按下列条款由买方售出下列商品：

The Buyers agree to buy and the Sellers agree to sell the following goods on terms and conditions as set forth below：

合同编号：

Contract No.：

签订地点：

Signed at：

签订日期：

Date：

（1）商品名称、规格及包装 （1）Name of Commodity, Specifications and Packing	（2）数量 （2）Quantity	（3）单价 （3）Unit Price	（4）总值 （4）Total Value
	（装运数量允许有 %的增减） （Shipment Quantity % more or less allowed）		

（5）装运期限：

（5）Time of Shipment:

（6）装运口岸：

（6）Port of loading:

（7）目的口岸：

（7）Port of Destination:

（8）保险：由________方负责，按本合同总值110%投保________险。

（8）Insurance: To be covered by the ________for 110% of the invoice value against ________.

（9）付款：凭保兑的、不可撤销的、可转让的、可分割的即期有电报套汇条款/见票/出票________天期付款信用证，信用证以________为受益人并允许分批装运和转船。该信用证必须在________前开到卖方，信用证的有效期应为上述装船期后第15天，在中国________到期，否则卖方有权取消本售货合约，不另行通知，并保留因此而发生的一切损失的索赔权。

（9）Terms of Payment: By confirmed, irrevocable, transferable and divisible letter of credit in favour of ________payable at sight with TT reimbursement clause/________days'/sight/date allowing partial shipment and transshipment. The covering Letter of Credit must reach the Sellers before ________and is to remain valid in ________. China until the 15th day after the aforesaid time of shipment, failing which the Sellers reserve the right to cancel this Sales Contract without further notice and to claim from the Buyers for losses resulting therefrom.

（10）商品检验：以中国________所签发的品质/数量/重量/包装/卫生检验合格证书作为卖方的交货依据。

（10）Inspection: The Inspection Certificate of Quality / Quantity / Weight / Packing / Sanitation issued by ________of China shall be regarded as evidence of the Sellers' delivery.

（11）装运唛头：

（11）Shipping Marks:

其他条款：

OTHER TERMS:

1. 异议：品质异议须于货到目的口岸之日起30天内提出，数量异议须于货到目的口岸之日起15天内提出，但均须提供经卖方同意的公证行的检验证明。如责任属于卖方者，卖方于收到异议20天内答复买方并提出处理意见。

1. Discrepancy: In case of quality discrepancy, claim should be lodged by the Buyers within 30 days after the arrival of the goods at the port of destination, while for quantity discrepancy, claim should be lodged by the Buyers within 15 days after the arrival of the goods at the port of destination. In all cases, claims must be accompanied by Survey Reports of Recognized Public Surveyors agreed to by the Sellers. Should the responsibility of the subject under claim be found to rest on the part of the Sellers, the Sellers shall, within 20 days after receipt of the claim, send their reply to the Buyers together with suggestion for settlement.

2. 信用证内应明确规定卖方有权可多装或少装所注明的百分数，并按实际装运数量议付。(信用证之金额按本售货合约金额增加相应的百分数。)

2. The covering Letter of Credit shall stipulate the Sellers's option of shipping the indicated percentage more or less than the quantity hereby contracted and be negotiated for the amount covering the value of quantity actually shipped. (The Buyers are requested to establish the L/C in amount with the indicated percentage over the total value of the order as per this Sales Contract.)

3. 信用证内容须严格符合本售货合约的规定，否则修改信用证的费用由买方负担，卖方并不负因修改信用证而延误装运的责任，并保留因此而发生的一切损失的索赔权。

3. The contents of the covering Letter of Credit shall be in strict conformity with the stipulations of the Sales Contract. In case of any variation there of necessitating amendment of the L/C, the Buyers shall bear the expenses for effecting the amendment. The Sellers shall not be held responsible for possible delay of shipment resulting from awaiting the amendment of the L/C and reserve the right to claim from the Buyers for the losses resulting therefrom.

4. 除经约定保险归买方投保者外，由卖方向中国的保险公司投保。如买方需增加保险额及/或需加保其他险，可于装船前提出，经卖方同意后代为投保，其费用由买方负担。

4. Except in cases where the insurance is covered by the Buyers as arranged, insurance is to be covered by the Sellers with a Chinese insurance company. If insurance for additional amount and /or for other insurance terms is required by the Buyers, prior notice to this effect must reach the Sellers before shipment and is subject to the Sellers' agreement, and the extra insurance premium shall be for the Buyers' account.

5. 因人力不可抗拒事故使卖方不能在本售货合约规定期限内交货或不能交货，卖方不负责任，但是卖方必须立即以电报通知买方。如果买方提出要求，卖方应以挂号函向买方提供由中国国际贸易促进委员会或有关机构出具的证明，证明事故的存在。买方不能领到进口许可证，不能被认为系属人力不可抗拒范围。

5. The Sellers shall not be held responsible if they fail, owing to Force Majeure cause or causes, to make delivery within the time stipulated in this Sales Contract or cannot deliver the goods. However, the Sellers shall inform immediately the Buyers by cable. The Sellers shall deliver to the Buyers by registered letter, if it is requested by the Buyers, a certificate issued by the China Council for the Promotion of International Trade or by any competent authorities, attesting the existence of the said cause or causes. The Buyers' failure to obtain the relative Import Licence

is not to be treated as Force Majeure.

6. 仲裁：凡因执行本合约或有关本合约所发生的一切争执，双方应以友好方式协商解决；如果协商不能解决，应提交中国国际经济贸易仲裁委员会，根据该会的仲裁规则进行仲裁。仲裁裁决是终局的，对双方都有约束力。

6. Arbitration: All disputes arising in connection with this Sales Contract or the execution thereof shall be settled by way of amicable negotiation. In case no settlement can be reached, the case at issue shall then be submitted for arbitration to the China International Economic and Trade Arbitration Commission in accordance with the provisions of the said Commission. The award by the said Commission shall be deemed as final and binding upon both parties.

7. 附加条款(本合同其他条款如与本附加条款有抵触时，以本附加条款为准。)

7. Supplementary Condition(s)(Should the articles stipulated in this Contract be in conflict with the following supplementary condition(s), the supplementary condition(s) should be taken as valid and binding.)

卖方(Sellers):　　　　　　　　　　买方(Buyers):

二、汽车国内贸易合同范本

上海汽车买卖合同范本

合同编号：

甲方(出卖人)：		住所：		邮编：		营业执照：	
法定代表人：		电话：		委托代表人：		电话：	
乙方(买受人)：		性别：		出生年月日：		住所(址)：	
邮编：		联系电话：		证件号码：			
委托代表人：		身份证号码：					
住所(址)：				邮编：		联系电话：	

甲、乙双方依据《中华人民共和国合同法》及其他有关法律法规的规定，在平等、自愿、协商一致的基础上，就买卖汽车事宜，订立本合同。

第一条　标的

汽车品牌及型号规格：

生产国别或生产地：

生产厂名称：

颜色：

第二条　数量与价款

车辆单价：　　元，大写　　元。数量：　　台。车辆总价：　　元，大写　　元。

运费　　元，由　　方承担。出库费　　元，由　　方承担。

车辆交接后，乙方如需委托甲方代理上牌等服务的，双方应另签委托服务协议(见附件二)，乙方需另行交付有关费用和支付劳务报酬。

第三条　付款方式

乙方选择下述第　　种方式付款，并按该方式所定时间如期足额将车款支付给甲方。

1. 一次性付款方式：签署本合同时，支付全部车价款，计人民币　　元，大写　　元。

2. 汽车消费贷款方式：签署本合同时，首付全部车价款的　　%，计人民币　　元，大写　　元。余款计人民币　　元，大写　　元，于　　年　　月　　日前支付。乙方可通过金融机构办理汽车消费贷款支付部分或全部余款。但以下情况视为乙方未按合同约定时间付款，应当向甲方承担违约责任。

(1) 乙方未能在以上规定时间内向金融机构办妥有关汽车消费贷款事宜(以实际发放贷款为准)。

(2) 乙方未能在以上规定时间内足额办出贷款，且余额未按时自行补足支付的。

3. 分期付款方式：签署本合同时，支付全部车价款的　　%，计人民币　　元，大写　　元。并于　　年　　月　　日前支付全部车价款的　　%，计人民币　　元，大写　　元。另于　　年　　月　　日前支付最后一期车价款，计人民币　　元，大写　　元。

第四条　质量

1. 甲方向乙方出售的车辆，其质量必须符合国家汽车产品标准或行业标准，并符合出厂检验标准，符合安全驾驶和说明书载明的基本使用要求，符合车辆落籍地政府关于尾气排放的标准。

2. 甲方向乙方出售的汽车，必须是经国家有关部门公布、备案的汽车产品目录上的产品或合法进口的产品，并能通过公安交通管理部门的检测，可以上牌行驶的汽车。

3. 双方对车辆质量的认定有争议的，以国家汽车质量监督检验中心(上海)的书面鉴定意见为处理争议的依据。

第五条　交车时间与地点、交付及验收方式

1. 交车时间：　　年　　月　　日前。

2. 提车方式：乙方自提□　　甲方送车上门□

3. 交车地点：

4. 交车时里程表记录小于：(1) 100 公里□　　(2)　　公里□　　以上里程表记录均不包含委托上牌服务发生的公里数。

5. 甲方在向乙方交付车辆时须同时提供：

(1) 销售发票。

(2) (国产车)车辆合格证或(进口车)海关进口证明及商品检验单。

(3) 质量服务卡或保修手册。

(4) 车辆使用说明书或用户使用手册(中文)。

(5) 随车工具及备件清单。

6. 车辆交接时当场验收，乙方应对所购车辆外观和基本使用功能等进行认真检查、确认。如对外观有异议，应当场向甲方提出。

7. 甲方向乙方交付汽车及随车文件，双方签署车辆交接书(见附件一)，即为该车辆正式交付。

8. 车辆正式交付之时起，该车辆的风险责任由甲方转移至乙方。

第六条　不可抗力

1. 任何一方对由于不可抗力造成的部分或全部不能履行本合同不负责任。但迟延履行后发生不可抗力的，不能免除责任。

2. 遇有不可抗力的一方，应在三日内将事件的情况以书面形式通知另一方，并在事件发生后十日内，向另一方提交合同不能履行或部分不能履行或需要延期履行理由的报告。

第七条　关于修理、更换、退货的约定

1. 关于整车、零部件总成的保修期限执行生产厂保修条款的规定。

2. 在上述保修期内车辆出现质量问题或需要保养，乙方应在生产厂公布或双方约定的维修站进行修理和保养。

3. 在车辆使用1年或行驶2万公里内(以先到为准，下同)，同一严重安全性能故障累计修理2次(以修理单据和发票为准，下同)仍未排除故障，或关键总成因质量问题累计更换2次后仍无法使用，乙方有权退车。

4. 在车辆使用1年或行驶2万公里内，同一关键零件或总成因质量问题，累计修理2次仍不能恢复使用；或由于质量问题及修理，使得该车停用的累计工作日超过60日(扣除进口零件进货在途时间)；或累计修理5次以上(不含5次)仍不能正常行驶，甲方应负责为乙方换车或退车。

5. 按照本条上述约定退车的，甲方应当负责为乙方按发票价格一次退清车款，但应减去乙方使用该车产生的合理折旧。

6. 非车辆质量问题发生交通事故而造成损坏的，或无有效发票的，或乙方不是消费者权益保护法所指的消费者，可免除本条上述第3项、第4项规定的甲方责任。

7. 由于人为破坏、使用或保养不当和疏忽造成的质量问题，或者由于装潢、改装不当造成的质量问题，或者到公布、约定以外的修理点进行修理造成的质量问题，由乙方自行承担后果。

8. 本合同签订后，国家如出台有关汽车产品修理更换退货的规定，双方按国家规定执行。

9. 生产厂的保修条款比本合同的约定更有利于乙方的，双方按生产厂的规定执行。

第八条　违约责任

1. 乙方不能按时支付车款的，自延期之日起至实际付款日止，按逾期应付款依银行迟延付款的规定向甲方偿付违约金。延期付款超过1个月的，甲方有权解除合同，并要求乙方按相当于全部车价款的　　　%支付违约金。

2. 甲方不按时交付车辆的，自延期之日起至实际交付日止，按乙方已付款依银行迟延付款的规定向乙方偿付违约金。延期交付车辆超过1个月的，乙方有权解除合同，并要求甲方按相当于全部车价款的　　　%支付违约金。

3. 甲方交付的汽车不符合说明书中表明的质量标准，乙方有权要求甲方承担无偿修复、补偿损失或减少价款的违约责任。

4. 因车身超重、尾气不合格等情况导致乙方无法上牌照，乙方有权退车并要求甲方

赔偿损失。

5. 经国家授权的汽车检验机构鉴定，乙方所购汽车确实存在设计、制造缺陷，由此缺陷造成的人身和他人财产损害，如甲方无过错，乙方有权向生产厂主张赔偿，甲方有积极协助的义务。若甲方在该车有缺陷或存在其他特殊的使用要求时，应该明示告知而未明示告知，则应承担相应赔偿责任。

第九条　双方特别约定：(略)

第十条　解决争议的方法

1. 甲、乙双方在履行本合同过程中发生争议，应协商解决，也可请求所在地市消费者保护委员会主持调解。协商不能解决或调解不成的，选定下面　　种方式解决(不选定的画去)：A. 申请仲裁　B. 依法起诉。

2. 双方选择仲裁方式的，约定向下列其中之一的仲裁机构申请仲裁：A. 地市仲裁委员会　B. 中国国际经济贸易仲裁委员会　C. 其他约定仲裁委员会。

3. 双方选择诉讼方式的，约定向下列其中之一的人民法院依法起诉：A. 车辆交接地人民法院　B. 甲方住所地人民法院　C. 乙方住所地人民法院　D. 人民法院。

第十一条　其他

1. 双方前列地址、电话若有改变，必须及时书面通知对方。因一方迟延通知而造成的损失，由过错方承担责任。

2. 本合同的未尽事宜及本合同在履行过程中需变更的事宜，双方应通过订立补充条款或补充协议进行约定。本合同的补充条款、补充协议及附件均为本合同不可分割的部分。

3. 在缔结本合同时，甲方有义务解答乙方对于合同所提出的问题。

4. 本合同的金额应当同时以大、小写表示，大小写数额应当一致，不一致的，以大写为准。

5. 本合同自双方签字或盖章之日起生效，本合同壹式　　份，具有同等效力。其中甲、乙双方各执　　份。

附件一：车辆交接书

附件二：委托服务协议书

甲方(盖章) 签字：　　　　　　　　　　　　日期：　　年　　月　　日

乙方(盖章)法定代表人/代理人法定代表人/代理人签字：

日期：　　年　　月　　日

附件一：车辆交接书

　　年　　月　　日，甲、乙双方在　　地方进行验收与交接，双方确认：

1. 甲方交付给乙方的汽车品牌及型号规格为：乙方经过验收，认为符合双方　　年　　月　　日签订的汽车买卖合同约定(发动机号：　　车架号：　　)，同意接受。

2. 乙方已付清全部车价款计人民币　　元，大写　　元。甲方已开具发票给乙方。发票号为：　　。

3. 随车文件清单如下(打√)：(1) 发票□　(2) 合格证□　(3) 说明书□　(4) 保修卡□　(5) 海关证□　(6) 商检证□　(7) 其他：　　□。

4. 车辆项目是否完好无损、运转正常(正常打√) □。

5. 里程表显示数：　　　公里。

6. 其他交接事项：本交接书自甲、乙双方签字或盖章之日起生效。

甲方签字或盖章：　　　　日期：　　　　乙方签字或盖章：　　　　日期：

附件二：委托服务协议书

委托人(乙方)：　　　　受托人(甲方)：

双方经协商一致，就办理下列委托事项达成如下协议：

一、委托事项乙方授权甲方代为办理下列事项(打√)：

□ (1) 代办拍牌

□ (2) 代办按揭

□ (3) 代办保险

□ (4) 代办上牌

□ (5) 代办装潢

□ (6) 代办其他项目：

二、委托报酬甲方完成上述委托事宜后，乙方应一次性支付代办劳务报酬(以下简称代办费)合计　元，大写　元。

三、完成各委托事项所需费用概算及代办费约定：

1. 代办拍牌。费用概算如下：　　代办费：　　元。

2. 代办按揭。费用概算如下：　　代办费：　　元。

3. 代办保险。

3.1 保险公司所在地及名称：

3.2 保险期限：一年□　　二年□　　三年□

3.3 第三者责任险，费用概算：　　元。

3.4 车辆损失险，费用概算：　　元。

3.5 其他险种名称及费用概算：

3.6 以上保险费用概算合计：　　元。

3.7 双方特别约定：乙方委托甲方代办车辆上牌服务，乙方应自行或委托甲方事先办妥机动车保险，投保险种包括但不限于第三者责任险和车辆损失险。保险合同应当书面专门约定以下内容：发生保险事故时若保险车辆尚未取得公安交通管理部门核发的行驶证和号牌，保险公司不得免除赔偿责任。

4. 代办上牌。

费用概算如下：养路费：　　元，车船税：　　元，购置税：　　元，注册费：　　元，其他：　元，合计约　　元。代办费：　　元。

5. 代办装潢。装潢项目及费用概算如下：代办费：　　元。

6. 代办其他项目。费用概算如下：代办费：　　元。

7. 所有办理有关法定手续所需费用及政府部门规定的各项收费和国家规定的强制保险等费用，均由乙方承担，并按支出凭证向乙方结账。

四、上述费用采取下列第　　种方式支付：1. 乙方预付。2. 甲方暂先垫付。

五、上牌服务完成期限：　　年　　月　　日前。

六、完成委托上牌服务，应当随车移交如下材料：

(1) 购置税凭证；(2) 养路费凭证；(3) 机动车保险单；(4) 行驶证；(5) 车船税凭证；(6) 车辆牌照号码。

七、违约责任

1. 甲方在代办服务过程中造成车辆毁损、灭失的，乙方应当先向保险公司索赔，赔付不足部分由甲方予以修复或赔偿。除甲方原因外，代办保险中双方特别约定内容未能及时全面落实的，应当免除甲方的责任。

2. 乙方中途撤回委托的，应承担甲方的实际经济损失。

3. 除不可抗力或遇政府机构停电、设备及电脑故障或临时改变办公时间等非甲方原因外，甲方如未在本协议约定期限内将完成委托的上牌车辆交付乙方，乙方有权按全部车价款向甲方追索逾期利息。逾期利息自本协议约定的最后交付期限第二天起算至实际交付日止，利息按人民银行同期贷款利率计算。若逾期超过30天，甲方应按全部车价款　　%向乙方支付违约金，协议继续履行。

4. 因乙方不能及时提供有关材料而影响委托事项按约完成的，则交车期得以顺延。

甲方签字或盖章：　　　　　　　　乙方签字或盖章：

日期：　　　　　　　　　　　　　日期：

拓展4.2　汽车贸易合同案例与分析

一、违反合同操作的危害

【案例4-1】　违反贸易合同操作的危害

1996年11月，我A进出口公司按FOB天津条件向韩国B公司出口一批价值10万美元的货物，B公司以不可撤销的即期信用证付款。来证规定："Signed Commercial invoice in triplicate Full set of clean on board ocean bills of Lading made out to order and blank endorsed, marked 'Freight to collect', Notify buyer, Partial shipments are not allowed."（已签署的商业发票一式三份，全套清洁已装船海运提单，作成空白抬头，空白背书，注明'运费到付'，通知买方，禁止分批装运。）

A公司将货物装船后，由韩国C海运公司在天津的代理签发了海运提单。A公司将全套单据交银行议付，议付行审单无误后给A公司办理了押汇，并将全套单据寄交开证行索偿。不料，开证行将全套单据退回给议付行。当议付行向A公司追索时，A公司才告知：所交货物由于备货不足，实际只交付9.5万美元货物，为顺利结汇，签发的商业发票金额为10万美元，准备近期再向B公司补交余下的5 000美元货物，且A公司已将货款另作他用。

A公司赶快与B公司协商交涉。最后，B公司同意按D/P方式支付货款，原议付行为托收行；但开证行再次退单，理由是B公司拒付。此时，A公司与议付行从有关方面获悉，B公司已将货物提走并在市场上销售，A公司深感事态严重。显然，信用证项下的全部单据，包括在全套海运提单的情况下提货必是C海运公司所为。当找到C海运公司在天津的代理时，该代理称，海运提单注明"运费到付"，如果B公司付清运费，当然可以提货。A公司与议付行提出，海运提单上不论注明"运费预付"或是"运费到付"，均不影响其物权证书的作用，坚持要求说明货物去向。3天后，C海运公司在天津的代理承

认，C 海运公司凭 B 公司提供的、由开证行会签的担保，已将货物交给了 B 公司。最后，在各有关方面的艰难努力下，历时半年才收回货款。

【案例分析】

这是一起违反贸易合同操作的案例。

中韩两国的贸易属近洋贸易，往往出现货物先到而提单后到的情况，而且进口方往往凭银行会签的书面担保向海运公司先行提货。本案例中，当 B 公司担保提货后，发现货物数量与合同规定不符，而此时，单据寄抵开证行，单证相符，构成了开证行付款的前提条件。于是，B 公司与开证行串通后决定退单拒付。议付行接到开证行退回的单据后，本应坚持要求开证行付款，但由于 A 公司少发了 5 000 美元的货物，自知理亏，遂与 B 公司协商改为 D/P 结算，这正中了 B 公司与开证行的圈套，将信用证结算的银行信用改为 D/P 结算的商业信用，当 B 公司拒付，则与开证行无关。由于 C 海运公司凭担保向 B 公司放货，在 A 公司的要求下，C 海运公司必然凭担保向 B 公司和开证行施加压力，最后经过各方努力，才收到货款。

从这个案例，我们可以总结出以下几方面的经验：

①公司应按合同规定履约；②议付行必须要求开证行付款；③开证行不得无故退单拒付；④海运公司必须凭正本海运提单交付货物。

本案中，B 公司是凭开证行会签的担保从 C 海运公司提走了货物。凭担保提货，就是在没有货物所有权凭证的情况下先行提货，在担保中保证日后补交提单，并负责无条件地赔偿由此可能带给船舶公司的风险损失。开证行退单拒付，单据掌握在议付行手中，受益人 A 公司完全有理由凭海运提单要求船舶公司交付货物。但由于 C 海运公司凭担保将货物交给了 B 公司，C 海运公司也必然凭担保向开证行及 B 公司施加压力，要么补交提单，要么赔偿货款，要么交回货物。

二、及时纠正违约行为的必要性

【案例 4－2】　　及时纠正违约行为的必要性

中国内地某公司曾按 CIF 香港条件和信用证付款方式向香港某商人出售一批汽车零配件，买卖合同规定按港币计价，并用港币支付。但港商开来的信用证中载明，按港币计价，用人民币支付。卖方审证时，虽发现来证中将支付货币由港币改为人民币，但该公司经办人员未提出改证要求，便发了货并振振有词地说："不管对方怎么开信用证，反正我们是重合同、守信用，按合同规定办。"该出口公司发货后，即凭缮制的有关单证向中国银行办理结汇手续，要求银行按港币付款。银行经办人员反复说明只能凭信用证规定用人民币支付货款。该出口公司的经办人员坚持要按合同规定用港币支付货款，并要求银行协助向对方交涉，后经反复交涉未果，只好按信用证规定的人民币收回货款，并遭受晚收回货款 40 天的利息损失。

【案例分析】

本案事实表明，卖方经办人员的业务素质亟待提高。他对信用证的性质、特点及其与

买卖合同的关系缺乏起码的了解。众所周知，信用证是依据买卖合同开立的，如买方未按买卖合同规定开立信用证，卖方有权要求买方修改信用证，买方也有义务改证。如买方坚持不改，则属违约行为。如卖方发现信用证内容与买卖合同规定不符而不提出改证要求，则视为同意信用证的内容，这种接受与买卖合同规定不符的信用证条款的做法，其法律后果实质上是同意修改原买卖合同的规定。从开证银行的职责看，它只对其开出的信用证负责，即只管信用证不管买卖合同，因为，银行并不是买卖合同的当事人。因此，卖方不及时纠正买方的违约行为，要求对方当事人履行合同规定，肯定要吃亏的。

【项目考核】

一、知识考核

1. 贸易合同有哪些重要作用？贸易合同主要有哪些形式？
2. 贸易合同有效和无效的要件有哪些？
3. 汽车贸易合同的内容包括哪些方面？
4. 汽车技术贸易合同的条款有哪些？

二、案例分析考核

李×诉××市×汽车贸易有限公司定金合同纠纷一案

河南省安阳市龙安区人民法院经审理查明，原、被告于2011年10月24日签订机动车买卖合同，合同约定的标的为BT5241VMCHH－1仓栅车，价款为159 200元，交车地点为安阳，时间为20个工作日，交车方式为现场交付，付款方式为现款，定金为10 000元，剩余车款149 200元于提车前一次性付清。原告于合同订立时一次性交付定金10 000元，但被告在合同签订后20个工作日内没有提供新车，原告在没有见到现车的情况下也没有付清余款，合同未实际履行。后原告多次要求被告返还定金，被告拒不退还，双方遂发生纠纷，故原告诉至法院，请求依法判令被告双倍返还定金。原告李×诉称，2011年10月24日，原、被告签订了购车合同，原告依约向被告交付了定金10 000元，但被告未按合同约定于20个工作日内向原告交车。因此，原告依法要求被告双倍返还定金，但被告拒不退还，故原告向法院起诉，请求依法判令被告双倍返还定金。被告×汽车贸易公司辩称，被告已严格按合同履行了自己的各项义务，是原告没有在约定的时间内履行先交付车款的义务，也未到交车地点提车，违约方为原告，故请求驳回原告的诉讼请求。河南省安阳市龙安区人民法院认为，原、被告于2011年10月24日签订的机动车买卖合同系双方真实意思表示，原告也于合同当天交付了定金10 000元，故该合同成立并生效。合同约定剩余车款的付款方式为提车前一次付清，本院认为，根据交易惯例，原告提车前一次性付清余款应建立在被告20个工作日内有现车的基础上，即见车付款，对此原告称没有现车，被告称有现车，是原告没有来安阳提车，但双方均没有证据证明其主张。对此，根据《最高人民法院关于民事诉讼证据的若干规定》关于当事人举证责任分配规则的相关规定，确定作为汽车经销商的被告应对其主张20个工作日内有现车承担举证责任，因其没有证据证明相应主张，故应承担对其不利的法律后果。综上，依照《中华人民共和国担保法》第八十九条以及《中华人民共和国民事诉讼法》第一百二十八条之规定，判决如下：被告安阳市×汽车贸易有限公司于本判决生效后十日内双倍返还原告李×定金20000元。

试问：

1. 举证责任如何合理分配？
2. 如何理解顺序履行抗辩权的成立及效力？

项目五　汽车贸易的商品品质、数量和包装

【知识目标】

1. 掌握汽车商品的品质表达方式；
2. 熟悉汽车商品的数量表达方式；
3. 了解汽车商品的包装方式。

【技能目标】

能准确表达汽车贸易的品质、数量和包装方式。

◇引导案例◇

宝马的品牌策略与品质根基

回顾20世纪世界汽车品牌的发展与演变，宝马的成功是品牌的成功，更是品牌战略的成功。宝马比其他汽车品牌更胜一筹地把握住了品牌竞争的制胜之道，将品牌战略定位融会贯通到所有的产品和流程中，建立起更加清晰明确的品牌标志，并持之以恒使品牌和产品互相依赖，相得益彰地共同发展。

在德国三杰中，如果说奔驰的品牌价值在于历史与积累，奥迪演绎了经典的品牌复苏案例；与之相比，宝马的成功则首先是品牌的成功，更是品牌战略的成功。因为宝马通过品牌战略的成功实施与坚持不懈，为自己的品牌赋予了极为特殊的社会象征意义。

与奔驰悠久的历史不同，宝马原来只是为德国空军提供航空发动机的，20世纪60年代还是德国最小的汽车公司。宝马在全球真正的崛起始于20世纪80年代。但当时，以奔驰为代表的传统高档豪华车凭借传统名牌的积淀和市场先机，固守世界豪华车市场，这为宝马豪华系列的市场渗入造成巨大障碍。虽然宝马深谙德国技术的卓越之道，优异的制造工艺不亚于奔驰，但品牌形象与价值仍未全面得以成功塑造，相比奔驰，宝马的品牌竞争力仍然处于下风。

那时的宝马相对于奔驰，仍旧只是一个品牌挑战者。如果当时宝马采取追随模式的品牌战略，诉求“我也是尊贵、豪华”的定位策略，将难以抢占已经固化的消费者心智资源。因为，多年来奔驰品牌在全球被诠释为身份和社会地位的象征，并且历久不衰。这一品牌认知在消费者心目中已根深蒂固，无法撼动。

宝马既然是品牌挑战者，就必须确定明确的品牌定位。这一定位必须是明确无误的、有决定意义和可以达到的。宝马不但定位了自己，更定位了竞争对手。

宝马以品牌战略先行，定位于“驾驶的乐趣——最完美的驾驶工具”的品牌诉求。这一品牌定位，巧妙地绕过了奔驰这一强劲对手。通过区别旧品牌与新品牌，使宝马从其他豪华车品牌中分离出来，全力吸引新一代寻求经济和社会地位成功的专业成功人士。宝马能够满足那些在乎形象、追求极致表现的车主所有的要求，而不是紧紧跟随奔驰过去的陈旧步伐。

为实现这一品牌战略，宝马整合战略资源：

在目标市场锁定上，宝马抓住国际汽车市场调整和中产阶级崛起的机遇，把目标市场定位于战后新一代人身上。与习惯于坐奔驰、卡迪拉克汽车的父辈相比，他们有自己的个性、追求和偏好，他们渴求有一种新的品牌来标志他们的价值观。宝马汽车优异的驾驶性能和精心的内部设计正好吻合战后新一代热情好动、追求刺激的消费心理。因此，在这个新的市场上，宝马汽车充分利用其优异的驾驶性能，而不是简单地在电动车窗、皮革椅座、镀铬车身上和其他品牌竞争。

在产品策略上，宝马结合三大要素——设计、动力与科技，分别以不同系列来设定系列产品的等级，从较小型、时髦的三系列，到提供安全舒适空间的五系列，再发展为适合高级人员的七系列房车，直到独特优雅的八系列双门跑车。所有的车系都具备了宝马汽车惯有的优雅风格，潜在的动力、高品质的做工以及无与伦比的安全标准，从而在品质上把宝马打造成精湛的技术和流畅驾车的象征，进一步稳固宝马“成功的新形象”。

在品牌传播策略上，当与豪华汽车市场潜在顾客沟通时，宝马首先确立了沟通战略目标：成功地把宝马的品牌定位融入潜在车主中；加强车主与宝马之间的感性联结；在宝马的整体象征之下，一致地勾勒宝马产品与服务的组合；针对宝马的产品提供详尽信息。宝马以“驾驶极品车(The Ultimate Driving Machine)”写真宝马汽车，这个广告主题及定位取得了巨大成功，并赋予宝马的顾客一种价值。当和顾客接触时，他们无时无刻不忘传达宝马与生俱来的实力：创新、动力、美感。因此，宝马的沟通策略无不紧紧围绕着宝马新形象来进行。

卓越、独到的品牌战略与精准、敏锐且独具特色的宝马市场营销方略，塑造了宝马“尊贵、年轻、活力”的形象，这一形象与奔驰“尊贵、传统、豪华”的品牌形象得以区分开来。宝马开始成为精湛与流畅的象征，“成功的专业人士的车”使宝马品牌具有极为特殊的社会象征意义。

引导问题

1. 宝马是成功的，宝马的成功来源于什么？
2. 汽车品牌的成功来源于什么？

必备知识

任务5.1 汽车贸易的商品品质

商品的品质、数量和包装，是商品(汽车)贸易的物质基础，只有在贸易双方就此进行磋商并达成协议后，才能进一步考虑价格、运输及支付等其他基本的交易条件。因而，在汽车贸易中，交易双方必须就商品的品质、数量及包装进行洽商，并在合同中具体订明。

商品的品质(Quality of Goods)是指商品的内在素质和外观形态的综合。前者包括商品的物理性能、机械性能、化学成分和生物的特性等自然属性；后者包括商品的外形、色

泽、款式或透明度等。商品的品质是构成商品品牌的重要支撑。

一、商品品质的表示方法

（一）以实物表示品质

以实物表示品质主要包括凭成交商品的实际品质和凭样品两种形式。前者为看货买卖，后者为凭样品买卖。

1. 看货买卖(Sales by Actual Quality)

买卖双方根据成交商品的实际品质进行交易，通常是先由买方或其代理人在卖方所在地验看货物，达成交易后，卖方即将验看过的货物交给买方。只要卖方交付的货物是买方验看的货物，买方就不得对品质提出异议。

在商品贸易中，由于买卖双方相隔遥远，交易洽商时双方通常也不见面，买方到卖方所在地查验货物会有诸多不便。此外，在一般贸易方式下，买卖双方的成交量比较大，买方查验时，逐件查验也极为不便。所以，看货买卖方式在商品的贸易实践中并不常用。

2. 凭样品买卖(Sales by Sample)

样品(Sample)通常是指从一批商品中抽出来的或由生产、使用部门设计、加工出来的，足以反映和代表整批商品品质的少量实物。凡以样品表示的商品品质并以此作为交货依据的，称为“凭样品买卖”。

（1）凭样品买卖的种类。

第一，凭卖方样品买卖(Sales by Seller's Sample)。由卖方提供的样品称为“卖方样品”。凡凭卖方样品作为交货的品质依据的，称为“凭卖方样品买卖”。在凭卖方样品买卖时，卖方选择的样品必须具有充分的代表性。卖方提供样品即原样或标准样品时，应保留与送交样品品质一致的另一样品，这叫做留样或复样，以备将来组织生产、交货或处理品质纠纷时核对之用。

第二，凭买方样品买卖(Sales by Buyer's Sample)。由买方提供的样品称为“买方样品”。在商品贸易中，买方为了使其订购的商品符合自身的要求，会提供样品交卖方，由卖方依样承制，并以买方提供的样品作为衡量交货品质是否符合要求的依据。这种做法被称为“凭买方样品买卖”。凭买方样品买卖时，由于买方对目标市场需求状况比较熟悉，买方提交的样品往往能直接反映出当地消费者的需求。在确认按买方提交样品成交之前，卖方应充分考虑该样品所代表的商品在原材料、加工生产技术、设备和生产时间安排等方面的可行性，以防止日后交货的困难。

第三，凭对等样品买卖(Sales by Counter Sample)。在商品贸易中，谨慎的卖方往往不愿意承接凭买方样品买卖的交易，以免因交货品质与买方样品不符而招致买方索赔甚至退货。在这种情况下，卖方可根据买方提供的样品，去加工复制出一个尽可能相同的样品交买方确认。这种经过买方确认的样品，称为“对等样品”或“回样(Return Sample)”。当对等样品被买方确认后，日后卖方所交付货物的品质，就必须以对等样品为准。

（2）凭样品买卖的注意事项。

凡凭样品买卖时，卖方交货品质必须与样品完全一致。在凭样品成交的条件下，买方应有合理的机会对卖方交付的货物与样品进行比较。卖方所交货物，不应存在当合理检查时不易发现的有导致不适合商业销售的瑕疵。买方对与样品不符的货物，可以拒收或提出

赔偿要求。因此，卖方应在对交货品质有把握时采用此法，而且应严格按样品标准交货。

以样品表示品质的方法，只能酌情采用。凭样品买卖，容易在履约过程中产生品质方面的争议，所以不能滥用此种表示品质的方法。凡能用科学的指标表示商品品质时，就不宜采用此法。如在造型上有特殊要求或具有色、香、味等方面特征的商品以及其他难以用科学的指标表示质量的商品，则采用凭样品买卖。

采用凭样品成交而对品质无绝对把握时，应在合同条款中相应作出灵活的规定。当卖方对品质无绝对把握，或对于一些不太适合“凭样成交”的货物，可在买卖合同中特别订明“品质与样品大致相同”或“品质与样品近似”。为了预防因交货品质与样品略有差异而导致买方拒收货物，也可在买卖合同中订明：“若交货品质稍次于样品，买方仍须收领货物，但价格应由双方协商相应减低。”当然，此项条款只限于品质稍有不符的场合，若交货品质与样品差距较大时，买方仍有权拒收货物。

（二）凭说明表示商品品质

所谓凭说明表示商品品质，是指用文字、图表、相片等方式来说明成交商品的品质。这类表示品质的方法可细分为下列几种。

1. 凭规格买卖(Sales by Specification)

商品规格是指一些足以反映商品质量的主要指标，如化学成分、含量、纯度、性能、容量、长短、粗细等。在商品贸易中，买卖双方洽谈交易时，对于适用于凭规格买卖的商品，应提供具体规格来说明商品的基本品质状况，并在合同中订明。凭规格买卖时，说明商品品质的指标因商品的不同而不同，即使是同一商品，因用途不同，对规格的要求也会有差异。

2. 凭等级买卖(Sales by Grade)

商品的等级是指同一类商品，按其规格上的差异，分为品质优劣各不相同的若干等级。商品的等级通常是由制造商或出口商根据其长期生产和了解该商品的经验，在掌握其品质规格的基础上制定出来的。这种表示品质的方法，对简化手续、促进成交和体现按质论价等方面都有一定的作用。

凭等级买卖时，由于不同等级的商品具有不同的规格，为了便于履行合同和避免争议，在品质条款列明等级的同时，最好一并规定每一等级的具体规格。当然，如果交易双方都熟悉每个级别的具体规格，那么也可以只列明等级，而无需规定其具体规格。

3. 凭标准买卖(Sales by Standard)

商品的标准是指将商品的规格和等级标准化。标准化的商品一般可按标准进行交易。在商品贸易中，对于某些品质变化较大而难以规定统一标准的产品(如农副产品)，往往采用“良好平均品质(Fair Average Quality)”F. A. Q 这一术语来表示其品质。

4. 凭说明书和图样买卖(Sales by Descriptions and Illustrations)

在商品贸易中，有些机器、电器和仪表等技术密集型产品，因其结构复杂，对材料和设计的要求非常严格，用以说明其性能的数据较多，很难用几个简单的指标来表明其品质的全貌。因此，对这类商品的品质，通常是以说明书并附以图样、照片、设计图纸、分析表及各种数据来说明其具体性能和结构特点。按此种方式进行交易，即称为凭说明书和图样买卖。

凭说明书和图样买卖时，要求所交的货物必须符合说明书所规定的各项指标，但是，

由于这类产品的技术要求比较高，品质与说明书和图样相符的产品有时在使用时并不一定能达到设计的要求，所以在合同中除列入说明书的具体内容外，一般需要订立卖方品质保证条款和技术服务条款。

5. 凭商标或名牌买卖(Sales by Trade Mark or Brand Name)

商标是指生产者或商号用来说明其所生产或出售的商品的标志，它可由一个或几个具有特色的单词、字母、数字、图形或图片组成。品牌是指工商企业为其制造或销售的商品冠以的名称，以便于与其他企业的同类产品区别开来。一个品牌可用于一种产品，也可用于一个企业的所有产品。

凭商标或品牌的买卖，一般适用于一些品质稳定的工业制成品或经过科学加工的初级产品。在进行这类交易时，必须确实保证凭标准买卖的质量关，把维护名牌产品的信誉放在首要位置。

6. 凭产地名称买卖(Sales by Name of Origin)

在商品买卖中，有些产品，因产区的自然条件、传统加工工艺等因素的影响，在品质方面具有其他产区的产品所不具有的独特风格和特色，对于这类产品，一般采用产地名称来表示其品质。

【案例5-1】　　汽车品质的内涵

最近两个月，自主品牌阵营相继有几款新车上市，比如江淮同悦、长城炫丽、海马欢动、吉利熊猫等，这些车的市场反响都非常不错。这几款自主品牌的小车为什么在车市形势不太好的情况下还能走红？根据经销商的反映，可以归结为两点：一是设计感好，二是品质感好。之所以要多加上个“感”字，就是要强调这几款新车给人的第一印象非常好，也就是卖相好。

先看外形设计，它们的造型都非常有特色：江淮同悦融入了京剧脸谱、祥云等中国元素；长城炫丽前面看起来像雅力士，侧面看起来像MINI，尾部看起来像雷诺的梅甘娜；海马欢动粗看像马自达3两厢，但细看又有自己的特点；而吉利熊猫一眼就能看出熊猫的味道。不管如何，这四款新车的外形设计个性鲜明，让人过眼不忘。

衡量品质感如何，最简单的办法就是看车身缝隙大小、是否齐整，内饰表面是否粗糙，关门声是否沉闷。别看这几个指标很简单，但在吉利、奇瑞的早期车型上，车身缝隙大小不一、门缝都对不上是司空见惯的事情。同悦、炫丽这几款新车的做工一眼望去都还不错，从中可见自主品牌的装配工艺得到了长足的进步。

当然，品质感只能一时唬住人，要真正吸引人，还是要品质好。但如何才能证明品质好不好？有两个办法，一是时间，二是事实。靠时间来证明，显然等不及，最好的办法就是用事实来证明。所以，我们看到，海马欢动上市前搞了一个“24小时极限挑战赛”，江淮同悦在经销商层面举行大规模的对比试驾，长城炫丽和长城精灵两款小车则在特技表演方面下了很大的工夫，所有的这一切都是向消费者证明自己的品质是可靠的。

【案例分析】

现在合资品牌是从高品质向低成本进军，而自主品牌是从低成本向高品质进军，相比之下，自主品牌的道路要更艰难一些，但品质这条路是一定要走的。

二、汽车贸易的商品品质

汽车商品的品质是指汽车商品的外部形态、结构与内部质量功能的综合指标。它是构成商品品牌的重要组成部分，是汽车使用价值的决定因素，更是汽车贸易合同的物质基础。

因此，在汽车贸易业务中，不仅要明确规定汽车商品的品名，更重要的是要明确规定汽车的具体品质。具体可体现为以下的性能指标：汽车的主要尺寸参数（轴距、轮距、外廓尺寸、前悬、后悬）；汽车的主要质量参数（载重量、整备质量、总质量、整备质量利用系数、干质量、干质量利用系数、汽车的载荷分配等）。这些都比较专业，建议查阅相关的参考书籍。

（一）汽车品质的表示方法

在汽车贸易中，其品质可以采用实物的方式和说明的方式来表示。

采用实物的方式表示汽车的品质，即“看货交易”。在汽车贸易中，对于数量较小的整车交易，可采用验货贸易，双方根据成交汽车的实际品质进行交易。但是这种方式对于买卖双方处于两个国度、远隔重洋的情况，就会有所变更，买方到卖方所在地查验商品会有诸多不便，交易磋商多以商务函电的方式进行。

采用说明的方式表示汽车的品质，即为“凭样品交易”。在汽车贸易中，汽车生产商为了推广其汽车商品，会向买方提供多种车型样品，以供买方选择，这种方式类似于“凭卖方样品”的交易方式。

如果采用说明的方法来表示汽车的品质，主要采用三种说明方式。

（1）说明书、图样及目录。汽车的结构比较复杂，对材料的使用及处理也比较严格，对整车车身要求比较高，尤其是对轿车，不仅对材料的使用有较高的要求指标，而且对新设备、新技术也都有较高的要求，故而说明汽车性能的数据参数比较多，很难用几个简单的指标表示汽车品质的全貌。因此，对汽车一般要用说明书和附以图样、照片、设计图纸、图表、参数、数据等来说明其具体性能和结构特点。

（2）商标或牌号。在国内外汽车市场上，若某汽车公司能树立起较高的信誉，其牌号或商标就代表着品质。各种不同商标的商品具有不同的特色。一些在国际市场上久负盛名的名牌汽车，如奔驰、宝马、通用、福特、本田、丰田等，其品质优良稳定，能充分显示出它的主人的社会地位和经济实力。名牌汽车的制造商为了维护商品的信誉，保持其市场份额，对汽车的生产规定了严格的品质控制体系，以保证产品达到要求的水准。因此，商标或牌号本身就是汽车品质的一种象征，在汽车交易中，可以凭借商标或牌号来进行交易。

（3）规格。汽车贸易商品的规格比较复杂，往往要用详细的技术规格说明书、设计图纸、化学分析书以及物理特性鉴定书等加以具体说明。

（二）汽车贸易的品质条款

由于商品的品种不同，表示品质的方法也不一样。所以，合同中品质条款的内容及其繁简程度，应视具体商品的特性来确定。合同中的品质机动幅度是指允许卖方所交商品的品质指标在一定幅度内机动掌握。这样规定是因为在商品贸易中难免存在品质公差。品质公差是国际上公认的产品品质的误差，这种公认的误差，即使在合同中没有规定，只要卖

方交货品质在公差范围内，不能视作违约。但为了明确起见，还是应在合同品质条款中订明一定幅度的公差。

在汽车贸易合同中，品质条款是卖方交货和买方收货最基本的依据。有关品质条款的内容，必然涉及表示品质的方法。表示品质的方法有很多，一般是单独使用，有时也可酌情混合使用，要视具体商品(如整车、零部件、整套设备等)合理选择。在汽车商品的生产、制造、安装的过程中，质量指标出现一定的误差是难以避免的，特别是整车产品的经济性、动力性、平顺性、通过性、最大爬坡等，常存在一定的误差；汽车配件的尺寸、表面粗糙度以及机械性能如硬度、强度等，也不可避免地有误差。因此，在汽车贸易合同中，应相应规定品质的机动幅度和品质公差。

任务5.2　汽车贸易的商品数量

一、商品的数量

商品的数量是商品交易合同中不可缺少的主要条件之一。数量条款一旦签订，对买卖双方都有约束力。由于交易双方约定的数量是交接货物的依据，因此，正确掌握成交数量和订立合同中的数量条件，具有十分重要的意义。

二、商品数量的计量单位和计量方法

(一) 计量单位

由于世界各国的度量衡制度不一样，对同一商品所使用的计量单位一般也是不相同的。在商品的(国际)贸易中，通常采用公制(The Metric System)、英制(The British System)、美制(The U. S. System)和国际标准计量组织在公制基础上颁布的国际单位制(The International System of Units，简称SI)。我国是采用的国际单位制，国际单位制计量单位和国家选定的其他计量单位，是我国的法定计量单位。在世界各国所使用的计量单位不一致的情况下，对同一计量单位的确切含义要了解清楚，以免因理解不一致而发生争议。

在规定合同中的数量条款时，要考虑计量单位的不同，更要根据商品本身的特点，选择恰当的计量单位。通常使用以下计量单位。

1. 按重量(Weight)计量

按重量计量是当今商品贸易中广为使用的一种，许多农副产品、矿产品和工业制成品，都按重量计量。按重量计量的单位有：公吨(Metric Ton)、长吨(Long Ton)、短吨(Short Ton)、公斤(Kilogram)、克(Gram)、盎司(Ounce)，等等。

2. 按数量(Number)计量

大多数工业制成品，尤其是日用消费品、轻工业品、机械产品以及一部分土特产品，均习惯于按数量进行买卖。常使用的数量计量单位有：件(Piece)、双(Pair)、套(Set)、打(Dozen)、卷(Roll)、令(Ream)、罗(Gross)、袋(Bag)和包(Bale)等。

3. 按长度(Length)计量

在金属绳索、丝绸、布匹等商品的交易中，通常采用长度计量单位。常使用的长度计量单位有：米(Meter)、英尺(Foot)、码(Yard)等。

4. 按面积(Area)计量

在玻璃板、地毯、皮革等商品的交易中，一般习惯于以面积作为计量单位。常使用的面积计量单位有：平方米(Square Meter)、平方尺(Square Foot)、平方码(Square Yard)等。

5. 按体积(Volume)计量

按体积成交的商品种类较少，仅用于木材、天然气和化学气体等。常见的体积计量单位有：立方米(Cubic Meter)、立方英尺(Cubic Foot)、立方码(Cubic Yard)等。

6. 按容积(Capacity)计量

各类谷物和流动货物，往往按容积计量。常用的容积计量单位有蒲式耳(Busbel)、公升(Litre)、加仑(Gallon)等。

(二) 计量方法

在商品贸易中，计算重量的方法一般有以下几种。

1. 毛重(Gross Weight)

毛重是指商品本身的重量加上包装物的重量。这种计量方法一般适用于低值商品。

2. 净重(Net Weight)

净重是指商品本身的重量，即除去包装物后的商品实际重量。净重是商品贸易中最常见的计重办法。不过，有些价值较低的农产品或其他商品有时也采用"以毛作净"(Gross for Net)的办法计算重量。所谓"以毛作净"，就是以毛重当做净重来计价。

在采用净重计重时，对于如何计算包装重量，国际上有不同的做法：

(1) 按实际皮重(Actual Tare 或 Real Tare)计算。实际皮重是指包装物的实际重量。它是对包装物逐件衡量后得到的总和。

(2) 按平均皮重(Average Tare)计算。如果商品所使用的包装比较划一，重量相差不大，就可以从整批货物中抽出一定的件数，称出其皮重，然后求出其平均重量，再乘以总件数，即可求出整批货物的皮重。近年来，随着技术的发展和包装材料及规格的标准化，用平均皮重计算净重的做法已日益普遍，有人把它称为标准皮重(Standard Tare)。

(3) 按习惯皮重(Customary Tare)计算。一些商品，由于其所使用的包装材料及规格已经比较定型，皮重已为市场所公认，因此，在计算其皮重时，就无须对包装逐件过秤，按习惯上公认的皮重乘以总件数即可。

(4) 按约定皮重(Computed Tare)计算。即以买卖双方事先约定的包装重量作为计算的基础。

3. 公量(Conditional Weight)

有些商品，如棉花、羊毛、生丝等，有较强的吸湿性，其所含的水分受客观环境的影响较大，故其重量很不稳定。为了准确计算这类商品的重量，国际上通常采用按公量计算的办法，即从商品的干净重(指烘去商品水分后的重量)加上国际公定回潮率与干净重的乘积所得出的重量，即为公量。其计算公式有两种：

(1) $$公量 = 商品干净重 \times (1 + 公定回潮率) \tag{5-1}$$

(2) $$公量 = 商品净重 \times \frac{1 + 公定回潮率}{1 + 实际回潮率} \tag{5-2}$$

4. 理论重量(Theoretical Weight)

对于一些按固定规格生产和买卖的商品，只要其规格一致，每件重量大体是相同的，

一般可以从其件数推算出总重量。但是这种计重方法是建立在每件货物重量相同的基础上的，重量如有变化，其实际重量也会产生差异，因此，这种方法计算出的重量只能作为计重时的参考。

5. 法定重量(Legal Weight)和实物净重(Net Net Weight)

按照一些国家海关法的规定，在征收重量税时，商品的重量是以法定重量计算的。所谓法定重量，是商品重量加上直接接触商品的包装物料。而除去这部分重量所表示出来的纯商品的重量，就是实物净重。

三、签订数量条款应注意的问题

(一) 正确掌握成交数量

在洽商交易时，应正确掌握商品的交易数量，争取对自己比较有利的数量条件。对出口商品的成交量要充分考虑到国外市场的供求情况、国内货源的供应情况、国际市场的价格变动以及国外客户的资信状况和经营能力等重要因素；而对进口商品的数量应当充分考虑到国内市场的实际需要、国内消费者的支付能力以及市场的行情变化等因素。这样，才能最有效地调控好进出口商品的数量。

(二) 数量条款应当明确具体

为了便于履行合同和避免引起争议，商品交易合同中的数量条款应当明确具体。在规定成交商品的数量时，应一并规定该商品的计量单位。对按重量计算的商品，还应规定计算重量的具体方法。此外，在商品交易合同中，一般不宜采用大约、近似、左右(about, circa, approximate)等带有伸缩性的字眼来约定成交数量。对于某些难以准确约定数量的商品交易，可在合同中规定数量的机动幅度。

(三) 合理规定数量机动幅度

某些商品由于诸多原因，很难在签订合同时准确确定其成交量，为了使交货数量具有一定范围内的灵活性以便于履行合同，买卖双方可以在合同内合理规定数量机动幅度。只要卖方交货数量在约定的增减幅度范围内，就算按合同规定的数量交货。在订立数量机动幅度条款时，要注意妥善处理数量机动幅度的大小、机动幅度选择权的规定、溢短装的计价方法等方面的问题。

四、汽车贸易的商品数量

在汽车贸易中，交易双方所约定的数量是交接货物的最后依据。数量的多少决定了合同金额的大小，影响着市场销售价格的高低。汽车贸易的数量受到生产、消费、市场、政策等一系列因素的制约，不仅关系到贸易任务的完成，而且关系到有关政策和经营意图的贯彻。同时，在具体的交易中，数量的掌握还是一种谈判策略，运用得当，可以促进交易的达成，有利于争取有利的价格。因此，正确掌握成交数量、订好合同中的数量条款十分重要。

(一) 汽车数量的计量

汽车的交易业务并不像大宗货物贸易那样，商品的数量在装船时难以精确把握，而且，在运输途中汽车的自然磨损也不会很厉害。因此，只要严格规定汽车商品的辆数即可。

（二）汽车贸易的成交数量

汽车贸易的成交数量既要符合国家的对外政策，又要根据调查研究的基础，充分考虑实际需要和可能性确定交易的数量。

1. 出口汽车的数量

为了能够正确地把握出口汽车的成交量，在洽谈商定具体的数量时，要注意下列事宜：

（1）国内货源供应。在确定出口汽车的成交量时，要考虑国内的实际生产能力及货源的供应情况。生产能力强、货源充足的汽车，可以扩大成交量；否则，则不宜盲目扩大成交量。

（2）国际市场供求状况。利用国际市场供求变化的规律，正确掌握出口数量。在了解了国际市场的需求量以及其他国家对市场的供应量以后，再有效利用国际市场的供求变化规律，正确掌握本国汽车的出口数量，以求出口的汽车能有合适的价格，增加销售的利润。

（3）国外客户的资信状况和经营能力。这一点直接关系到我国汽车出口后回款的安全。出口汽车的数量和金额必须同国外客户的资信状况与经营能力相适应，避免对方不能履约合同，使自己遭受损失。

（4）国际市场价格动态。在国际市场上，价格看跌时，有货源要争取多成交；价格看涨时，先不要急于大量成交，应争取有利时机抛售。所以，在确定出口数量时，必须考虑清楚汽车的市场价格动态。

2. 进口汽车的数量

汽车的进口数量是由国内的实际情况决定的。国内外的市场变化情况确定了汽车进口的成交数量。进口轿车的数量要特别慎重，尤其是高档的车要视国内的消费水平和国内的支付能力而定。对于公用轿车，不能购进超标车，尽量利用国内轿车以推动国内轿车行业的发展。如果外汇充裕，国内又需要，可以适当扩大汽车的进口数量。

【案例5-2】 国际汽车巨头采购业务初涉我国汽车市场

2003年福特汽车宣布在上海成立全球采购中心，每年将在我国采购超过10亿美元的汽车零件。紧随其后，沃尔沃公司亦宣布，其全球采购体系将为我国汽车零部件企业提供一个每年采购额高达30亿欧元的广阔市场；尔后丰田、通用汽车也相继在上海成立了采购机构；2004年12月奔驰也迈步进入我国市场。伴随这股在我国设立采购中心的浪潮，全球几大汽车集团基本都已进入我国设立了采购部门。其实，美国的德尔福、日本的电装、德国的博世等汽车零部件企业早已开始利用我国汽配企业质优价廉的优势构架自己的供应网络。其中，德尔福2007年在我国采购了10亿美元的汽车零部件。

随着全球汽车需求日渐乏力，各大汽车巨头之间降低成本的竞争压力越来越大，而我国的汽车零部件企业的制造水平和竞争力在近10多年内不断提升，强劲的市场需求也给我们带来很多机会。全球采购已经成为这些世界级企业优化其供应链的最重要的一个武器。我国很多整车企业也开始整合各地的零部件生产资源，打造自己的供应链优势。此时，谁能把握跨国公司全球战略采购策略的内涵及全球采购与本地采购的差异，谁就有可能在这块大蛋糕上分得一杯羹。

福特汽车每年全球汽车零配件采购金额总值约为900亿美元，其在我国每年采购的零配件金额仅为2亿美元，而福特汽车将我国列为主要零配件采购国后，未来零配件采购金额将高达60亿美元，占福特全球战略采购金额的7%～10%。

2002年在我国2 000万辆汽车保有量中，私人拥有969万辆，约占47%，轿车超过60%。这种由单位购车为主转向私人购车为主的消费者结构的重大变化，必然催生新的汽车售后服务模式。而汽车零部件的三大载体功能(科技成果应用的载体，汽车知识传播的载体，售后服务实现的载体)决定了这个行业不会限于在行业中担当配角，而将会在新的消费结构下担当主要角色。

我国的汽车市场已经全面开放，国际汽车巨头的中国战略正在付诸实施。我国汽车企业为了得到资金、技术和产品，提高自己的竞争力，面对消费者日益强烈的降低产品价格和提高服务质量的压力，正在全面采纳国际汽车巨头的采购理念并进行实践。这样，也直接导致我国汽车零部件供应体系的重大调整和重组。

应该说，无论是通用、丰田、福特等跨国企业的全球采购的进驻，还是国内汽车销售市场的红火；无论售后与维修市场的日益扩大，还是上汽、一汽和二汽这三大集团产销的两旺，都给国内的汽车配件行业带来了美好的希望。但是，我国汽配行业在好的形势下还要面临很多基本挑战。如，大众汽车每年向我国销售进口零部件的利润能占到大众(中国)投资有限公司全年利润的30%以上。在高盛和麦肯锡公司关于中国汽车工业运行成本的报告里，有一个共同的观点是：尽管在中国制造的劳动力成本远远低于国外，但是，在中国的汽车制造成本却远远大于国外发达国家。仅与欧洲相比，中国的汽车总制造成本就要高出15%～20%。该报告进一步指出，已经占到大众两个中国合资公司(上海大众和一汽大众)经营成本中60%～80%以上的本地零部件采购成本更是居高不下，要比发达国家高出50%以上。还有更严峻的问题，即是本土企业缺乏对跨国巨头全球采购策略的了解，难以真正进入汽车巨头的全球采购体系。这些都对我国的汽车配件行业提出了迫在眉睫的挑战。

【案例分析】

跨国汽车公司来到中国，给我们的企业提供了前所未有的机遇，但我们也看到了超乎想象的差距。达到质量要求固然不易，具有明显的成本优势难度更大。我国的零部件企业生产批量小，生产效率低，原材料成本高，虽说具备一定的劳动力成本优势，但却被更大的劣势所抵消。摆在我们面前的问题要有效解决，仍旧是任重而道远！

任务5.3　汽车贸易的商品包装

商品在交易过程中，除少数不必包装可直接装入运输工具的散装货(Bulk Cargo)以及在形态上自成件数、毋需包装或略加捆扎即可成件的裸装货(Nude Cargo)之外，绝大多数货物都要有适当的包装，称为包装货(Packed Cargo)。商品的包装具有重要的作用：

首先，商品的包装是商品生产的继续，凡需要包装的商品，只有通过包装，才算完成生产过程，商品才能进入流通领域和消费领域。

其次，商品的包装可以保护商品在流通领域中的品质完好，便于运输、搬运、储存、

陈列和计数等；

再有，商品的包装是提高商品竞争能力、促进销售的重要手段，包装可以美化、宣传、推销商品。

一、运输包装

运输包装(Transport Packing)，又称大包装、外包装，是将货物装入特定的容器，或以特定的方式成件或成箱地包装。运输包装主要是为了保护货物在长时间和远距离运输过程中不被损坏与散失，而且方便货物的搬运和储存。

(一) 运输包装的分类

运输包装按包装材料和包装方法的不同，主要可以分为：

(1) 箱装(Cases)。不能挤压的货物通常装入箱中。按不同的材料，箱子又可分为木箱、板条箱、纸箱、瓦楞纸箱、漏孔箱等。

(2) 捆包(Bundles)。凡可挤压的商品，如棉花、生丝、羊毛等可以先经机压打包，压缩体积，再以棉布、麻布包裹，外加箍铁或塑料带，称为捆包。

(3) 袋装(Bags)。粉状、颗粒状和块状的商品常用袋来包装。袋又可分为麻袋(Gunny Bags)、布袋(Cloth Bags)、塑料袋(Plastic Bags)和纸袋(Paper Bags)等。为加强包装牢度，还有纸塑复合、多层塑料复合和编织袋等。

(4) 桶装(Drums / Casks)。液体、半流体以及粉状、粒状货物可用桶装。桶有木桶(Wooden Casks)、铁桶(Iron Drums)、塑料桶(Plastic Casks)等之分。此外，与桶相似的还有瓶、罐、坛、篓等。

以上所列的是各种货物的单件运输包装，还有将一定数量的单件包装货物组合成一件大的包装或装入一个大的包装容器内，成为集合运输包装。集合运输包装又可分为托盘和集装袋等。

(二) 运输包装的标志

运输包装上书写、压印或印刷以供人们识别和操作时注意的各种标志称为运输包装标志。按其作用可分为运输标志、指示标志和危险标志等。

1. 运输标志

运输标志又称唛头(Mark)，通常由一些简单几何学图形和字母、数字及简单的文字组成，作用是便于在装卸、运输、储存过程中识别、点数和防止错发错运。运输标志主要包含以下几方面的内容：

①目的港或目的地的名称；

②收/发货人的名称代号、简单几何图形；

③件号、批号。

此外，有的运输标志还包括原产地、合同号、许可证号、货物的花色号、型号等一些内容，但这不是运输标志必须具备的组成部分，而是视交易的具体情况和买方的要求而定。下面是标准化的运输标志的图例：

ABC …………………………………………………………………… 收货人代号

1234 ………………………………………………………………… 参考号

NEW YORK ……………………………………………………… 目的地

1/25 ………………………………………………………………………… 件数代号

2. 指示标志

指示标志又称操作标志，它是指示人们在搬运、装卸、存放和保管过程中的各项注意事项。一般都以简单、醒目的图形和文字在包装上标出，如“小心轻放”、“保持干燥”等。

3. 危险品标志

危险品标志又称警告性标志。它是指危险货物包装上刷写或粘贴的危险性质和等级，在货物流转过程中，使工作人员注意并提高警惕的标志。凡在运输包装内装有爆炸品、易燃物品、有毒物品、腐蚀物品、氧化剂和放射性物质等危险货物时，都必须在运输包装上标明用于各种危险品的标志，以示警告，便于装卸、运输和保管人员按货物特性采取相应的防护措施，以保护物质和人身的安全。

二、销售包装

销售包装(Selling Packing)，又称小包装、内包装，指商品制造出来以后以适当的材料或容器所进行的初次包装。销售包装除了保护商品的品质外，还有美化商品、宣传推广，便于陈列展销、吸引顾客，以及方便消费者认识、选购、携带和使用，从而能起到促进销售，提高商品价值的作用。

（一）销售包装的种类

（1）挂式包装。凡带有吊钩、吊带、挂孔等装置的包装，称为挂式包装，这类包装便于携带。

（2）堆叠式包装。凡堆叠稳定性强的包装(如罐、盒等)，称为堆叠式包装，这类包装便于摆设和陈列。

（3）便携式包装。在包装上附有提手装置者为便携式包装。这类包装携带方便，颇受顾客欢迎。

（4）易开包装。既要求封口严密，又要开启方便，标有特定开启部位的销售包装，便是易开包装，其优点是使用方便。

（5）喷雾包装。带有自动喷出液体装置的流体商品的销售包装，便是喷雾包装，如同喷雾器一样，使用便利。

（6）配套包装。对某些需要搭配成交的商品，往往采用配套包装，即将不同品种、不同规格的商品配套装入同一包装。

（7）礼品包装。某些用于送礼的商品，为使包装外表美观和显现礼品的名贵，采用专作送礼用的包装。

（8）复用包装。此包装除用作包装出售的商品之外，还可用作存放其他商品或供人们观赏等多种用途。

（二）销售包装的标志和说明

在销售包装上一般都有装潢画面和文字说明，有的还印有条形码的标志，在设计和制作销售包装时，应一并做好三方面的工作：

（1）包装的装潢画面。销售包装的装潢画面要求美观大方，富有艺术上的吸引力，并突出商品的特点，其图案和色彩应适应有关国家的民族习惯和爱好。

（2）文字说明。销售包装上要有必要的文字说明，如商标、牌名、品名、产地、数量、规格、成分、用途和使用方法等。文字说明要和装潢画面紧密结合，互相衬托，彼此补充，以达到宣传和促销的目的。

（3）条形码。商品包装上的条形码是由一组带有数字的黑白及粗细间隔不等的平行条纹所组成，它是利用光电扫描阅读设备为计算机输入数据的特殊代码语言，已被广泛用于许多行业和领域。使用时只要将条形码对准光电扫描器，计算机就能自动地识别条形码的信息，确定品名、品种、数量、生产日期、制造厂商、产地等，并据此在数据库中查询单价，进行货款结算，打出购物清单，有效提高结算的效率和准确性，同时也方便顾客。

三、中性包装

中性包装(Neutral Packing)是指在出口商品和内外包装上既不显示生产国别、产地名和厂商名称，也不标明商标或品牌的一种特殊包装。我国的出口商品一般均注明"中华人民共和国制造"或"中国制造"字样，也即出口商品在货物或包装上通常均注明生产国别或地区。中性包装包括无牌中性包装和定牌中性包装两种，前者是指包装上既无生产国别和厂商名称，又无商标和品牌的包装；后者是指包装上仅有买方指定的商标或品牌，但无生产国别和厂商名称的包装。之所以采用中性包装，是为了打破某些进口国家与地区的关税和非关税壁垒以及适应交易的特殊需要，它可以看成是出口国的厂商加强对外竞销和扩大出口的一种手段。

四、汽车贸易的商品包装

在汽车贸易中，其包装一方面起到保护汽车整车及其零部件的作用，另一方面也是实现商品价值的重要方式。显然，汽车是一种无需"藏"的产品，但是，由于汽车贸易业务往往要经历长途运输，运输包装是非常重要的。

（一）汽车运输包装的方式

汽车商品一般采用集合运输包装，如包装箱、包装袋等方式，以方便集装运输。集合运输包装是为了适应现代运输、装卸工作的要求，在单件运输包装的基础上，将若干单件运输包装组合成一件大包装，以利于更有效地保护商品，提高装卸效率和节省运输费用。常见的集合运输包装主要有以下几种：

（1）集装包或集装袋(Flexible Container)。一般由塑料纤维编织成圆形抽口大袋或方形大包，它们的容量不同，一般为1～4吨，最高可达13吨左右。

（2）托盘运输包装(Pallet)。托盘运输包装一般用木材、金属或塑料制成托板，然后将若干单件包装的商品码于托盘(板)上，最后用绳索、收缩薄膜或拉伸薄膜等物料加以固定，组成一件包装。在托板下面有供铲车起、卸用的插口。每一托盘一般可装载约1吨的货物。

（3）集装箱(Container)。集装箱是由钢板、铝板、纤维板等坚固材料制成的长方形容器，可以容纳若干成件商品。其装载容量有多种规格，在5～40吨之间。国际上常采用的集装箱规格为20长吨(8×8×20)和40长吨(8×8×40)。在计算集装箱的货运量和吞吐量时，按长吨集装箱为一标准单位，通称为TEU(Twenty-foot Equivalent Unit)。

集合运输包装具有有效地保护商品、加速装卸和便于运输的优点。在有些国家的港

口，为提高货物装卸速度，提高码头利用率，减少港口的拥挤堵塞现象，规定港口货物必须采用集合包装才可以卸货。集合运输包装已经成为了国际运输业的发展潮流。

（二）汽车的运输包装标志

汽车的运输包装标志，一般包括了收、发货人的缩写和代号，目的港（站）和周转港（站）的名称，货物件号等。下面，我们通过一个详细的运输标志的实例来了解。

ABC …………………………………………………………………… 收货人代号
1234 …………………………………………………………………… 参考号
NEW YORK …………………………………………………………… 目的地
1/25 …………………………………………………………………… 件数代号
94CL—H08 …………………………………………………………… 合同号
ART. No.：906A ……………………………………………………… 货号
COLOUR：NAVYA/GREY …………………………………………… 色泽
SIZE：—— …………………………………………………………… 尺寸搭配
N. W.：11. 3kg ……………………………………………………… 净重
G. W.：16. 4kg ……………………………………………………… 毛重
MEAS.：45. 5×52×55. 5 …………………………………………… 尺码
MADE IN CHINA ……………………………………………………… 生产国别

（三）汽车的销售包装

汽车的销售包装是直接与消费者见面的包装，除了具有保护汽车的作用以外，更是汽车促销的手段。销售包装上除商标、品名和产地之外，还根据具体需要，一般印有规格、用途、使用方式等项说明。

在商品供不应求的时期里，社会消费处于追求数量的阶段，广大消费者的消费态度及对商品的嗜好，存在着广泛的趋同现象，社会消费意识呈大众化。汽车工业巨头亨利·福特的一句名言概括了那个时代的消费特征：只要汽车是黑色的，它就能满足顾客对汽车颜色的需求。20 世纪 70 年代以来，随着经济的发展，人们的生活水平有了很大的提高，消费行为也随之发生了巨大的变化。消费者对普通化和共性化的商品逐渐失去了兴趣，从追求物质满足转移到追求精神满足。精美的包装因能带给消费者极大的生活情趣，满足消费者对生活质量的追求，从而更能唤起消费者的购买欲望。甚至于有些人在购买商品之前，先用“眼睛”买，看包装是否漂亮，不漂亮就不喜欢，也就不会买。

【案例 5-3】　汽车产品的包装技法集锦

汽车行业的产品包装异彩纷呈、千变万化。汽车行业的产品包装按包装目的可以分为防护包装、防锈包装或运输包装；按包装方法可以分为普通包装、装袋包装、缠绕包装、容器包装、局部和局部拆卸包装、防止磕碰包装、密封包装；按包装容器可以分为零件架、柜、槽、箱、盒、盘、筐、篮；按包装方式可分为定量包装、定向包装、混装、散装和集装；按包装材料还可以分为防锈油封存包装、气相防护包装、干燥空气封存包装、贴体包装等。

一、防护包装

防止汽车和汽车零部件磕碰、划伤、失散、污损、老化、破碎而采取的包装称为防护包装。在汽车行业，由于需要防潮、防霉的产品品种较少，所以习惯上把滤芯、纸垫等零件的防潮或防霉包装合并到防护包装中。汽车和汽车零部件在喷涂防护蜡(面漆保护蜡、底盘保护蜡)或油漆保护剂后，局部罩膜外发，也是汽车的一种比较特殊的防护包装形式。

二、防锈包装

汽车零部件中金属制件占80%左右，也就是说绝大部分汽车零部件必须采用防锈包装予以保护。汽车行业的防锈包装多为防锈油封存包装和气相防锈包装两类。近年来各种蜡制品(防锈蜡)的使用大幅度上升，但大部分用于内腔或磷化以及油漆表面，直接用于产品防锈包装仍然不多。从整体上看，汽车行业采用干燥空气封存包装、贴体包装、可剥塑料等进行防锈包装的产品的品种也比较少。

三、运输包装

在运输过程保护产品及其包装的一系列措施统称运输包装，如将产品或产品的防锈、防护包装件装入集装箱、集装架等。集装架需针对产品专门设计，集装箱有通用标准集装箱、企业自备集装箱和专用集装箱等多种形式。在汽车行业，产品的防护包装、防锈包装或运输包装不是完全独立的，有时会出现交错或省略。如，当产品数量少，不足以使用集装箱时，直接以防护包装或防锈包装的外包装作为产品的运输包装。像保护汽车驾驶室的框架，有时可作为运输包装，直接外发；防锈包装件有时也可以零担形式直接外发等；偶尔也会出现省略包装工序的现象，如采用防锈油封存包装或采用气相防锈包装，在集团内部运输时，有时省略外包装，直接采用运输包装。

【案例分析】

出于不同的目的，汽车产品有着多种不同的包装方法，而且，在企业实际操作过程中，汽车产品的包装是专业性非常强的工作，其中，涉及众多专业化的包装素材和非常规范的包装方法。这些包装行为都是在长途运输过程和长期销售过程中保护汽车的重要措施。

【项目考核】

一、知识考核

1. 在汽车贸易合同中，商品(汽车)的品质有哪些表示方法?
2. 在汽车贸易合同中，如何掌握汽车贸易成交商品的数量?
3. 商品贸易中，货物的包装有哪些类型?
4. 在订立汽车贸易合同中的品质、数量和包装的条款时，应该注意哪些问题?

二、案例分析考核

有调查显示，30%的车辆故障原因是由于消费者不良驾驶习惯造成的，70%的原因则是由于汽车零配件的质量和装配技术等问题引起的，而其中使用假冒伪劣零配件造成车辆机体损害的情况占据大半。

伪劣产品引发事故假冒的汽车配件与正宗的商品虽然在外观上相差不大，但在内在质量和性能上悬殊，车辆装用假冒伪劣配件后会给车主造成极大的损失，轻者返工复修造成经济损失；重则危及行车安全，甚至造成交通事故。

技术监督局的有关人员声称，低劣的制动摩擦片质地坚硬，材质不均，尺寸不符合标准，与制动鼓配合不良，制动时摩擦系数小，使用中容易出现制动效能低、发响等不良现象而危及行车安全。再如，使用劣质轮毂，将会产生振抖，降低驾驶的操纵性和舒适性，降低相关机件的疲劳强度而加剧磨损，行驶中因散热不良容易爆胎。

试问：

1. 汽车零部件的品质对于整车品质的重要性分析。
2. 零部件的品质表达是否有其他的方式？

项目六　贸易术语和汽车贸易价格

【知识目标】

1. 了解贸易术语与国际惯例的种类；
2. 熟悉主要的贸易术语的责、权、风险的划分；
3. 熟悉次要的贸易术语的责、权、风险的划分。

【技能目标】

1. 能够掌握贸易术语的使用；
2. 能够熟悉汽车价格的制定。

◇引导案例◇

一起汽车贸易的合同纠纷

2005 年 3 月，上海大众汽车股份有限公司与美国 PUS 公司签订了一笔进口汽车零配件的业务。合同的主要价格条款是：某零配件 5 000 件，每件 FOB 纽约 800 美元。2005 年 5 月装运，采用适合于海运的包装，并规定如果双方有争议，由美国仲裁机构进行仲裁。

5 月 20 日，上海大众汽车股份有限公司将船派到美国纽约港，并通知美国出口商准备装船，结果直到 5 月 28 日，还不见美国出口商来交货。于是，上海大众公司向对方催问，对方答复：FOB 纽约价格条件下，卖方只是在纽约市内出口商所在地交货，买方应该在出口商所在地接货。于是双方发生了争议，请求美国仲裁机构给予仲裁。

美国仲裁机构根据美国仲裁规则和《1941 年美国对外贸易定义修订本》的解释，裁决美方出口商无义务在纽约港交货。中方公司反驳：按照国际惯例，如果在贸易合同中没有明确规定采用哪一种贸易术语时，应按国际商会的《国际贸易术语解释通则》来解释和处理因使用贸易术语而产生的分歧。可是美国仲裁机构解释，既然合同中规定在美国仲裁，那么，即应按照美国仲裁机构的仲裁规则来处理，按照美国有关法律规定，解释由贸易术语引起的争端应首选《1941 年美国对外贸易定义修订本》，按此惯例解释，“FOB 纽约”是应在纽约城里交货，而不是在纽约港交货。因此美国出口商无违约行为。

引导问题

1. FOB 术语是国际贸易中的常用术语，它的确切含义该怎样理解？

2. 美国仲裁机构为什么要做出那样的仲裁？国际商会制定的《国际贸易术语解释通则》中的 FOB 术语解释与《1941 年美国对外贸易定义修订本》中做出的解释有什么不同？

3. 我们在具体业务中最好按照哪一个国际贸易惯例执行？

必备知识

任务6.1　贸易术语与国际惯例

在贸易中尤其是国际贸易中，为了明确交易双方在货物交接过程中有关风险、责任和费用的划分，交易双方在洽商和订立合同时，通常都要商定采用哪种贸易术语，并在合同中具体订明。

贸易术语是国际货物买卖合同中不可缺少的重要内容，因此，我们必须了解和掌握国际贸易中的各种贸易术语及有关的国际贸易惯例。

一、贸易术语的概念

（一）贸易术语的含义

贸易术语（Trade Terms），又称贸易条件，是用简短的概念或英文缩写字母来表示商品价格构成和说明买卖双方在货物交付过程中各自承担的费用、手续等责任及风险的划分。它是国际贸易发展到一定历史阶段的产物。

随着国际贸易的发展，国际上采用的贸易术语日渐增多，除传统的贸易术语外，近年来又诞生了一些新的贸易术语。

（二）贸易术语的性质和作用

1. 贸易术语的性质

贸易术语是用来表示买卖双方各自承担的义务的专门用语，每种贸易术语都有其特定的含义。采用专门的贸易术语，是为了确定交货条件，说明买卖双方在交接货物方面彼此承担责任、费用和风险的划分。同时，贸易术语也可用来表示价格构成因素，特别是货价中所包含的从属费用。不同的贸易术语，表示买卖双方各自承担不同的责任、费用和风险；而责任、费用和风险的大小，又影响成交商品的价格。由于贸易术语体现商品的价格构成，按不同的贸易术语成交，会表示成交商品具有不同的价格，所以，有些人便把它当作表示价格的用语，称其为“价格术语”或“价格条件”。

因此，贸易术语具有两重性，一方面表示交货条件，另一方面则表示成交价格的构成因素，必须从贸易术语的全部含义来理解它的性质。

2. 贸易术语的作用

贸易术语在国际贸易中起着积极的作用，主要表现在下列几个方面：

（1）有利于买卖双方洽商交易和订立合同。由于每种贸易术语都有其特定的含义，而且一些国际组织对各种贸易术语也作了统一的解释与规定，这些解释与规定，在国际上被广为接受，并成为惯常奉行的做法或行为模式。因此，买卖双方只需商定按照何种贸易术语成交，即可明确彼此在交接货物方面所应承担的责任、费用和风险，这就简化了交易手续，缩短了洽商交易的时间，从而有利于双方迅速达成交易和订立合同。

（2）有利于买卖双方核算价格和成本。由于贸易术语表示价格构成因素，所以买卖双方确定成交价格时，必须要考虑采用的贸易术语包含哪些从属费用，如运费、保险费、装卸费、关税、增值税和其他费用，这就有利于买卖双方进行比价和加强成本核算。

（3）有利于解决履行当中的争议。买卖双方商订合同时，如对合同条款考虑欠周，使某些事项规定不明确或不完备，致使履约过程中产生争议，不能依据合同的规定解决。在此情况下，可以援引有关贸易术语的一般解释来处理。因为贸易术语的一般解释已成为国际惯例，并被国际贸易界从业人员和法律界人士所理解和接受，从而成为国际贸易中公认的一种类似行为规范的准则。

二、贸易术语与国际贸易惯例

在国际贸易中，由于各国法律制度的不同，贸易惯例和习惯做法也不同。为了避免各国在对贸易术语解释上出现分歧和引起争议，有些国际组织和商业团体便分别就这些贸易术语做出统一的解释与规定。其中主要有：国际商会制定的《国际贸易术语解释通则》(International Rules for the Interpretation of Trade Terms 简称 INCOTERMS)、国际法协会制定的《华沙－牛津规则》(Warsaw－Oxford Rules)、美国一些商业团体制定的《美国对外贸易定义修订本》(Revised American Foreign Trade Definition)。

由于各种解释贸易术语的规则在国际贸易中运用范围较广，从而成为有关贸易术语方面的国际贸易惯例。这些解释贸易术语的国际贸易惯例，在国际贸易发展的各个历史阶段都起到极其重要的作用，尤其是国际商会对《国际贸易术语解释通则》的不断修订，有效地促进了国际贸易惯例的发展。而国际贸易惯例也日益受到各国政府、法律界和贸易界的重视，在国际立法和许多国家的立法中，都明文规定了国际贸易惯例的效力。

为了正确运用国际贸易惯例，了解国际上各种通行的有关贸易术语的国际贸易惯例是十分必要的。

（一）国际贸易惯例的作用

国际贸易惯例是在长期的国际贸易实践中逐渐自发形成的、为某一地区(甚至是世界范围的)某一行业的人们所普遍遵守，并由此产生相应的义务感和合理期望的任意性行为规范。它是在国际贸易术语的实际应用基础上整理、编纂而成的，并由各国的立法和国际公约赋予其法律效力，对贸易双方当事人具有强制的约束力。

参与国际贸易的各个国家的法律制度因为社会、历史、民族等方面的不同而存在着很大的差异，正是这种差异长期制约着国际贸易的发展。可以说，国际贸易惯例具有准国际贸易法的作用，对国际贸易实践具有重要的指导意义。

（1）国际贸易惯例为国际贸易商人提供了业务中的行为规范。作为相对稳定的行为规范，国际贸易惯例能够规范当事人的行为活动，协调当事人的权益关系，保证国际贸易与经济合作能够在一定经济时期内相对稳定地按照一定的规则和方式进行和发展。

（2）国际贸易惯例为处理国际贸易纠纷提供了评判是非的标准。由于国际贸易惯例在国际间的承认和适用，许多问题不需要在合同中明确规定，双方即已明示或默示遵循某项惯例；或者由于疏忽，在合同中未做具体规定的问题，也可按照国际贸易惯例来处理。这样，就为买卖双方签订、履行合同提供了很大方便，简化和缩短了当事人之间的贸易接洽、谈判和成交过程，减少了当事人之间由于不甚了解对方国家的贸易习惯和法律引起的误会和争议。

（3）国际贸易惯例能够促进国际贸易的健康发展。国际贸易的内容十分丰富，涉及

运输、保险、海关、银行等各方面，而引用国际贸易惯例，能够在某种程度上简化谈判的内容，缩短谈判的时间，促进谈判的成功，加快履约的进程，减少业务中的差错，极大地减少贸易纠纷的发生，促进国际贸易稳定健康地发展。

（二）国际贸易惯例的发展历程

贸易术语的国际贸易惯例经历了三个发展阶段：

（1）《1932 年华沙 - 牛津规则》（Warsaw - Oxford Rules 1932）。19 世纪中叶，CIF 贸易术语开始在国际贸易中得到广泛采用，然而对使用这一术语时买卖双方各自承担的具体义务并没有统一的规定和解释。对此，国际法协会于 1928 年在波兰首都华沙开会，制定了关于 CIF 合同的统一规则，称之为《1928 年华沙规则》。其后，将此规则修订为 21 条，并更名为《1932 年华沙 - 牛津规则》，沿用至今。这一规则对于 CIF 的性质，买卖双方所承担的风险、责任和费用的划分以及所有权转移的方式等问题都作了比较详细的解释。

（2）《1941 年美国对外贸易定义修订本》（Revised American Foreign Trade Definitions 1941）。它于 1919 年在纽约制定，原称为《美国出口报价及其缩写条例》，后来于 1941 年在美国第 27 届全国对外贸易会议上对该条例作了修订，命名为《1941 年美国对外贸易定义修订本》，主要在北美国家采用，其中所解释的贸易术语共有六种，分别为：

①EX(Point of Origin)，产地交货；

②FOB(Free on Board)，在运输工具上交货；

③FAS(Free Along Side)，在运输工具旁边交货；

④C&F(Cost and Freight)，成本加运费；

⑤CIF(Cost，Insurance and Freight)，成本加保险费、运费；

⑥Ex Dock(Named Port of Importation)，目的港码头交货。

（3）《国际贸易术语解释通则》（International Rules for the Interpretation of Trade Terms）。这是国际商会为统一各种贸易术语的不同解释于 1936 年制定的，命名为《1936 年国际贸易术语解释通则》（《INCOTERMS 1936》）。为了适应国际贸易发展的需要，国际商会之后于 1953 年、1967 年、1976 年、1980 年和 1990 年进行过多次修订和补充，其中，1990 年国际商会为使贸易术语能适应日益广泛使用的电子数据交换(EDI)和不断革新的运输技术变化的需要对该通则作了全面的修订。

《1990 年国际贸易术语解释通则》（INCOTERMS 1990）是在《1980 年国际贸易术语解释通则》的基础上修订公布的，于 1990 年 7 月 1 日生效，它标志着国际贸易惯例的重大发展，不仅有利于国际贸易的发展，而且对国际贸易法律的进一步发展也有促进作用。主要表现在下列几个方面：

①对各种贸易术语采取更为科学合理的排列方法。按卖方承担责任、费用和风险的大小排列各种贸易术语的顺序，即从工厂交货开始，一直排到完税后交货为止。

②对买卖双方的义务划分采取相互对应的标准化的规定。将买卖双方的义务分别用 10 个项目列出，以利彼此对照检查，这就极大地便利了双方当事人对该通则的使用。

③规定当事人提供的各种单证也可由相等的电子信息取代。为了适应 EDI 新的通讯技术在国际贸易中日益频繁运用的需要，当买卖双方当事人约定以电子通讯方式联络时，

当事人提供的各种单证可以由相等的电子信息取代。

为使贸易术语更进一步适应世界上无关税区的发展、交易中使用电子信息的增多以及运输方式的变化，国际商会于1999年9月公布《2000年国际贸易术语解释通则》，简称《INCOTERMS 2000》（以下简称《2000年通则》）。

《2000年通则》是一套国际商业术语，适用跨国境的货物销售，也可用于国内市场的货物销售合同，明确合同的当事人在签订销售合同时表示按《2000年通则》规定办理。

《2000年通则》仍采用《1990年通则》的结构，对13种贸易术语FOB、FCA、FAS、EXW、CFR、CIF、CPT、CIP、DAF、DES、DEQ、DDU、DDP作了解释，并归纳分为E、F、C、D四个组(见表6－1)。

表6－1　2000年国际贸易术语解释通则

E组	发货	
EXW	EX works	工厂交货(……指定地点)
F组	主要运费未付	
FCA	Free Carrier	交至承运人(……指定地点)
FAS	Free Alongside Ship	船边交货(……指定装运港)
FOB	Free On Board	船上交货(……指定装运港)
C组	主要运费已付	
CFR	Cost and Freight	成本加运费(……指定目的港)
CIF	Cost, Insurance and Freight	成本、保险加运费付至(……指定目的港)
CPT	Carriage Paid to	运费付至(……指定目的港)
CIP	Carriage and Insurance Paid to	运费、保险费付至(……指定目的地)
D组	货到	
DAF	Delivered at Frontier	边境交货(……指定地点)
DES	Delivered EX Ship	目的港船上交货(……指定目的港)
DEQ	Delivered EX Quay	目的港码头交货(……指定目的港)
DDU	Delivered Duty Unpaid	未完税交货(……指定目的地)
DDP	Delivered Duty Paid	完税后交货(……指定目的地)

《2000年通则》对各种贸易术语采用上述分类排列方法，更为科学和合理，使人一目了然，便于理解和使用。

此外，《2000年通则》还从卖方(A)和买方(B)两者不同的立场出发，就提供合同规定的货物(A1)和支付相应的价款(B1)、办理许可证、其他许可和手续(A2、B2)、签订运输合同和保险合同(A3、B3)、按时交货(A4)和受领货物(B4)、风险转移(A5、B5)、费用划分(A6、B6)、及时通知(A7、B7)、提交凭证(A8、B8)、查对与货物检验(A9、B9)及其他(A10、B10)等10个方面来分别详细辨析这些贸易术语的准确内涵（见表6－2)。

表6-2　买卖双方涉及的10项义务

A　卖方义务	B　买方义务
A1 提供合同规定的货物	B1 支付相应的价款
A2 办理许可证、其他许可和手续	B2 办理许可证、其他许可和手续
A3 签订运输合同和保险合同	B3 签订运输合同和保险合同
A4 按时交货	B4 按时受领货物
A5 风险转移	B5 风险转移
A6 费用划分	B6 费用划分
A7 及时通知买方	B7 及时通知卖方
A8 提交凭证	B8 提交凭证
A9 查对与货物检验	B9 查对与货物检验
A10 其他义务	B10 其他义务

国际商会根据国际货物贸易的发展，对《2000年国际贸易术语解释通则》进行了修订，2010年9月27日公布了《2010年国际贸易术语解释通则》(International Rules for the Interpretation of Trade Terms 2010，缩写 INCOTERMS ® 2010)，于2011年1月1日实施。

《2010年国际贸易术语解释通则》(下称《2010年通则》)删去了《2000年国际贸易术语解释通则》4个术语：DAF(Delivered at Frontier)边境交货、DES(Delivered Ex Ship)目的港船上交货、DEQ(Delivered Ex Quay)目的港码头交货、DDU(Delivered Duty Unpaid)未完税交货，新增了两个术语：DAT(Delivered at Terminal)在指定目的地或目的港的集散站交货、DAP(Delivered at Place)在指定目的地交货。即用DAP取代了DAF、DES和DDU三个术语，DAT取代了DEQ，且扩展至适用于一切运输方式。

《2010年通则》取消了“船舷”的概念，卖方承担货物装上船为止的一切风险，买方承担货物自装运港装上船后的一切风险。在FAS、FOB、CFR和CIF等术语中加入了货物在运输期间被多次买卖(连环贸易)的责任义务的划分。考虑到对于一些大的区域贸易集团内部贸易的特点，《2010年通则》规定不仅适用于国际销售合同，也适用于国内销售合同。

《2010年通则》共有11种贸易术语，按照所适用的运输方式划分为两大类：

第一组：适用于任何运输方式的术语七种：EXW、FCA、CPT、CIP、DAT、DAP、DDP。

EXW(Ex Works)　工厂交货
FCA(Free Carrier)　货交承运人
CPT(Carriage Paid to)　运费付至目的地
CIP(Carriage and Insurance Paid to)　运费/保险费付至目的地
DAT(Delivered at Terminal)　目的地或目的港的集散站交货
DAP(Delivered at Place)　目的地交货
DDP(Delivered Duty Paid)　完税后交货

第二组：适用于水上运输方式的术语四种：FAS、FOB、CFR、CIF。

FAS(Free Alongside Ship)　　装运港船边交货

FOB(Free On Board)　　装运港船上交货

CFR(Cost and Freight)　　成本加运费

CIF(Cost Insurance and Freight)　　成本、保险费加运费

表 6－3　《2010 年通则》贸易术语买卖双方义务对照表

A 卖方责任	B 买方责任
A1 卖方的一般责任	B1 买方的一般责任
A2 许可证、授权、安检通关和其他手续	B2 许可证、授权、安检通关和其他手续
A3 运输合同和保险合同	B3 运输合同和保险合同
A4 交货	B4 收取货物
A5 风险转移	B5 风险转移
A6 费用划分	B6 费用划分
A7 通知买方	B7 通知卖方
A8 交货凭证	B8 交货证明
A9 检查、包装和标志	B9 货物检验
A10 协助提供信息及相关费用	B10 协助提供信息及相关费用

任务 6.2　贸易术语解释

一、常用的国际贸易术语

《2010 年国际贸易术语解释通则》明确了 11 种国际贸易术语：FOB、FCA、FAS、EXW、CFR、CIF、CPT、CIP、DAP、DAT、DDP，其中 FOB、CIF、CFR 三种使用最多、最广泛，是常用的国际贸易术语。其余术语在贸易中也很重要，也应该掌握好。

（一）FOB 术语

1. FOB，即 Free On Board(…named port of shipment)，船上交货(……指定装运港)

“船上交货”是指卖方在指定的装运港，将货物交至买方指定的船只上，或者指(中间销售商)设法获取这样交付的货物。一旦装船，买方将承担货物灭失或损坏造成的所有风险。卖方被要求将货物交至船只上或者获得已经这样交付装运的货物。在适用 FOB 时，销售商负责办理货物出口清关手续。但销售商无义务办理货物进口清关手续、缴纳进口关税或是办理任何进口报关手续。该术语仅适用于海运和内河运输。

根据《2010 通则》对 FOB 术语的解释，买卖双方的主要义务如下：

A. 卖方义务：

（1）卖方必须提供符合销售合同规定的货物和商业发票，以及合同可能要求的、证明货物符合合同规定的其他任何凭证。

（2）在条约适用的情况下，卖方必须自担风险和费用，取得任何出口许可证或其他

官方许可，并办理货物出口所需的一切海关手续。

（3）卖方没有义务为买方订立运输合同。但如果是根据买方要求或交易习惯且买方没有及时提出相反要求，由买方承担风险和费用的情况下，卖方可以按一般条款为买方订立运输合同。在上述任一种情况下，卖方有权拒绝为买方订立运输合同，如果卖方订立运输合同，应及时通知买方。卖方没有义务向买方提供保险合同。但是当买方要求的时候，卖方必须向买方提供买方获得保险时所需要的信息，此时一切风险和费用（如果有的话）由买方承担。

（4）卖方必须将货物运到买方所指定的船只上，若有的话，就送到买方指定的装运港或由中间商获取这样的货物。在这两种情况下，卖方必须按约定的日期或期限内按照该港习惯方式运输到港口。如果买方没有明确装运地，卖方可以在指定的装运港中选择最合目的的装运点。

（5）卖方要承担货物灭失或者损坏的全部风险，直至已经按照规定交付货物为止。

（6）卖方必须自付费用向买方提供证明货物已按照规定交货的通常单据。除非前项所述单据是运输单据，否则应买方要求并由其承担风险和费用，卖方必须给予买方协助，以取得运输单据。

B. 买方义务：

（1）买方必须按照销售合同规定支付价款。根据双方合意或交易习惯任何单据都可以作为同等效力的电子凭证或手续。

（2）如果适用，买方在自担风险和费用的情况下，自行决定是否取得任何进口许可证或其他官方许可，或办理货物进口和在必要时从他国过境时所需的一切海关手续。

（3）买方自己付费，必须签订从指定装运港运输货物的合同，除非卖方已经按照规定订立了运输合同。买方没有义务向卖方提供保险合同。

（4）买方必须在卖方规定交货时受领货物。

（5）自货物按照规定交付之时起，买方要承担货物灭失或损失的全部风险。

（6）买方必须支付自按照规定交货之时起与货物有关的一切费用，除了需要办理海关手续时，货物出口需要办理的海关手续费用及出口时应交纳的一切关税、税款和提到货物的其他费用。

FOB 术语买卖双方主要责任义务划分见表 6－4。

表 6－4　FOB 术语买卖双方主要责任义务划分一览表

卖　方	买　方
①交货（按合同规定），移交单据；	①付款、接单、提取货物；
②办理出口清关手续，支付费用；	②办理进口清关手续，支付费用；
③承担货物在装运港装上船之前的一切风险	③租船订舱，支付运费；
	④办理保险，支付保险费；
	⑤承担货物在装运港装上船之后的一切风险

2. 使用 FOB 应注意的问题

（1）装船的概念与风险划分的界限。按照《2010 年通则》规定，FOB 合同的卖方必

须在合同规定的期限内，在指定的装运港将符合合同的货物“交至船上”或“装上船”。

（2）租船订舱与船货衔接。按 FOB 的内容，买方应负责租船订舱，并将船期、船名及地点通知卖方，而卖方必须负责在合同规定的装运港和期限内，将合同规定的货物装上买方指定的船只。这里就有一个船货的衔接问题。如船只按时到达装运港，而卖方货未备好，则卖方应承担由此造成的空舱费或滞期费；反之，如买方延迟派船，由此引起的卖方仓储等费用支出的增加以及因迟收货款所造成的利息损失，均将由买方负责。

（3）装货费用负担问题。通常，FOB 合同的买卖双方应对装船费用由何方负担进行洽商，并在合同中用文字做出具体规定，也可采用 FOB 术语的变形来表示。常见的 FOB 术语变形有以下几种：

FOB 班轮条件(FOB Liner Terms)，是指装船费用按照班轮运输条件办理，即卖方不负担有关装船的费用。

FOB 包括理舱(FOB Stowed，FOBS)，是指卖方负责将货物装入船舱并支付包括理舱费在内的装船费用。理舱费就是为了使货物按照舱图放置妥善和装载合理，当货物装入舱后，对其整理、垫隔所支出的费用。

FOB 包括平舱(FOB Trimmed，FOBT)，是指卖方负责将货物装入船舱并支付包括平舱费在内的装船费用。平舱费就是为了保持装载船舶在航行时的平稳和不损害船身结构，对成批散装的大宗货物，如粮谷、矿砂、煤炭等进行整理、填平补齐所支付的费用。

FOB 吊钩下交货(FOB Under Tackle)，是指卖方仅负责将货物交到买方指定的船只的吊钩所及之处，有关的装船费用，由买方负担。

在许多标准合同中，为了表明由卖方承担包括理舱费和平舱费在内的装船费用，常采用 FOBST(FOB Stowed and Trimmed)方式。

（二）CIF 术语

1. CIF，即 Cost，Insurance and Freight(… named port of destination)，成本、保险费加运费(……指定目的港)

“成本、保险费加运费”指卖方将货物装上船或指(中间销售商)设法获取这样交付的商品。货物灭失或损坏的风险在货物于装运港装船时转移给买方。卖方须自行订立运输合同，支付将货物装运至指定目的港所需的运费和费用。

卖方须订立货物在运输途中由买方承担的货物灭失或损坏风险的保险合同。买方须知晓在 CIF 规则下卖方有义务投保的险别仅是最低保险险别。如买方期望得到更为充分的保险保障，则需与卖方明确地达成协议或者自行做出额外的保险安排。卖方必须将货物送至船上或者(由中间销售商)承接已经交付的货物并运送到目的地。除此之外，卖方必须签订一个运输合同或者提供这类的协议。这里的“提供”是为一系列的多项贸易过程(“连锁贸易”)服务，尤其在商品贸易中很普遍。CIF 术语要求卖方在适用的情况下办理货物出口清关手续。然而，卖方没有义务办理货物进口清关手续，缴纳任何进口关税或办理进口海关手续。该术语仅适用于海运和内河运输。

根据《2010 通则》对 CIF 术语的解释，买卖双方的主要义务如下：

A. 卖方义务：

（1）卖方必须提供符合销售合同的货物和商业发票，以及买卖合同可能要求的、证明货物符合合同规定的其他任何凭证。

(2) 在适用的时候，卖方须自负风险和费用，取得一切出口许可和其他官方许可，并办理货物出口所需的一切海关手续。

(3) 卖方必须自行订立或者参照格式条款订立一个关于运输的合同，将货物从约定交付地(如果有)运输到目的地的指定港口(如果有约定)。运输合同需按照通常条件订立，由卖方支付费用，并规定货物由通常可供运输合同所指货物类型的船只、经由惯常航线运输。卖方须自付费用，按照至少符合《协会货物保险条款》(LMA/IUA)C款或其他类似条款中规定的最低保险险别投保。这个保险应与信誉良好的保险人或保险公司订立，并保证买方或其他对货物具有保险利益的人有权直接向保险人索赔。

(4) 卖方必须将货物装船运送或者(由承运人)获取已经运送的货物，在上述任一情况下，卖方必须在合意日期或者在达成合意的期限内依港口的习惯进行交付。

(5) 卖方直到货物以规定的方式送达之前都要承担货物灭失或者损坏的风险，除非货物是灭失或者损坏。

(6) 卖方必须支付与货物有关的一切费用，直至已经按照规定交货为止，还必须支付所发生的运费和其他一切费用，包括货物的装船费、保险费用，根据运输合同由卖方支付的、在约定卸货港的任何卸货费用，在办理海关手续时货物出口必须支付的海关手续费用及出口时应缴纳的一切关税、税款和其他费用，以及根据运输合同规定由卖方支付的货物从他国过境的费用。

B. 买方义务：

(1) 买方必须按照买卖合同规定支付价款。

(2) 在适当的时候，买方需要在自负风险和费用的前提下获得进口执照或其他政府许可并且办理所有进口货物的海关手续。

(3) 买方无订立运输合同和保险合同的义务。但是，如果买方想附加保险，就须根据卖方要求，提供给卖方任何附加该保险所需的信息。应买方要求，并由买方负担费用且提供一切卖方需要的信息，则卖方应提供额外的保险，如果能投保的话，例如《协会货物保险条款》(LMA/IUA)中的条款(A)或条款(B)或任何类似的条款中提供的保险和(或)与《协会战争险条款》和(或)《协会罢工险条款》或其他类似条款符合的保险。最低保险金额应当包括合同中所规定的价款另加10%(即110%)，并应用合同货币。保险应当承保从规定发货点发出至少到指定的目的港的货物。卖方必须提供给买方保险单或其他保险承保的证据。此外，应买方的要求，并由买方自负风险及费用(如有)的情况下，卖方必须提供买方所需要的任何获取额外保险的信息。

(4) 买方在货物已经以规定的方式送达时受领货物，并必须在指定的目的港受领货物。

(5) 买方自货物按规定的方式送达后承担所有货物灭失或者损坏的风险。如果买方未按照规定给予卖方通知，那买方就要从递送的合意日期或者递送合意期限届满之日起承担货物灭失或者损坏的风险，前提是货物必须是被清楚地标明在合同项下的货物。

(6) 买方必须支付自按照规定交货时起的一切费用，及货物在运输途中直至到达目的港为止的一切费用，包括驳运费和码头费在内的卸货费，除非这些费用根据运输合同应由卖方支付；还必须支付若买方未按照规定给予卖方通知，则自约定的装运日期或装运期限届满之日起，货物所发生的一切额外费用，但以该项货物已正式划归合同项下为限；还

应支付在需要办理海关手续时，货物进口应交纳的一切关税、税款和其他费用，及办理海关手续的费用，以及需要时从他国过境的费用，除非这些费用已包括在运输合同中。

CIF 术语买卖双方的主要责任义务划分见表 6－5。

表 6－5　CIF 术语买卖双方主要责任义务划分一览表

卖　　方	买　　方
①交货（按合同规定），移交单据； ②办理出口清关手续，支付费用； ③租船订舱，支付运费； ④办理保险，支付保险费； ⑤承担货物在装运港装上船之前的一切风险	①付款、接单、提取货物； ②办理进口清关手续，支付费用； ③承担货物在装运港装上船之后的一切风险

2. 使用 CIF 应注意的问题

（1）CIF 合同属于“装运合同”。根据《2010 年通则》，在 CIF 术语下，卖方在装运港将货物装上了船即完成了交货义务。因此，和 FOB 一样，采用 CIF 术语订立的合同属于“装运合同”。但是由于在 CIF 术语后所注明的是目的港，所以 CIF 合同的法律性质常被误解为“到货合同”。为此，必须明确指出，CIF 以及其他 C 组术语与 FOB 以及其他 F 组术语一样，卖方在装运地完成交货义务方面，其性质是相同的，此类合同的卖方在按合同规定的装运地将货物交付装运后，对货物可能发生的任何风险不再承担责任。

（2）货运保险的问题。在 CIF 贸易术语下，卖方必须自费办理货物运输保险。但应投保何种险别，不同惯例所作的规定不一样。《2010 年通则》对卖方的保险责任规定：如无相反的明示协议，卖方只需按《协会货物保险条款》或其他类似的保险条款中最低责任的保险险别投保。如买方要得到更大责任保险险别的保障，及/或要求投保战争、罢工、暴动和民变险，须与卖方明示地达成协议，或者自行安排额外保险。最低保险金额应为合同金额价格加 10%（即价款的 110%），并以合同货币投保。

（3）租船订舱的责任。根据《2010 年通则》的解释，卖方必须自行承担费用，按照通常条件订立运输合同，以将合同规定的货物，经惯驶航线，用通常可供运输合同所指货物类型之用的海轮，装运至指定目的港。因此，如果卖方不能及时租船或订舱，以至于不能按合同规定装船交货，即构成违约，从而需要承担被买方要求解除合同及/或损害赔偿的责任。而如果买方提出限制装运船舶的国籍、船型、船龄、船级以及指定装载某船或某班轮公司的船只等要求，卖方均有权拒绝。

（4）卸货费用的负担。如果货物采用班轮运输，运费由 CIF 合同的卖方支付，在目的港的卸货费实际上由卖方负担。但是如果是大宗货物，通常使用租船运输，而船公司一般不负担卸货费。因此，在 CIF 条件下，在装运港的装货费由卖方支付，而存在一个卸货费由谁负担的问题。一般是由买卖双方洽商决定，在合同中用文字做出具体的规定。为了分清买卖双方的费用负担的责任，往往在 CIF 术语后面加列某种附加条件，形成 CIF 术语的变形。

CIF 班轮条件（CIF Liner Terms），是指卸货费按班轮条件办理，而班轮运费内已包括装船费和卸货费，既然运费是由卖方支付的，很显然卸货费实际上是由卖方负担。

CIF 舱底交货(CIF EX Ship's Hold)，是指货物运抵目的港后，自船舱底起吊直到卸到码头的卸货费均由买方负担。

CIF 卸到岸上(CIF Landed)，是指卖方负担将货物卸到目的港岸上的卸货费，包括驳船费和码头费。

CIF 吊钩下交货(CIF EX Tackle)，是指货物到达目的港后，卖方负担将货物从舱底吊至船边卸离吊钩为止的费用，而驳船费和码头费由买方负担。

CIF 术语的各种变形，只表明货物到达目的港后的卸货费的划分，不涉及货物的风险和所有权的转移。

(5) 象征性交货、单据买卖。CIF 是一种典型的象征性交货，即卖方凭单据履行交货义务，买方凭单据付款。只要卖方在装船后提交齐全和正确的单据，买方就必须付款，即使货物在途中发生灭失或损坏，买方也不得拒付货款，只能凭所取得的货运单据，向轮船公司或保险公司交涉索赔。相反，如果单据不符合规定，即使卖方交付的是合同规定的货物，买方仍有权拒付货款。因此，CIF 术语达成的交易实际上是一种单据买卖，单据在 CIF 术语中有着特别重要的意义。

(三) CFR 术语

1. CFR，即 Cost and Freight(…named port of destination)，成本加运费(……指定目的港)

“成本加运费”是指卖方交付货物于船舶之上或采购已如此交付的货物，而货物损毁或灭失之风险从货物转移至船舶之上起转移，卖方应当承担并支付必要的成本加运费以使货物运送至目的港。

若合适的话，成本加运费原则要求卖方办理出口清关手续。但是，卖方无义务为货物办理进口清关、支付进口关税或者完成任何进口地海关的报关手续。本规定只适用于海路及内陆水运。

根据《2010 通则》对 CFR 术语的解释，买卖双方的主要义务如下：

A. 卖方义务：

(1) 卖方应当提供符合销售合同规定的货物和商业发票，以及其他任何合同可能要求的证明货物符合合同要求的凭证。

(2) 卖方应当自担风险和费用，取得任何出口许可证或者其他官方授权，并办妥一切货物出口所必需的海关手续。

(3) 卖方应当在运输合同中约定一个协商一致的交付地点(若有的话)，如在目的地的指定港口，或者经双方同意在港口的任意地点。卖方应当自付费用，按照通常条件订立运输合同，经由惯常航线，将货物用通常用于供运输这类货物的船舶加以运输。卖方并无义务为买受人订立一份保险合同。但是，卖方应当按照买方的要求，在买方承担风险和费用(如果有的话)的前提下为其提供投保所需的信息。

(4) 卖方应当将货物装至船舶之上或促使货物以此种方式交付。在任何一种情形下，卖方应当在约定的日期或期间内依惯例交付。

(5) 在货物按照规定交付之前，卖方承担一切货物毁损或灭失的风险。

(6) 卖方必须支付与货物有关的一切费用，直至已经按照规定交货为止，还必须支付货物的装船费和根据运输合同由卖方支付的、在约定卸货港的任何卸货费；在需要办理

海关手续时，必须支付货物出口需要办理的海关手续费用及出口时应缴纳的一切关税、税款和其他费用，以及根据运输合同规定（如果有的话），由卖方支付的货物从他国过境的费用。

B. 买方义务：

（1）买方必须按照买卖合同规定支付价款。

（2）买方有义务在自担风险与费用的情况下获得任何进口许可或其他的官方授权并为货物进口以及其在国内的运输办妥一切海关报关手续。

（3）买方无义务为卖方订立运输和保险合同。但是根据卖方请求，买方须提供投保所需要的必要信息。（双方均无义务为对方订立保险合同，但若对方要求，则均有义务提供必要信息。）

（4）买方必须在卖方按照规定交货时受领货物，并在指定目的港从承运人处收受货物。

（5）买方必须承担货物按照规定交付后毁损或灭失的一切风险。如果买方未给予卖方通知，买方必须从约定的装运日期或装运期限届满之日起，承担货物灭失或损坏的一切风险，假如货物已被清楚地确定为合同中的货物（即特定物）。

（6）买方必须支付自按照规定交货时起的一切费用，包括货物在运输途中直至到达目的港为止的一切费用；还必须支付驳运费和码头费在内的卸货费，除非这些费用根据运输合同应由卖方支付；必须支付若买方未按照规定给予卖方通知，则自约定的装运日期或装运期限届满之日起，货物所发生的一切额外费用，但以该项货物已正式划归合同项下为限；在需要办理海关手续时，必须支付货物进口应交纳的一切关税、税款和其他费用，及办理海关手续的费用，以及需要时从他国过境的费用，除非这些费用已包括在运输合同中。

CFR 术语买卖双方主要责任义务的划分见表 6－6。

表 6－6　CFR 术语买卖双方主要责任义务划分一览表

卖　　方	买　　方
①交货（按合同规定），移交单据；	①付款、接单、提取货物；
②办理出口清关手续，支付费用；	②办理进口清关手续，支付费用；
③租船订舱，支付运费；	③办理保险，支付保险费；
④承担货物在装运港装上船之前的一切风险	④承担货物在装运港装上船之后的一切风险

2. 使用 CFR 应注意的问题

按 CFR 术语订立合同，需要特别注意装船通知的问题。在 CFR 术语中，卖方负责安排在装运港将货物装上船，而买方须自行办理货物运输保险。所以，在货物装上船前，即风险转移至买方前，买方及时向保险公司办妥保险，是 CFR 合同中一个至关重要的问题。如果卖方不及时发装船通知，买方就无法及时办理保险手续，甚至可能漏保。卖方若因为遗漏或不及时向买方发出装船通知，而使买方未能及时办妥货运保险所造成的后果，就要承担相应的违约责任。

由于风险转移地和运输成本的转移地是不同的，尽管合同中通常会确认一个目的港，但未必指定装运港，即风险转移给买方的地方，因此，如果买方对装运港关乎买方的特殊

利益特别感兴趣，建议双方就此在合同中尽可能精确地加以确认。建议双方对于目的港的问题尽可能准确确认，订立与此项选择(目的港选择)精确相符的运输合同，因为以此产生的成本加运费由卖方承担。如果因买方原因致使运输合同与卸货点基于目的港发生关系，那么除非双方达成一致，否则卖方无权从买方处收回这些费用。

【案例6－1】　　FOB术语的应用

我某公司向日本客户出口某商品30公吨，共1 200箱。按FOB新港条件成交，货值54 000美元，装运期为12月25日前，集装箱运输。该出口公司在天津设有办事处，于是在12月上旬将货物运到天津，由天津办事处负责订舱装船。不料货物在天津存仓后的第三天，即因火灾全部焚毁。办事处立即通知内地公司赶快补发30公吨货物，但由于货源不足，只好请求日本客户将信用证的有效期和装运期都延长15天。

【案例分析】

本案中，货物被焚毁的风险由我出口公司承担。

在FOB贸易术语下，卖方将货物装船，风险转移给买方。在本案例中，货物尚未装船，在天津存仓后因火灾焚毁，因而仍然应该由卖方承担关于货物的风险。

我出口公司应从本案件中汲取的教训是：恰当选择贸易术语，对于有效地规避相关风险是很有必要的。

如果双方采用的是CIF贸易术语成交，一般情况下，卖方在货物出运前就应该为货物办好货运保险，保险公司的责任期间一般是沿用“仓至仓条款”，因而，货物在天津港存仓期间发生的损失属于保险公司承担的责任范围，有望得到保险公司的赔付。

【案例6－2】　　CIF术语的应用

我某出口公司向美国出口一批汽车配件，按CIF旧金山，即期信用证支付条款订立合同。在合同中规定：“7月在青岛装运，卖方保证在8月上旬到达旧金山，如载货船只超过规定时间到达目的港，买方有权取消合同，并将货款退还给买方。”合同签订后，我出口公司在7月初将货装船出口，凭规定单据向银行收妥货款。但船只在途中遇到强烈风暴，主机损坏，无法继续航行。船方租用拖轮将船只拖进附近港口修理，于8月下旬到达旧金山。买方立即提出卖方违约，要求撤销合同，退还货款并要求赔偿。

【案例分析】

本案例属于合同条款签订不当，改变了CIF合同的性质，使得卖方承担了更多的风险。

按照CIF贸易条件成交，并以信用证进行结算，应该属于象征性交货合同，买方付款的先决条件是卖方按期装运后，提交全套的符合要求的单据，信用证的开证银行保证付款。但在本项交易中，由于合同中有明确的约定：“7月在青岛装运，卖方保证在8月上旬到达旧金山，如载货船只超过规定时间到达目的港，买方有权取消合同，并将货款退还给买方。”根据这一条款推断，虽然卖方交货后就已从银行收妥货款，但这并不代表卖方真正收到了货款。因为一旦合同中的特定条件出现（载货船只超过规定时间到达目的港），买方就有权取消合同，而且卖方要将货款退还给买方。所以，这一条款实际上从根本上改变了合同的性质。本项交易不属于象征性交货的贸易合同，而是属于到达交货的贸易合同。既然载货船只超过规定时间到达目的港，根据合同，买方有权要求卖方退回已收货款。

如果合同中没有作出有悖于 CIF 合同性质的规定，那么，即使货物运输途中出现差失，买方也无权要求卖方退回货款。

CIF 贸易合同作为象征性交货的贸易合同，是以国际贸易惯例为依据作出的判断。但在合同中有相反约定的情况下，则合同的性质会发生改变。本案例即属于此种情形。

二、一般贸易术语

（一）FCA 术语

FCA，即 Free Carrier(… named place)，货交承运人(……指定地点)。是指卖方只要将货物在指定的地点交给买方指定的承运人，并办理了出口清关手续，即完成交货。需要说明的是，交货地点的选择对于在该地点装货和卸货的义务会产生影响。若卖方在其所在地交货，则卖方应负责装货，若卖方在任何其他地点交货，卖方不负责卸货。

“承运人”指在运输合同中，承诺通过铁路、公路、空运、海运、内河运输或上述运输的联合方式履行运输或由他人履行运输的任何人。

若买方指定承运人以外的人领取货物，则当卖方将货物交给此人时，即视为已履行了交货义务。该术语可用于各种运输方式，包括多式联运。

（二）CPT 术语

CPT，即 Carriage Paid to(… named place of destination)，运费付至(……指定目的地)。是指卖方向其指定的承运人交货，但卖方还必须支付将货物运至目的地的运费。亦即买方承担交货之后一切风险和其他费用。

“承运人”指在运输合同中，承诺通过铁路、公路、空运、海运、内河运输或上述运输的联合方式履行运输或由他人履行运输的任何人。如果还使用接运的承运人将货物运至约定目的地，则风险自货物交给第一承运人时转移。

CPT 术语要求卖方办理出口清关手续。该术语可适用于各种运输方式，包括多式联运。

（三）CIP 术语

CIP，即 Carriage and Insurance Paid to(… named place of destination)，运费和保险费付至(……指定目的地)。是指卖方向其指定的承运人交货，但卖方还必须支付将货物运至目的地的运费，亦即买方承担卖方交货之后的一切风险和额外费用。但是，按照 CIP 术语，卖方还必须办理买方货物在运输途中灭失或损坏风险的保险。因此，由卖方订立保险合同并支付保险费。

买方应注意到，CIP 术语只要求卖方投保最低限度的保险险别。如买方需要更高的保险险别，则需要与卖方明确地达成协议，或者自行作出额外的保险安排。

“承运人”指在运输合同中，承诺通过铁路、公路、空运、海运、内河运输或上述运输的联合方式履行运输或由他人履行运输的任何人。如果还使用接运的承运人将货物运至约定目的地，则风险自货物交给第一承运人时转移。

CIP 术语要求卖方办理出口清关手续。该术语可适用于各种运输方式，包括多式联运。

（四）EXW 术语

EXW，即 EX Works(… named place)，工厂交货(……指定地点)。是指当卖方在其所在地或其他指定的地点(如工场、工厂或仓库)将货物交给买方处置时，即完成交货，卖方不办理出口清关手续或将货物装上任何运输工具。

该术语是卖方承担责任最小的术语。买方必须承担在卖方所在地受领货物的全部费用和风险。但是，若双方希望在起运时卖方负责装载货物并承担装载货物的全部费用和风险时，则须在销售合同中明确写明。

（五）FAS 术语

FAS，即 Free Alongside Ship(… named port of shipment)，船边交货(……指定装运港)。是指卖方在指定的装运港将货物交到船边，即完成交货。买方必须承担自那时起货物灭失或损坏的一切风险。

FAS 术语要求卖方办理出口清关手续。但是，如当事方希望买方办理出口手续，需要在销售合同中明确写明。该术语仅适用于海运或内河运输。

（六）DAT 术语

DAT，即 Delivered at Terminal，终点站交货。是指卖方在指定的目的港或目的地的指定的终点站卸货后将货物交给买方处置即完成交货。“终点站”包括任何地方，无论约定或者不约定，包括码头、仓库、集装箱堆场或公路、铁路或空运货站。卖方应承担将货物运至指定的目的地和卸货所产生的一切风险和费用（除进口费用外）。本术语适用于任何运输方式或多式联运方式。

（七）DAP 术语

DAP，即 Delivered at Place，目的地交货。是指卖方在指定的交货地点，将仍处于交货的运输工具上尚未卸下的货物交给买方处置即完成交货。卖方须承担货物运至指定目的地的一切风险和费用（除进口费用外）。本术语适用于任何运输方式、多式联运方式及海运。

尽管卖方承担货物到达目的地前的风险，该规则仍建议双方将合意交货目的地指定尽量明确。如果卖方按照运输合同承受了货物在目的地的卸货费用，那么除非双方达成一致，卖方无权向买方追讨该笔费用。该规则的适用不考虑所选用的运输方式的种类，同时在选用的运输方式不止一种的情形下也适用。

（八）DDP 术语

DDP，即 Delivered Duty Paid(… named place of destination)，完税后交货(……指定目的港)。是指卖方在指定的目的地，办理完进口清关手续，将在交货运输工具上尚未卸下的货物交与买方，即完成交货。卖方必须承担将货物运至指定的目的地的一切风险和费用，包括在需要办理海关手续时在目的地应交纳的任何“税费”（包括办理海关手续的责任和风险，以及交纳手续费、关税、税款和其他费用）。DDP 术语下卖方承担最大责任。

但是，如当事方希望将任何进口时所要支付的一切费用(如增值税)从卖方的义务中排除，则应在销售合同中明确写明。该术语适用于各种运输方式。

下面，我们通过表 6－7 对上述 11 种贸易术语做一个总结。

表 6－7 《2010 年通则》中 11 种贸易术语归纳对比

国际代码	交货地点	风险转移界限	出口报关责任及费用负担	进口报关责任及费用负担	适用运输方式
EXW	商品产地、所在地	货交买方处置时起	买方	买方	任何方式
FCA	出口国内地、港口	货交承运人处置时起	卖方	买方	任何方式
FAS	装运港	货交船边后	卖方	买方	水上运输
FOB	装运港	货物自装运港装上船起	卖方	买方	水上运输
CFR	装运港	货物自装运港装上船起	卖方	买方	水上运输
CIF	装运港	货物自装运港装上船起	卖方	买方	水上运输
CPT	出口国内地、港口	货交承运人处置时起	卖方	买方	任何方式
CIP	出口国内地、港口	货交承运人处置时起	卖方	买方	任何方式
DAT	目的港或目的地	目的港码头货交买方处置时起	卖方	买方	任何方式
DAP	目的地	货运至目的地交买方处置时起	卖方	买方	任何方式
DDP	进口国内	指定目的地货交买方处置时起	卖方	卖方	任何方式

任务 6.3 汽车贸易价格

在汽车贸易中，价格是双方磋商的主要内容之一。尤其在国际贸易中，商品价格非常复杂，涉及各种作价办法的选用、计价货币的选择、佣金和折扣的运用以及价格术语的确定，因此，确定好价格条款和掌握价格术语对双方利益、对外政策与进出口业务量等都具有重要的意义。

一、汽车贸易价格

（一）商品贸易的作价原则

在商品贸易的作价问题上，总的原则是在平等互利的原则下，以国际市场价格为依据，按照国别政策，并结合购销意图来制定适当的价格。

首先，在国际市场上的价格不是以某一个国家的国内价格为准的，这是因为各国的生产条件、劳动熟练程度和劳动强度不同，而是要参照各个国家生产这种商品的平均价值来决定，所以，在制定国际市场上的商品价格时应综合考虑各个主要生产国的价格水平。

其次，国际市场价格存在一定的波动现象，其波动幅度是通过国际市场的供求关系和竞争来决定的。当市场上出现供不应求时，国际市场价格就会上涨，卖方的利润就会增

加，于是许多国家的生产商就会竞相扩大出口，市场上的供求状况就会慢慢变成供大于求，此时国际市场的价格又会下跌，卖方的利润就会减少甚至亏损，于是许多生产商就会逐渐减少供应或停止出口，整个市场的供求及价格水平又会回落到原来的均衡状态，然后开始新一轮的循环。

最后，目前的国际市场并没有一个统一的国际市场价格。通常我们所说的国际市场价格是指某商品在国际市场上具有代表性的买卖价格。例如：进行商品交易的集散地市场价格；大量进口或大量出口某种商品的国家的进出口价格，等等。

（二）商品贸易的作价方法

在国际贸易中，商品价格的作价方法是依据商品的性质、数量、交货期以及国际市场状况等多种因素而共同决定的，一般有以下几种方法。

1. 固定作价

固定作价，即在订立合同时就把价格确定下来，一般由单价和总值两部分组成。

单价由计量单位、单位价格金额、计价货币和贸易术语四部分组成。如“每公吨300美元FOB上海(USD 300 Per M/T FOB Shanghai)”。

其中，计量单位应与数量条款中的计量单位相一致；单位价格金额应合理确定，防止作价偏高或偏低；计价货币通常与支付货币为同一种货币，但也可以为非同一种货币，由买卖双方协商确定使用何种货币，在选择货币时，一般都采用可自由兑换的，这样有利于调拨和运用；在选用贸易术语时，要根据经营意图和实际情况加以权衡，为促进我国运输业和保险业的发展，原则上出口合同应采用CIF、CIP或CFR、CPT贸易术语，进口合同采用FOB或FCA贸易术语，同时也应根据所使用的运输方式、办理运输的难易和运费的高低、运输途中货物的风险、港口情况、贸易政策法令及有关国家对办理保险的法律规定等实际情况，灵活选择贸易术语。

总值一般是单价和数量的乘积，在有些商品的交易中，一笔交易含有多种产品或多种不同规格的产品而直接标明总值的，其后一般写上贸易术语。

2. 非固定作价

非固定价格，即一般所说的“活价”。某些商品因其国际市场价格变动频繁、幅度较大，或由于交货期较远，如果采用固定价格，对买卖双方来说都要承担较大的价格风险。为了减小风险，可采用下述非固定作价的方法。

（1）具体价格待定。先约定合同中的其他交易条件，对价格暂不约定，而在价格条款中确定定价时间和定价方法，如“按提单日期的国际市场价格计算”。

（2）暂定价格。在合同中先订立一个初步价格，作为开立信用证和初步付款的依据，待双方确定最后价格再进行最后清算，多退少补。

（3）部分固定价格，部分非固定价格。为了照顾双方的利益，解决双方在采用固定价格还是非固定价格时的分歧，可以采用部分固定价格，部分非固定价格的办法，或是分批作价的方法。交货期近的商品的价格在签订合同的时候就固定下来，而其余的在交货前一段时间再作价。

（4）滑动价格。在国际市场上，对于成套设备、大型机械、大型运输工具等货物的

交易，从合同订立到合同履行完毕需要较长时间，这期间原材料、工资等的变化可能较大，从而使货物的生产成本及价格变动较大。为公平起见，常采用滑动价格的方法。该方法是先在合同中规定一个基础价格(Basic Price)，同时在合同中规定对该基础价格进行调整的方法。

非固定作价是一种变通办法，在国际市场行情波动频繁、变动剧烈，或是交易双方暂时未能对价格达成一致时，采用这种方法有利于早日达成交易。然而，由于它是先定约，后定价，给合同带来了较大的不稳定性，使合同存在无法执行或失去法律效力的危险，因此，在使用时要慎重考虑。

（三）影响汽车贸易价格的各种因素

国际市场千变万化，汽车价格也是动荡多变，如果不了解国际市场的行情变化，将会使自己利益受损。研究和分析影响国际市场的汽车价格变动的各种因素，预测其发展趋势，对于利用商品市场行情、合理掌握好汽车的国际贸易价格的意义重大。

1. 汽车质量对贸易价格的影响

在国际市场上一般要按质论价，好货高价，次货低价。品质的优劣、档次的高低、包装的精简、款式的新旧、品牌名气的大小，都影响着商品单位价格的高低。

2. 交易数量对贸易价格的影响

按照国际贸易的惯例，交易量较大时，在价格总额上可以打个折扣；反之，成交量过小，甚至低于起订量时，则可能适当提高售价。不论成交量是多少，只订一个价格的做法都是不合适的，应当好好利用数量的武器控制好成交价的总额。

3. 交货条件、交货地点和交货时间对贸易价格的影响

在汽车国际贸易中，由于交货条件和交货地点的不同，买卖双方承担的责任、费用和风险都不一样，比如同样的运输距离，同一款车型采用 FOB 条件和采用 CFR 条件达成交易，在价格上就会有很大的不同。另外，交货的时间不同也会直接影响汽车价格的高低。交货期越近，卖方加紧备货需要增加的费用越多，价格也必然高一些；相反，交货期越远，价格还可能适当下调。此外，有些汽车零配件的季节性较强，如车用空调或其他车用冷冻设备就是典型的季节性商品的例子，买方需要卖方赶在节日热销之前一段时间里交货，这时卖方就可以在买方可以承受的范围之内要求适当提高价格。

4. 付款方式对贸易价格的影响

在国际贸易中，汇付(Remittance)、托收(Collection)、信用证(Letter of Credit，L/C)是三种最主要的付款方式。不同的付款方式在付款的安全性、及时性上均有所不同。因此，不同的付款方式应有不同的价格。

5. 运输距离对贸易价格的影响

运输距离的远近，影响运费和保险费的开支，从而影响商品的价格。因此，在确定汽车价格时，必须核算运输成本，以体现地区差价。

6. 市场价格动态对贸易价格的影响

国际贸易市场的价格行情是瞬息万变的，当市场供不应求时，该涨则涨；当市场供过于求时，该降则降。因而，既不要盲目要价，吓跑客户或让竞争对手占先，错过交易，也

不要随意降价，影响出口收益。

除了上面列举的诸多因素之外，支付条件是否有利、汇率如何变动、市场销售的习惯以及买方和消费者的偏好等因素也对国际贸易中的商品成交价格有不同程度的影响。

（四）价格之间的换算

各种价格术语之间的换算主要是有关运费和保险费之间的转换。常见的价格之间的换算主要有以下几种。

1. FOB 价换算为 CFR 或 CIF 价

FOB 价通常也称为成本价，CFR 价即成本加运费价，因此，由 FOB 价换算为 CFR 价的关系式如下：

$$\text{CFR} = \text{FOB} + \text{运费} \tag{6-1}$$

由于 CIF 价比 FOB 价增加了运费和保险费内容，所以 FOB 价换算为 CIF 价的关系为：

$$\text{CIF} = \text{FOB} + \text{运费} + \text{保险费} \tag{6-2}$$

将式(6－1)代入式(6－2)又可变为：

$$\text{CIF} = \text{CFR} + \text{保险费} \tag{6-3}$$

在实际操作过程中，为方便计算保险费，通常使用保险费率和投保加成两个指标，故式(6－3)即可变形为：

$$\text{CIF} = \frac{\text{CFR}}{1 - \text{投保加成} \times \text{保险费率}} \tag{6-4}$$

2. CFR 价、CIF 价换算为 FOB 价

在已知 CFR 价和 CIF 价的情况下，求 FOB 价，是式(6－1)和式(6－2)的逆运算，分别如下：

$$\text{FOB} = \text{CFR} - \text{运费} \tag{6-5}$$

$$\text{FOB} = \text{CIF} - \text{运费} - \text{保险费} \tag{6-6}$$

3. CIF 价换算为 CFR 价

由式(6－3)可以容易得出：

$$\text{CFR} = \text{CIF} - \text{保险费} \tag{6-7}$$

4. FCA 价换算为 CPT 或 CIF 价

CPT 价是在 FCA 价的基础上加上运费价，因此由 FCA 价换算为 CPT 价的公式如下：

$$\text{CPT} = \text{FCA} + \text{运费} \tag{6-8}$$

由于 CIP 价比 FCA 价增加了运费和保险费，其换算公式为：

$$\text{CIP} = \text{FCA} + \text{运费} + \text{保险费} \tag{6-9}$$

将式(6－8)代入式(6－9)又可变为：

$$\text{CIP} = \text{CPT} + \text{保险费} \tag{6-10}$$

在实际操作中，为方便计算保险费，通常使用保险费率和投保加成两个指标，故式(6－3)即可变形为：

$$\text{CIP} = \frac{\text{CPT}}{1 - \text{投保加成} \times \text{保险费率}} \tag{6-11}$$

5. CPT 价、CIP 价换算为 FCA 价

在已知 CPT 价和 CIP 价的情况下，求 FCA 价，是式(6－8)和式(6－9)的逆运算，分别如下：

$$FCA = CPT - 运费 \quad (6-12)$$

$$FCA = CIP - 运费 - 保险费 \quad (6-13)$$

6. CIP 价换算为 CPT 价

由式(6－10)可以容易得到：

$$CPT = CIP - 保险费 \quad (6-14)$$

在汽车贸易合同中，价格条款一般包括汽车的单价和总值两项基本内容。确定单价的作价方法和与单价有关的各种价格条款之间的换算也是合同中价格条款的重要内容。

汽车的单价通常由四个部分组成，即计量单位(如辆)、单位价格金额(如 9 000)、计价货币(如美元)和贸易术语(如 CIF 纽约)。在价格条款中可规定："每辆 9 000 美元，CIF 纽约"。价格条款中的总值就是单价与成交商品数量的乘积，即每一笔交易的货款总金额。

在确定汽车贸易合同的价格条款时，应注意合理确定商品的单价，防止作价偏高或偏低；权衡利弊，选择适当的价格术语；灵活运用各种不同的作价方法，避免价格变动带来的风险；单价中涉及的计量单位、计价货币、装卸地名称等必须书写正确、清楚，以利于合同的履行。

二、计价货币的选择

计价货币是指用来计算贸易价格的货币。合同中的价格是用双方当事人约定的货币(如美元、英镑、欧元、人民币等)表示。合同中没有规定用其他货币支付，则该货币既是计价货币又是支付货币。有的合同中既规定了计价货币，也规定了支付货币，如计价货币规定用美元，支付货币则规定用欧元。

根据国际贸易的特点，合同中计价货币可以是出口国货币，也可以是进口国货币，还可以是双方当事人都同意的第三国货币。在国际金融界，许多国家普遍采用浮动汇率，因为各国的货币价值不是一成不变的，所以计价货币币值也是动荡多变的。通常，买卖双方愿意选择汇率稳定的货币作为计价货币。但是，在汇率不稳定的情况下，出口方倾向于选用"硬币"，即币值坚挺、汇率看涨的货币，而进口方则倾向于选用"软币"，即币值疲软、汇率看跌的货币。

合同中采用何种货币要由双方自愿协商决定。若采用的计价货币对其中一方不利，这一方则可通过价格调整和订立保值条款来避免计价货币因为汇率变动而带来的风险。比如，按照国际上的习惯做法，在签订合同时就已经确定了计价货币和支付货币的汇率。在计价货币是硬币而支付货币是软币的条件下，卖方在清算时若收入了软币，而软币代表的币值，要少于按签订合约的汇率应收入的软币所代表的货值，这样就对买方有利，对卖方不利。相反，如果计价货币是软币，支付货币是硬币，则有利于卖方而损害了买方的利益。不管计价和支付用的是什么货币，两种货币的汇率都可以按照付款时的汇率计算，并保证按照计价货币量收回货款。

例如，在一笔汽车整车交易中，计价货币是美元，支付货币是日元，在订立合同时，美元对日元的汇率是：1 美元＝120 日元。但是到了贸易结束要清算时，汇率因各种原因

发生了改变：1 美元 = 130 日元。若按订立合同时的汇率结算，卖方 1 美元的货值能收回 120 日元，但若按清算时的汇率结算，卖方 1 美元可以收回 130 日元，所以，如果合同没有规定按清算支付时的汇率结算，则卖方的利益就受损了。同样道理，如果清算支付时美元贬值、日元升值的话，若合同还是没有规定按清算支付时的汇率结算，则就变成买方利益受损了。在国际贸易中，也有一些合同在订立时，就明确规定计价货币与另一种货币的汇率，到付款结算时，汇率若有变动，则按适当比例相应调整合同价格。

选择计价货币会影响双方的利益，因此，在汽车国际贸易中，要视具体情况，选用不同的软、硬货币，在合同中订立调整条款，以确保自身的利益不受损害。

三、佣金和折扣的运用

佣金和折扣都与商品的价格有关，货价中是否包括佣金和折扣，以及佣金和折扣的比率大小，都会直接影响商品最终的价格。

（一）佣金的含义

在国际贸易中，有些交易是通过中间代理商进行的，这就需要向其支付一定的酬金，此项酬金即为佣金（Commission）。即是卖方或买方支付给中间商代理买卖或介绍交易的服务酬金。

佣金有明佣和暗佣之分。外贸公司在代理进出口业务时，通常由双方签订协议规定代理佣金比率，而对外报价时，佣金率不明示在价格中，这种佣金称之为“暗佣”。如果在价格条款中，明确表示佣金多少，称为“明佣”。

佣金通常以英文字母“C”表示。佣金的表示方法一般是在贸易术语后加上“C”及佣金率。如“每公吨 300 美元 CIF C 2% 纽约”，其含义就是每公吨 300 美元 CIF 纽约，包含佣金 2%，其中的“C 2%”即表示佣金率为 2%。

（二）佣金的计算

按照国际贸易的习惯做法，佣金一般是按交易额（即发票金额）为基础计算的。有的则以 FOB 总值为基数来计算佣金。如按 CIF C 成交，则应从 CIF 中减去运费和保险费，求出 FOB 值，然后再以 FOB 值乘以佣金率。其计算公式为：

$$\text{佣金} = \text{含佣价} \times \text{佣金率} \tag{6-15}$$

凡货价中包含佣金的称为“含佣价”，不含佣金的称为“净价”。因此，还有如下公式：

$$\text{净价} = \text{含佣价} - \text{佣金} \tag{6-16}$$

$$= \text{含佣价} \times (1 - \text{佣金率}) \tag{6-17}$$

在实际操作中，一般都是先有净价再算含佣价，计算时不宜用佣金率直接乘以净价而得含佣价，通常都是按照下面公式计算：

$$\text{含佣价} = \frac{\text{净价}}{1 - \text{佣金率}} \tag{6-18}$$

（三）折扣的含义

折扣（Discount）是卖方在原价格的基础上给予买方一定比例的价格减让，即适当的价格优惠。使用折扣的方式进行减让而不直接降低报价，使卖方既保持了商品的价位，又能明确表明给予买方某种优惠。

折扣的表示方法为：每公吨300美元FOB上海减折扣3%；也可以用绝对数表示，如"每吨折扣10美元"。凡在价格中明确规定折扣的，称为"明扣"；如果单价中没有表明折扣，但由买卖双方另行约定折扣的做法，称为"暗扣"，这种做法则属于不公平竞争了。

（四）佣金与折扣的支付

佣金与折扣如何支付，按照双方事先约定办理。通常情况下，佣金的支付方式有两种：一是由中间商直接从货价中扣除佣金；二是在委托人（即卖方）收清货款后，再按事先约定的期限和佣金率，另行付给中间代理商。折扣通常是按成交额或发票金额乘以约定的折扣百分率，即为应减去的折扣金额。一般由买方在支付货款时扣除。

【案例6-3】　FOB、CFR和CIF的价格计算

北京华成贸易公司收到日本三菱商事（汽车）株式会社求购17件高级车用空调的询盘。经了解该等级的车用空调每件的进货价格为5 600元人民币（含增值税17%）；出口包装费每件500元；该批货物国内运杂费共计1 200元；出口商检费300元；报关费100元；港区港杂费950元；其他各种费用共计1 500元。北京华成贸易公司向银行贷款的年利率为8%；预计垫款时间为2个月，银行手续费为0.5%（按成本价格计）；出口设备的退税率为3%；海洋运费从装运港天津至日本神户，一个20英尺集装箱的包箱费是2 200美元，客户要求按成交价格的110%投保，保险费率0.85%；三菱商事株式会社要求在报价中包括其3%的佣金。若北京华成贸易公司的预期利润是10%（以成交金额计），人民币对美元的汇率为6.25:1，试报出每件高级车用空调的FOB、CFR和CIF的价格。

由于采购价格中包含17%的增值税，所以在报价时应首先求出扣除出口退税收入后的成本。即：

实际成本＝5 600－5 600/(1＋17%)×3%

＝5 600－143.589＝5 456.410 3元人民币/件

费用：

1. 国内费用＝500＋(1 200＋300＋100＋950＋1 500)÷17＋5 600×8%÷6

＝812.902元人民币/件

2. 银行手续费＝报价×0.5%

3. 客户佣金＝报价×3%

4. 出口费用＝2 200÷17

＝129.4118美元＝808.823元人民币/件

5. 出口保费＝CIF报价×110%×0.85%

6. 利润＝报价×10%

则价格的计算公式分别为：

FOB报价（含佣3%）＝实际成本＋国内费用＋客户佣金＋银行手续费＋预期利润

＝5 456.410 3＋812.902＋报价×3%＋报价×0.5%＋报价×10%

所以，FOB C 3%＝(5 456.410 3＋812.902)/(1－3%－0.5%－10%)

＝7 247.76元人民币/件＝1 159.64美元/件

同理：CFR报价（含佣3%）＝实际成本＋国内费用＋出口运费＋客户佣金

+银行手续费+预期利润

=5 456.410 3+812.902+808.823+报价×3%

+报价×0.5%+报价×10%

所以，CFR C 3% =(5 456.410 3+812.902+808.823)/(1-3%-0.5%-10%)

=8 182.82 元人民币/件=1 309.25 美元/件

同理：CIF 报价(含佣3%)=实际成本+国内运费+出口运费+客户佣金

+银行手续费+出口保险费+预期利润

=5 456.410 3+812.902+808.823+报价×3%

+报价×0.5%+报价×110%×0.85%+报价×10%

所以，CIF C 3% =(5 456.410 3+812.902+808.823)/

(1-3%-0.5%-110%×0.85%-10%)

=8 272.23 元人民币/件=1 323.55 美元/件

【案例分析】

我们知道，各种不同的国际贸易术语隐含了不同的计算进(出)口商品价格的要求和做法。因此，在碰到实际问题的时候，首先，我们应当严格区分是哪种(或哪些种)贸易术语，根据签订的合同的要求，弄清楚该贸易术语内含的全部要求。然后，依照保护双方合法利益的原则，再完成各种与这些要求有关的计算准备工作。最后，通过相关公式的运算，我们便能得到该贸易术语的最终价格。其中，重点工作在第二步，因为它直接关系到最终价格的确定，而且各个不同的计算部分纷繁复杂，要一一考虑完整不是易事，所以，在确定各种贸易术语价格时，我们应当充分做好前期的准备工作。

拓展知识

拓展6.1 INCOTERMS®2000 与 INCOTERMS®2010 比较

一、INCOTERMS 简介

INCOTERMS 全称为 International Chamber of Commerce Terms(国际商会国际贸易术语解释通则)，International Chamber of Commerce(国际商会)。它的宗旨是为国际贸易中普遍使用的贸易术语提供一套解释的国际规则，以避免或减少各国不同解释而出现的不确定性。它是国际商会制定的，几经修改，最新的版本是2011年1月1日生效的《2010年国际贸易术语解释通则》，即 INCOTERMS®2010。

INCOTERMS 涵盖的范围只限于销售合同当事人的权利义务中与已售货物(指“有形的”货物，不包括“无形的”货物，如电脑软件)交货有关的事项。关于 INCOTERMS，看来有两个非常普遍的特别误解。一个是常常认为 INCOTERMS 适用于运输合同而不是销售合同。第二个是人们有时错误地以为它规定了当事人可能希望包含在销售合同中的所有责任。

首先，正如 ICC 一贯强调的那样，INCOTERMS 只涉及销售合同中买卖双方的关系，而且，只限于一些非常明确的方面。对进口商和出口商来讲，考虑那些为完成国际销售所需要的各种合同之间的实际关系当然是非常必要的。完成一笔国际贸易不仅需要销售合同，而且需要运输合同、保险合同和融资合同，而 INCOTERMS 只涉及其中的一项合同，即销售合同。虽然如此，当双方当事人同意使用某一个具体的贸易术语时，将不可避免地对其他合同产生影响。举例说明，卖方同意在合同中使用 CFR 和 CIF 术语时，他就只能以海运方式履行合同，因为在这两个术语下他必须向买方提供提单或其他海运单据，而如果使用其他运输方式，这些要求是无法满足的。而且，跟单信用证要求的单据也必然将取决于准备使用的运输方式。

其次，INCOTERMS 涉及为当事方设定的若干特定义务，如卖方将货物交给买方处置，或将货物交运或在目的地交货的义务，以及当事双方之间的风险划分。

另外，INCOTERMS 涉及货物进口和出口清关、货物包装的义务，买方受领货物的义务，以及提供证明各项义务得到完整履行的义务。尽管 INCOTERMS 对于销售合同的执行有着极为重要的意义，但销售合同中可能引起的许多问题却并未涉及，如货物所有权和其他产权的转移、违约、违约行为的后果以及某些情况下的免责等。需要强调的是，INCOTERMS 无意取代那些完整的销售合同所需订入的标准条款或商定条款。

通常，INCOTERMS 不涉及违约的后果或由于各种法律阻碍导致的免责事项，这些问题必须通过销售合同中的其他条款和适用的法律来解决。

二、《2010 年通则》与《2000 年通则》的比较

第一，国际贸易术语由原有的 13 种减至 11 种。删除了 DDU、DAF、DES、DEQ，D 组中仅保留了 DDP，同时增加了两种 D 组贸易术语，即 DAT(Delivered At Terminal)与 DAP(Delivered At Place)以取代被删去的术语。

两个新用语作为最主要变化，DAT 即 Delivered at Terminal，该术语类似于 DEQ 术语，指卖方在指定目的地(包括港口)卸货后，将货物交给买方处置，即完成交货；而卖方应承担将货物运至指定的目的地的一切风险和费用(除进口费用外)，该术语适用于任何运输方式或多式联运。而 DAP 即 Delivered At Place，该术语类似于 DAF、DES 和 DDU 术语，指卖方在指定的目的地(包括港口)交货，只需做好卸货准备无需卸货，即完成交货。而卖方应承担将货物运至指定的目的地的一切风险和费用(除进口费用外)，亦适用于任何运输方式、多式联运方式及海运。

新术语有助船舶管理公司弄清码头处理费的责任方，因现时经常有买方在货物到港后，投诉被要求双重缴付码头处理费，一是来自卖方，一是来自船公司，而新通则会明确标明货物买卖方支付码头处理费的责任。

第二，术语分类的调整：由原来的 EFCD 四组分为两类：适用于各种运输方式和水运。分别是适用于所有运输方式的用语包括 EXW、FCA、CPT、CIP、DAT、DAP 和 DDP，适用于水路运输的用语，包括 FAS、FOB、CFR、CIF。

第三，《INCOTERMS®2010》取消了“船舷”的概念，卖方承担货物装上船为止的一切风险，买方承担自装运港装上船后的一切风险。

第四，电子文件取代纸文件。在《INCOTERMS®2010》指导性解释下，货物的买

方、卖方和运输承包商有义务为各方提供相关资讯，知悉涉及货物在运输过程中能否满足安检要求，此举将帮助船舶管理公司了解船舶运载的货物有否触及危险品条例，防止在未能提供相关安全文件下，船舶货柜中藏有违禁品。新通则亦因应国际贸易市场的电子货运趋势，指明在货物买卖双方同意下，电子文件可取代纸张文件。值得一提的是，买卖双方在交易过程中是可自愿采用《INCOTERMS》内容，亦可指定采用不同年代版本的《INCOTERMS》，贸易从业员必须多加注意交易中的贸易术语和解释。

三、《2000 年通则》简介

《2000 年国际贸易术语解释通则》明确了 13 种国际贸易术语：FOB、FCA、FAS、EXW、CFR、CIF、CPT、CIP、DAF、DES、DEQ、DDU、DDP，其中 FOB、CIF、CFR 三种使用最多、最广泛，是常用的国际贸易术语。

（一）FOB 术语

FOB，即 Free ON Board(…named port of shipment)，船上交货(……指定装运港)。

“船上交货(……指定装运港)”是当货物在指定的装运港越过船舷，卖方即完成交货。这意味着买方必须从该点起承担当货物灭失或损坏的一切风险。FOB 术语要求卖方办理货物出口清关手续。该术语仅适用于海运或内河运输。

（二）CIF 术语

CIF，即 Cost，Insurance and Freight(… named port of destination)，成本、保险费加运费(……指定目的港)。

“成本、保险费加运费”是指在装运港，当货物越过船舷时卖方即完成交货。卖方必须支付将货物运至指定的目的港所需的运费和费用，但交货后货物灭失或损坏的风险及由于各种事件造成的任何额外费用即由卖方转移到买方。在 CIF 条件下，卖方还必须办理买方货物在运输途中灭失或损坏风险的海运保险。

因此，由卖方订立保险合同并支付保险费。买方应注意到，CIF 术语只要求卖方投保最低限度的保险险别。如买方需要更高的保险险别，则需要与卖方明确地达成协议，或者自行做出额外的保险安排。

CIF 术语要求卖方办理货物出口清关手续。该术语仅适用于海运和内河运输。

（三）CFR 术语

CFR，即 Cost and Freight(… named port of destination)，成本加运费(……指定目的港)。

“成本加运费(……指定目的港)”是指在装运港货物越过船舷卖方即完成交货，卖方必须支付将货物运至指定的目的港所需的运费和费用。但交货后货物灭失或损坏的风险，以及由于各种事件造成的任何额外费用，即由卖方转移到买方。

CFR 术语要求卖方办理出口清关手续。该术语仅适用于海运或内河运输。

（四）一般贸易术语

一般贸易术语除 D 组术语 DAF、DES、DEQ、DDU 外，其他术语与《2010 年通则》同，在此不再重复介绍。

1. DAF 术语

DAF，即 Delivered At Frontier(… named place)，边境交货(……指定地点)。是指当

卖方在边境的指定的地点和具体交货点，在毗邻国家海关边界前，将仍处于交货的运输工具上尚未卸下的货物交给买方处置，办妥货物出口清关手续但尚未办理进口清关手续时，即完成交货。“边境”一词可用于任何边境，包括出口国边境。因而，用指定地点和具体交货点准确界定所指边境，这是极为重要的。

但是，如当事各方希望卖方负责从交货运输工具上卸货并承担卸货的风险和费用，则应在销售合同中明确写明。该术语可用于陆地边界交货的各种运输方式。

2. DES 术语

DES，即 Delivered EX Ship(… named port of destination)，目的港船上交货(……指定目的港)。是指在指定目的港，货物在船上交给买方处置，但不办理货物进口清关手续，卖方即完成交货。卖方必须承担货物运至指定目的港卸货前的一切风险和费用。

只有当货物经由海运或内河运输或多式联运在目的港船上交货时，才能使用该术语。

3. DEQ 术语

DEQ，即 Delivered EX Quay(… named port of destination)，目的港码头交货(……指定目的港)。是指卖方在指定的目的港码头将货物交给买方处置，不办理进口清关手续，即完成交货。卖方应承担将货物运至指定的目的港并卸至码头的一切风险和费用。

DEQ 术语要求买方办理进口清关手续并在进口时支付一切办理海关手续的费用、关税、税款和其他费用。如果当事方希望卖方负担全部或部分进口时交纳的费用，则应在销售合同中明确写明。只有当货物经由海运、内河运输或多式联运且在目的港码头卸货时，才能使用该术语。

4. DDU 术语

DDU，即 Delivered Duty Unpaid(… named place of destination)，未完税交货(……指定目的港)。是指卖方在指定的目的地将货物交给买方处置，不办理进口手续，也不从交货的运输工具上将货物卸下，即完成交货。卖方应承担将货物运至指定的目的地的一切风险和费用，但不包括在需要办理海关手续时在目的地国进口应交纳的任何“税费”（包括办理海关手续的责任和风险，以及交纳手续费、关税、税款和其他费用）。买方必须承担此项“税费”和因其未能及时办理货物进口清关手续而引起的费用和风险。

但是，如果双方希望卖方办理海关手续并承担由此发生的费用和风险，以及在货物进口时应支付的费用，则应在销售合同中明确写明。该术语适用于各种运输方式。

表 6-8 为《2000 年通则》中 13 种贸易术语的归纳。

表 6-8 《2000 年通则》中 13 种贸易术语归纳对比一览表

国际代码	交货地点	风险转移界限	出口报关责任及费用负担	进口报关责任及费用负担	适用运输方式
EXW	商品产地、所在地	货交买方处置时起	买方	买方	任何方式
FCA	出口国内地、港口	货交承运人处置时起	卖方	买方	任何方式
FAS	装运港	货交船边后	卖方	买方	水上运输
FOB	装运港	货物越过装运港船舷	卖方	买方	水上运输
CFR	装运港	货物越过装运港船舷	卖方	买方	水上运输

续表 6－8

国际代码	交货地点	风险转移界限	出口报关责任及费用负担	进口报关责任及费用负担	适用运输方式
CIF	装运港	货物越过装运港船舷	卖方	买方	水上运输
CPT	出口国内地、港口	货交承运人处置时起	卖方	买方	任何方式
CIP	出口国内地、港口	货交承运人处置时起	卖方	买方	任何方式
DAF	两国边境指定地点	货交买方处置时起	卖方	买方	任何方式
DES	目的港	目的港船上货交买方处置时起	卖方	买方	水上运输
DEQ	目的港	目的港码头货交买方处置时起	卖方	买方	水上运输
DDU	进口国内	指定目的地货交买方处置时起	卖方	买方	任何方式
DDP	进口国内	指定目的地货交买方处置时起	卖方	卖方	任何方式

【项目考核】

一、知识考核

1. 何谓价格术语？为什么在国际贸易中，买卖双方在磋商交易和签订合同时，要采用特定的、不同的价格术语，这些价格术语起着什么样的作用？

2. 什么叫国际贸易惯例？有关价格术语的国际贸易惯例都有哪些，各有何不同？它们分别有着什么样的作用？

3. 在国际贸易中的常用价格术语，如 FOB、CIF、CFR，它们之间有何异同？

4. 我国的进出口商品的合同中，常见的作价方法有哪些？

5. 什么叫佣金和折扣？如何运用和支付佣金和折扣？

6. 我国某出口公司原报 CFR 价，单价是 100 美元，现外商要求改报 CIF 价，在不影响我国外汇收入的前提下，该公司的报价应该为多少？（按发票金额的 110% 投保一切险，保险费率为 0.5%）

7. 某品牌的汽车，我国的出口净价为 CIF 纽约 18 000 美元，客户要求报 CIF C 5%，那么我国对外的报价应为多少？

二、案例分析考核

已知：商品 03001，增值税率 17%，退税率 15%，体积每箱 0.164 立方米。报价数量为 9120 只；FOB 报价金额为每只 0.8 美元；采购成本为每只 4 元；报检费 120 元；报关费 150 元；内陆运费 2492.8 元；核销费 100 元；银行费用 601.92 元；公司综合业务费 3 000 元，外币汇率为 6.25 元人民币兑 1 美元。

试计算该笔 FOB 报价的利润额。

项目七　汽车贸易交易程序

【知识目标】

1. 了解汽车贸易交易前的准备工作；
2. 掌握汽车贸易交易磋商；
3. 掌握汽车贸易合同的签订和履行程序。

【技能目标】

1. 能根据实际情况进行汽车贸易交易磋商；
2. 能根据汽车贸易合同进行合同履行。

◇引导案例◇

汽车贸易代理合同纠纷

北京某机动车有限公司与中国人民武装警察部队某指挥所于2008年6月30日签订《代理进口协议》(以下简称协议书)，该协议书明确约定北京某机动车有限公司(乙方)为代理方，中国人民武装警察部队某指挥所(甲方)为被代理方，甲方委托乙方代理进口汽车28辆(日本产三菱欧兰德越野车)。签订协议时车辆单价为日元2 830 000/辆(参考当时汇率折算人民币189 800元/辆)。协议还约定代理费、码头费、报关费等费用采用包干制，与车辆总价一起计算，共计人民币5 314 400元。

2008年12月，乙方将代理进口的车辆交付给了甲方，但在银行结算车辆货款时发现，由于受到全球金融危机的影响，造成日元与人民币的汇率变动巨大，车辆价款折算人民币后从189 800元/辆增加到211 995元/辆。

乙方多次与甲方协商，要求甲方补足购车款，但甲方不同意承担车辆上涨的价款部分，现乙方已经为甲方垫付购车款，损失巨大。

引导问题

1. 汽车贸易主要需对哪些内容进行磋商?
2. 汽车贸易交易磋商的环节主要有哪些?

汽车贸易交易面对的是国内和国际两个市场。其中汽车国际贸易是一种跨国界的交易行为，其交易环境、交易对象、交易条件与汽车国内贸易相比都较为复杂。随着我国汽车工业的发展及我国加入世界贸易组织，我国的汽车国际贸易也越来越频繁。本章从国际市场的角度来分析汽车贸易交易程序，其基本原则和方法也同样适用于汽车国内贸易交易。

汽车贸易的基本程序，由四个阶段构成，即：交易前准备、交易磋商、签订合同和履

行合同。汽车进口贸易交易程序见图7－1。交易前的准备工作与一般贸易大同小异，本项目未作重点介绍，学生了解即可。

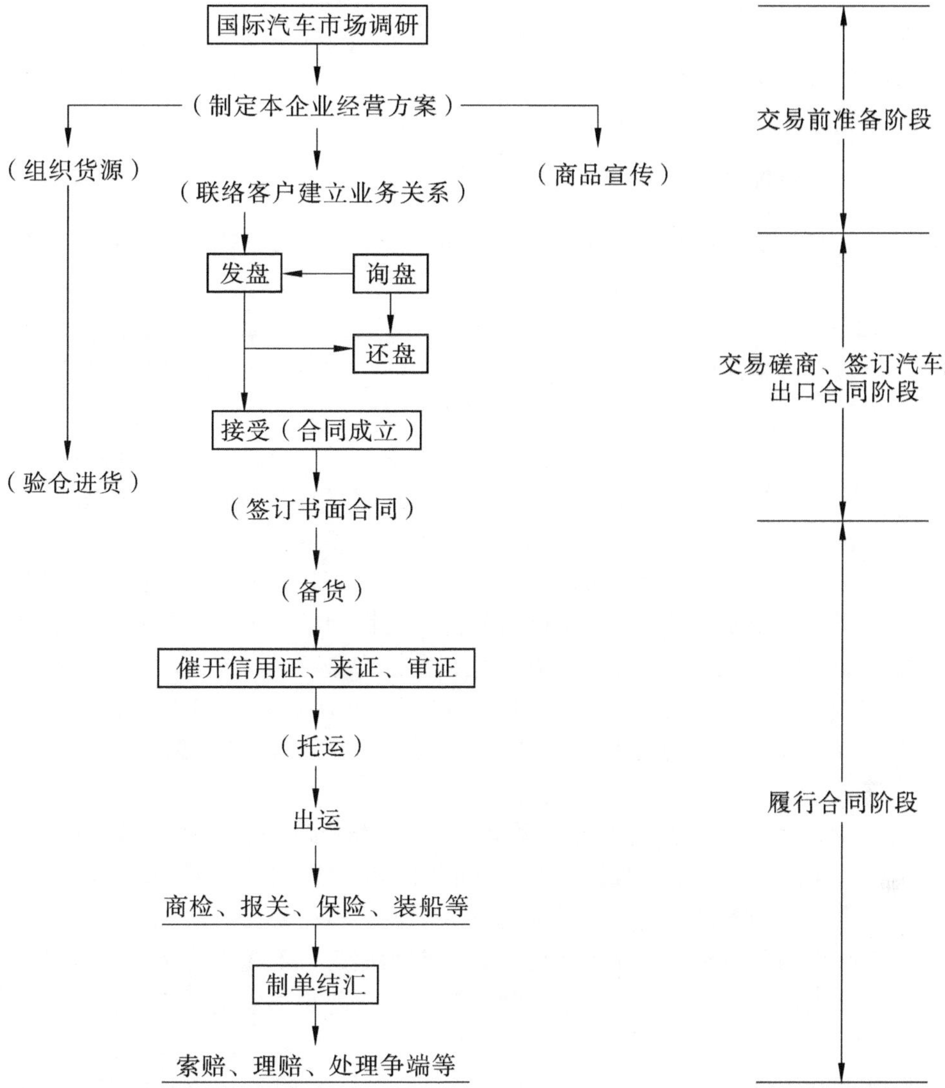

国际汽车市场调研

（制定本企业经营方案）

（组织货源）　（联络客户建立业务关系）　（商品宣传）

发盘　询盘

还盘

接受（合同成立）

（验仓进货）

（签订书面合同）

（备货）

催开信用证、来证、审证

（托运）

出运

商检、报关、保险、装船等

制单结汇

索赔、理赔、处理争端等

交易前准备阶段

交易磋商、签订汽车进出口合同阶段

履行合同阶段

图7－1　汽车进出口贸易程序

必备知识

任务7.1　交易磋商

一、交易磋商的重要性

交易磋商(Business Negotiation)是双方就交易条件进行洽商，以求达成一致协议的具体过程，也是签订买卖合同的必经阶段和法定程度。交易磋商的结果，决定着合同条款的

具体内容，从而确定了合同双方当事人的权利和义务。

在交易磋商过程中，常常充满尖锐复杂的利害冲突和反复讨价还价的争斗，它实际上是对外开展商务活动的一个重要战役。如果处理不当，就会失掉成交的机会，或蒙受经济损失，甚至造成履约困难，造成不良的影响。可见交易磋商是开展对外贸易的一个很重要的环节，做好此项工作，对在平等互利的基础上，达成公平合理而又切实可行的协议，具有十分重要的意义。

二、交易磋商的程序

每一次的汽车贸易交易的程序并不完全相同，但一般都包括询盘、发盘、还盘、接受四个环节，其中以发盘和接受这两个环节最为重要。

（一）询盘

询盘(Inquiry)，又称询价。是指贸易的一方向另一方探询买卖该商品有关交易条件的一种洽商邀请，在我国合同法中又称为“要约邀请”。

询盘是交易的起点，其意图是建立贸易合同关系，同时也是商界惯用的打听市场行情和对方业务状况的一种手段。因此，询盘所涉及的内容较广，可以涉及价格、规格、品质、数量、包装、交货期及索取样品、商品目录等，但多数是询问价格。例如，在某次汽车博览会上，买方看到我们的汽车展品后，有意购买，向我们询问价格；有的客户从杂志上看到一款汽车的宣传广告后，除了询问价格外，还询问了有关产品的品质、规格、交货期等。询盘按照发出人不同，可分为买方询盘和卖方询盘：

（1）买方询盘。买方询盘也称为“邀请报价”（Invitation to Make an Offer）。例如，国外某客户向我一汽车贸易公司发出询盘：“对贵方 EQ140 型 5 吨载重车有兴趣，请报盘，FOB 大连。”

（2）卖方询盘。卖方询盘也称为“邀请递价”（Invitation to Make a Bid）。例如，我国某汽车销售公司向一国外客户发出询盘：“可供广州本田飞度 CVT，请递盘。”

询盘只是表示一种愿望，请将来可能的交易对象向自己发盘。所列内容多是探询和参考性质，没有必须购买后售出的义务，对双方没有约束力，不是交易磋商的必经步骤，但询盘是了解市场供求，寻找交易机会的有效手段，不应忽视。

（二）发盘

发盘(Offer)，又称发价、报盘、报价。是交易的一方向另一方提出各种交易条件，并愿意按这些条件达成交易、签订合同买卖某种商品的表示。

1. 发盘的类型

按照发出人不同，分为买方发盘(Buying Offer)和卖方发盘(Selling Offer)。卖方发盘又称为递盘(Bid)或订单(Order)。多数发盘为卖方发盘，如：“可供上海大众桑塔纳 2000 时代超人，每辆 20 000 美元，FOB 天津，7 月装运，不可撤消即期信用证付款。”少数发盘为买方发盘，如：“定货，奔驰 CLK230K 附件齐全 10 辆，每辆 90000 美元，5/6 月装运，CIF 天津，不可撤消即期信用证付款。”

按照法律责任不同，分为实盘(Offer with Engagement)和虚盘(Offer without Engagement)。实盘中的交易条件必须是肯定或明确的、完整的或最终的。如果一项发盘不具备肯定或明确的、完整的、最终的内容，则称为虚盘。如在发盘中出现，“参考价”、“估计

或预计××月装船”、“最后价格以我方确认为准”、“供货数量以货物数量未售出为准”等字样，都属于虚盘。虚盘只是一种发盘的邀请，不是真正意义上的发盘，对发盘人不具有约束力。在汽车贸易中，一般采用实盘。有效发盘的构成条件有四个：

(1) 发盘要有特定的受盘人。受盘人可以是一个或一个以上的人，可以是自然人，也可以是法人，但必须特定化。如在一些国际车展或汽车博览会中，参展的厂商向一些国外客户寄发的商品目录、报价单、价目表或刊登的商品广告等，即使内容明确完整，由于没有特定的受盘人，都不能算是发盘。

(2) 表明发盘人的订约意图和受其约束。发盘人必须明确表示或默示表明自己有责任在受盘人对发盘有效接受时与其订立合同。如说明是“发盘”、“发实盘(Offer Firm)”、“实盘(Firm Offer)”、“递盘(Bid)”、“递实盘(Bid Firm)”、“订购(Booking)”或“订货(Order)”等字样时，就表示了发盘人肯定了订约的意旨。如果发盘中没有表明订约意旨，或表示了发盘人不受其发盘的约束，该项发盘就不是真正的发盘，而只能是发盘的邀请(Invitation to Offer)。如“以我方确认为准(Subject to Our Confirmation)”，“不受约束(Without Engagement)”等。

(3) 发盘的内容必须十分确定(Definite)。发盘内容应该是完整的(Complete)、明确的(Clear)和最终的(Final)。

“完整”是指货物的各种主要交易条件完备。一项发盘所列的交易条件只要包括货物名称、数量和价格，就构成了完整性。但在我国进出口贸易实践中，交易条件的完整性一般包括品质、数量、包装、价格、交货和支付等六项主要交易内容。

“明确”是指主要交易条件不能用含糊不清、模棱两可的词句。不能在发盘中出现“大约”、“大概”、“可能”、“参考”、“预计”等用词。

“最终”是指肯定的、没有任何保留性和限制性的条款。在发盘中不应有“以我方最后确认为准”、“有权先售”、“以商品未售出为准”等保留性条件。

(4) 发盘必须送达受盘人。发盘只有送达受盘人始为有效。“送达”是指发盘人将发盘的内容通知对方或送交对方来人，或其营业地或通讯地址。他人传达的，如不是发盘人授权的，即使到达也无效。发盘只有受盘人收到合同才成立，受盘人没有收到或没正式收到就没有法律责任，也没有订立合同的义务。

以上是构成有效发盘的四个条件，也是考查发盘是否具有法律效力的标准。如不能同时满足这四个条件，即使在发盘中注明“实盘”或类似字样，发盘也不具有法律约束力。

2. 发盘的有效期

发盘的有效期是指发盘供受盘人接受的期限，也是发盘人对发盘承受约束的期限。所有的发盘都有有效期。对发盘有效期的规定有以下几种情况：

(1) 在发盘中明确规定有效期。在明确规定有效期时，可以规定一段有效期限，如“本发盘有效期5天。”这种计算有效期的方法为：“发盘人在电报或信件内规定的接受时间，从电报发出时刻或信上载明的发信日期起算，如信上未注明发信日期，则从信封上所载日期起算。发盘人以电话、电传或其他快速通讯方法规定的接受期间，从发盘送达被发盘人时起算。”计算接受期时，正式假日或非营业日应计算在内。但如果该段有效期内的最后一天恰逢发盘人所在地的正式假日或非营业日，则接受期应顺延至下一个营业日。这种对有效期规定的方法因为在执行中容易发生争议，在实际中运用较少。

在明确规定有效期时，常见的一种做法是在发盘中规定最后一个时限。这种方式在发盘中既要规定最后时限的具体日期，也要说明受盘人的接受是在这一日期前发出，还是在这一日期前送达发盘人，另外还应说明以何处时间为准。如“发盘有效至6月8日我方时间。”

（2）在发盘中对有效期不作明确规定。发盘中若无明确规定具体有效期，则受盘人应在合理时间内接受有效。“合理时间”一般应按国际惯例，根据商品特性、市场行情、行业习惯、传达方式等因素具体确定。这种对有效期的规定方式极易使交易双方产生争议，因此在实际操作中应尽量不用或少用。

（3）口头发盘。若发盘采用口头发盘，除非交易双方另有约定，受盘人必须立即表示接受才有效。

3. 发盘的撤回和撤销

发盘发出后由于种种原因要求撤回和撤销。发盘的撤回和撤销是不同的。撤回是发盘人撤回通知，在发盘到达受盘人之前或同时到达受盘人，收回发盘阻止其生效的行为。撤销是发盘已到达受盘人并已开始生效，发盘人通知受盘人撤消原发盘，解除其生效行为。发盘在下列情况下不得撤销：

（1）发盘是已规定有效期或以其他方式表明为不可撤销的。

（2）受盘人有理由信赖该发盘是不可撤销的，并已本着对该发盘的信赖采取行动的。

一项发盘是否可以撤销，主要取决于受盘人是否可能因为撤销发盘而受到损害。

4. 发盘的失效

一项发盘如有以下情况之一即为失效：

（1）过期。发盘于有效期满时即告失效。

（2）拒绝。受盘人表示拒绝，原发盘即告失效。

（3）还盘。一项实盘一经受盘人还盘，原发盘即告失效。

（4）政府禁令。一项发盘在有效期内，有关国家的政府颁布法令禁止该发盘中的商品进口或出口，则原发盘即告失效。

（三）还盘

还盘(Counter Offer）又称还价，是受盘人不同意或不完全同意发盘人在发盘中提出的条件，对发盘提出的修改意见，在法律上称之为“新要约”。还盘是对原发盘的拒绝，还盘一经作出，原发盘即失去效力，发盘人不再受其约束。还盘作出后，还盘的一方与原发盘人的地位发生了变化。还盘由原来的受盘人变成了新发盘的发盘人，而原发盘的发盘人则变成了新发盘的受盘人。

在还盘中，有的已明确说明是“还盘”，如“你1日电收悉，还盘每辆85 000美元，CIF天津”。有的未明确说明是还盘，如“你1日电悉，装运期5月，CIF天津”。但对原发盘的装运期有所更改，也构成还盘。还盘一般只针对原发盘提出不同意或需要修改的部分，已同意的内容可省略。因而，接到还盘时，应与原发盘进行核对，找出新内容认真对待。

还盘不是交易磋商的必经环节，但在实际业务中，还盘的情况十分普遍。一项交易常常经过多次还盘，最后才能达成协议，订立合同；有时虽经反复还盘，但终因双方分歧太大而不能成交。

（四）接受

接受(Acceptance) 在法律上称之为“承诺”，是受盘人对于接到的发盘或还盘中提出的条件无条件地同意，并以声明或行为表示按这些条件与对方成交、签订合同。接受产生的重要法律效果是交易达成、合同成立，对交易双方都将产生约束力。

1. 构成接受的条件

（1）接受必须由受盘人作出。发盘是向特定的发盘人提出的，因此，只有特定的人才能对发盘作出接受，特定的受盘人作出的接受才有效，发盘人才受约束。任何第三者对发盘的接受对发盘人都没有约束力，只能被视为它对原发盘人作出的一项新的发盘。

（2）接受必须在有效期内送达受盘人。任何发盘都有有效期，受盘人必须在发盘规定的有效期内做出接受表示并送达发盘人。否则，构成逾期接受。

（3）接受的内容必须与发盘的内容完全一致。受盘人必须无条件地同意发盘的全部内容才能与发盘人成交，这是接受的基本原则。只接受发盘中的部分内容，或对发盘条件提出更改，或提出有条件接受，如“接受，如果9月装运”，“接受，只要包含2%的佣金”等均不能构成接受，而只能视作还盘。

（4）接受要采取声明的方式。接受必须由特定的受盘人以一定的方式表示出来，缄默或不采取任何行动不能构成接受。一般来说，对口头发盘要立即做出口头接受，对书面发盘也要用书面形式表示接受。有时，接受也可用行为表示出来，如卖方直接按发盘条件发运货物，买方立即开来信用证。

2. 接受的撤回

接受是可以撤回的，但撤回接受的通知应当在接受通知到达发盘人之前或与接受通知同时到达发盘人。接受不能撤销，因为接受一经生效合同即告成立，撤回接受，即撤销合同，属毁约行为。

3. 逾期接受

如果接受通知超过发盘规定的有效期或超过合理时间到达发盘人，即为逾期接受。这种接受，不具有法律效力，发盘人可以不接受。但是，发盘人应对是否“逾期接受”及时表明自己的意见，如果发盘人不及时发出通知说明不接受该项发盘，则该项发盘仍有接受的效力。

【案例7－1】 出口汽车交易是否成立

甲公司准备向乙公司出口50辆汽车。甲公司寄出发盘电报：“确认出售奇瑞SQR716 50辆(各项交易条件略)，请电汇500 000美元。”乙公司立即复电：“确认你方来电，我方购买奇瑞SQR716 50辆，各项交易条件按照你方所提条件。我方已汇你方开户银行500 000美元，该款在你交货前代你方保管，请确认。自本电之日起30天内交货。”但甲方未作任何答复。问双方合同是否成立？为什么？

【案例分析】

甲、乙公司之间合同关系不成立。甲公司在发盘电报中说“请电汇500 000美元”，但乙公司在回电中改变了付款条件“我方已汇你方开户银行500 000美元，该款在你交货前代你方保管”这一更改属于实质性更改。此外，乙公司在接受中又加“自本电之日起30天内交货”也属于实质性变更。因此，乙公司的答复实质上构成还盘，属于无效接受。构成还盘时，双方合同不成立。

【案例7-2】 发盘是否撤回

A公司于6月3日上午用航空信件向B公司寄出一项发盘，发盘中有“不可撤销”字样，规定在6月18日前答复有效。但A公司又于6月12日下午用电报发出撤回发盘通知，该通知与发盘于6月13日上午同时送达B公司。B公司接到实盘和撤销通知，立即用电报发出接受发盘。事后双方就合同是否成立发生争议。试问A公司与B公司之间合同是否成立？为什么？

【案例分析】

A、B公司之间合同关系不成立。《联合国国际货物销售合同公约》第十五条规定“一项发价即使是不可撤销的，得以撤回，如果撤回通知于发价送到被发价人之前或同时到达被发价人”。这就是说，当发盘人撤回发盘的通知早于或同时于原发盘送到受盘人手中时，原发盘就失去效力，发盘人不再受其约束。在此例中，受盘人接受通知虽于规定期限到达，但A公司6月3日发盘已于6月12日用电报方式撤回，撤回通知与发盘于6月13日上午同时抵达B公司，撤回有效，原发盘无效，双方合同不成立。

【案例7-3】 买方撤盘，卖方能否提出异议

买方发盘要求卖方凭发盘人提供的规格、性能生产供应某汽车配件，发盘人除列明品质、数量、价格、付款、交货期等必要条件外，规定有效期1个月，以便卖方能有足够时间研究决定是否能按所提条件生产供应。卖方收到发盘后，立即组织人员进行设计，探询必要生产设备添置的可能性和成本核算。两周后，突然接到买方通知，由于资金原因，决定不再订购该项机械设备，并撤销发盘。此时，卖方已因设计、探询生产设备、核算成本等付出了大量费用。接到买方撤盘通知后，卖方被迫停止尚未完成的设计与成本核算等工作。对此，你认为卖方能否提出异议？应该如何处理？并说明理由。

【案例分析】

根据《联合国国际货物销售合同公约》规定，订立合同之前，如果撤销通知于被发价人发出接受通知之前送达被发价人，发价可以撤销。但下列情况下，发价不得撤销：发价写明接受发价的期限或以其他方式表示发价是不可撤销的；或被发价人有理由信赖该项发价是不可撤销的，而且被发价人已本着对该项发价的信赖行事。据此，买方的发盘不能任意撤销，因为它是一项有效的发盘，规定了1个月的有效期限，卖方有理由信赖买方发出的是一项不可撤销的发盘，且已按此项信赖行事。卖方如认为按买方发盘达成交易有利可图，可以拒绝买方撤销发盘，并在限期内表示接受订立合同；如买方坚持撤销发盘，卖方则可以按实际支出的费用加上预期可获利润，向买方提出损害赔偿要求。

任务7.2　合同的签订与合同的履行

一、合同的签订与履行

在汽车贸易的磋商中，当一方的发盘经另一方接受后，合同即告订立，可以签订。当然，签订合同的前提条件是合同必须是有效合同，具有法律效力，当事人受到法律保护。关于有效合同的条件及合同的格式、形式、内容在前面项目四已经叙述。

签订合同后，当事人双方就开始履行合同。本章主要介绍汽车进出口贸易合同的履行。

二、汽车进出口贸易合同的履行

（一）汽车进口贸易合同的履行

履行进口贸易合同的主要环节是：开立信用证、租船订舱和装运、保险、审单和付汇、报关和接货、验收和拨交、进口索赔。

1. 开立信用证

进口合同签订后，按照合同规定填写开立信用证申请书向中国银行办理开证手续。信用证的内容应与合同条款一致，例如品质规格、数量、价格、交货期、装货期、装运条件及装运单据等，应以合同为依据，并在信用证中一一作出规定。

信用证的开证时间，应按合同规定办理。如合同规定在卖方确定交货期后开证，我方应在接到卖方上述通知后开证；如合同规定在卖方领到出口许可证并支付履约保证金后开证，应在收到对方已领到许可证的通知，或银行转告保证金已照收后开证。

对方收到信用证后，如提出修改信用证的请求，经我方同意后，即可向银行办理改证手续。最常见的修改内容有：展延装运期和信用证有效期、变更装运港口等。

2. 租船订舱和催装

FOB 价格条件下的进口合同，租船订舱应由我方负责。目前，我方进口货物的租舱工作统一委托外运公司办理。如合同规定，卖方在交货前一定时期内应将预计装船日期通知我方，我方在接到上述通知后，应及时向外运公司办理租船订舱手续。在办妥租船订舱手续后，我方应按规定的期限通知对方船名及船期，以便对方备货装船。同时，我方还应随时了解和掌握卖方备货和装船前的准备工作情况，注意催促对方按时装运。对数量大的物资的进口，如有必要亦可请我驻外机构就地了解、督促，或派员前往出口地点检验监督。

国外装船后，卖方应按合同规定的内容，用电报通知我方以便我方办理保险和接货等手续。

3. 保险

FOB 或 CFR 价格条件下的进口合同，保险由我方办理。凡是进口货物由我方进出口分公司委托中国对外贸易运输公司办理，并由外运公司同中国人民保险公司签订预约保险合同，其中对各种货物应保的险别作了具体规定。按照预约保险合同的规定，所有按 FOB 及 CFR 条件进口货物的保险，都由中国人民保险公司承保。因此，每批进口货物，

在收到国外装船通知后，将船名、提单号、开船日期、商品名称、数量、装运港、目的港等项内容通知保险公司，即作为已办妥保险手续。

4. 审单和付汇

中国银行收到国外寄来的汇票及单据后，对照信用证的规定，核对单据的份数和内容。如内容无误，则中国银行对国外付款。

同时，进出口公司用人民币按照国家规定的有关折算的牌价向中国银行买汇赎单，进出口公司凭中国银行出具的“付款通知书”向用货部门进行结算。如审核国外单据时发现证、单不符，要立即处理，要求国外改正或停止对外付款。

5. 报关和接货

进口货物到货后，由进出口公司或委托外运公司根据进口单据填写“进口货物报关单”向海关申报，并随附发票、提单及保险单。如属法定检验的进口商品，还须随附商品检验证书。货、证经海关查验无误，才能放行。

进口货物运达港口卸货时，港务局要进行卸货核对，如发现短缺，应及时填制“短缺报告”交由船方签认，并根据短缺情况向船方提出保留索赔权的书面声明。卸货时如发现残损，货物应存放于海关指定仓库，待保险公司会同商检部门检验后作出处理。

6. 验收和拨交

进口货物须经商检部门进行检验，如有残损短缺，凭商检部门出具的证书对外索赔。对于合同规定在卸货港检验的货物，或已发现残损短缺有异状的货物，或合同规定的索赔期即将满期的货物等，都需要在港口进行检验。

在办完上述手续后，进出口公司委托中国对外贸易运输公司提取货物并拨交给订货部门，外运公司以“进口物资代运发货通知书”通知订货部门在目的地办理收货手续。同时通知进出口公司代运手续已办理完毕。如订货部门不在港口，所有关税及运往内地的费用由外运公司向进出口公司结算后，进出口公司再向订货部门结算货款。

7. 进口索赔

进口商口常因品质、数量、包装等不符合合同的规定，而需向有关方面提出索赔。根据造成损失原因的不同，进口索赔的对象主要有三个方面：

（1）向卖方索赔。凡属下列情况者，均可向卖方索赔。例如，原装数量不足；货物的品质、规格与合同规定不符；包装不良致使货物受损；未按期交货或拒不交货等。

（2）向轮船公司索赔。凡属下列情况者，均可向轮船公司索赔。例如，原装数量少于提单所载数量；提单是清洁提单，而货物有残缺情况，且属于船方过失所致；货物所受的损失，根据租船合约有关条款应由船方负责，等等。

（3）向保险公司索赔。凡属下列情况者，均可向保险公司索赔。例如由于自然灾害、意外事故或运输中其他事故的发生致使货物受损，并且属于承保险别范围以内的；凡轮船公司不予赔偿或赔偿金额不足抵补损失的部分，并且属于承保范围内的，均应赔付。

在进口业务中，办理对外索赔时一般应注意以下几个方面：

（1）关于索赔证据。对外提出索赔需要提供证据，首先应制备索赔清单，随附商检部门签发的检验证书、发票、装箱单、装箱单副本。其次，对不同的索赔对象还要另附有关证件。向卖方索赔时，应在索赔证件中提出确切根据和理由，如系 FOB 或 CFR 合同，尚须随附保险单一份；向轮船公司索赔时，须另附由船长及港务局理货员签证的理货报告，

船长签证短缺或残损证明；向保险公司索赔时，须另附保险公司与买方的联合检验报告等。

（2）关于索赔金额。索赔金额，除受损商品的价值外，有关的费用也可提出。如商品检验费、装卸费、银行手续费、仓租、利息等，都可包括在索赔金额内。至于包括哪几项，应根据具体情况确定。

（3）关于索赔期限。对外索赔必须在合同规定的索赔有效期内提出，过期无效。如果商检工作可能需要更长的时间，可向对方要求延长索赔期限。

（4）关于卖方的理赔责任。进口货物发生了损失，除属于轮船公司及保险公司的赔偿责任外，如属卖方必须直接承担的责任，应直接向卖方提出赔偿，防止卖方制造借口向其他方面推卸理赔责任。

目前，我国的进口索赔工作，属于船方和保险公司责任的，由外运公司代办；属于卖方责任的，由进出口公司直接办理。为了做好索赔工作，要求进出口公司、外运公司、订货部门、商检部门等各有关单位密切协作，做到检验结果正确，证据属实，理由充分，赔偿责任明确，并要及时向有关方面提出，力争把货物所受到的损失如数得到补偿。

（二）汽车出口贸易合同的履行

在不同的贸易术语（贸易条件）下，出口业务程序略有不同。我国的货物出口合同，属由卖方安排运输和信用证支付的方式居多，履行此类合同一般按下列程序进行。

1. 备货

备货是进出口公司或自营出口企业根据合同和信用证的规定准备好交付货物的过程。备货工作是履行合同的基础。备货工作应注意货物的品质、规格、数量、包装和唛头（运输标志）等要与合同和信用证的规定保持一致。备货时间应早于信用证规定的日期，严防脱节。

2. 报验

在货物备齐后，应向商检部门申请检验，只有取得商检部门发给合格的检验证书后，海关才准放行。凡经检验不合格的货物，一律不得出口。

申请报验的手续是，凡需要法定检验出口的货物，应填制“出口报验申请单”，向商检部门办理证件取验手续。“出口报验申请单”的内容一般包括：品名、规格、数量（或重量）、包装、产地等项。如需有外文译文时，应注意中外文内容是否一致。“出口报验申请单”还应附上合同信用证副本等有关单据，供商检部门检验和发证时参考。

申请报验后，如出口公司发现“出口报验申请单”内容填写有误，或因国外进口人修改信用证以致货物规格有变动时，应提出更改申请，并填写“更改申请单”，说明更改事项和更改原因。

货物经检验合格，即由商检部门发给检验证书，进出口公司应在检验证书规定的有效期内将货物出运。检验证书的有效期，一般货物是从发证之日起两个月内有效；如超过有效期装运出口，应向商检部门申请展期，并由商检部门进行复验合格后才能出口。

3. 催证、审证和改证

在履行以信用证付款的合同时，对信用证的掌握、管理和使用直接关系到我国对外政策的贯彻和收汇的安全。信用证的掌握、管理和使用主要包括催证、审证和改证等项内容，这也是履行合同的一项重要工作。

（1）催证。如果在出口合同中买卖双方约定采用信用证方式，买方应严格按照合同

的规定开立信用证，这是卖方履约的前提。但在实际业务中，有时国外进口商在市场发生变化或资金发生短缺的情况时，往往会拖延开证。对此，我们应催促对方迅速办理开证手续。特别是大宗商品交易或按买方要求而特制的商品交易，更应结合备货情况及时进行催证。必要时，也可请我驻外机构或中国银行协助代为催证。

（2）审证。信用证是依据合同开立的，信用证内容应该是与合同条款一致的。但在实践中，由于种种因素，如工作的疏忽、电文传递的错误、贸易习惯的不同、市场行情的变化或进口商有意用开证的主动权加列有利于他方利益的条款等，往往会出现开立的信用证条款与合同规定不符。为确保收汇安全和合同顺利执行，防止导致经济上和政治上对我方不应有的损失，我方应该在国家对外政策的指导下，对不同国家、不同地区以及不同银行的来证，依据合同进行认真的核对与审查。一般来说，在审查国外来证时，应考虑下列四个方面：

① 政治上是否符合我国对外政策；

② 对安全及时收汇是否有保障；

③ 对与我国有贸易协定的国家的来证是否符合协定的规定；

④ 来证的条款是否符合合同规定，证内所列条款，我方能否履行。

在实际业务中，银行和进出口公司共同承担审证任务。其中，银行着重审核开证行的政治背景、资信能力、付款责任和索汇路线等方面的内容；进出口公司着重审核的内容一般应包括以下几个方面：

① 政治性的审查。来证国家必须是与我国有经济往来的国家和地区，应拒绝接受与我国无往来关系的国家和地区的来证。来证各项内容应符合我国方针政策，不得有歧视性内容，否则应根据不同情况向开证行交涉。

② 开证银行资信的审查。为了保证安全收汇，对开证行所在国家的经济状况、开证行的资信、经营作风等必须进行审查，对于资信不佳的银行，应酌情采取适当措施。

③对信用证的性质与开证行付款责任的审查。来证应标明“不可撤销”的字样。同时证内要载有开证保证付款的文句。

对某些国家的来证，虽然注明有“不可撤销”的字样，但在证内对开证行付款责任方面加列“限制性”条款或“保留条件”的条款，受益人必须特别注意。如来证注明“以领到进口许可证后通知时方能生效”，电报来证注明“另函详”等类似文句，则应注意到来证必须在接到上述生效通知书或信用证详细条款后方能生效。

上述三点，也是银行审证的重点，进出口公司只作复核性审查。

④ 对信用证金额与货币的审查。信用证金额应与合同金额相一致。如合同订有溢短装条款，信用证金额应包括溢短部分的金额。信用证金额中单价与总值要填写正确，大、小写并用。来证所采用的货币应与合同规定相一致。如来自与我国订有支付协定的国家，使用货币应与支付协定规定相符。

⑤ 对商品的品质、规格、数量、包装等条款的审查。证中有关商品货名、规格、数量包装、单价等项内容必须和合同规定相符，特别是要注意有无另外的特殊条款，应结合合同内容认真研究，做出能否接受或是否修改的决策。

⑥ 对信用证规定的装运期、有效期和到期地点的审查。装运期必须与合同规定一致，如国外来证晚，无法按期装运，应及时电请国外买方延展装运期限。信用证有效期一般应

与装运期有一定的合理间隔，以便在装运货物后有足够时间办理制单结汇工作。关于信用证的到期地点，通常要求在中国境内到期，如信用证将到期地点规定在国外或国外银行的柜台等，我们不易掌握国外银行收到单据的确切日期，这不仅影响收汇时间，而且容易引起纠纷，故一般不宜接受。

⑦ 对单据的审查。对于来证中要求提供的单据种类和份数及填制方法等，要进行仔细审核，如发现有不正常的规定，例如要求商业发票或产地证明须由国外第三者签证以及提单上的目的港后面加上指定码头等字样，都应慎重对待。

⑧ 对其他特殊条款的审查。在审证时，除对上述内容进行仔细审核外，有时信用证内加列的许多特殊条款(Special Condition)，如指定船籍、船龄等条款，或不准在某个港口转船等，一般不应轻易接受，但若对我方无关紧要，并且可以办到，则也可酌情灵活掌握。

（3）改证。对信用证进行了全面细致的审核以后，如果发现问题，应区别问题的性质，分别同银行、运输、保险、商检等有关部门研究，做出恰当妥善的处理。凡是属于不符合我国对外贸易方针政策，影响合同执行和安全收汇的情况，我们必须要求国外客户通过开证行进行修改，并坚持在收到银行修改信用证通知书后才能对外发货，以免发生货物装出后而修改通知书未到的情况，造成我方工作上的被动和经济上的损失。

在办理改证工作中，凡需要修改的各项内容，首先，应做到一次性向国外客户提出，尽量避免由于我们考虑不周而多次提出修改要求。否则，不仅增加双方的手续和费用，而且对外造成不良影响。其次，对不可撤销信用证中任何条款的修改，都必须在有关当事人全部同意后才能生效，这是各国银行公认的惯例。最后，对来证不符合规定的各种情况，还需做出具体分析，不一定坚持要求对方办理改证手续。只要来证内容不违反政策原则并能保证我方安全迅速收汇，也可以灵活掌握。

总之，对国外来证的审核和修改，是保证顺利履行合同和安全迅速收汇的必要前提，我们必须给予足够的重视，认真做好审证工作。

4. 租船、订舱和装运

各进出口公司在备货的同时，如系 CIF 或 CFR 合同，还必须做好租船订舱工作，办理报关、投保等手续。

（1）租船订舱。如出口货物数量较大，需要整船载运的，则要对外办理租船手续；如出口货物数量不大，毋需整船装运的，可由外运公司代为洽订班轮或租订部分舱位运输。

租船订舱的简单程序为：

① 进出口公司委托外运公司办理托运手续，填写托运单(Shipping Note)，亦称“订舱委托书”，递送外运公司作为订舱依据。

② 外运公司收到托运单后，审核托运单，确定装运船舶后，将托运单的配舱回单退回，并将全套装货单(Shipping Order)交给进出口公司填写，然后由外运公司代表进出口公司作为托运人向外轮代理公司办理货物托运手续。

③ 货物经海关查验放行后，即由船长或大副签收“收货单”（又称大副收据，Mate' Receipt)。收到收货单的船舶公司应签发给托运人一份表明货物已装妥的临时收据。托运人凭收货单向外轮代理公司交付运费并换取正式提单。

（2）报关。报关是指进出口货物向海关申报的手续。按照我国海关法规定：凡是进出国境的货物，必须经由设有海关的港口、车站、国际航空站发出，并由货物所有人向海关申报，经过海关放行后，货物才可提取或者出口。（汽车报关在项目十二详细介绍）

（3）投保。凡是按 CIF 价格成交的出口合同，卖方在装船前，须及时向中国人民保险公司办理投保手续，填制投保单。出口商品的投保手续一般都是逐笔办理的。投保人在投保时应将货物名称、保额、运输路线、运输工具、开航日期、投保险别等一一列明。

由于我国进出口公司同中国人民保险公司的业务量较大，为简化手续，一般不填写投保单，而是利用出口货物明细单或货物出运分析单等替代投保单，保险公司接受投保，签发保险单或保险凭证。

从以上出口合同履行的环节可以看出，在出口合同履行过程中，货、证、船的衔接是一项极其细致而复杂的工作。因此，进出口公司为做好出口合同履行，必须加强对出口合同的科学管理，建立能反映出口合同执行情况的进程管理制度，采取相应的管理措施，做好“四排”、“三平衡”的工作。“四排”是指以买卖合同为对象，根据进程卡片反映的情况，其中包括信用证是否开到、货源能否落实，进行分析排队，并归纳为四类，即“有证有货、有证无货、无证有货、无证无货”，如发现问题，及时解决。“三平衡”是指以信用证为对象，根据信用证规定的货物装船期和信用证的有效期远近，结合货源和运输能力的具体情况，区分轻重缓急，力求做到证、货、船三方面的衔接和平衡，尽力避免交货期不准、拖延交货期或不交货等现象的发生。

5. 制单结汇

出口货物装出之后，进出口公司即应按照信用证的规定，正确缮制各种单据，在信用证规定的交单有效期内，递交银行办理议付结汇手续。

我国出口结汇的办法有三种：收妥结汇、押汇和定期结汇。

收妥结汇，又称收妥付款，是指议付行收到外贸公司的出口单据后，经审查无误，将单据寄交国外付款行索取货款，待收到付款行将货款拨入议付行账户的贷记通知书(Credit Note)时，即按当日外汇牌价，折成人民币付给外贸公司。

押汇，又称买单结汇，是指议付行在审单无误的情况下，按信用证条款买入受益人（外贸公司）的汇票和单据，从票面金额中扣除从议付日到估计收到票款之日的利息，将余款按议付日外汇牌价折成人民币，拨给外贸公司。议付行向受益人垫付资金买入跟单汇票后，即成为汇票持有人，可凭票向付款行索取票款。银行做出口押汇，是为了对外贸公司提供资金融通，有利于外贸公司的资金周转。

定期结汇，是议付行根据向国外付款行索偿所需时间，预先确定一个固定的结汇期限，到期后主动将票款金额折成人民币拨交外贸公司。

对于结汇单据，要求做到“正确、完整、及时、简明、整洁”。

6. 索赔和理赔

在出口合同履行过程中，如因国外买方未按合同规定履行义务，致使我方遭受损失，可根据不同对象、不同原因以及损失大小，向对方提出索赔。在向国外提出索赔时，要本着实事求是的精神，尽可能通过友好协商的办法解决，做到既要维护我方的正当权益，又不影响双方的贸易关系。

如果我方交货的品质、数量、包装不符合合同的规定，在买方享有复验权的情况下，

国外客户即使已经支付货款，我方仍要接受索赔。我们在处理索赔时，应注意以下两点：

（1）要认真细致地审核国外买方提出的单证和出证机构的合法性。对其检验的标准和方法也都要一一核对，以防买方串通检验机构弄虚作假或国外的检验机构检验有误。

（2）要认真做好调查研究，弄清事实，分清责任。为此，必须会同生产部门和运输部门对商品品质、包装、储存、摆货、运输等方面进行周密调查，然后把单证材料和实际情况结合起来，进行分析研究，查清货物发生损失的环节、原因，并确定责任属于何方。如果属于船运公司或保险公司的责任范围，由船运公司或保险公司处理；如确实属于卖方的责任，我们就应实事求是地予以赔偿。对国外商人提出的不合理要求，我们必须根据可靠的资料，予以拒绝。

拓展知识

拓展7.1　交易前的准备工作

在汽车贸易交易，尤其是汽车国际贸易中，由于交易磋商较为复杂，因此交易前的准备工作很重要。

一、市场调研

（一）对客户国情的调研

（1）对客户国的人口环境，地理、气候条件，交通道路情况及当地人的消费心理进行调研。如各国的人种不同，人的身高体重也各有不同，车身就必须根据人体的特点进行设计，以保证司机舒适、安全驾驶；各国的交通路况不同，对于汽车的动力性能、底盘高低的要求也有所不同；各国、各民族历史文化不同，人们的审美观点也有所不同，所出口汽车的车型、颜色要能够为当地消费者所喜爱，这些都必须要进行详尽的调研。

（2）对经济情况的调研。包括国民生产总值、人均可支配收入、消费支出和消费结构的调研。通过上述调研，可以了解到应该主要进出口何种类型的车，是载重车还是小轿车，何种档次的车，主要用于什么用途。

（3）对政治、法律环境的调研。主要了解进出口国的汽车工业及进口政策，与经济合作有关的法律及企业制度等。如进口经营权的限定，进口许可证和配额制度，外汇使用管理制度，对进出口汽车是否支持，该国、该地区的有关汽车安全性、环保性、燃油经济性方面的标准等都对汽车的销售有重要的影响。

（4）对外贸易情况的调研。包括进出口贸易额、主要贸易国别、国际支付能力、主要贸易港口、对外贸易和外汇管制状况、海关税率、商检措施等。

在进出口交易的准备工作中，还应比较不同国家和地区，不同汽车厂家的汽车生产技术、工艺水平、产品的性能、供应情况、价格水平等。在贯彻国别地区政策的前提下，选择技术先进、适销对路、货源充足、价格较低的汽车商品进行采购。

（二）对国际汽车市场的调研

（1）对国际汽车市场的总体发展情况的调研。目前，世界汽车工业正在发生天翻地

覆的变化，以欧、美、日为代表的传统市场，和以“金砖四国”（巴西、俄罗斯、印度、中国）为代表的新兴市场的崛起，正在改变全球汽车产业与市场的格局。据不完全统计，近年来，全球汽车市场增长率40%以上为“金砖四国”所贡献，相应生产能力的增长可能达到55%左右。因此，成为全球汽车生产商所关注的焦点。这个崛起的新兴市场正在迅速扩大并将占据本国和第三世界国家的潜在巨大市场，与老牌传统的汽车生产厂商正展开角逐竞争。根据对国际汽车市场总体发展情况的调研，有利于正确选择今后汽车出口的目标市场。

（2）对国际汽车市场竞争情况的调研。包括国际汽车市场生产同类汽车产品的竞争者数目、规模及汽车产品的型号、系列等，各主要汽车生产厂家的市场份额及未来变化趋势，各主要厂家的价格及变化幅度，各主要厂家的售后服务情况，如配件的提供、修理网点的设置等，各主要厂家的销售渠道、销售规模及促销手段等。

（3）对国际汽车市场价格的调研。影响国际汽车市场价格的因素很多，除汽车本身的价值之外，国际市场中汽车的供求关系，国家之间的贸易关系，原材料如钢材、橡塑材料等价格的变化，燃油的价格变化等都会对汽车的价格产生影响。因此，研究汽车价格时，应对不同时期影响价格的各种因素进行调研分析，预测未来变化的趋势，以便选择有利的销售市场。

（三）对交易对象的调研

汽车国际贸易中的交易对象主要为代理商、进出口商、批发商、零售商等。其经营模式各有不同，如汽车专营店、汽车贸易商行、汽车超市、汽车连锁商店、汽车城等。一般而言，一个公司、一种品牌的车都会有相应的销售渠道，不同档次的车也会选择不同的销售方式。因而，在成交前应对交易对象进行调查研究，以利于选择和利用更多的客户，并为今后扩大经营规模奠定基础。调查的内容包括：

（1）组织机构情况。包括企业的性质、创建历史、内部组织机构、主要负责人及担任的职务、分支机构等。调查中，应弄清交易对象的中英文名称、详细地址，防止出现差错。

（2）政治情况。主要了解交易对象的政治背景、与政界的关系、公司企业负责人参加的党派及对我国的政治态度。

（3）资信情况。包括企业的资金和信用这两个方面。资金是指企业的注册资本、财产以及资产负债情况等；信用是指企业的经营作风、履约信誉等，这是资信调查的主要内容，特别是对中间商更应重视。例如，有的交易对象想和我们洽谈上亿美元的投资项目，但经调查其注册资本只有几十万美元，对这样的交易对象，我们就该打上个问号。

（4）经营业务范围。主要指交易对象经营的主要汽车商品的品种。

（5）经营能力。指客户业务活动能力、资金融通能力、贸易关系、经营方式和销售渠道，是中间商还是用户或专营商或兼营商等。

二、市场调研的方法

汽车市场调研是一项复杂细致的工作，需要有严格、科学的程序和方法。

（一）对国际汽车市场的调研

对国际汽车市场的调研一般可采用以下渠道及方法：

(1) 通过各国管理进出口贸易的机构、银行、研究团体、汽车行业协会和商会，国际汽车组织发表的报告或资料(二手资料)等进行调查。

(2) 通过各种媒体(报刊杂志、新闻广播、计算机数据库、主要汽车公司网站等)寻找信息资料(二手资料)。

(3) 派出小组深入国际汽车市场以销售、问卷、谈话等形式进行调查(一手资料)。

(4) 委托国外驻华或我驻外商务机构进行调查。

(5) 有偿委托国内外综合性市场调查公司或咨询公司进行调查。

通过以上调查，企业基本上可以解决应选择哪个国家或地区作为自己的目标市场，企业应该出口(进口)哪些产品以及以什么样的价格或方法进出口。

(二) 对客户资信情况的调查

对客户资信情况的调查一般可通过以下途径进行：

(1) 通过银行调查，这是一种常见的方法。

(2) 通过工商团体进行调查，如商会、同业公会、贸易协会等。

(3) 通过驻外机构和在实际业务活动中对客户进行考察所得的材料进行调查。这种途径一般比较具体可靠，对业务的开展有较大的参考价值。此外，外国出版的企业名录、厂商年鉴以及其他有关资料，对了解客户的经营范围和活动情况也有一定的参考价值。

(4) 委托咨询公司对客户进行资信调查。

对客户资信进行调查后，应分类建立客户档案，有针对性地选择客户进行交易。

三、销售方案的制订

销售方案是计划在一定时期内销售汽车或汽车产品的具体安排，是企业同客户洽商的依据，是使汽车贸易有计划、有目的地顺利进行的重要保证。尤其是在汽车进出口贸易前，应对订货数量、交货时间、采购市场、供货商、贸易方式作出适当安排，对价格及其他交易条件作出初步规定，并对进出口经济效益进行核算。

销售方案的主要内容包括：

(1) 商品和货源情况。包括商品的特点、品质、规格、包装，厂家生产数量、可供进出口数量、当前库存及国内需要量等。

(2) 国外市场情况。包括国外汽车生产、消费、贸易情况，主要进出口国家的交易情况，今后发展变化的趋势，国外主要市场经营该商品的基本做法、销售渠道等。

(3) 经营历史情况。包括进出口汽车在国际市场上所占的地位，主要销售地区及销售情况，国内外客户的具体反映，经营该汽车商品的经验、教训等。

(4) 经营计划安排。主要包括进出口汽车商品的数量、金额，对某国或某地区进出口数量、进度等。

(5) 经营策略。包括客户的利用措施，采取的贸易方式、价格的掌握、收汇方法、进出口销售的原则策略等。

完成汽车商品经营方案的制订只是做好贸易的第一步，要把它变成现实还要经过许多努力。在执行方案的过程中，我们应注意经常检查方案的执行情况，定期总结经验，及时修订方案中不再适用的内容。

四、商品的宣传

汽车商品宣传应根据选择的汽车商品和目标市场的特点，有计划、有步骤地进行。主要的商品宣传方式有：在报刊杂志上刊登商业广告，通过广播、电视、网络、户外广告等传播信息，参加汽车博览会及各种车展，组织并赞助汽车大赛等方式使消费者直接迅速地了解汽车产品。

汽车商品的宣传应该做到真实新颖，有针对性、吸引性，力求加深消费者对商品的印象，刺激潜在消费者的购买冲动。

【案例7－4】　　宝马汽车进入美国市场

宝马汽车在20世纪70年代刚进入美国市场时，由于宣传不力，知名度一直很低，不少美国消费者甚至认为宝马汽车是英国产品。后来，宝马汽车改变策略，针对美国新一代标新立异、追求刺激的心理，运用各种媒体广告形式，包括电视网、《华尔街杂志》、《今日美国》、《纽约时报》等媒体，广泛宣传宝马汽车的领先技术和优异的驾驶性能，并且电视广告与印刷广告综合运用，在宣传册中详细介绍其先进技术和优异性能，并宣称宝马汽车能让消费者淋漓尽致地享受到驾车的乐趣。宝马汽车公司还以一项汽车驾驶研究活动为名，邀请美国部分地区公众参加，并告知他们活动中所用的汽车都是宝马汽车。活动的全过程，包括活动成员的谈话和感受，都用摄像机记录下来。几乎所有的活动成员都对宝马汽车赞不绝口，认为宝马汽车让他们感受到了极大的驾车乐趣，并从中感受到了某种自信。通过一系列的广告宣传，宝马汽车在美国跃变成为一种能代表身份、地位的名牌轿车。

【案例分析】

宝马汽车是德国制造的高档豪华轿车，其技术先进、造型优雅、性能优异，但由于开始在进入美国市场时，没有进行针对性的广告宣传，在美国的销路并不理想。后来，宝马汽车公司进行了详尽的市场调研，并针对新一代美国人的心理进行广告宣传，运用各种媒体形式着重突出宝马汽车的驾驶性能，使宝马汽车成为美国最受欢迎的豪华车之一。由此可见，在汽车贸易交易中，市场调研、销售方案的制订和商品宣传都至关重要。

【项目考核】

一、知识考核

1. 交易磋商一般有哪几个环节？其中最重要的环节是什么？
2. 汽车贸易进口合同的履行过程主要有哪些？
3. 汽车贸易出口合同的履行的主要过程有哪些？
4. 汽车交易前主要做哪些准备工作？为什么出口交易前的市场调研工作十分重要？

二、案例分析考核

1. 试分析以下案例：

（1）甲汽车贸易商欲进口配件一批，请国外乙公司发价，5月1日乙公司发出“5月31日以前报价为每件20美元CIF天津，共计1 000件，7月份纽约港装运”的电报，而甲汽车贸易商则作出如下还价：

“你5月1日的报价还盘为5月20日前每件18美元CIF天津，共1 000件纽约装运。”到5月20日甲汽车贸易商仍未收到回电。鉴于该货价格有上涨趋势，甲汽车贸易商于5月22日发电如下：“你5月1日电……我们接受。”

问：本案中，乙公司的原报价是否继续约束乙公司至5月31日？乙公司能否因货价看涨而不理甲汽车贸易商？

（2）卖方A公司发盘有效期至3月15日止，由于市场不稳定，买方B公司延至3月16日才发电传表示接受，对此A公司应如何处理？

2. 发盘误发如何处理

某公司向美国某贸易商出口汽车配件一批，我方于周一上午10时，以普通电报向美商发盘，公司原定价为每单位500美元CIF纽约，但我方工作人员由于疏忽而误报为每单位500元人民币CIF纽约。

请问在下述三种情况下应如何处理较为妥当：

（1）如果是在当天10时30分发现问题，应如何处理？

（2）如在第二天上午9时发现，客户尚未接受，应如何处理？

（3）如在第二天上午9时发现，客户已经接受，应如何处理？

项目八　汽车贸易谈判

【知识目标】

1. 了解汽车贸易谈判的种类、内容和步骤；
2. 熟悉汽车贸易谈判的策略和技巧。

【技能目标】

会根据谈判情势制定和运用谈判策略。

◇引导案例◇

中方某公司向韩国某公司出口丁苯橡胶已一年，第二年中方又向韩方报价，以继续供货。中方公司根据国际市场行情，将价格从前一年的成交价每吨下调了120美元(前一年1200美元/吨)，韩方感到可以接受，建议中方到韩国签约。中方人员一行2人到了汉城该公司总部，双方谈了不到20分钟，韩方说："贵方价格仍太高，请贵方看看韩国市场的价格，3天以后再谈。"中方人员回到饭店后感到被戏弄，很生气，但人已来汉城，谈判必须进行。中方人员通过有关协会收集到韩国海关丁苯橡胶的进口量统计，发现从哥伦比亚、比利时、南非等国进口量较大。中国进口也不少，中方公司是占份额较大的一家。价格水平南非最低，但高于中国产品价。哥伦比亚、比利时价格均高于南非。在韩国市场的调查中，批发和零售价均高出中方公司的现报价30%～40%，市场价虽呈降势，但中方公司的给价是目前世界市场最低的价。

为什么韩国人员还这么说？中方人员分析，对手以为中方人员既然来了汉城，肯定急于拿合同回国，可以借此机会再压中方。那么韩方会不会不急于订货而找理由呢？中方人员分析，若不急于订货，为什么邀请中方人员来汉城？再说，韩方人员过去与中方人员打过交道，有过合作，且执行顺利，对中方工作很满意。这些人会突然变得不信任中方人员了吗？从态度看不像。他们来机场接中方人员，且晚上一起喝酒，保持了良好气氛。从上述分析，中方人员共同认为：韩方意在利用中方人员出国心理，再压价。根据这个分析，经过商量，中方人员决定在价格条件上做文章。总的讲，首先态度应强硬(因为来前对方已表示同意中方报价)，不怕空手而归。其次，价格条件还要涨回市场水平(即1000美元/吨左右)。最后不必用两天时间再答复韩方，仅一天半就将新的价格条件通知韩方。

在一天半后的中午前，中方人员电话告诉韩方人员："调查已结束。得到的结论是：我方来汉城前的报价低了，应涨回去年成交的价位，但为了老朋友的交情，可以下调20美元，而不再是120美元。请贵方研究，有结果请通知我们。若我们不在饭店，则请留言。"韩方人员接到电话后一小时内，即回电话约中方人员到其公司会谈。韩方认为：中方不应把过去的价再往上调。中方认为：这是韩方给的权利。我们按韩方要求进行了市场调查，结果应该涨价。韩方希望中方多少降些价，中方认为原报价已降到底。经过几回合的讨论，双方同意按中方来汉城前的报价成交。这样，中方成功地使韩方放弃了压价的要

求，按计划拿回合同。

引导问题

1. 中方的决策是否正确？为什么？
2. 中方运用了何程序、何方式做出决策的？其决策属什么类型？
3. 中方是如何实施决策的？

必备知识

任务8.1　贸易谈判的内容和类型

一、贸易谈判的概念

（一）谈判

谈判(Negotiation)，是人与人交往的一种形式；是谈判双方为了满足各自的需求，在一定的条件下，通过协调争取达到意见一致的行为与过程。中外学者对谈判的定义有很多，虽然文字表述不尽相同，但其内涵却包含着一些相近的或相通的基本点。

（1）谈判的目的性。指谈判均有各自的需求、愿望或利益目标，是目的性很强的活动。例如，中外双方经过磋商洽谈在中国境内建立一个合资企业，合资企业所需先进技术由外方提供。对外商而言，举办这种合资企业，其目的和需求应该是利用技术上的优势，通过合资这种形式，绕过直接贸易的障碍，利用中国政府给予中外合资企业的许多便利，开拓和占领中国广阔的市场，并获取长期丰厚的利润。而对中方来讲，其目的和需求则是利用外商的先进技术，并积极消化和吸收这种技术的精华，提高我国在该项产品生产上的技术水平。同时，还可向外商学习其对先进技术的管理；在使产品满足国内市场的同时，积极争取出口创汇。

（2）谈判的相互性。指谈判是一种双边或多边的社会交往和互动过程，总要有谈判的对象，否则，自己和自己谈就不成其为谈判，也达不到谈判的目的。

（3）谈判的协商性。谈判是通过协调相互关系实现各自目标的行为方式。谈判不是命令或通知，不能由一方说了算。所以，在谈判中，一方既要清楚地表达其立场和观点，又必须认真地听取他方的陈述和要求并不断调整对策，以沟通信息、增进了解、缩小分歧、达成共识，这就是彼此之间的协商或磋商。

（二）贸易谈判

贸易谈判(Trade Negotiation)，是在经济贸易活动中，为实现商品交易目标，交易双方就交易条件进行相互协商，争取达到意见一致的行为与过程。

谈判涉及的范围很广，诸如政治谈判、经济谈判、外交谈判、军事谈判、文化谈判、科技谈判、民事谈判、体育谈判、宗教谈判等。而贸易谈判几乎囊括了现代市场经济中的各种利益关系，是谈判中最普遍和最重要的类型之一。但是，贸易谈判作为谈判的一种特定形式，又有自己的个性特征：

（1）主体组织的普遍性。贸易谈判的当事人不仅限于企业等经济组织，政治、文化、医疗等各类社会组织都可能成为谈判的主体。如政府部门为采购办公车辆而和汽车供应商之间进行谈判，即为贸易谈判的当事人。

（2）内容性质的交易性。各类社会组织之所以进行或参与贸易谈判，都是为了实现某个交易目标而就交易条件进行协商。贸易谈判就是针对商品交易的谈判。

（3）目的追求的利益性。任何商品交易，都是以获取或维护经济利益为目的的。贸易谈判这种内容的交易性，决定了贸易谈判是以追求和实现经济利益为目的的。

（4）价格议题的核心性。以商品交易为内容和以经济利益为目的的贸易谈判，其谈判议题必然以价格为核心。一方面，价格的高低直接表明谈判各方通过交易可以实际获得的经济利益的大小；另一方面，贸易谈判议题中价格以外的其他因素都与价格存在着密切的关系，并往往可折算为一定的价格。因此，在贸易谈判中，无论谈判议题如何，其实质不是直接围绕着价格，就是间接体现着价格，价格总是贸易谈判的核心。

二、贸易谈判的原则

谈判是有原则可循的。谈判所应遵循的原则是从谈判实践中总结抽象出来的，是任何谈判都普遍适用的规范，也是谈判取得圆满成功的基本要求。

（一）平等互利原则

平等，是指在贸易活动中，谈判各方都具有完全平等的法律地位，对于交易项目及其交易条件都拥有同质的否决权，只有协商一致才能达成协议，不可能单方面说了算。这种同质的否决权和协商一致的要求，客观上赋予了谈判各方平等的权利和地位。

互利，是指谈判达成的结果对于谈判各方都应是有利的。正因为谈判各方彼此都有需求和需求上存在分歧，才使大家坐下来进行交流。谈判如果只满足一方的需求，没有得到满足的一方很可能就会退出谈判，导致谈判破裂，谈判的胜方也就不复存在。即使在某些特定情况下，双方达成了协议，也往往是“一锤子买卖”，从长远利益的角度来讲，也没有胜方。因此，只有谈判各方的需求都有所满足，才算是真正成功的谈判。

当然，平等互利不等于利益均分。谈判双方可能一方获得利益多一些，另一方获得利益少一些，这主要取决于双方各自的实力和谈判技巧等因素。

（二）关注利益原则

明智的谈判是针对利益而不是针对立场。任何一种利益一般都有多种立场可以使之满足，在对立立场的背后有可能找到满足双方利益的共同可接受的方式。因此，针对利益进行协调往往会有更好的效果。例如，一方讨价还价的立场可能是合同中必须包括对延期交货的严厉惩罚条款，其实它的利益只是保持零部件的不间断供应。

（三）客观诚信原则

谈判应从客观情况着手搜集各类相关信息。这些信息作为谈判中的客观依据，独立于各方的意志，是谈判者最公正有力的工具。当持反对意见的谈判者不愿妥协，坚持自己的立场而不是自己的利益时，最好的策略是坚持协议必须反映客观依据。通过讨论客观依据而不是固守自己的立场，可以说任何一方都不是向对方让步，而是向公平的客观依据让步。

客观依据通常是国际惯例、法律规定、公认的计算公式、权威的论证、有说服力的数据和可证实的市场行情等。

谈判者在谈判中对事关交易本质的论述必须是客观真实的，而且对自己所作出的承诺也必须履行，这就是谈判中的诚信原则。

（四）事人有别原则

谈判者对对方人员的好恶常常影响和干扰着对事物的客观判断和谈判策略的实施。因此，在谈判桌上要注意将人和事区分开。首先要理解对方言行背后的动机，并努力体会其情感程度，将事物的本质和对方行为的表象区分开来，关注实质问题的解决，就事论事。

（五）讲求效益原则

贸易谈判要重视效益，不但要节约谈判成本，重视自身的效益，还要重视谈判项目的社会效益。首先，贸易谈判只有以最短的时间、最少的人力和资金投入达到预期的谈判目标，才是高效益的谈判。同时，要综合考虑项目对社会的影响以及企业的社会角色和社会责任。例如，某一贸易谈判进行得很顺利，但该项目将严重污染环境，显然这一谈判结果最终会受到社会的抵制。

（六）合法原则

贸易谈判的合法原则，具体体现在三个方面：一是谈判主体合法，即谈判各方组织及其谈判人员具有合法的资格；二是谈判议题合法，即谈判所要磋商的交易项目具有合法性。对于法律不允许的行为，如买卖毒品、贩卖人口、走私货物等，其谈判显然是违法的；三是谈判手段合法，即应通过公正、公平、公开的手段达到谈判目的，而不能采用某些不正当的，如行贿受贿、暴力威胁等手段来达到谈判的目的。

只有遵守合法原则的谈判，其协议才具有法律效力，谈判各方的权益才能受到法律的保护。合法原则是贸易谈判的根本。

三、贸易谈判的类型

谈判客观上存在着不同的类型。认识谈判的不同类型，目的在于根据其不同类型的特征和要求更好地把握谈判策略。对谈判类型的正确把握，是谈判成功的起点。

（一）按谈判参与方的数量，可分为双边谈判、多边谈判

双边谈判（Bilateral Negotiation），是指谈判只有两个当事方参与的谈判。多边谈判，是指有三个或三个以上的当事方参与的谈判。

双边谈判，一般涉及的责、权、利划分较为简单明确，因而谈判也比较易于把握。多方谈判，参与方越多其谈判条件越错综复杂，需要顾及的方面就越多，也难以在多方的利益关系中加以协调，从而会增加谈判的难度。

例如，在建立中外合资企业的谈判中，若是中方A公司和外方B公司之间进行谈判，可称为双边谈判，只需协调两公司的关系即可。若是中方A、E两家公司和外方B、C两家公司进行谈判，则需要协调每两家公司的关系，显然复杂多了。

（二）按谈判各方参加人员的数量，可分为单人谈判、小组谈判

单人谈判（One - to - one Negotiation），即指各方出席谈判的人员只有1人，也称为“一对一”谈判。采用单人谈判形式通常是由于谈判双方比较熟悉，谈判内容较简单明确。有时在大型谈判过程中，也会根据需要在首席代表之间安排“一对一”的单人谈判，

以磋商某些关键或棘手的问题。

小组谈判(Group Negotiation)，指各方出席谈判的人员在2人以上的谈判，用于大多数正式谈判，特别是内容重要、复杂的谈判。

单人谈判和小组谈判由于人员规模上的差异，决定了谈判人员的选择、谈判的组织与管理等方面都有很大的不同。例如，若是一对一的单人谈判，就要选出具备较全面知识与经验的人选，因为这时要求这个人能够独立应付全局，他必须灵活地运用自己已有的知识和经验，对谈判桌上出现的真真假假、虚虚实实的情况做出分析、判断和决策。当然，单人谈判能够充分履行谈判者的设想和意愿，而不像小组谈判那样需要在内外部协调上耗费精力。另外，单人谈判由于规模较小，在地点、时间安排上都可以灵活变通，谈判方式可以灵活选择，气氛也比较和谐随便，有利于双方代表的沟通与合作。而小组谈判，小组成员之间可以进行配合和补充，可以更好地运用谈判谋略和技巧，充分发挥集体的智慧。

(三) 按谈判所在地，可分为主场谈判、客场谈判、第三地谈判

主场谈判(Host Field Negotiation)，是指参与谈判的某一方以东道主的身份在其所在地区或国家进行的谈判。主场谈判，占有“地利”，会给主方带来诸多益处，如熟悉工作和生活环境、利于谈判的各项准备和谈判日程的拟订、便于问题的请示和磋商以及谈判班子的调整等。所以说，主场谈判在谈判人员的自信心、应变能力及应变手段上，均占有天然的优势。如果主方善于利用主场谈判的便利和优势，往往会对谈判带来有利影响。因此，主场谈判往往成为谈判各方的首选，特别是在关键、复杂的交易时更是如此。当然，作为东道主，谈判的主方应当礼貌待客，做好谈判的各项准备。

客场谈判(Guest Field Negotiation)，是指在谈判对手所在地区或国家进行的谈判。谈判人员身处异地会存在诸多不便，受到各种条件的限制，如谈判期限、谈判授权、信息交流等。客场谈判人员，面对谈判对手必须审时度势，反应灵活。审时度势，是指认真分析谈判背景、主方的优势与不足等，以便正确运用并调整自己的谈判策略，发挥自己的优势，争取满意的谈判结果。反应灵活则表现在谈判态度的灵活转接上，即有成功希望则坚持原立场，无成功希望则应迅速决断；对方有签约诚意则灵活调整可提供的优越条件，若无意成交则不必随便降低己方已提出的条件。客场谈判，在外交、外贸谈判中历来为谈判人员所重视。

第三地谈判(The Third Field Negotiation)，是指在谈判双边(或各方)以外的地点安排的谈判。第三地谈判，可以避免主、客场对谈判的某些影响，为谈判提供良好的环境和平等的气氛；但是，可能引起第三方的介入而使谈判各方的关系发生微妙变化。

(四) 按谈判的态度与方法，可分为软式谈判、硬式谈判、原则式谈判

软式谈判(Soft Negotiation)，也称关系型谈判。这种谈判中，谈判者不把对方当成对头，而是当作朋友，随时准备回避冲突，做出让步，达成协议。持这种态度参与谈判的人，更看重的是双方友好关系的建立与维持，而较看轻利益获取的多少。

在谈判双方关系较好，并有长期而稳定的业务关系或者在合作高于局部近期利益的情况下，采取软式谈判可能会取得较为满意的谈判结果，也会节省谈判成本，提高谈判效率。但是在其他的多数情况下，谈判中当事方往往受利益的驱动，并非都以“关系”为重，如对某些强硬者一味退让，最终只能使自己遭受无谓的利益损失。因此，这种谈判方式在实际商务谈判中较少采用。

硬式谈判（Hard Negotiation），也称立场型谈判。这种谈判，视对方为劲敌，强调谈判立场的坚定性；认为谈判是一场意志力的竞赛，态度越强硬，立场越坚定，其最后的收获也就越多。谈判双方如果都采取强硬的态度和方针，必然会导致双方关系紧张，增加谈判的时间和成本，降低谈判的效率，谈判也往往易陷入僵局。谈判的某方即使作出了某些妥协，也会履约消极，甚至想方设法撕毁协议，予以反击，从而陷入新一轮的对峙，最后导致相互关系的完全破裂。因此，硬式谈判除了在某些特殊的场合下（如对方要阴谋需加以揭露、事关自身的根本利益而无退让的余地、竞争性商务关系、一次性交往而不考虑今后合作、对方思维天真并缺乏洞察利弊得失之能力等场合）这种谈判的态度和方法一般也较少采用。

原则式谈判（Principle Negotiation），也称价值型谈判。这种谈判，最早由美国哈佛大学谈判研究中心提出，所以又称为哈佛谈判术。原则式谈判，吸取了软式谈判和硬式谈判之所长而避其极端，强调公正原则和公平价值，主要有以下特征：①谈判中对人温和、对事强硬，把人与事分开；②将注意力集中在利益上，而不是立场上；③创造对双方都有利的方案，即寻找共同点、消除分歧，争取共同满意的谈判结果；④坚持客观标准，即坚持独立于各方立场的客观标准。

不论是软式谈判、硬式谈判，还是原则式谈判，都是比较理论化的谈判方式，实际运用时往往是比较复杂的，有时可能是几种方式的综合。何时采用何种方式应视具体情况灵活决定。

（五）按谈判参与方的国域界限，分为国内谈判、国际谈判

国内谈判，是指谈判参与方均在一个国家内部；国际谈判，是指谈判参与方分属两个或两个以上的国家或地区。

国内谈判和国际谈判的明显区别在于谈判背景存在较大的差异。对于国际谈判，谈判人员首先必须认真研究对方国家或地区相关的政治、法律、经济、文化等社会背景。同时，也要认真研究对方国家或地区谈判者的个人阅历、谈判作风等人员背景。此外，对谈判人员在外语水平、外事或外贸知识与法律等方面，也有相应的要求。

（六）按谈判内容分类，可分为货物买卖谈判、技术贸易谈判、合资谈判

货物买卖谈判（Goods Trade Negotiation），指就有形商品（即货物）的买卖而进行的谈判。国际货物买卖谈判又分为进口贸易谈判和出口贸易谈判，它主要是买卖双方就买卖货物本身的有关内容，如标的、质量、数量、包装、价格、交货、支付、检验、索赔和仲裁等问题所进行的谈判。

由于大多数货物有通行的技术和行业标准，且大多数货物交易均属重复性交易，货物买卖的谈判相对简单，但绝不能因此而轻视，特别对初次合作、大宗交易、国际货物买卖的谈判更是如此。

技术贸易谈判（Technology Trade Negotiation），指就技术买卖交易活动而进行的谈判。技术贸易中的买方又称为“技术引进方”或“技术受让方”，卖方又称为“技术转让方”或“技术许可方”。

技术贸易谈判的内容一般包括技术部分、商务部分和法律部分三个方面。和货物买卖谈判相比，技术贸易谈判要涉及知识产权的保护、技术风险以及限制与反限制问题，因此要复杂得多。

合资谈判(Joint Venture Negotiation)，指两个或两个以上的组织或个人，按一定资金比例联合投资所进行的谈判。其主要特点是合资入股、共同经营、共负盈亏、共担风险。

合资谈判的目的是为了建立长期的合作关系，而并非完成一次性交易，因此，需要各方做出较多的投入和承诺，比其他商务谈判也更为复杂。

任务8.2 贸易谈判人员的素质

有人说，谈判人员应具有哲学家的思维、经济学家的头脑、政治家的胸怀、外交家的谋略、企业家的胆识、军事家的果断、战略家的眼光、组织家的才干、幻想家的想象、律师的善辩、新闻记者的敏感。——这当然是对谈判人员提出的较高要求，但毋庸置疑，谈判人员应该是“一专多能”的具备较高综合素质的人才。我们可以把谈判人员应具备的素质结构大体分为三个层次(见图8－1)：

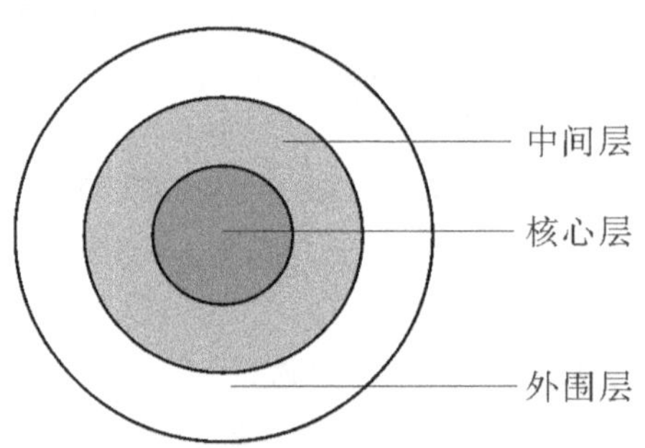

图8－1 谈判人员的素质结构

核心层——谈判人员的气质性格、心理素质和思想意识；

中间层——谈判人员的知识结构和工作经验；

外围层——谈判人员的业务能力。

古人云：“学如弓弩，才如箭镞，识以领之，方能中鹄 。”在这里，“学”，代表谈判人员的知识结构和工作经验；“才”，即谈判人员的业务能力；“识”，可以看作谈判人员的气质性格、心理素质和思想意识。这句话可以形象地反映出三个层次之间的辩证关系。

一、谈判人员的气质性格、心理素质和思想意识

(一) 气质性格

谈判人员应具备良好的气质性格。有些性格是不利于谈判的，例如性格内向、孤僻多疑、不善表达、冷漠刻板、急躁粗暴、唯我独尊、嫉妒心强、心胸狭窄，等等。良好的气质性格应是：大方而不轻佻、豪爽而不急躁、坚强而不固执、果断而不粗率、自重而不自傲、谦虚而不虚伪、活泼而不轻浮、严肃而不呆板、谨慎而不拘谨、老练但不世故、幽默但不庸俗、热情但不多情。

(二) 心理素质

美国谈判大师卡罗斯(Carlos)说：“谈判乃是一个人所做的事情里最困难的一项。一个谈判者需要有商业上或专门职业里所不常见的特质——谈判除了需要良好的商业判断能力之外，还必须对人性有深刻的认识。会议桌上犹如一个舞台，专门上演剧情紧张的戏

剧，商场上还有什么地方能在短短的时间内便聚集了各种经济上的动机、组织的压力、权力和一连串的舌战于一堂，而潜在的利益又如此之多?”在这样斗智斗勇、风起云涌的谈判桌上，谈判者要实现己方预定的目标，就必须具备良好的心理素质。

（1）自信心。自信心是谈判者最重要的心理素质。谈判的过程充满挑战，有时甚至是知其不可为而为之。但是谈判一旦展开，谈判者就必须勇往直前，全力以赴，缺乏自信心的人是很难胜任这项工作的。谈判者如果在谈判桌上表现出充分的自信，往往会给对方以很大的精神压力，而对方的信心一旦发生动摇，就往往会有意无意地主动放弃一些努力。

这种自信心来自于谈判者对自身素质和能力的肯定，建立在充分调查研究的基础上，建立在对谈判双方实力的科学分析的基础上，而不是盲目地藐视对方，轻视困难。自信的表露不可给人以自傲、自负、难以接近的感觉，是在热情亲切、平易近人中体现出自信。这种力量会使他人更尊重、更喜爱和更信任你，这在谈判中对你是十分有利的。

（2）情绪稳定。谈判者应沉着冷静、掩而不露、从容不迫地应对所面临的问题，这是谈判者在谈判过程中保持清晰思维的心理基础。

谈判过程中由于双方利益的冲突或谈判对手的故意施压，常常会形成紧张、对立、僵持、争执的局面。如果谈判者自我调控能力较差，出现过分的情绪波动，如发怒、争吵、沮丧、对抗，造成举止失态、措辞不当，就会破坏谈判气氛，阻碍谈判的进一步发展。在情绪的影响下，谈判者的判断力、洞察力、应变力等也会降低，从而易被竞争对手抓住破绽，使自己陷入十分被动的局面。

（3）耐心。贸易谈判使人不得不忍受时间和错综复杂问题的煎熬，常常就是一场耐心的较量。尤其是许多重大的谈判，不是一轮、两轮就能完成的，有时会持续很长时间。谈判经常会出现拉锯式的僵局，最难忍的时候往往就是最有希望的时候，最后的转机往往取决于“最后5分钟”。

【案例8－1】 戴维营和平协议

曾经，埃及和以色列两国的争端积怨颇深，谁也不想妥协。当时的美国总统卡特邀请两国进行和平谈判，地点在戴维营(Camp David)。那里尽管设施齐备、安全可靠，但没有游玩之处，散步成了人们主要的消遣方式。两国谈判代表团住了几天之后，都感到十分厌烦。但是，每天早上8点钟，萨达特和贝京都会听到通常的敲门声，接着就是那句熟悉的话语：“你好，我是卡特，再把那个乏味的题目讨论上1天吧。”结果等到第13天，双方谁都忍耐不住了，再也不想为谈判中的一些皮毛问题争论不休了，于是有了著名的《戴维营和平协议》。

【案例分析】

令人厌烦的戴维营，每天早上8点钟的敲门声和那句熟悉的话语，使得谈判双方再也没有耐心“斤斤计较”了。而美国总统卡特用他非同一般的耐心促成了谈判的成功。

（三）思想意识

（1）爱国意识。在涉外谈判中，谈判人员应有强烈的爱国情感和民族荣誉感，坚决维护国家主权和民族尊严，将国家利益和集体利益放在首位。

（2）进取心和责任感。进取心能激发谈判人员对谈判活动的极大热情，充分发挥自身各方面能力，全身心投入到谈判工作中。责任感是对谈判工作一丝不苟、高度负责的精神。

（3）信誉意识。把信誉看作是商务活动的生命线，高度重视并维护企业良好形象，反对背信弃义、谋取短期利益的做法。

（4）团队意识。谈判者具备对本企业的认同感、归属感和荣誉感，谈判组织成员之间具备向心力、凝聚力，团结一致、齐心协力。

二、谈判人员的知识结构和工作经验

（一）知识结构

一个谈判队伍可能由与谈判相关的各方面的专业人才组成，如商务人员、法律人员、技术人员等。但是在一项谈判中，各项专业的内容往往是综合在一起不可分割的，只是在不同阶段有所侧重而已，因此，任何一个谈判人员除了掌握某领域的专业知识外，还应当对其他领域的专业知识有充分的了解。

例如，一个汽车贸易谈判人员如果只懂得贸易知识，而对汽车性能、构造、工作原理等技术知识一无所知，那是不可想象的。因此，谈判人员应具备较系统全面的相关知识，一般包括以下几个方面：

（1）商务知识。要系统掌握商务知识，如国际贸易、市场营销、国际金融、商检海关、国际商法等方面的知识。

（2）技术知识。要掌握与谈判密切相关的专业技术知识，如商品学、工程技术知识、各类工业材料学知识、计量标准、食品检验、环境保护知识，等等。

（3）人文知识。要掌握心理学、社会学、民俗学、语言学、行为学等知识，要了解对方的风俗习惯、宗教信仰、商务传统和语言习惯。

（二）谈判经验

谈判是一门实践的科学，谈判的实践经验在谈判中会起较大作用。因此，要尽量挑选有多次谈判经验的人作为主谈人，并且大胆选拔青年骨干，让他们在实践中不断积累谈判经验。

（三）谈判人员的业务能力

谈判大师尼尔·伦伯格（Gerald I. Nierenberg）在总结自己一生的谈判经验时说：“成功的谈判者，必须把剑术大师的机警、速度和艺术大师的敏感能力融合一体。他必须像剑术大师一样，以锐利的目光，机警地注视谈判桌那一边的对手，随时准备抓住对方防线中的每一个微小的进攻机会。同时，他又必须是一个细腻敏感的艺术大师，善于体会辨察对方情绪和动机上的最细微的色彩变化。他必须能抓住灵感产生的一刹那，从色彩缤纷的调色板上选出最合适的颜色，画出构图与色彩完美和谐的佳作。”

谈判人员应具备的业务能力主要包括以下几方面：

（1）表达能力。首先要求谈判人员要精通与谈判相关的各种公文、协议、合同、报告书的写作，并掌握相关的电脑技术；同时要善于言谈，口齿清晰，措辞严谨，有节奏地表述己方观点。如果说话含糊不清、吐字不准、措辞不当，或者语无伦次、词不达意、没有逻辑性，就会影响谈判人员相互之间的沟通和交流，甚至会引起对方的反感，会被认为是拙劣的谈判者。事实上，在许多情况下，谈判的障碍都是由语言障碍造成的。另外，除

翻译人员外，谈判人员也最好具备较强的外语听、说、写、译能力，这能帮助谈判人员更准确地把握对方表述的含义。

（2）社交能力。谈判是一个与人沟通交往的活动。谈判人员应该善于与不同性格、年龄、层次、职业、爱好的人打交道，也要善于应对各种社交场合。这样有利于谈判双方建立起互信互重的友谊，从而促进谈判工作的顺利进行。这就要求谈判人员塑造良好的个人形象，掌握各种社交技巧，熟悉各种社交礼仪知识。

（3）组织能力。谈判是一项需要密切配合的集体活动，谈判组织要协调一致、有机统一地凝聚在一起，才能发挥出最大的战斗力。

（4）应变能力。谈判中常会发生各种突发情况，谈判人员面对突变的形势，首先要保持冷静，并迅速进行分析和决断，抓住问题的本质，机敏地处理好各种矛盾，变被动为主动，变不利为有利。

【案例8－2】　　王光英答记者问

王光英当初赴香港创办光大实业公司时，一下飞机就遇到香港记者提出的棘手问题："你带来多少钱?"王光英见对方是个女记者，急中生智地说："对女士不能问岁数，对男士不能问钱数。小姐，你说对吗?"

【案例分析】

一句幽默的话，从容地回避了这个难以回答的问题，比生硬的拒绝回答或支支吾吾的掩饰，要强得多。

（5）洞察能力。Gerald I. Nierenberg 说过："老练的谈判家能把坐在谈判桌对面的人一眼望穿，断定他将做什么行动和为什么行动。"谈判者具有敏锐的洞察力，才能准确、详细地捕捉到谈判桌上的各种细微变化，掌握谈判对方的真实意图，正确判断谈判的发展趋势，以适时采用相关谈判策略，在谈判中占据主动。

（6）决策能力。谈判的过程是一个不断决策的过程，如对对方提出的建议和方案是否接受，谈判进入结束阶段是签合同，还是不签合同，都需要谈判人员作出决断。决策能力和人的心理素质和性格有关，如自信心强、敢于冒风险的人，处理问题通常都迅速、果断；决策能力更是人的各种能力的综合体现，它是建立在人们观察、注意、分析的基础上，运用判断思考、逻辑推理作出决断的能力。谈判人员必须十分熟悉谈判内容的有关情况，能依据谈判形势的变化，抓住时机，果断地作出正确决策。

任务8.3　贸易谈判的准备

凡事预则立，不预则废。谈判是一项错综复杂的工作，谈判桌上的局势瞬息万变，跌宕起伏，只有未雨绸缪，胸有成竹，才能自如地驾驭复杂多变的谈判过程。事实证明，大部分重要的谈判工作是在准备阶段完成的。贸易谈判的准备工作包括谈判背景调查、谈判团队的准备、谈判计划的制订等。

一、谈判背景调查

（一）谈判环境调查

（1）政治环境调查。政治环境调查包括：交易双方政府之间的政治关系、对方对谈判项目的政治关注程度、国家的经济体制、国家对企业的管理程度、谈判对手当局政府的稳定性等。

（2）商业做法调查。商业做法调查所涉及的内容很多，主要了解的方面包括：该国企业经营权是否比较集中，企业的各级人员参与经营管理的程度如何（例如阿拉伯国家公司大多数是由公司负责人说了算；而日本企业的决策必须经过各级人员互相沟通，共同参与，意见达成一致后再由高级主管拍板），对方进行贸易谈判的常用语种是什么，翻译的水平如何，合同可用什么语言签订。

（3）宗教信仰调查。很多国家都有自己的宗教信仰，因此，在谈判前要注意了解清楚该国家或地区的宗教信仰是什么，这种宗教信仰会对谈判人员的思想行为产生哪些影响，这种宗教信仰是否对该国政府的施政方针、法律制度、优惠政策、社会交往的规范、节假日与工作时间（如宗教节日、祷告日、礼拜日）等可能产生影响。

（4）法律制度调查。了解该国和谈判相关的法律有哪些，该国对执行国外的法律仲裁判决有什么条件和程序。

（5）社会风俗调查。谈判者必须了解和尊重该国或地区的社会风俗习惯，如该国家或地区有哪些社交规范或礼仪礼节，是不是只能在工作时间谈业务。要善于利用这些社会习俗为己方服务。

【案例 8－3】 环境调查的重要性

20 世纪 80 年代末，我国某公司曾向德国出口一批核桃，在谈判中双方商定，交货日期在 11 月中旬，提前交货和延后交货都有奖罚条款。但我方由于某种客观原因，推迟了交货日期，这批货于 1 月中旬到达德国，错过了销售的黄金时期，德方进口核桃是供应圣诞节的。结果，核桃大量积压，对方要求赔偿包括核桃储藏费在内的所有损失，其赔偿费远远超过了核桃的成本。

【案例分析】

如果我方了解到德国人有在圣诞节消费核桃的习俗，恐怕就会对核桃的交货期限格外当心，如实在不能按期发货，至少可以采取一些亡羊补牢的措施。在对外交易中，像这样的事例不胜枚举，应引以为戒。

（6）财政金融状况调查。需要了解的具体因素包括：外债情况、外汇储备、支付信誉、汇兑手续、相关税法等。

（二）市场信息调查

在贸易谈判中，必须及时、准确地了解与谈判内容有关的市场行情，预测分析其变化动态，以掌握谈判的主动权。市场行情包括相关行业状况，市场相关产品的供求状况，产品技术发展趋势，主要竞争厂家的生产能力、经营状况、销售状况和相关品牌及产品信息等各种因素。

【案例8-4】 20世纪60年代中国与日本进行的石油设备交易谈判

20世纪60年代中期，中国发现了大庆油田，但当时对外是严格封锁消息的。1966年7月，《中国画报》封面上刊登了大庆石油工人艰苦创业的照片，画面上，工人们身穿大棉袄，正冒着鹅毛大雪奋战在钻井平台上。据此，日本人得出结论，大庆油田可能在中国东北的某地，因为中国其他地区很难下这么大的雪。接着，日本人又注意到《人民日报》报道：王进喜到了马家窑，豪迈地说：好大的油海啊，我们要把中国石油落后的帽子扔到太平洋里去。于是，日本人找来伪满时期的地图，发现马家窑位于黑龙江省海伦县东南的一个村子。以后日本人又根据日文版的《人民中国》的介绍（中国工人阶级发扬“一不怕苦，二不怕死”的精神，肩扛人抬将设备运到现场），推断石油钻井离马家窑很近，又根据当年王进喜出席第三届人民代表大会，推断大庆油田出油了。最后，日本人又根据大庆油田钻塔的照片，推算出油井的直径，由当时的全国石油产量减去原有产量，算出大庆油田的石油总产量。在此基础上，日本人设计了适合大庆油田操作的石油设备，当我国向外界宣布在国际上征求石油设备设计方案时，日本人一举中标。

【案例分析】

日本人对市场信息的敏锐的洞察能力使得他们设计出了适合大庆油田操作的石油设备，从而在之后的石油设备贸易中获得了很大的成功。从这个案例中，我们可以看到，及时掌握准确、充分的市场信息，不但能使己方满足对方需求的能力增强，还能在谈判的磋商过程中更加游刃有余，从而占据谈判的主动地位。

（三）对谈判对手的调研

知己知彼，百战不殆。只有对谈判对手有充分的了解，才能避实就虚，在谈判中掌握主动。谈判对手的信息主要包括对方客商的身份，对方的资本、信用及履约能力，参加谈判人员的权限、时限和团队情况等。要注意提防一些靠欺诈手段牟取暴利的客商，如在某公司任职的个人，打着公司的招牌，从事个人买卖活动，谋求暴利或巨额佣金；或无固定职业，专门靠欺骗从事交易，以拉关系、行贿等手段实施欺骗活动。在谈判中还有一个重要法则是不与没有决策权的人谈判。要弄清对方谈判人员的权限有多大，对谈判的结果有多少实质性的影响。与没有决策权的人谈判，不仅浪费时间，甚至可能会错过更好的交易机会。团队情况包括对方谈判团队的组成情况、主谈人背景、谈判团队内部的相互关系、成员的个人情况（包括资历、能力、信念、性格、心理类型、个人作风、爱好与禁忌等）、对手的谈判目标、追求的中心利益等。

二、谈判团队的准备

贸易谈判不是简单的个人之间的活动，而是一种以一定人员构成、一定组织形式进行的活动。因此，建立高效的谈判团队就有着重要的意义。

（一）谈判团队规模的确定

一个团队能够高效工作的前提是其内部必须进行适当而严密的分工和协作，意见交流必须畅通。人数过多时会导致意见纷杂而难以集中。一个谈判团队的规模有多大才算合适呢？这需要根据相关情况通盘考虑。例如，如果谈判项目比较简单，涉及的问题或知识比

较单纯，需要的人就少，反之需要的人数就较多；如果所谈项目对己方不是太重要，就可少派谈判人员，反之则应适当多派人员参加；如果主谈人知识面广、素质较高、经验丰富，可以少用谈判人员，反之则必须多用。

（二）谈判团队的构成原则

（1）知识互补。一是谈判人员知识方面互补，例如谈判人员分别精通商业、外贸、金融、法律、专业技术等知识，就会组成一支知识全面而又专业的谈判队伍；二是谈判人员工作经验互补，有实践经验的人可以发挥见多识广、成熟老练的优势。

（2）性格协调。性格活泼开朗的人，善于表达，反应敏捷，处事果断，但可能比较急躁，甚至会疏忽大意；性格稳重沉静的人，办事认真细致，沉着稳健，有耐心，说话比较谨慎，善于观察和思考，理性思维比较明显，但他们处理问题可能不够果断，灵活性也可能较差。如果这两类性格的人组合在一起，分别担任不同的角色，就可以优势互补，协调合作。

（3）分工明确。谈判是一项集体工作，参与谈判的各类人员明确自己的职责后，还应根据谈判目标和具体方案与其他队员彼此呼应，相互协调和配合，以发挥团队的最大力量。

（三）谈判团队的人员构成

谈判团队通常由三类人员构成：谈判领导人、主谈人、各类专业人员。在谈判中，各类职能人员各司其职，分工合作，配合主谈人进行谈判。谈判队伍应配备哪些方面的专业人员，应视谈判的具体情况灵活确定。专业人员大致可分为商务人员、技术人员、法律人员、财务人员、翻译和其他人员（如记录员、打字员等）。

三、谈判计划的制订

几乎在每场成功谈判的后面都有一个精心拟制的计划。其中，比较重要的是谈判目标的确定、谈判策略的部署和谈判议程的安排。

1. 谈判目标的确定

谈判目标是谈判要解决的问题和要达到的目的，简单地说就是谈判要争取的利益目标。谈判的目标可以划为三个层次：

（1）最低限度目标。最低限度目标是谈判者需要坚持的最后一道防线。换言之，宁愿谈判破裂，放弃贸易合作项目，也不愿接受比最低限度目标更低的条件。

（2）可接受目标。可接受目标是一个区间或范围，是在万不得已时才考虑接受或放弃的目标。

（3）最高期望目标。最高期望目标是最理想的目标，尽管很难实现，但其设置仍很有意义：①作为报价起点，有利于在讨价还价中处于主动地位；②对谈判人员有激励作用；③可以清楚地评价谈判结果与最高期望目标存在多大差距。

2. 谈判策略的部署

谈判策略是实现谈判目标所采取的基本途径和策略，谈判人员要根据目标和谈判过程中可能出现的情况，事先做好策略的部署。

3. 谈判议程的安排

谈判谈程包括谈判总时间及各阶段时间安排、谈判讨论的具体问题及问题讨论的顺序、双方谈判讨论的中心议题、谈判中各类人员的安排、谈判地点及招待事宜等。

任务8.4　贸易谈判的过程

谈判的各项准备工作完成之后，便进入实质性的谈判阶段。在这个阶段，谈判当事各方为实现预定的交易目标，各自提出自己的交易条件和意愿，并就相互间的分歧进行磋商，最后消除分歧达成一致。这个过程依次包括谈判开局阶段、谈判磋商阶段和谈判结束阶段。

一、谈判开局阶段

谈判开局，是指谈判当事人从见面开始，到进入交易条件的正式磋商之前的这段过程。"良好的开端是成功的一半"，谈判开局为整个谈判奠定了基调，对谈判的成功起着至关重要的作用。开局阶段主要有两项基本任务。

（一）建立适当的谈判气氛

谈判气氛会影响谈判者的心理和情绪，从而引起谈判者行为方式的变化，进而影响到谈判的发展。谈判气氛会受多种因素的影响，如谈判的客观环境、谈判人员的介绍、寒暄、气质风度、言谈举止、服饰仪表等。谈判气氛大致有五种：一是热烈的、积极的、友好的；二是冷淡的、对立的、紧张的；三是平静的、严肃的、严谨的；四是松懈的、懒散的；五是介于以上几种谈判气氛之间的自然气氛。不同的谈判气氛对谈判的进展会产生不同的影响。

谈判开局阶段的气氛营造是关键。一般来说，开局气氛如果是冷淡的、对立的、紧张的，或者是松懈的，都不利于谈判的成功。谈判开局气氛也不大可能一下子就变成热烈的、积极的、友好的。什么样的开局气氛是比较合理的呢？根据开局阶段的性质以及进一步磋商的需要，开局气氛应把握以下几个特点：

（1）礼貌尊重。对对手的礼貌和尊重体现自己的修养和气度，也能因此获得对方的尊重并容易得到对方的接纳，有利于谈判的进一步开展。

（2）自然轻松。在开局阶段要避免过早地形成对立和僵持，进行一些轻松的、随意的、非业务性的寒暄是营造自然轻松气氛的有效手段。例如，聊一些气候、交通、新闻趣事等，但寒暄的时间不宜过长，一般控制在谈判总时间的5%之内是比较合适的。

（3）友好合作。这种气氛的营造容易使谈判对手产生认同和接纳感，并有利于双方的长期合作。要营造这种气氛，谈判者首先应真诚地表达对合作成功的期望和对对方的友好愿望，另外，热情的握手、真诚的微笑、认同的目光都是营造友好合作气氛的手段。

（4）积极进取。谈判气氛过于轻松以至于散漫、松懈并不利于谈判的进展。谈判者应注意营造出一种积极进取的谈判氛围，例如准时到达谈判场所、仪表端庄整洁、精力充沛、坐姿端正、发言响亮等都表现出力求进取、追求效率和成功的心理状态。

（二）重视开场陈述

开场陈述的任务是让双方把本次谈判的主要内容全部提出来，并使双方彼此了解对方对本次谈判内容所持的观点、态度、立场，并在此基础上就一些原则性分歧提出建议。具体包括：己方的观点和愿望，己方认为谈判应涉及的问题及问题的性质、地位，己方希望取得的利益和谈判的立场，解决问题的各种设想和方案等。

【案例8－5】　　A、B公司在土地转让谈判中的开场陈述

A公司是一家实力雄厚的房地产开发公司，在投资的过程中相中了B公司所拥有的一块极具升值潜力的地皮。而B公司正想通过出卖这块地皮获得资金，以将其经营范围扩展到国外。于是，双方精选了久经沙场的谈判干将，对土地转让问题展开磋商。

A公司代表："我公司的情况你们可能也有所了解，我公司是××公司、××公司(均为全国著名的大公司)合资创办的，经济实力雄厚，近年来在房地产开发领域业绩显著。在你们市去年开发的××花园收益很不错，听说你们的周总也是我们的买主啊。你们市的几家公司正在谋求与我们合作，想把其手里的地皮转让给我们，但我们没有轻易表态。你们这块地皮对我们很有吸引力，我们准备把原有的住户拆迁，开发一片居民小区。前几天，我们公司的业务人员对该地区的住户、企业进行了广泛的调查，基本上没有什么阻力。时间就是金钱啊，我们希望以最快的速度就这个问题达成协议，不知你们的想法如何?"

B公司代表："很高兴能与你们有合作的机会。我们之间以前虽没有打过交道，但对你们的情况还是有所了解的。我们遍布全国的办事处也有多家住的是你们建的房子，这可能也是一种缘分吧。我们确实有出卖这块地皮的意愿，但我们并不是急于脱手，因为除了你们公司外，兴华、兴运等一些公司也对这块地皮表示出了浓厚的兴趣，正在积极地与我们接洽。当然啦，如果你们的条件比较合理，价钱比较优惠，我们还是愿优先与你们合作的，可以帮助你们简化有关手续，使你们的工程能早日开工。"

【案例分析】

双方的谈判代表简要的自我介绍，把己方的实力充分地显示了出来。"××公司、××公司合资创办"的背景使对方立刻认识到A公司的实力，而"去年开发的花园"又把A公司的实力具体化，"几家公司正在谋求与我们合作，想把其手里的地皮转让给我们"更是让对方感受到了压力；另外，该公司谈判代表提及的业务人员的调查结果也让人不得不赞叹该公司工作的高效率和无孔不入。面对实力强大的谈判对手，B公司的代表表现得相当镇静，不卑不亢，在对对方的合作愿望予以回应的同时，同样也表明了己方不可小视的实力。"遍布全国的办事处"意味着该公司是有着雄厚实力和广泛影响的全国性公司。而这种旨在显示实力的意图隐藏在一句似乎轻描淡写的客套话中。"我们并不是急于脱手，因为除了你们公司外，兴华、兴运等一些公司也对这块地皮表示出了浓厚的兴趣"则是针对对方制造的压力，反戈一击，增强己方谈判的实力，同时让对方也有一种危机感，使己方不在未来的讨价还价中处于下风。

二、谈判磋商阶段

谈判开局阶段之后，谈判双方开始就实现交易目标的各项具体交易条件进行讨论、阐述各自观点，协调彼此利益，这就是磋商的过程，它是整个谈判过程中最核心和最具有实质意义的步骤。磋商阶段又分为明示与报价、讨价和还价三个主要环节。

(一) 明示与报价(Express and Offer)

明示，即谈判各方通过各种信息传递方式，明确地表示各自的立场和意见，暴露出分

歧点，以便展开讨论；报价(也称开盘)是广义的，不仅指在价格方面的要价，而且泛指谈判一方向对方提出的所有要求，包括商品的质量、数量、包装、运输、支付、商检、保险、索赔、仲裁，等等，是各自立场和利益需求的具体体现。

报价中的各项要素都不是独立的，它们互相联系和影响，形成有机的整体。例如，汽车销售商可以提供免费保养、原厂配件供应和24小时紧急故障处理等，能为客户带来安全感和许多实际利益。顾客可能会因此降低在整车售价上的关注程度，从而愿意接受高一些的售价。事实上，顾客在售价上的损失从其他交易条件中得到了补偿，他的总体利益需求得到了同样的满足。

报价标志着磋商阶段的正式开始，是贸易谈判中一个关键的步骤。报价过低或过高，都会使己方陷入被动局面。太高的报价会使对方认为己方缺乏诚意或对行情缺乏基本的了解，于谈判不利；报价太低就会增长对方的期望值，甚至使对方有机可乘，使己方在谈判中比较被动或白白损失应得的利益。因此，报价的一般原则应当是：通过反复分析与权衡，力求把握己方可能获得的利益与被对方接受的概率之间的最佳结合点。

报价应遵循一定的依据。市场行情、产品成本、企业的收益要求、谈判者的利益需求等要素都可作为报价的依据。另外，企业或产品的声誉对价格也有着重要的影响，对具有良好品牌的产品，人们往往愿意支付更高的价格，因为这个品牌给他们带来信赖感及消费的满足感。

在贸易谈判中，价格谈判有其合理的范围。要进行合理有效的报价，首先要了解这个范围。我们以图8－2来进行说明。

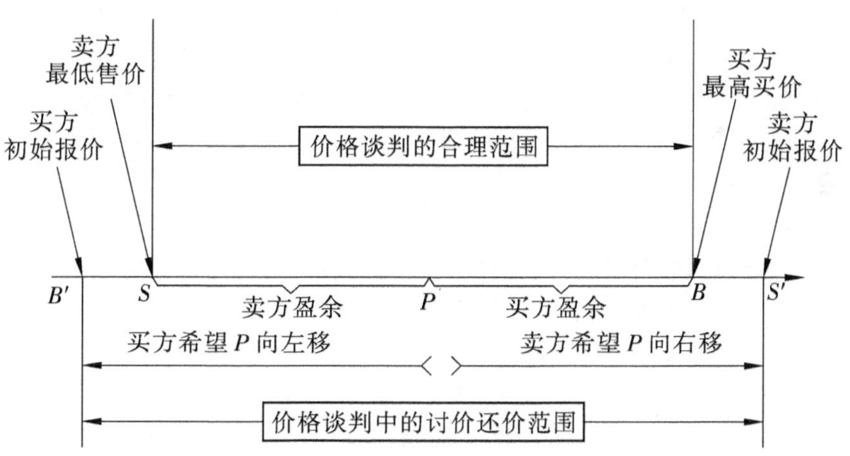

图8－2　价格谈判的合理范围

(1) 价格谈判的合理范围。在图中，S为卖方的最低售价，这是卖方在谈判中的保留价格或临界点，是卖方受其成本和其他因素的影响而可以接受的最低价格。B为买方的最高买价，这是买方在谈判中的保留价格或临界点。买方购买卖方的商品，受其价值和其他因素的影响，也有一个可以接受的上限价格。

只有在$B>S$，即买方的最高买价必须高于卖方的最低售价，价格谈判才有可能进行。因此，在$B>S$的条件下，我们把这两个临界点所形成的区间$S \sim B$称为价格谈判的合理范围。这是交易双方价格谈判策略运用的客观依据和基础。

（2）价格谈判中的讨价还价范围。在价格谈判中，双方的保留价格是不会向对方宣告的。交易双方只能根据各种因素和信息估算对方的价格临界点。而价格谈判的现实依据，只能是双方的初始报价。

所谓初始报价，是指交易双方向对方第一次报出的最高售价或最低买价。一般来说，卖方的初始报价总是较高，不但肯定要高于其最低售价，往往也高于买方的最高买价；同样，买方的初始报价总是较低，不但肯定会低于其最高买价，往往也低于卖方的最低售价。于是，交易双方相继报出初始价格后，便在此基础上展开了价格谈判的讨价还价。在图8－2中，S'表示卖方的初始报价，B'表示买方的初始报价，我们称$B' \sim S'$区间为价格谈判中的讨价还价范围。

在图8－2中，P表示买卖双方达成协议的成交价格。由于P处在$S \sim B$区间，亦即$S<P<B$，所以能够为买卖双方共同接受。否则，如果$P<S$或$P>B$，卖方或买方就不会接受，并会退出谈判。

因此，交易双方能够达成协议的成交价格，必须处在价格谈判的合理范围之内。另外，成交价格P往往不会在$S \sim B$区间的中点上，我们把这种情况称为价格谈判中盈余分割的非对称性。造成这种非对称性的因素是很多的，其中主要有：双方需求的不同，双方地位和实力的不同，尤其是双方价格谈判策略运用的不同，等等。

卖方在报价之后，通常应作出价格解释。所谓的价格解释，是指卖方就其商品特点及其报价的价值基础、行情依据、计算方式等所作的介绍、说明或解答。价格解释对于卖方和买方都有重要作用。从卖方来看，可以利用价格解释，充分表白所报价格的真实性、合理性，增强其说服力，软化买方的要求，以迫使买方接受报价或缩小买方讨价的期望值；从买方来看，可以通过价格解释，了解卖方报价的实质和可信程度，掌握卖方的薄弱之处，估量讨价还价的余地，进而确定价格评论应针对的要害。价格解释应遵循一定的原则：不问不答，有问必答，避实就虚，能言勿书。

（二）讨价（Enguiry）

讨价，是指一方报价后，另一方要求报价方改善报价或重新报价的行为，也称之为“再询盘”。讨价分为全面讨价、分别讨价和针对性讨价三种方式。

（1）全面讨价。指买方从卖方的总体交易条件入手，先笼统地宏观性地进行压价的行为。常用于较复杂的项目的首次讨价。

（2）分别讨价。常用于较复杂交易中对方第一次改善报价之后，或不便采用全面讨价方式的讨价。例如，全面讨价后，将交易条件按照虚报成分的大小进行分类，分别讨价；对于不便全面讨价的，如技术贸易的价格，可具体分为技术许可基本费、技术资料费、技术咨询费、人员培训费和设备费等，分别进行讨价。

（3）针对性讨价。在全面讨价和分别讨价的基础上，针对价格中仍然明显不合理的个别部分进行进一步讨价。

（三）还价（Counter Offer）

还价，是指买方针对卖方的报价做出的反应性报价，也称“还盘”。还价通常在讨价之后，并以讨价为基础。买方可以是应卖方的要求进行还价，也可以主动进行还价。卖方首先报价并作出价格解释后，买方在价格评论的基础上向卖方讨价；卖方对买方的价格评论和讨价，往往会进行进一步的价格解释或对报价做出改善；买方若对卖方的改善报价仍

不满意，会继续进行讨价，在经过一次或多次讨价之后，买方根据估算的卖方保留价格和己方的理想价格，按照既定策略与技巧，提出自己的反应性报价，即作出还价。还价方式分为按可比价还价和按成本还价两种：

（1）按可比价还价。是指己方以同类商品的价格作参照进行还价。这种方式能被接受的关键在于，所选择参照物必须具有很强的可比性，参照物的价格也有说服力。

（2）按成本还价。是指己方对该商品的成本构成进行分析计算，并加上一定的利润，以此作为还价的依据。这种还价方式具有说服力的关键是成本的计算过程必须准确，计算依据必须科学合理。

三、谈判结束阶段

谈判进入结束阶段后，并非可以松一口气了，恰恰相反，应当引起谈判人员的高度重视，为谈判画上一个完美的句号。

谈判人员首先应当明确这样一个问题，即“谈判何时进入结束阶段?”对结束阶段的错误判定可能使己方错失成交时机，或给己方造成不必要的利益损失。谈判专家的建议是：“当谈判已经进入己方的成交线(即己方可接受的最低交易条件)，并且再谈下去也不会有进一步的成果的时候，谈判就该结束了。”谈判人员一旦判定谈判已进入结束阶段，就应果断地进行收尾，尽快促成对方成交，不要做无意义的拖延，以免节外生枝。具体的做法有以下几种：

（1）正面督促：即用明确的语言正面促使对方尽快签订书面合同。

（2）发出结束信号：通过语言、动作、表情等信号传达出准备结束谈判的信号。

（3）探明原因：如果对方不愿立即签约，应当了解其原因，以决定下一步的工作。

（4）晓以利害：向对方说明立即签约将给对方带来的利益或推迟签约会给对方造成的损失。如，产品原材料很快就要升价，若不立刻成交将会错失良机。

（5）申明最后立场：阐明自己的最后立场，如果对方不接受，谈判即宣布破裂。这种方式是通过向对方施加压力来迫使其成交，有较高的风险性，使用时应慎重。

（6）折中进退：针对交易条件的差距，双方各作一半的让步，以促成谈判成交。这种方法虽然不够科学，但在双方各执己见的情况下，为了避免过多地耗费时间和精力，也是促成谈判尽快成交的一种方法。

任务 8.5　贸易谈判的策略与技巧

一、开局阶段策略

谈判开局策略是谈判者谋求谈判开局有利形势和实现对谈判开局的控制而采取的行动方式或手段。正常情况下，谈判双方都希望在和谐、友好的气氛中进行谈判，协调彼此利益。但是事实上，由于每次谈判追求的目标不同，谈判的对手不同，开局的形势不同等，谈判者在开局阶段往往采用不同的策略，以谋取在谈判中的主动地位。贸易谈判开局策略一般包括以下几种：

（1）协商式开局策略。是指以协商、肯定的方式进行陈述，使对方对己方产生好感，

创造或建立起双方对谈判的“一致性”的感觉，从而使谈判双方在友好、愉快的气氛中展开谈判工作，将谈判不断引向深入。

例如，“我想和你商量一下今天会谈的议题，你觉得怎么样?”“我们先彼此介绍一下各自的企业情况，你认为如何?”对于这样一些无关实质利益而又婉转友好的问话，对方往往会给予肯定性的回答，从而创造出一种“一致”的感觉。

(2) 坦诚式开局策略。是指以开诚布公的方式向谈判对手陈述自己的观点或意愿，从而尽快打开谈判局面。

在贸易谈判中，坦诚式开局策略比较适合于双方过去有过比较愉快的贸易交往，双方比较熟悉，在陈述中可以省去一些礼节性的外交辞令，坦率地陈述己方的观点以及对对方的期望，使对方产生信任感。坦诚式开局策略也可用于实力不如对方的谈判者，坦率地表明己方存在的弱点，使对方理智地考虑谈判目标。这种坦诚有时也表现出自己不惧怕对手的压力，充满信心，并且有真诚的合作愿望。

【案例8-6】 一位乡党委书记与外商的谈判

有一位乡党委书记在同外商谈判时，发现对方总是对自己的身份表示怀疑或持有强烈的警戒心，这种状态甚至妨碍了谈判的深入发展。这位党委书记当机立断，向对方表示道：“我是党委书记，但也懂经济、搞经济，并且还拥有决策权。我们摊子小，实力不大，但人实在，愿意真诚地与贵方合作。咱们谈得成也好，谈不成也罢，至少您这个外来的‘洋’先生可以交一个我这样的中国‘土’朋友。”

【案例分析】

该乡党委书记的寥寥几句话，倾吐出肺腑之言，坦诚地表达出自己的开局目标，很快赢得了对方的信赖和钦佩，从而为该地区引进新的经营项目打开了方便之门。

(3) 慎重式开局策略。是指以严谨、慎重、保留的方式进行陈述或回答对方的问题。这种开局策略不急于拉近关系，注意与对方保持一定的距离，目的在于引起对方对某些问题的重视，并以此来考察对方的态度、想法，同时避免过早暴露己方的意愿和实力，为后面的谈判留下较大的回旋余地。

慎重式开局策略适用于谈判双方过去有过不太愉快的贸易往来，对方的表现不太令人满意；或对谈判对手的某些情况存在疑问，需要进行简短的接触摸底。当然，慎重并不等于没有谈判诚意，也不等于冷漠和猜疑，这种策略正是为了寻求更有效的谈判成果而使用的。

(4) 进攻式开局策略。是指通过语言或行为来表达己方强硬的姿态，从而获得谈判对手必要的尊重，并借以制造心理优势，使谈判顺利进行下去。

【案例8-7】 日本某著名汽车公司与美国代理商的谈判

日本一家著名的汽车公司在美国刚刚“登陆”时，急需找一个美国代理商来为其推销产品，以弥补他们不了解美国市场的缺陷。当日本公司准备同美国的一家公司就此问题进行谈判时，日本公司的谈判代表因路上塞车迟到了。美国公司的代表抓住这件事紧紧不放，想要以此为手段获取更多的优惠条件。日本公司的代表发现无路可退，于是站起来

说："我们十分抱歉耽误了您的时间，但是这绝非我们的本意，我们对美国的交通状况了解不足，所以导致了这个不愉快的结果，我希望我们不要再因为这个无谓的问题耽误宝贵的时间了，如果因为这件事怀疑到我们合作的诚意，那么，我们只好结束这次谈判。我认为，我们所提出的优惠代理条件是不会在美国找不到合作伙伴的。"日本代表的一席话说得美国代表哑口无言，美国人也不想失去一次赚钱的机会，于是谈判顺利地进行下去。

【案例分析】

日本公司谈判代表因塞车迟到，美方代表就这个非实质性的问题紧抓不放，无非是想给日方代表施加压力，以争取更有利于己方的谈判结果。在美方代表步步紧逼的情况下，日方代表已无路可退，因此只能也必须以攻为守，有理有节、义正词严地指出问题的要害，变被动为主动，使谈判顺利进行下去。

这种进攻式开局策略一般只在特殊情况下使用：例如发现谈判对手居高临下，以势压人，有某种不尊重己方的倾向，如果任其发展下去，对己方十分不利，因此要变被动为主动，以攻为守，捍卫自己的尊严和正当权益，使双方站在平等的地位上进行谈判。运用这种策略时，要注意掌握分寸，不能使谈判一开始就陷入僵局。只要达到目的，就应及时调节一下气氛，使双方重新建立起一种友好、轻松的谈判气氛。

二、报价阶段策略

（一）报价时机策略

贸易谈判中，"什么时候报价"是一个策略性很强的问题，到底是先报价好呢，还是后报价好呢？我们要通过分析双方谈判实力的对比情况来决定何时先报价。

（1）如果本方的谈判实力强于对方，或者说与对方相比，在谈判中处于相对有利的地位，那么本方先报价就是有利的。尤其是当对方对本次交易的行情不太熟悉的情况下，先报价的利益更大。因为这样可为谈判先划定一个基准线，同时，由于本方了解行情，还会适当掌握成交的条件，对本方无疑是利大于弊。

（2）如果通过调查研究，估计到双方的谈判实力相当，谈判过程中一定会竞争得十分激烈，那么，同样应该先报价，以便争取更大的影响。

（3）如果本方谈判实力明显弱于对手，特别是在缺乏谈判经验的情况下，应该让对方先报价。因为这样做可以通过对方的报价来观察对方，同时也可以扩大自己的思路和视野，然后再确定应对本方的报价做哪些相应的调整。

以上关于先后报价利弊的分析是仅就一般情况而言的，在有些国际及国内业务谈判中，谁先报价几乎已有惯例可以遵循。比如货物买卖业务的谈判，多半是由卖方首先报价，然后买方还价，经过几轮磋商后再告成交；而由买方先出价的情况是几乎不存在的。另外，谈判实践经验表明，当对方充分了解商品的使用价值和能为其带来的实际利益之后，也就是说，当对方已对商品产生了交易欲望时，此时进行报价往往水到渠成，是最佳的报价时机。

【案例 8-8】　爱迪生对发明专利报价的成功技巧

爱迪生在做某公司电气技师时，他的某项发明获得了发明专利。一天，公司经理突然派人把爱迪生叫到经理室，表示愿意购买爱迪生的发明专利，并让爱迪生先报价。

爱迪生想了想，回答道："我的发明对公司有怎样的价值，我是不知道的，请您先开个价吧。"

"那好吧，我出 40 万美元，怎么样?"经理爽快地先报了价。

谈判顺利结束了。事后，爱迪生这样说："我原来只想把专利卖 5 000 美元，因为以后在实验上还要用很多钱，所以再便宜些我也是肯卖的。"

【案例分析】

让对方先报价，使爱迪生多获得了 30 多万美元的收益，经理的开价与他所预料的价格简直是天壤之别。在这次谈判中，事先未有任何准备，对其发明对公司的价值一无所知的爱迪生如果先报价，很可能会遭受巨大损失。在这种情况下，最佳的选择就是把报价的主动权让给对方，通过对方报价传递的信息，来探查对方的目的、动机，摸清对方的虚实。

（二）报价起点策略

报价起点策略是"开价要高"，而买方则是"出价要低"。从对策略的角度看，贸易谈判双方在提出各自的利益要求时，一般都含有策略性虚报的部分。这种做法已成为贸易谈判的惯例。谈判实践证明，若卖方开价较高，则双方往往能在较高的价位成交；若买方出价较低，则双方可能在较低的价位成交。

【案例 8－9】　　撒切尔夫人在首脑会议上的谈判

1975 年 12 月，在柏林召开的欧洲共同体各国首脑会议上，进行了削减英国支付共同体经费的谈判。各国首脑们原来以为英国政府可能希望削减 3 亿英镑，从谈判实际出发，撒切尔夫人会首先提出削减 3.5 亿英镑。然后，他们就在谈判中，提议可以考虑同意削减 2.5 亿英镑。估计这样讨价还价谈判下来，会在 3 亿英镑左右的数目上达成协议。可是，完全出乎各国首脑们的意料，撒切尔夫人狮子大开口，报出了 10 亿英镑的高价，使首脑们瞠目结舌，一致加以坚决地反对。可撒切尔夫人坚持己见，在谈判桌上始终表现出不与他国妥协的姿态。共同体各国首脑——这些绅士们，简直拿这位女士——铁娘子，没有任何办法，不得不迁就撒切尔夫人，结果不是在 3.5 亿英镑，也不在 2.5 亿和 10 亿英镑的中间数 6.25 亿英镑，而是在 8 亿英镑的数目上达成了协议，即同意英国对欧洲共同体每年负担的经费削减 8 亿英镑。撒切尔夫人用报高价的手法获得了谈判的巨大成功。

【案例分析】

撒切尔夫人在谈判中获得巨大成功的原因也许有很多，但报高价手法的运用无疑是其中一个至关重要的因素。撒切尔夫人的高报价远远超过了各国首脑们的预期，为达成削减 8 亿英镑的最终协议奠定了基础。

报价起点策略可以有效地降低对方的期望值。报价中包含的策略性虚报部分，能为己方提供充分的价格磋商的回旋余地。而卖方的高开价，往往为买方提供了一个评价卖方商品的价值尺度，因为人们通常信奉"一分钱一分货"。这无疑有利于实现卖方更大的利

益。但是，凡事有利必有弊，这种报价起点策略的运用也是有限度的，报价时必须考虑对方接受的可能性，通常不要和对方的保留价格差距太大，切不可漫天要价和胡乱杀价，否则，对方会认为你缺乏诚意，或被你激怒，从而导致谈判破裂。

（三）报价表达策略

报价无论采取口头或书面方式，表达都必须十分肯定、干脆，似乎不能再做任何变动和没有任何可以商量的余地。而“大概”、“大约”、“估计”这一类含糊的措辞会使对方感到报价不实，在报价时都是不宜采用的。

（四）报价比较策略

在贸易谈判中，如果成功地进行价格比较，往往可以增强报价的可信度和说服力，使买方觉得物有所值。报价比较可以从多方面进行，例如，将本商品和同类商品进行对比，以突出相同使用价值的不同价格或相同价格下不同的使用价值等。

（五）报价分割策略

报价分割策略是一种心理策略，目的是造成买方心理上的价格便宜感。

（1）用较小的计量单位报价。例如：茶叶每千克200元报成每两10元；油耗每百公里12升报成每公里0.12升；“每天只付30法郎，就有200万地铁旅客能看到你的广告”等。

（2）用较小单位商品的价格进行比较。例如：“一袋去污粉能把1 600个碟子洗得干干净净”；“使用这种冰箱平均每天0.1元电费，只够吃一支冰棍”。

三、讨价还价策略

（一）还价起点策略

（1）起点要低。这种策略能给对方造成压力并影响和改变对方的判断及盈余要求，并能利用其策略性虚报部分为价格磋商提供充分的回旋余地和准备必要的交易筹码。

（2）不能太低。还价起点要接近成交目标，至少要接近对方的保留价格，以使对方有接受的可能性。

（二）投石问路策略

在谈判中利用一些对对方具有吸引力或突发性的问题与对方交谈，通过探测对方的态度和反应了解对方的虚实。例如：

如果我们与贵方签订为期一年的合同，你们的价格能优惠多少？

如果我们对原产品做如此改动，价格上有何变化？

如果我们买下你们的全部存货，报价又是多少？

如果我方为贵方提供生产产品所需的原材料，那么，成品价又是多少呢？

如果我方有意购买贵方其他系列的产品，能否价格上再优惠些？

如果货物运输由我们解决，价格多少？等等。

这些“如果”都是买方投出去的“石头”，意在探测和分析对方的真实信息。从另外一个角度来说，卖方如果掌握了买方这种想要知道更多信息的心理，也可以因势利导，促使双方达成更好的交易。

（三）吹毛求疵策略

吹毛求疵就是故意挑毛病，以给自己的讨价还价制造理由。这种策略在商务谈判中广

为使用。这样做的目的无非是使自己有更多的讨价还价的余地，使卖方把价格降低，或是向对方表明，买主是很精明的，不会被对方轻易蒙骗。需要注意的是："吹毛求疵"不能过于苛刻，应有理有据。否则，卖方会识破你的动机，或是觉得你无理取闹，缺乏交易的诚意。

（四）"蚕食"策略

谈判大师尼尔·伦伯格(Gerald I. Nierenberg)在《谈判的艺术》中是这样界定"蚕食策略"的："意欲取其尺利，则每次谋其毫厘，一口一口，最后全部到手。"

在贸易谈判中，"蚕食"作为讨价还价的一种技法，是指为了实现自己的利益，耐心地一项一项地谈、一点一点地取，达到聚沙成塔的效果。这种策略之所以会奏效，关键在于：

（1）人们通常对微不足道的事情不太计较，也不愿为了一点儿利益的分歧而影响交易关系，这样，买方便可以利用这种心态将总体交易内容进行分解，然后逐一进行讨价还价，通过各项似乎微薄的利益，实现自己的总体利益目标。

（2）细分后的交易项目比较具体，往往更容易寻找讨价还价的理由，同时使自己的讨价还价具有针对性和有根有据，从而易于被卖方所接受。

（五）最大预算策略

运用"最大预算"的技巧，通常是买方在还价中一方面对卖方的商品及报价表示出兴趣，另一方面又以自己的"最大预算"为由来迫使卖方做最后让步和接受自己的出价。例如，经过讨价，卖方已将某货物的报价由20万元降至18.5万元，买方便说："贵方这批货物我们很想购买，但是，目前我公司总共只有17.5万元的购货款了，如果能按这个价格成交，我们立即付款，并愿今后与贵方保持合作关系。"此例中，买方意在用17.5万元的"最大预算"来迫使对方让步。

为了使这种策略更加有效，运用时应注意两点：

（1）掌握还价时机。经过多次价格交锋，卖方报价中的水分已经不多，此时以"最大预算"法还价，最后一次迫使卖方做出让步。

（2）判断卖方意愿。如果卖方成交心切，一般易于接受"最大预算"的还价；否则，卖方可能会待价而沽，"少一分钱也不卖"。

（六）最后通牒策略

这是一种一方向另一方施加强大压力的策略。还价中采用"最后通牒"，即指买方最后给卖方一个出价或期限，卖方如不接受，买方就毅然退出谈判。运用这种策略有较高的风险性，因为如果对方不理会你的"最后通牒"，己方就会很被动，甚至使交易告吹。因此，在使用的时候应注意选择适当的时机，并应留有一定的弹性。若卖方坚守立场，买方如想达成交易也可找台阶下，如可以说："这个价格贵方还不能接受，最多再加2%的手续费，否则，就很难再谈下去了。"如果卖方迫于压力做出较大让步并接近己方条件，应考虑适可而止。

四、谈判让步策略

在贸易谈判中，让步是双方必然的行为。由于利益需求上的分歧和希望达成一致的愿望，谈判双方才会坐到谈判桌前进行协调，如果双方都坚持自己的阵线毫不退让的话，谈

判永远也达不成协议。因此，让步在任何一场谈判中都不可避免，关键在于如何让步。让步应掌握七大原则：

（1）明确让步条件。让步必须是有条件的，绝对没有无缘无故的让步，要用我方的让步换取对方在某些方面的相应让步或优惠。让步的代价一定要小于让步所得到的利益，即得大于失。

（2）选择好让步时机。让步之前必须经过充分的考虑和磋商，时机要成熟。即在未完全了解让步的后果之前，不要作出让步的承诺。

（3）不要轻易向对方让步。每次做出的让步都要让对方感到自己是在付出了极大努力之后才能得到这样一次让步，这样才会提高让步的价值，为己方获得对方的更大让步打下心理基础。

（4）确定适当的让步幅度。一次让步的幅度不宜过大，让步的节奏也不宜过快，应步步为营；否则，不会引起对方对让步的足够重视，也会把对方的期望值迅速提高，会提出更高的让步要求，使己方在谈判中陷入被动局面。

（5）不要承诺做出与对方同等幅度的让步，不要单纯从量上追求相同的让步幅度，即使双方幅度相当，双方由此得到的利益往往也并不相同。应该让对方感到己方也做出了相应的努力，以同样的诚意做出了让步，但是并不等于幅度是对等的。

（6）收回不恰当的让步。一旦做出的让步欠妥，应及早收回，不要犹豫。当然，这种情况应尽量避免。在收回让步时，应做理由充分的解释。

（7）每次让步后要检验效果，了解己方的让步对对方产生了多大的影响和说服力，对方是否也做出相应的让步。如果己方先做了让步，那么在对方做出相应的让步之前，就不能再做让步了。

五、僵局处理策略

在谈判中谈判双方各自对利益的期望或对某一问题的立场和观点存在分歧，很难达成共识，而又都不愿向对方让步时，谈判进程就会出现停顿，谈判即进入僵持状态。谈判僵局出现后，如果处理不当，会使己方陷入被动局面或导致谈判的破裂。因此，如何突破僵局，使谈判重新顺利进行下去，就成为谈判者必须掌握的重要技能。

（一）谈判僵局产生的原因

谈判僵局产生通常有以下几种原因：

（1）立场观点的争执。当双方各自坚持自己的立场观点而排斥对方的立场观点时，会形成僵持不下的局面。

（2）合理需求的差距。双方各自坚持自己的成交条件，而这种坚持虽相去甚远但却是合理的，这时双方都迫切希望从这桩交易中获得所期望的利益而不肯做进一步的让步。

（3）面对强迫的反抗。当一方往往有意无意地向对方施加强迫条件时，被强迫一方越是受到逼迫就越不退让。

（4）人员素质的低下。有些僵局的产生，明显是由于谈判人员的素质欠佳所造成的，包括谈判人员作风、知识经验欠缺、策略技巧失误等。

（5）信息沟通的障碍。双方在交流信息过程中由于主客观原因所造成的理解障碍等等，都可能使谈判进入僵局。

（二）打破谈判僵局的策略与技巧

（1）从客观的角度关注利益。谈判者首先要提醒自己明确谈判的目的和企业的利益需求，克服对对方的主观偏见及一味追求辩论胜利的心态，将注意力集中到如何才能实现谈判的目标上来。如果对方坚持己见，拒不让步，可以设法寻找一些双方都能接受的客观依据或标准，让对方感觉到是向“客观”让步，而不是向己方让步。

（2）从多种方案中选择替代。满足双方利益的方案有很多种，如果只准备一种方案进行谈判，当这种方案不能为双方同时接受时，就会形成僵局。事实证明，谁能够创造性地提供可选择的方案，谁就能掌握谈判的主动权。

（3）转移议题以回避分歧。当双方对某一议题产生严重分歧而陷入僵局时，可以考虑换一个新的议题与对方谈判。这样做可以争取时间先解决可以解决的问题。另外，当其他议题经过磋商达成一致之后，会改善谈判的氛围，思路也可能更加开阔，再回过头来商谈陷入僵局的议题时，问题会更容易得到解决。

（4）通过暂时休会进行冷调处理。通过休会，使双方平稳一下情绪，并就分歧进行冷静思考。另外也可以在休会期间请示高层人员的处理意见，便于谈判者采取下一步的行动。还可以在休会期间组织一些活动，以促进沟通、增进友谊。再回到谈判桌前的时候，原来僵持的问题会比较容易沟通和解决，僵局也就被打破了。

（5）针对对方的无理要求据理力争。如果对方提出十分不合理的要求，或者故意制造僵局，以给己方施加压力时，要坚决地予以回应，变被动为主动。此时，己方应明确指出对方的不合理之处，表明己方坚决拒绝接受的态度，揭示对方故意制造僵局的不友好的行为，并提醒对方注意权衡利益得失，从而使对方知难而退。

（6）最后通牒。当谈判陷入僵局时，如果认为自己的条件是合理的，且已退无可退，可以采用孤注一掷、背水一战的策略。即明确表示自己已无法退让，对方若不接受，谈判只能破裂。需要注意的是，这是己方经过多次努力仍无法打破僵局，而又没有任何其他办法时迫不得已而采用的策略。一旦采用这种策略，就要做好谈判破裂的准备。当然，如果对方珍惜这次合作机会，在己方做出最后通牒之后，有可能考虑进行退让，从而使僵局被打破。

【案例8－10】 巨人间的实力较量——美日汽车贸易谈判

1995年6月28日，日内瓦时间18时整，日内瓦最著名的国际饭店挤满新闻记者，大家等待着一个贸易谈判最终结果的公布。18点30分，美国贸易代表坎特和日本通产大臣桥本龙太郎来到会场，举行联合记者招待会，宣布美日达成了“汽车及汽车零配件协议”，从而结束了两国之间22个月的艰苦谈判，同时，它也标志着一场贸易战最终得以避免，旷日持久的美日汽车贸易争端终于暂时得以缓和。

一、争端的由来

美日汽车贸易争端可以说由来已久，同时它也是美日贸易间最主要的贸易摩擦。在过去的25年间，美国在对日汽车贸易中存在着巨大逆差。据美国公布的数字，过去25年间美国共向日本出口汽车40万辆，与此同时，日本向美国出口的汽车却多达4 000万辆。1994年美国对日本贸易逆差为660亿美元，其中汽车贸易逆差占的比例高达60%，达370亿美元，占美国全年外贸逆差的1/4。汽车工业是美国最大的支柱产业，在过去的30年

间，汽车工业的产值占其国内生产总值的5%，汽车业直接、间接就业人数达250万人。尤其让美国人感到恼火而又无从下手的是，日本汽车市场，这个由日本财界、厂家、经纪人等组成的排他性系统，外人针插不进，水泼不入。美国一直在琢磨和努力，欲打破和粉碎日本这种铁幕一般的流通体制。美国代表曾毫不掩饰地宣称，美国谋求的就是要推动日本市场产生深刻的根本性的变化。正是由于美日汽车贸易中存在着严重的不平衡，以及这种不平衡后面存在着的深刻的背景和动因，双方在汽车贸易领域的争执和摩擦不断，新一轮汽车贸易谈判就是在这样的背景下发生了。

二、艰苦的谈判

1993年，克林顿当选为美国总统后不久，就将日本输往美国的汽车配额由230万辆减至160万辆，但美国汽车界并未就此罢休，不久又要求美国政府制定新的进口日本汽车限额。同年7月，双方开始谈判。到1994年，日本宣布调整美国汽车零部件的采购政策，而美国以动用301条款相威胁后，双方再次谈判，谈判至9月底即处于僵局之中，于是美国便扬言要对日进行贸易报复。1995年1月，美日重开汽车贸易谈判。日本拒不接受美国提出的市场开放的数字目标，并提出5年过渡，这受到美国强烈的抨击。3月底，新一轮谈判搁浅。5月5日，谈判彻底破裂。5月16日，华盛顿单方面宣布将对日本13种豪华汽车及其零部件征收100%的进口关税，由原来只征收2.5%的进口关税一下子提高了40倍，并将6月28日定为最后期限，28日一过，上述制裁清单即自动生效付诸实施。日本不服，翌日即上诉总部设在日内瓦的世界贸易组织，指责美国推行新的贸易保护主义。6月12日，双方在日内瓦举行磋商，但很快就不欢而散。6月22日，为避免爆发贸易战，双方4位副部级官员走马上任，再次展开谈判，但仍无进展。于是决定阵前换将，提高谈判级别，由美国贸易代表坎特和日本通产大臣桥本龙太郎直接会谈做最后努力。坎特和桥本的会谈在26日晚间开始，二人唇枪舌剑，各不相让。次日上午和下午双方均举行了会谈，据美方谈判人员透露，双方提出了一些新东西，但未触及实质问题。27日晚23点再谈，谈至28日凌晨2时，双方仍各执一词。此时与双方接近的人士已陷入深度的悲观情绪之中。直到28日16时30分，坎特才向记者透露，谈判取得了一点进展。同时又表示，如谈判不能取得实质性进展，美国的制裁将付诸实施。到17时30分会谈结束，于是有了开头的一幕。

根据美日双方达成的协议，美国取消对日本的贸易制裁，与此同时，日本收回其向世界贸易组织递交的指责美国制裁行为不合法的起诉书，日方同意美国在1996年可以在日本增开200家汽车及零部件经营店，今后5年增加1 000个。协议规定，日本在今后3年里购买美国的汽车零部件增加90亿美元，比现在增加近50%；日本政府还将开始取消它对汽车修理部件的严格控制等。

这次谈判历时22个月，谈判主将几番走马换将，一直到美方规定实施制裁前的几个小时，谈判才出现转机，这是美日间以往谈判所未曾有过的，以至于美国贸易代表坎特在达成协议后的联合记者招待会上，说的第一句话就是：我们是从悲观情绪跳过乐观情绪直接达成协议的。由此可见此次谈判的艰难程度。

三、实力的较量

谈判协议达成后，美国总统克林顿在华盛顿发表讲话说："这项协议既是美国人民的胜利，也是日本人民的胜利。两国都取得了胜利……"同时美国官员公开声称，美国在

谈判中实现了“90%的目标”。而桥本龙太郎强调“日本坚持了基本原则”，即日本反对美国的“数值指标”，改由日本汽车生产商提出“自愿计划”，认购美国汽车零部件。即使是这方面，美国的立场在最后一刻才软化。据称这是美国所做的唯一让步。

美国所以能迫使日本做出如此大的让步，最根本的原因，在于日本尚不具备与美国展开全方位抗衡的实力，尤其在汽车贸易方面，这更是日本的“软肋”。由于日本汽车的出口市场对美国有较大的依赖度，相反，日本市场在美国的汽车出口市场中的分量无足轻重，日本是有求于人，因此受制于人自然也在预料之中。同时日本当时国内经济疲软，出口不振，如果谈判失败，美国实施制裁，对日本汽车业无疑是雪上加霜；再加上谁也承担不了让日美经济贸易关系全面破裂、两国长期存在的战略伙伴和安全盟友的关系受到损害的政治责任。因此，尽管日方进行了顽强抵抗，但最后也不得不妥协，再次接受“美国施压，日本让步”的争端解决模式。

但是，如果细究美、日双方在此轮谈判中的表现及其策略，可以说在谈判达成协议那天前的所有日子里，双方的态度均是毫不松口，毫不让步，只是到了6月28日那天，日方谈判代表终于承受不住压力而妥协，落得个虎头蛇尾，而美方咄咄逼人的攻势则得以贯彻始终，最终得手。尽管这次谈判以日本妥协而告终的主要原因是双方实力的差距，但在谈判的策略及其表现上，日方也较美方逊色不少。美国从这次谈判一开始，就大打心理战、宣传战，大有不撬开日本市场不罢休的气势。首先，官民一致，形成了同仇敌忾、志在必得的局面。美国政府与国会一致，厂方与工人一致，全国上下形成了少有的一致局面。据调查，全国70%的人支持对日制裁。我们只要听听美国总统克林顿6月27日用手敲着桌子说出的那段话，就可以明白美国的决心之大。他说：“我并不是在发动新时代的贸易保护主义运动，但是我们20年或30年来一直在努力打开这个(日本)市场，这是妨碍制定明智的全球经济政策的最后一个重大障碍……几十年来的美国历届总统都努力要打开这个市场，但都失败了。这一点现在正在给日本造成很大的损害。他们富得不能再富了，但是如果说情况有什么变化的话，那就是日元币值定得太高了。”其次，再度祭起特殊301条款这个“神器”，对日本施加巨大压力。由于美国过去曾多次启用301条款，屡试不爽。因此，美国一旦动用301条款，就必定是不达目的不罢休。如果301条款这件“神器”失效，美国就失去了在贸易争端中最后也是最厉害的一件武器，这是美国绝对不愿意看到的。再次，从美日双方在日内瓦的谈判情况看，美国明显气盛，日本虽然硬着头皮死顶，实则消极被动。美国贸易代表处散发了厚厚一本背景材料，不但数字丰富翔实，而且还采用了“时事问答”的方式，说明美国如何有理，日本如何不对。在日内瓦的谈判过程中，日方也频频举行记者招待会，但讲的都是些“双方立场差距甚远”的话，毫无新意。

较之美方，尽管日本从谈判一开始就竭尽全力同美国抗争，它不惜花费巨资争取亚洲和欧洲发表反对美国要求的观点；花钱做广告，鼓动美国的利益集团批判本国政府的立场。特别是以通产大臣桥本龙太郎为代表的新一代比较年轻和更有冲劲的官僚们想改变过去“一压就服”的局面，不想再屈服于美国的压力。他们甚至说得非常明白：小让可以，大让不行，因为做实质性的让步，日本的地位就要倒退20年。并说，这一次，下决心要打打美国的傲气，否则以后的日子也不会好过，等等。事实上，在谈判中，他们也确实是这么做的，只是到了最后的关键时刻，因实力的差距而不得不屈服。

【案例分析】

美日汽车贸易谈判最终以双方妥协告终。美国凭借其强大的经济实力和庞大的国内市场，同时在谈判中采用了正确的策略，一方面积极争取获得国内政界、商界、民众等各个阶层人民的支持，形成一致对外的局面；另一方面，依仗特殊301条款这件武器，对自己的要价不松口，不让步，贯彻始终，最终迫使日本做出重大让步。而日本在明知己方的食品和原材料要依赖进口，而且它在美国市场上的巨大利害关系，使它较美国更不容易承受贸易谈判破裂而给自己带来的伤害，但还硬着头皮抵抗，最终不得不以做出巨大让步而告终。从这个谈判的过程和结局，可以得到如下启示：实力强大的一方谈判时，在充分发挥自己实力的同时采取正确的谈判战略，将比单纯发挥实力优势能获得更大的成果；而实力较弱的一方在谈判时如不采取正确的谈判战略，则会招致更大的损失。

拓展知识

拓展8.1　商务谈判中的谎言及识别

一、商务谈判中谎言成因分析

参加过商务谈判的人的经验和专家的研究结论都表明，谎言普遍存在于商务谈判之中。美国当代谈判研究专家利·L·汤普森，曾经调查已经是谈判人员的47名MBA学生，47人当中，只有2名声明他们绝不说谎，超过25%的人说自己在任何谈判中都会使用善意的谎言或夸张的办法。造成这种现象的原因，可能至少包括以下几个方面。

（1）谈判双方缺乏相互信任。按照美国当代谈判研究专家利·L·汤普森的研究，谈判中的双方信任的建立，来源于三个方面：一是建立在威慑基础上的信任（Deterrence - based Trust）；二是建立在了解基础上的信任；三是建立在认同基础上的信任。威慑基础上的信任需要监督、保持和监视，成本昂贵，并且容易产生逆反心理；了解基础上的信任需要充分的信息，以及基于此的对对方行为的可预见性；而认同基础上的信任建立在双方的情感的联系基础之上。由此可见，谈判中的双方互信的建立并不容易。双方很可能相互怀疑对方在欺骗自己，为了保护自己，只有以牙还牙，以求得公平。

（2）信息的缺失。谈判双方不可能获取对方和相关的所有信息，信息掌握得越少，越不能准确判断对方立场或条件的真实和公平合理的程度。于是只有采取稳妥的策略，即有意抬高或降低自己的立场或条件。同时信息的缺失，也加重了互不信任的程度。

（3）在一些“分割馅饼”性质的谈判中，说谎似乎是一种必须的手段。持“分割馅饼”观念的谈判者，认为双方的谈判只是一次性买卖，双方没有可能或不太在乎彼此的长期合作关系，一方得到的利益，就是另一方所受的损失。受利益的驱动，双方会使用各种手段，包括谎言来增进自己的利益，减少对方的利益。

（4）“高风险”或“高收益”谈判。在“高风险”谈判中，一方或双方处在“生死存亡”的境地，必须依靠谎言来降低风险。如税务部门与有逃税嫌疑的企业老板之间的谈判；工程承包谈判，发包方与承包方就已经发生重大合同纠纷的谈判；等等。在“高收益”谈判中，由于未来利益的极大的诱惑性，使得一方或双方“见利忘义”。如大宗采购谈判；重大工程项目谈判；向往已久的工作岗位的求职谈判；等等。

二、商务谈判中谎言的种类

（1）歪曲与夸大事实。传递的信息大大超出了事实或与事实完全相反。例如：

“我们公司的产品在1999年已经通过了ISO认证。”——其实至今未通过认证。

“我已经找到了另外一个卖方愿意以1200元卖给我，而且质量和款式和你的一样好，为什么我要从你这儿以1400元的价格来采购呢?”——其实他根本没有获得这个报价。

（2）隐瞒事实。包括对事实的部分披露、不揭发隐藏的事实、不更正对手的错误理解、隐瞒谈判者的立场。

（3）虚假的承诺。例如：“鉴于你们的合作诚意，我们可以向公司的董事会汇报，给你们争取超过3%的额外折扣。”

（4）虚假的威胁。例如：“如果我们现在就签订合同，我们能保证3天之内发货；但如果拖到明天或后天的话，那就很难说了。”“如果你方在今天下午之前不能给我们一个明确的答复的话，那么整个交易就此中断，并且我方将寻找其他合作伙伴。”

（5）额外的要求或是并不想要的让步。例如：“我想，我们双方没有继续谈下去的必要了，除非你方答应三个条件：一、合营企业的财务总监由我方派驻；二、我方的专利按200万元作价入股；三、合营企业的产品销售由你方负责。”——其实真正想要的是第一和第二条。

三、识别商务谈判中的谎言

一般来说，识别谎言有三种方法，即观察非语言行为(观察人们所做的动作，他们是否出现笑容，视线的转移，说话的声音和音调的变化，语速，是否口吃，等等)、观察语言行为(分析说话的内容所呈现出来的规律和反常)以及通过检查人的生理反应(血压、心率、手掌出汗等等)。由于第三种的局限性，本文仅探讨前两种方法。

（一）非语言行为识别

1. 非语言行为识别的有效性

心理学家假设，人们在没有语言信息证实谎言的时候，会对非语言行为给以更多的关注，因为人们控制他们的非语言行为比控制语言行为更为困难，所以非语言行为所提供的“线索”会泄露人们想要隐瞒的信息。

大多数商务谈判者认为，谈判就是以语言为主要工具所进行的沟通和交流，所以注重谈判的语言的内容及其逻辑性和说服力，其谈判的技巧以及使用技巧的注意力都集中于如何使用语言上，从而忽略了对非语言行为的关注和“包装”，而恰恰是非语言行为泄露了谈判者的真实情感，“背叛”了谈判者真实的谎言，尤其是在谈判桌上这种高心理压力之下。

即使有一些老练的谈判者会意识到他们的非语言行为会泄露他们的真实意图，并且去尝试控制他们的行为，但是这种尝试控制的行为同样会带来反常的举动，也会泄露“秘密”。

2. 非语言行为的主要类型(见表8－1)

表8－1 非语言行为的主要类型

行为类型	具体描述
声音	(1) 口吃。 (2) 口误：字或句的重复，句子不完整，说漏嘴等。 (3) 音调：音调的变化，如升高或降低。 (4) 语速：在一定的时间内所说出的字数。 (5) 潜伏期：提问和回答问题之间的沉默时间。 (6) 停顿的频率：说话中停顿的频率。 (7) 停顿的时间：说话中沉默期的长度
面部特征	(1) 注视：看着谈话对象的面部。 (2) 笑容：微笑或大笑。 (3) 眨眼
动作	(1) 头部运动：点头和摇头。 (2) 腿脚运动。 (3) 躯体运动。 (4) 改变姿势：改变坐姿的运动。 (5) 手挠头部。 (6) 手部和胳膊运动

3. 商务谈判中的说谎者的可能行为描述

(1) 说谎会导致说谎者心理情绪上的变化，如恐惧感和负罪感，从而引起说谎者注视的转移，动作的增加，口误、口吃，或者音调的变化。谎言越恶劣，引起的情绪越强烈，这些行为指示谎言的准确性越高。

(2) 一些内容复杂的谎言会延长说谎者的思考过程，加重思考的负担，并因此延长说谎者的表达时间和影响说谎者表达的准确性。注视转移的增加，手和手臂动作的减少，语速变慢，停顿更多等都是复杂谎言之中和之后的非语言行为。

(3) 如果说谎者意识到上述(1)和(2)的行为会泄露他们的谎言而尝试控制他们的上述行为，同样会导致一些非语言行为：动作僵硬，尽量减少说话时的停顿、错误和中止，语言过分流畅等等。

上述三种非语言行为能否准确指示说谎者的谎言，还取决于谈判的性质。如是否是主场谈判，是否是高风险谈判，是否是高收益谈判，谈判者是否是老练而富有经验的谈判者，谈判双方的地位的对比等等。

(二) 谎言的语言行为识别

自20世纪80年代后，心理学家们开始尝试使用SVA(陈述有效性)技术来研究测定谎言；近年来又开始用真实监控技术来收集相关数据。研究的成果表明，尽管不存在典型的语言欺骗行为，但一些语言确能区别虚假和真实的陈述(见表8－2)。

表8-2 谎言的语言行为类型

语言行为类型	描 述
1. 消极的陈述	对人、物或观念的厌恶和消极否定的陈述
2. 无关的信息	与所问的问题无关或与正在阐述的论题无关
3. 过分笼统的陈述	使用过分简单或笼统的词或字，来回答问题或表明态度，如“总是”、“从不”、“没有人”、“根本不能”等
4. 自我提及	使用“我”、“我的”、“我们的”等
5. 问题的细节	关于事件的细节描述
6. 说话的长度	说话的字数

（1）如前所述，说谎会导致说谎者心理情绪上的变化，如恐惧感和负罪感，这种恐惧感和负罪感的结果使得说谎者不愿意把自己和他们的谎言直接联系起来，因此他们会提供间接的、过分笼统和概括的或者不明确指向自己的信息或问题的答案。

（2）恐惧感和负罪感也会导致说谎者的不合作态度，而不合作态度也会使他的回答更加简短和概括。

（3）由于说谎者缺乏有关谎言问题的真切的个人体验，他的陈述不仅会比较简短，而且在大多数情况下，他不会提及他自己。

（4）与上一点有关，说谎者的陈述也会缺乏细节，即使有一些细节，大多是泛泛而谈，并且空洞和缺乏新意。

（5）在谈判中的一些关键和核心环节，如价格问题、质量问题等，过多的信息表达和过于流畅的表达方式将值得怀疑。

（6）在谈判之前就可以预见到的主要谈判内容和环节，判断其谎言的可能性可依据上述第(5)条的方法；如果是己方在谈判过程中，突然向对方提出来的问题或要求，判断谎言的可能性可依据上述第(1)至第(4)条。

由于并不存在典型的或标准的衡量谎言的语言行为，上述提供的识别谎言的方法只能算是一种思路或是方向，不可以教条式地照搬挪用，必须结合具体的谈判情境来分析。比如老练的谈判者，他们不会产生恐惧感，也不大会产生负罪感；口才很好的谈判者，他们的陈述总是那么富有逻辑，富有新意，那么头头是道。

【项目考核】

一、知识考核

1. 谈判概念包含哪些基本点？谈判的原则有哪些？

2. 主场谈判和客场谈判各有什么特点？什么是软式谈判、硬式谈判、原则式谈判？

3. 谈判人员应具备怎样的心理素质？应具备哪些业务能力？谈判人员为什么要建立较全面的知识结构？

4. 对不同类型的客商，谈判者应注意哪些问题？

5. 如何对谈判双方的实力进行判定？如何确定谈判队伍的规模？谈判组织的构成原则是什么？

6. 在谈判议程的安排中，应注意哪些问题？

7. 谈判开局阶段的基本任务是什么？开局阶段的策略有哪些？各项策略的特点及其运用场合是什么？

8. 怎样理解价格谈判的合理范围？价格解释和价格评论各有什么意义？各应遵循哪些原则？

9. 报价阶段的策略有哪些？各项策略的主要内容是什么？讨价还价策略的运用包括哪些方面？

10. 谈判为什么会有让步？让步的七大原则是什么？让步的策略有哪些？各项策略的主要内容是什么？

11. 谈判为什么会出现僵局？打破僵局的策略有哪些？

二、案例分析考核

中国A公司从日本S汽车公司进口大批FP－148货车，使用时普遍发生严重质量问题，致使A公司蒙受巨大经济损失。为此，A公司向日方提出索赔。谈判一开始，中方简明扼要地介绍了FP－148货车在中国各地的损坏情况以及用户对此的反应。中方在此虽然只字未提索赔问题，但已为索赔说明了理由和事实根据，展示了中方谈判的威势，恰到好处地拉开了谈判的序幕，日方对中方的这一招早有预料，因为货车的质量问题是一个无法回避的事实，日方无心在这一不利的问题上纠缠。

日方为避免劣势，便不动声色地说："是的，有的车子轮胎炸裂，挡风玻璃炸碎，电路有故障，铆钉震断，有的车架偶有裂纹。"

中方觉察到对方的用意，便反驳道："贵公司代表都到现场看过，经商检和专家小组鉴定，铆钉非属震断，而是剪断，车架出现的不仅仅是裂纹，而是裂缝、断裂！而车架断裂不能用'有的'或'偶有'，最好还是用比例数据表达，更科学、更准确……"

日方淡然一笑说："请原谅，比例数据尚未准确统计。"

"那么，对货车质量问题贵公司能否取得一致意见？"中方对这一关键问题紧追不舍。

"中国的道路是有问题的。"日方转了话题，答非所问。

中方立即反驳："诸位已去过现场，这种说法是缺乏事实根据的。"

"当然，我们对贵国实际情况考虑不够……"

"不，在设计时就应该考虑到中国的实际情况，因为这批车是专门为中国生产的。"

中方步步紧逼，日方步步为营，谈判气氛渐趋紧张。中日双方在谈判开始不久，就在如何认定货车质量问题上陷入僵局。

日方坚持说中方有意夸大货车的质量问题："货车质量的问题不至于到如此严重的程度吧？这对我们公司来说，是从未发生过的，也是不可理解的。"

此时，中方觉得该是举证的时候，并将有关材料向对方一推说："这里有商检、公证机关的公证结论，还有商检拍摄的录像。如……"

"不！不！对商检公证机关的结论，我们是相信的，我们是说贵国是否能够做出适当让步。否则，我们无法向公司交待。"

日方在中方所提质量问题攻势下，及时调整了谈判方案，采用以柔克刚的手法，向对方踢皮球，但不管怎么说，日方在质量问题上设下的防线已被攻克了。

这就为中方进一步提出索赔价格要求打开了缺口。随后，对FP－148货车损坏归属问题上取得了一致的意见。日方一位部长不得不承认，这属于设计和制作上的质量问题所致。初战告捷，但是我方代表意识到更艰巨的较量还在后头。索赔金额的谈判才是根本性的。随即，双方谈判的问题升级到索赔的具体金额上——报价，还价，提价，压价，比价，一场毅力和技巧较量的谈判竞争展开了。中方主谈代表擅长经济管理和统计，精通测算。他翻阅了许多国内外的有关资料，甚至在技术业务谈判中，他也不凭大概和想当然，认为只有事实和科学的数据才能服人。此刻，在他的纸笺上，在大大小小的索赔项目旁，写满了密密麻麻的阿拉伯数字。

此刻，中方意识到，就具体数目的实质性讨价还价开始了。中方答道："为了表示我们的诚意，可

以考虑贵方的要求，那么，贵公司每辆出价多少呢?”

“12 万日元。”日方回答。

“13.4 万日元怎么样?”中方问。

“可以接受。”

日方深知，中方在这一问题上已做出了让步。于是双方很快就此项索赔达成了协议。日方在此项目费用上共支付 7.76 亿日元。然而，中日双方争论索赔的最大数额的项目却不在此，而在于高达几十亿日元的间接经济损失赔偿金。

在此之前，中方谈判班子昼夜奋战，测算着每个项目的赔偿金额。在谈判桌上，我方报完每个项目的金额后，讲明这个数字测算的依据，在那些有理有据的数字上，打的都是惊叹号。最后我方提出间接经济损失费 70 亿日元!

日方代表听了这个数字后，惊得目瞪口呆，老半天说不出话来，连连说：“差额太大，差额太大!”于是，进行无休止的报价、压价。“贵国提的索赔额过高，若不压半，我们会被解雇的。我们是有妻儿老小的……”日方代表哀求着。老谋深算的日方主谈人使用了哀兵制胜的谈判策略。

“贵公司生产如此低劣的产品，给我国造成多么大的经济损失啊!”中方主谈接过日方的话头，顺水推舟地使用了欲擒故纵的一招：“我们不愿为难诸位代表，如果你们做不了主，请贵方决策人来与我们谈判。”

双方各不相让，只好暂时休会。这种拉锯式的讨价还价，对双方来说是一种毅力和耐心的较量。因为谈判桌上，率先让步的一方就可能被动。

随后，日方代表用电话与日本 S 公司的决策人密谈了数小时。接着谈判重新开始，此轮谈判一开始就进入了高潮，双方舌战了几个回合，又沉默下来。此时，中方意识到，己方毕竟是实际经济损失的承受者，如果谈判破裂，就会使己方获得的谈判成果付诸东流；而要诉诸法律，麻烦就更大。为了使谈判已获得的成果得到巩固，并争取有新的突破，适当的让步是打开成功大门的钥匙。

中方主谈人与助手们交换了一下眼色，率先打破沉默说：“如果贵公司真有诚意的话，彼此均可适当让步。”中方主谈为了防止由于己方率先让步所带来的不利局面，建议双方采用“计分法”，即双方等量让步。

“我公司愿意付 40 亿日元。”日方退了一步，并声称：“这是最高突破数了。”

“我们希望贵公司最低限度必须支付 60 亿日元。”中方坚持说。

这样一来，中日双方各自从己方的立场上退让了 10 万日元，双方比分相等，谈判又出现了转机。双方界守点之间仍有 20 亿日元的逆差。

但一个界守点对双方来说，都是虚设的。更准确地说，这不过是双方的一道最后的争取线。该如何解决这“百米赛程”最后冲刺阶段的难题呢？双方的谈判专家都是精明的，谁也不愿看到一个前功尽弃的局面。

几经周折，双方共同接受了由双方最后报价金额相加除以 2，即 50 亿日元的最终谈判方案。除此之外，日方愿意承担下列三项责任：

1. 确认出售给中国的全部 FP－148 型货车为不合格品，同意全部退货更换新车；
2. 新车必须重新设计试验，精工细作并制作优良，并请中方专家检查验收；
3. 在新车未到之前，对旧车进行应急加固后继续使用，日方提供加固件和加固工具等。

一场罕见的特大索赔案终于公正地交涉成功了。

试问：

中日双方在谈判过程中各采取了哪些谈判策略?

项目九　汽车贸易货物运输和贸易保险

【知识目标】

1. 了解汽车贸易出口信用保险；
2. 熟悉汽车贸易货物运输方式；
3. 熟悉汽车贸易货物运输保险；
4. 掌握装运条款的订立；
5. 掌握汽车贸易货物运输的投保。

【技能目标】

1. 能够根据实际情况选择汽车贸易货物运输方式；
2. 能够根据实际情况选择汽车贸易货物运输投保。

◇引导案例◇

汽车滚装运输更安全、更经济、更环保

2009 年 9 月 16—18 日，中国港口协会汽车滚装码头分会首次在大连市举办“中国汽车滚装运输宣传推介会”。本次活动由大连汽车码头有限公司承办，由广州港南沙汽车码头有限公司、上海海通国际汽车码头有限公司、天津港环球滚装码头有限公司、武汉港务集团沌口滚装码头分公司、深圳长航滚装物流股份有限公司、上海安盛汽车船务有限公司、中远航运股份有限公司、大连中海汽车船运输有限公司、深圳市中外运航运有限公司等单位共同协办。目的是为了进一步向各界展示汽车滚装运输的优势，提升我国港口滚装码头以及滚装船公司的知名度和形象，让大家更了解我国汽车工业的发展新动向，共同分析未来汽车滚装运输的市场前景。

众所周知，改革开放以来，我国汽车工业的快速发展，生产和市场消费结构都发生了很大变化。随着现代经济的发展，汽车的生产和销售对物流服务提出了更高的要求，比如准时、低成本、低货损率等。作为一种先进的汽车物流运输方式，汽车滚装运输具有运输能力强、安全、环保和资源节约的优势，正好可以满足这些要求。汽车水运主要是利用滚装船运输，其成本只相当于铁路运输的 1/2，公路运输的 1/3；质损率不到 5‰，远远低于其他运输方式；同时，滚装商品车卸入库场后，可直接办理进口报关、纳税等手续，无须拆箱查验，方便快捷，因此，汽车滚装运输占汽车整车物流总量的比例将会逐步增加。

尽管滚装运输具有众多优势，但是我国目前以公路运输和铁路运输为代表的陆上运输依然占据着主导的地位，水上滚装运输则处于相对弱势的地位。在我国汽车工业每年汽车产量接近 1 000 万辆的背景下，只有不到 10% 的汽车运输通过水路完成，商品汽车水运远未得到普及。究其原因，一方面由于国内整车物流系统有待完善，另一方面业内对汽车滚装运输了解不够也是重要的原因。在金融危机的大背景下，成本控制成为重中之重，采取汽车滚装运输能够有效降低物流成本。

因此，参加本次汽车滚装运输宣传推介活动的中国港口协会、中国汽车工业协会、中物联汽车物流分会、汽车生产制造企业、汽车滚装码头企业、汽车滚装船运公司、滚装船代理公司、汽车物流公司以及相关单位的主要业务负责人、领导、专家，充分利用会议平台交流沟通，围绕中国港口汽车滚装运输码头发展与布局、中国汽车滚装船舶运输及航线情况、中国汽车工业现状及发展、中国汽车物流业现状与前景及整车运输“陆改水”物流方案设想等议题进行充分的交流与探讨，达成了汽车滚装运输更安全、更经济、更环保的共识，中国港航企业各界将共同携手为进一步推进我国汽车物流运输业发展作出新贡献。

引导问题

1. 汽车运输方式有哪些？各有什么特点？
2. 汽车滚装船运输具有哪些优势？在国内的发展如何？

必备知识

任务9.1　汽车贸易货物运输

在汽车贸易中，汽车商品的运输是一个重要的组成部分。因而，从事汽车贸易的人员应该熟悉和掌握有关的汽车货物运输的基本知识，在磋商交易和签订合同时，充分考虑运输方面的问题，以保证合同的顺利履行和货物交接任务的顺利完成。

一、汽车货物运输方式

在汽车贸易货物运输中，通常采用的方式有水上运输、陆路运输、航空运输、邮包运输、集装箱运输、大陆桥运输和国际多式联运等。其中对于汽车整车的运输主要有水上运输和陆路运输、集装箱运输。对于汽车配件则以上运输方式都可能采用。

（一）水上运输

水上运输(Water Transport)分为海洋运输和内河运输。在汽车贸易的运输方式中，国际汽车贸易主要采取海洋运输方式，而在国内贸易中更多地采用河海联运方式。随着我国汽车业的发展，水上运输将逐渐取代陆路运输，成为汽车运输的主要方式。

水上运输是汽车贸易中使用最为广泛的一种运输方式。目前，海运量在国际货物运输总量中占80%以上。海洋运输之所以被如此广泛采用，是因为它与其他国际货物运输方式相比，主要有下列明显的优点：

(1) 通过能力大。海洋运输可以利用四通八达的天然航道，它不像火车、汽车受轨道和道路的限制，故其通过能力很大。

(2) 运量大。海洋运输船舶的运输能力，远远大于铁路运输车辆。如一艘万吨船舶的载重量一般相当于250～300个火车皮的载重量。

(3) 运费低。按照规模经济的观点，因为运量大，航程远，分摊于每吨货的运输成本就少，因此运价相对低廉。

水上运输按经营方式不同，可分为租船运输和班轮运输两种。

1. 租船运输

租船运输(Chartering Shipment)，又称不定期船运输，是指包租整船或部分舱位进行运输。租船方式主要有定期租船和定程租船两种。

(1) 定期租船(Time Charter)，又称期租船。是指按一定期限租赁船舶的方式，即由船东(船舶出租人)将船舶出租给租船人在规定期限内使用，在此期限内由租船人自行调度和经营管理。租期可长可短，短则数月，长则数年。定期租船的特点是：在租赁期内，船舶由租船人负责经营和管理；一般只规定船舶航行区域而不规定航线和装卸港；除另有规定外，可以装运各种合法货物；船东负责船舶的维修和机械的正常运转；不规定装卸率和滞期速遣条款；租金按租期每月(或30天)每载重吨计算；船东和租船人双方的权利和义务以期租船合同为依据。

(2) 定程租船(Voyage Charter, Trip Charter)，又称程租船或航次租船。是指按航程租赁的方式。定程租船的特点是：无固定航线、固定装卸港口和固定航行船期，而是根据租船人(货主)的需要和船东的可能，经双方协商，在程租船合同中规定；程租船合同需规定装卸率和滞期、速遣费条款；运价受租船市场供需情况的影响较大，租船人和船东双方的其他权利、义务一并在程租船合同中规定。航程包括单航次租船(Single Voyage Charter)和来回航次租船(Return Voyage Charter)等。

2. 班轮运输

班轮运输(Liner Transport)，又称定期船运输，简称班轮(Liner)。是指船舶在固定航线上和固定港口之间按事先公布的船期表和运费率往返航行，是从事客货运输业务的一种运输方式。班轮运输比较适合于运输小批量的货物。班轮运输具有如下特点：

(1) “四固定”。即固定航线、固定港口、固定船期和相对固定的运费率。

(2) “一负责”。即货物由班轮公司负责配载和装卸，运费内已包括装卸费用，班轮公司和托运人双方不计滞期费和速遣费。

(3) 班轮公司和货主双方的权利、义务和责任豁免均以班轮公司签发的提单条款为依据。

3. 滚装船

汽车海上的运输工具是滚装船(Ro－on/ro－off Ship)。滚装船主要用来运送汽车和集装箱。这种船本身无须装卸设备，一般在船侧或船的首、尾有开口斜坡连接码头，装卸货物时，如汽车或集装箱(装在拖车上的)直接开进或开出船舱。这种船的优点是不依赖码头上的装卸设备，装卸速度快，可加速船舶周转。

（二）陆路运输（Overland Transportation）

1. 铁路运输

铁路运输（Rail Transportation）有许多优点，一般不受气候条件的影响，可保障全年的正常运输，而且运量较大，速度较快，有高度的连续性，运转过程中遭风险的可能性也较小。办理铁路货运手续比海洋运输简单，而且发货人和收货人可以在就近的始发站（装运站）和目的站办理托运和提货手续。

铁路运输在国内的汽车贸易和内陆国家间的贸易显得尤为重要。

2. 公路运输

公路运输（Road Transportation）是一种现代化的运输方式，它不仅可以直接运进或运出对外贸易货物，而且也是车站、港口和机场集散进出口货物的重要手段。

公路运输的主要优点是非常普遍。公路几乎可以通达各个城市乡村，可以实现“点对点”的服务；运货车辆的资金投入相对于水上和铁路也比较低，对于一次性运输量较小的汽车交易比较经济适用。目前国内轿车的运输方式，主要是采用公路运输。但随着中国轿车产业的迅猛发展，公路运输运载能力低的缺点也逐渐暴露出来。一般的轿运车可运送6辆轿车，即使是长达24米的轿运车，每次也只能装载8辆2.0～2.4升排量的轿车，已经不能满足汽车生产厂家越来越巨大的运输要求。另外，公路运输也存在着较大的安全隐患，目前最小的轿运车长度都有16米，在运输过程中由于自身重量大大增加，在高速公路的拐弯处行驶，常常容易发生车身偏移、翻滚的交通事故。

（三）航空运输

货物的航空运输（Air Transportation）具有许多优点：运送迅速；节省包装、保险和储存费用；可以运往世界各地而不受河海和道路限制；安全准时，被称为“桌到桌快递服务”（Desk to Desk Express Service）。航空货物运输的方式很多，有班机、包机、集中托运和航空急件传送等。

由于航空运输承载量有限，运输成本高，在汽车贸易中采用不是很广泛，主要运用于汽车配件在紧急情况下的运输。

（四）邮包运输

邮包运输（Parcel Post Transport）又称邮政运输，是一种最简便的运输方式。各国邮政部门之间订有协定和公约，从而保证了邮件包裹传递的四通八达、畅通无阻，形成了全球性的邮政运输网，遂使国际邮政运输得以在国际贸易中广泛使用。但邮包运输只适用于重量轻、体积小的汽车配件或汽车零件的运输。例如国际邮包运输就对每个邮包限制重量不得超过20公斤，长度不得超过1米。

邮包运输分为普通包裹和航空包裹两种。前者费用低，但时间长；后者速度快，但费用较高。近年来，特快专递业务又迅速发展。目前快递业务主要有国际特快专递（International Express Mail Service 简称 EMS）和 DHL 信使专递（DHL Courier Service）。

（五）集装箱运输

集装箱运输（Containerized Shipment）是以集装箱（Container）为运输单位进行运输的一种现代化的先进的运输方式，它可适用于各种运输方式的单独运输和不同运输方式的联合运输。

集装箱运输的优点是加速货物装卸，提高港口吞吐能力，加速船舶周转，减少货损货

差，节省包装材料，减少运杂费用，降低营运成本，简化货运手续和便利货物运输等。集装箱运输在汽车贸易中得到了广泛的应用，例如轿车整车进出口、汽车配件进出口等。集装箱运输按所装货物的情况不同分为整箱装(FCL)和拼箱装(LCL)。

(1) 整箱装。由发货方自行装箱直接送到集装箱堆场(CY)，整箱货到达目的地后，送至堆场，由收货人提取。

(2) 拼箱装。货主的货不足一整箱时，需送至集装箱货运站(CFS)，承运人把不同货主的货物按流向、性质进行拼装。货物到达后，拼箱货应送至货运站由承运人拆箱后分别由收货人提取。

在汽车贸易运输中，汽车整车运输中一般使用整箱装，在汽车配件和汽车零件的运输中则两种方法都可能采用。

(六) 大陆桥运输和国际多式联运

大陆桥运输(Land Bridge Transport)是指使用横贯大陆的铁路或公路运输系统作为中间桥梁，把大陆两端的海洋运输连接起来的连贯运输方式。目前运用较广的是西伯利亚大陆桥及亚欧大陆桥。

国际多式联运(International Multimodal Transport)是指按照多式联运合同，以至少两种不同的运输方式，由多式联运经营人将货物从一国境内接受货物的地点运往另一国境内指定交付货物的地点。国际多式联运大多以集装箱为媒介，把海洋运输、铁路运输、公路运输、航空运输等单一运输方式有机地结合起来，构成一种连贯的运输，是实现门到门运输的有效方式。

二、货运单据

货运单据(Shipping Documents)是货物运输单据的简称，是货物运输中承运人签发给托运人的证明文件，是代表运输中的货物或证明货物已经托运的单据，是交接货物、处理索赔与理赔以及向银行结算货款或进行议付的重要单据。货运单据的种类很多，主要有海运提单、铁路运单、承运货物收据、航空运单、多式联运单据、邮包收据等。

(一) 海运提单

1. 海运提单的性质和作用

海运提单(Bill of Landing，B/L)简称提单，是指由船长或船舶公司或其代理人签发的，证明已收到特定货物，允诺将货物运至特定的目的地，并交付给收货人的凭证。海运提单也是收货人在目的港据以向船舶公司或其代理提取货物的凭证。海运提单的性质和作用可以概括为以下三个方面：

(1) 提单是承运人或其代理人签发的货物收据(Receipt for the Goods)。

(2) 提单是一种货物所有权的凭证(Document of Title)。

(3) 提单是承运人与托运人之间订立的运输契约的证明(Evidence of the Contract Carriage)。

2. 海运提单的种类

根据货物是否已装船，可分为已装船提单和备运提单；根据提单是否可以流通转让，可分为记名提单、不记名提单和指示提单；根据提单有无批注条款，可分为“清洁提单”和“不清洁提单”；根据运输方式，可分为“直达提单”、“转船提单”和“联运提单”。

此外，还有其他种类提单，如过期提单、倒签提单、预借提单等，见表9－1。

表9－1　提单的种类

划分的角度	种类		
货物是否已装船	已装船提单	备运提单	
提单是否可以流通转让	记名提单	不记名提单	指示提单
提单上有无批注	清洁提单	不清洁提单	
运输方式	直达提单	转船提单	联运提单
其他	预借提单	倒签提单	过期提单

（1）已装船提单(On Board B/L，Shipped B/L)。是指承运人已将货物装上指定轮船后所签发的提单。

（2）备运提单(Received for Shipment B/L)。是指承运人已收到托运货物等待装运期间所签发的提单。

（3）记名提单(Straight B/L)。是指提单上的收货人栏内填写特定的收货人名称。这种提单只能由该特定收货人提货，因此记名提单不能流通转让。

（4）不记名提单(Bear B/L)，又称空白提单(Open B/L，Blank B/L)。是指提单上的收货人栏不指明收货人，只注明提单持有人(Bearer)字样，这种提单无须背书就可转让，流通性强，风险大，实际业务中很少使用。

（5）指示提单(Order B/L)。是指提单上的收货人栏内仅填写“凭指示”（To order)，或“凭某某人指示”（To order of…)字样，这种提单经背书后可转让给他人提货。目前，在实际业务中，使用最多的是“凭指示”并经空白背书的提单，习惯上称为“空白抬头、空白背书”提单。记名提单、不记名提单和指示提单的比较见表9－2。

表9－2　记名提单、不记名提单、指示提单的比较

提单抬头		是否背书	能否转让
记名提单		不需背书	不能转让
不记名提单		不需背书	可任意转让
指示提单	To order	由发货人背书	需经背书后方可转让
	To order of shipper	由发货人背书	
	To order of consignee	由收货人背书	
	To order of banker	由银行背书	

(6)清洁提单(Clean B/L)。是指货物在装船时“表面状况良好”，承运人在提单上未加任何有关货物受损或包装不良等批注的提单。

(7)不清洁提单(Unclean B/L，Foul B/L)。是指承运人在提单上对货物表面状况或包装加有不良或存在缺陷等批注的提单。

（8）直达提单(Direct B/L)。是指轮船从装运港装货后，中途不经过换船而直接驶往目的港卸货所签发的提单。

（9）转船提单(Transshipment B/L)。是指轮船从装运港装货后，不直接驶往目的港，需要在中途港换装其他船舶运往目的港所签发的提单。

(10) 联运提单(Through B/L)。是指需经两种或两种以上的运输方式联运的货物，由第一程海运承运人所签发的，包括运输全程并能在目的港或目的地凭此提货的提单。

(11) 预借提单(Advanced B/L)。是因信用证规定装运期和结汇期到期而货物因故未能及时装船，但已在承运人掌握之下或已开始装船，由托运人出具保函要求承运人预借的提单。

(12) 倒签提单(Antedated B/L)。是指承运人应托运人的要求在货物装船后，提单签发的日期早于实际装船完毕日期的提单。

(13) 过期提单(Stale B/L)。出口商向银行交单结汇的日期与装船开航的日期距离过久，以致无法于船舶到达目的地以前送达目的港收货人的提单，银行一般不接受这种提单。

【案例9-1】　　凭保函换取清洁提单

一宗CIF出口贸易，在装船的过程中发现有28箱货物外表有不同程度破碎，船方于是要求开出不清洁提单，在卖方的请求下，并且卖方写下保证函："即若收货人因包装破碎货物受损向承运人索赔时，由我方承担责任。"最终出示了清洁提单。货到目的港后，买方发现有40箱货物因包装破碎货物严重受损，于是要求承运人赔偿20多万美元损失。试分析这个案例中有几方受到损失?

【案例分析】

1. 对收货人而言，本来有权按买卖合同要求，拒绝卖方提交的不清洁货物，但是由于承运人违反了规定，使受蒙蔽的收货人把不清洁的货物当作清洁货物去付款、赎单，剥夺了他本应有的拒绝提单、拒绝付款的权利，所以买方是直接的受害者。

2. 对承运人而言，提单是货物外表状况的最终证据，他不得进一步提供证据来证明他实际接受或装船的货物状况与提单上所载明的状况不符，所以必须负赔偿责任，虽有保证函，但起不到转嫁索赔对象作用，弄不好，会被买方以合伙欺诈为由告上法庭。

3. 对卖方而言，换取了一时利益，却可能面临更大风险。如果有了保证函之后，承运人责任心降低，货物损失扩大，承运人以包装不良拒绝承担责任，卖方则面临解除合同、赔偿损害、信誉下降、要求退还货款等后果，如果商品市场价格下降，则风险更大。

(二) 其他运输单据

根据运输方式不同，运输单据还有国际铁路联运运单(International Railway Through Transport Bill)、承运货物收据(Cargo Receipt)、航空运单(Airway Bill)、多式联运单据(Multimodal Transport Documents, MTD)、邮包收据(Parcel Post Receipt)等，详见表9-3。

表9-3　不同运输方式下送银行办理议付的单据

运输方式		送银行办理议付的运输凭证	签发人
海洋运输		海运提单(B/L)	船长或船公司或代理
铁路运输	国际联运	铁路运单副本(第三联)	铁路始发站
	港、澳	承运货物收据(Cargo Receipt)	外运公司
航空运输		航空运单(Airway Bill)	民航公司或外运公司
邮包运输		邮包收据(Post Receipt)	邮局
多式联运		多式联运单据(MTD)或集装箱联运提单(C. T. B/L)	多式联运人

任务9.2　合理订立装运条款

在贸易洽谈时，买卖双方必须就交货时间、装运地和目的地、能否分批装运和转船、转运等问题商妥，并在合同中具体订明。明确、合理地规定装运条款，是保证进出口合同顺利履行的重要条件。

装运条款的内容及其具体订立与合同的性质和运输方式有着密切的关系。我国的进出口合同大部分是 FOB、CIF 和 CFR 合同，而且大部分的货物是通过海洋运输。按照国际贸易惯例解释，在上述条件下，卖方只要按合同规定的货物，在装运港履行交货手续，取得清洁的装船单据，并将其交付买方或其代理人，即算完成交货义务。因此，上述合同的装运条款应包括装运时间、装运港和目的港、是否允许转船与分批装运、装运通知，以及滞期费、速遣费等条款。

一、装运时间

在汽车贸易合同中，装运时间(Time of Shipment)是合同的主要条件。它直接关系到买卖双方的生产、销售计划的安排、手续的办理等一系列问题。如果卖方违反这一条件，买方有权撤销合同，并要求卖方赔偿其经济损失。

（一）规定装运时间的几种方法

(1) 明确规定具体装运时间。规定具体装运时间又可分为规定一段期限和规定最迟期限两种：第一种规定方法是在合同中订明某年某月装运，例如：“2011 年 11 月装运”(Time of shipment to be made during November 2011)，或规定某年跨月装运，例如：“2011 年 2/3 月装运”(Time of shipment during February/March 2011)。第二种规定方法是在合同中订明最迟装运期限，例如：“2011 年 11 月 30 日以前装运”(Shipment at 30th November 2011)，或“2011 年 11 月 30 日或以前装运”(Shipment on or before 30th November 2011)。

这种规定的装运时间具体、明确，买卖双方一经协商确定，卖方就必须执行，使用较普遍。

(2) 规定在收到信用证后若干天装运。在汽车贸易合同签订后，买方可能因种种原因不开信用证。比如：对进口管制较严的国家或地区，进口许可证较难申请；或在合同签订后，由于国际市场的影响，所购货物价格下跌等。那么卖方为减少风险或损失，通常在合同中订明，在收到买方开立的信用证后若干天装运。如：“收到信用证后 45 天内装运”(Shipment within 45days after receipt of L/C)。同时为防止买方迟迟不开证或拒绝开证，合同中注明“买方最迟于某月某日以前将信用证开抵卖方”(The relevant L/C must reach the seller no later than …)。

采用该种规定方法，卖方可以减少因买方不开证而遭受的经济损失。但是卖方比较被动，因为装运期取决于买方的开证期，可能会影响安排生产、包装等，对卖方不利。

(3) 采用术语表示装运期。这种方法不规定具体期限，只笼统规定近期装运，如“尽快装运”(Shipment as soon as possible)、“即刻装运”(Prompt shipment)、“立即装运”(Immediate shipment)。在国际汽车贸易中，由于各国对这类词语的解释不尽相同，容易造成争议，因此应谨慎使用此种规定方法。根据《跟单信用证统一惯例》的解释，在规

定装运期时，最好不要使用“尽快”、“立即”、“即刻”之类的词语，如果使用，一律解释为从信用证开立后30天内装运。

（二）规定装运时间时应该注意的事项

（1）注意货、船的衔接。货源是履行合同的基础，决定装运的时间。因此，确定装运时间时必须与有关货物的生产计划、库存相联系。如对货源心中无数，盲目确定装运时间，可能出现交不了货，导致船等货情况。同时也要考虑有关国家间的运输能力、航线和港口条件，也就是有关船源问题，如果对船源无把握就盲目确定装运时间，就可能因为租不到船或订不到舱位而出现有货无船的现象。

（2）对装运时间不宜规定得过死。一般规定月份或跨月份装运为宜，同时要尽量避免使用“立即装运”、“尽快装运”等词语。

（3）装运期限要适度，不要过长或过短。如果过长，在采用开证后若干天装船条件下，会造成买方资金积压，影响资金周转，反过来影响卖方售价；如果太短，会给船、货的安排带来困难。

（4）在采用开证后若干天内装运条件下，要注意开证期的规定，因为装运期和开证期是有联系的。因此，为保证按期装运，二者应该相互衔接起来。

二、装运港和目的港

（一）装运港和目的港(Port of Shipment & Port of Destination)的规定方法

（1）在通常情况下装运港只规定一个。

（2）当货物数量较大时，在实际业务中，也可以规定两个或两个以上装运港。

（3）在成交时具体装运港和目的港不能确定时，可以采用选择港(Optional ports)。如：CIF鹿特丹或伦敦、欧洲主要港口等。采用这种方法规定装运港，选择不同的港口，其运距、收费标准、装运条件各不相同，在进口业务采用CIF、CFR价时，对我方非常不利，最好不用。

（二）规定装运港时应该注意的事项

（1）在出口合同中，装运港一般以货源为中心，选择距离较近、便于运输的港口，同时要考虑收费标准。在以FOB价格术语成交的合同中，要考虑买方派船的大小、船级，从而选择与其相匹配的港口如水深、装货条件等。

（2）在进口合同中，我们一般要求采用FOB价格术语，由我方租船订舱，要选择港口水深、装卸条件较好、费用较低的港口作为装运港，最好只规定一个。在必要时，可采用选择港口的办法，但要规定卖方须通知买方确切装运的期限，以免出现派船和接运的困难。

（三）规定目的港时应该注意的事项

（1）在规定国外目的港时，应力求明确，不能轻易接受如“地中海主要港口”、“北美主要港口”的规定。因为国际上对此并无统一的解释，不同港口的装卸条件、运费及习惯也不同，在采用这种规定方法时，要小心谨慎，原则上只规定一个目的港。

（2）不能选择也不能接受我国政府不允许进行贸易的国家和地区的港口为目的港。

（3）在运往航次较少的港口或目的港时，在合同中应规定“允许转船”条款。

（4）目的港必须是船舶可以安全停靠的港口，在冬季要注意冻港和不冻港。

（5）和内陆国家进行贸易，不能将内陆城市和国家作为目的港。

【案例 9-2】 下列装运条款是否正确?

（1）运输方式：海上运输。

（2）装运期：限 3 月 31 日装船。

（3）自天津新港至伦敦太古船公司所属船舶，并须附有英国劳合氏船级社证明。

（4）目的港：欧洲主要港口。

【案例分析】

（1）应具体说明是班轮运输还是租船运输。

（2）不能把装运期限于某一天，因这一天船、货、港很难衔接。

（3）不能限定某一家轮船公司的船舶装运，也不能要求提供外国船级社出具的有关装货船只的船级证明，因为这些限定不利于出口租船定舱。

（4）目的港要具体，不能笼统规定，因为不好确定运费，影响报价。

三、分批装运和转船

所谓分批装运(Partial Shipment)，是指一笔成交的货物分若干批装运。根据《跟单信用证统一惯例》规定，同一船只、同一航次中多次装运货物，即使提单表示不同的装船日期及(或)不同装货港口，也不属分批装运。在大宗货物交易中，买卖双方根据交货数量、运输条件和市场销售需要等因素，可在合同中规定分批装运条款。

如货物没有直达船或一时无适当的船舶运输，需要通过中途港转运的称为转船(Transshipment)。买卖双方可以在合同中商订“允许转船”（Transshipment to be allowed）的条款。

分批装运和转船，直接关系到买卖双方的权益，因此是否允许分批和转船装运，往往是买卖合同中装运条款的重要内容。一般来说，允许分批装运和转运，对卖方来说比较主动(明确规定分批数量者除外)。根据《跟单信用证统一惯例》规定，除非信用证作相反规定，可准许分批装运和转运，但出口合同中如对此没有特别约定，按国际合同法，则卖方不得分批装运和转运。为了避免纠纷，争取早出口、早收汇并防止交货时发生困难，除非买方坚持，我们原则上均应争取在出口合同中订入“允许分批和转船”的内容。

四、装运通知

装运通知(Shipping Advice)是指在采用租船运输大宗进出口货物的情况下，在合同中加以约定的条款。规定这个条款的目的在于明确买卖双方责任，促使买卖双方互相合作，共同做好船货衔接工作。装运通知的具体做法一般包括以下几种：

（1）在按 FOB 条件成交时，一般在约定的装运期前 30 天或 45 天向买方发出通知，以便买方及时接运货物，避免货等船。

（2）同样是 FOB 条件下，买方安排好船只后，向卖方发出派船通知，并将船舶预计到港受载的日期通知卖方，以便卖方及时安排货物出运和做好装船准备，避免船等货。

（3）在采用 FOB、CIF、CFR 术语成交的情况下，货物装船后，卖方应在约定的时间，将合同号码、货物名称、件数、重量、发票金额、船名以及装船日期等项内容，电告

买方，以便买方做好接收货物的准备，并及时办理进口报关手续。其中，在 CFR 条件下，装船通知具有特殊重要的意义，因为买方在接到装船通知后才能办理投保手续，为了减免买方漏保造成损失，卖方应对装船通知予以充分重视。

五、滞期费

在双方约定的允许装卸时间内未能将货物装卸完，使货船在港口停泊时间延长称为滞期，给船方造成经济损失，由承租方按双方协定以每天若干金额补偿给船方，即滞期费(Demurrage Money)。

六、速遣费

按双方约定的时间，提前完成装卸任务称为速遣，使船方节省了在港的费用，船方将其所获得利益的一部分奖励给承租方，即速遣费(Despatch Money)。

按惯例，速遣费为滞期费的一半，均以每天若干金额计(具体金额由双方约定)，不够一天者，按比例计算。

任务9.3　汽车贸易货物运输保险

汽车贸易货物在运输过程中，往往因遭遇各种风险导致货物受损，为了在货物受损后取得经济补偿，通常应投保货物运输险。

汽车货物运输保险是指被保险人(买方或卖方)向保险人(保险公司)按一定的金额投保一定的险别，并根据一定的保险费率交纳保险费；保险人承保后，对于被保险货物在运输途中发生的在承保范围内的损失给予经济补偿。

一、汽车货物运输保险的种类

汽车货物运输保险属于财产保险，按照不同的运输方式可分为海上运输货物保险、陆上运输货物保险、航空运输货物保险和邮包保险等。

(一) 海上运输货物保险

海上运输货物保险的保障范围包括海上风险、海上损失和海上费用。

1. 海上风险

海上风险通常分为狭义的海上风险和外来风险。

(1) 狭义的海上风险(the Risks of the Sea/the Perils of the Sea)。指运输过程中发生的自然灾害和意外事故。自然灾害(Natural Calamities)指不以人们主观意志为转移的客观自然现象所引起的灾害，如恶劣气候(Heavy Weather)、雷电、海啸、地震、洪水、暴风雨、火山爆发等；意外事故(Fortuitous Accidents)指由于偶然的、难以预料的原因造成的事故，如船舶搁浅、触礁、沉没、失踪、互撞、与流冰及码头等相撞、失火、爆炸等方面的事故。

(2) 外来风险(Extraneous Risks)。指与海上风险相对应的，外部原因造成的风险，外来风险可分为一般外来风险和特殊外来风险。一般外来风险是指货物在运输途中遭遇意外的外来因素导致的风险，如偷窃、雨淋、短量、玷污、渗漏、破碎、串味、受潮、发霉、

受热、生锈、钩损、提货不着等；特殊外来风险是指除一般外来风险以外的其他外来原因导致的风险，往往是与政治、军事、社会动荡以及国家行政措施、政策法令等有关的风险，如战争、罢工、拒收等。

【案例9－3】 买方提货不着索赔案

我某进出口公司按CIF条件向中东某国出口一批货物，根据合同投保了水渍险，附加提货不着险，但在海运途中，因战争轮船被扣押，之后进口商因提货不着向保险公司进行索赔。试分析其结果如何。

【案例分析】

提货不着险，指保险有效期内，保险货物因不明原因被偷走或丢失，以致整批货物不能运抵目的地，无法交付给收货人。从本例来看，提货不着是由于战争造成的，属于特殊外来险，保险公司将不予赔偿。

2. 海上损失

海上损失(Marine Losses)分为全部损失和部分损失。

(1) 全部损失(Total Loss)，简称全损，是指整批保险货物全部灭失或可视同全部灭失的损害，分实际全损和推定全损两种。

①实际全损(Actual Total Loss)，指货物完全灭失或变质而失去原有用途，即货物的全部损失已经发生或不可避免。

②推定全损(Constructive Total Loss)，指货物受损后，进行施救、整理和恢复原状所需的费用，或者再加上续运至目的地的费用总和，估计要超过货物在目的地的完好状态的价值。例如，一台价值2万美元的轿车，在海运途中损害，经专家检查，若要修理，修理费则达2.5万美元，若把零件拆掉，可卖到3 000美元，此事可向保险公司申请委付，保险公司核定事故在保险承保范围内，给予全损的赔偿，同时保险公司取得该辆汽车的所有权。

(2) 部分损失(Partial Loss)，是指被保险货物可以分割的一件或数件全部损失。部分损失分共同海损和单独海损。

①共同海损(General Average，GA)，指载货船舶在海运途中遇到危难，船方为了维护船舶和所有货物的共同安全使得航程得以继续完成，有意地并且合理地作出的某些特殊牺牲或支出的特殊费用。共同海损的成立必须具备以下几个条件：

- 必须确有危及船、货共同安全的危险存在，而不能主观臆测；
- 船方的措施必须是有意的、合理的；
- 所作出的牺牲或支出的费用必须是非正常性的；
- 构成共同海损的牺牲和费用支出还必须是有效的。

②单独海损(Particular Average，PA)，指货物受损后，未达全损程度，而且是单独一方的利益受损并只能由该利益所有者单独负担的一部分损失。单独海损可定义为保险标的在运输途中，纯粹由海上风险直接造成的船舶或货物的部分损失，它是特定利益方的部分损失。

【案例9-4】　共同海损判定案

某货轮从天津港驶往新加坡，航行途中船舶货舱起火，大火蔓延到机舱。船长为了船、货的共同安全，决定采取紧急措施，往舱中灌水灭火。火虽被扑灭，但由于主机受损，无法继续航行。于是船长决定雇用拖轮将船拖往新港修理，检修后重新驶往新加坡。事后调查这次事件造成的损失有：(1) 800箱货被烧坏；(2) 500箱由于灌水灭火受到损失；(3) 主机和部分甲板被烧坏；(4) 拖船费用；(5) 额外增加的燃料和船长、船员工资。从上述各项的性质来看，哪些属于单独海损？哪些属于共同海损？

【案例分析】

本案例 (1)、(3) 是因火灾而造成的直接损失，不具备共同海损成立的条件，属单独海损。(2)、(4)、(5) 是因维护船、货共同安全，进行灌水灭火而造成的损失和产生的费用，属于共同海损。

3. 海上费用

海上费用(Marine Expenses)指由海上风险造成的由保险人承保的费用损失。保障的费用主要有施救费用、救助费用和特别费用。

(1) 施救费用(Sue and Labor Expenses)。指保险货物遭受保险责任范围内的自然灾害和意外事故时，被保险人或其代理人、雇用人员和受让人等为抢救被保险货物，防止损失继续扩大而采取措施所支付的费用。这种费用由保险公司负责赔偿。

(2) 救助费用(Salvage Charges)。指保险标的在运输途中遇到承保范围内的灾害事故时，由保险人或保险人以外的无契约关系的第三者采取救助措施而向第三者支付的报酬。保险人负责赔偿救助费用，但救助必须成功。

(3) 特别费用(Special Charges)。指运输工具遭受海难后在避难港卸货所引起的损失，以及由于卸货、存仓、运送货物产生的费用。特别费用属保险人赔付范围，但其支出必须合理。

4. 我国海洋运输货物保险

我国海洋运输货物保险的险别分为基本险和附加险。基本险包括平安险、水渍险和一切险。附加险包括一般附加险和特殊附加险。

(1) 基本险。

①平安险(Free from Particular Average)。英文原意为“单独海损不赔”，就是保险人对单独海损不负责赔偿。

按我国现行保险条款，具体包括：

• 在运输过程中，被保险货物由于恶劣气候、雷电、海啸、地震、洪水等自然灾害和运输工具发生意外事故，造成被保货物实际全损或推定全损。

• 由于运输工具搁浅触礁、沉没、互撞以及失火、爆炸等意外事故造成的货物全部或部分损失。

• 只要运输工具发生上述意外事故，无论之前或之后，或在海上遭受恶劣气候，雷电、海啸、地震等自然灾害，造成保险货物的部分损失。

• 装卸时，一件或数件货物落海造成的全部或部分损失。

- 被保险人对遭受承保责任范围内的危险的货物，采取抢救，防止货物损失或减少损失所采取的措施而支付的合理费用。但是，不能超过该批货物的保险金额。
- 运输工具遭受自然灾害或意外事故，需要在途中港口或避难港停靠，由此引起的装卸货物、仓储、运送货物的特别费用。
- 发生共同海损所引起的牺牲、分摊费、救助费。
- 运输契约订有“船舶互撞条款”，按该条款规定，应该由货主偿还船方的损失。

平安险是三种基本险别中保险人责任最小的一种。

②水渍险(With Particular Average)。原意为“单独海损负责”。除承保平安险的各项责任外，还负责被保险货物由于恶劣气候等自然灾害造成的部分损失。

③一切险(All Risks)。除承保平安险和水渍险的各项损失外，还承保由于外来原因招致的全部或部分损失。所谓外来原因是指由一般附加险承担的损失，而不包括特别附加险和特殊附加险。

(2) 附加险。

附加险承保由外来风险所造成的损失，可分成一般附加险和特殊附加险，分别对应于一般外来风险和特殊外来风险。

①一般附加险。包括偷窃提货不着险、淡水雨淋险、渗漏险、短量险、钩损险、破碎碰损险、锈损险、混杂沾污险、串味险、受潮受热险、包装破裂险等11种。

②特殊附加险。主要有战争险、罢工险、舱面险、拒收险、交货不到险、黄曲霉素险、进口关税险以及货物出口到港澳地区的存仓火险责任扩展条款等8种。

附加险不能单独投保，可在投保一种基本险的基础上，根据货运需要加保其中的一种或若干种。投保了一切险后，因一切险中已包括了所有一般附加险的责任范围，所以只需在特殊附加险中选择加保。

(3) 我国海洋运输货物保险的注意事项：

①平安险、水渍险和一切险承保责任起讫，采用国际保险业之惯例，即“仓至仓条款”(Warehouse to Warehouse 简称 W/W)的办法处理。

②当货物从目的港卸离货轮时起，满60天，不论是否进入收货人之仓库，保险责任均告终止。

③如果上述货物在60天内，没有进入收货人之仓库，而是根据需要转运到非保险单所载明的目的地时，则以该货物开始转运时，保险责任终止。

④如果被保险货物在运至保险单所载明的目的地以前的某一仓库时，就发生分配、分派之情况，则该仓库就作为被保险人之最后仓库，保险责任在货物运抵该最后仓库时终止。

(二) 陆上运输货物保险

陆上运输货物保险是货物运输保险的一种，分为陆运险和陆运一切险。

(1) 陆运险(Overland Transportation Risks)。指被保险货物在运输途中遭受暴风、雷电、地震、洪水等自然灾害，或由于陆上运输工具(主要是指火车、汽车)遭受碰撞、倾覆或出轨所造成的损失。保险公司对陆运险的承保范围大致相当于海运险中的“水渍险”。

(2) 陆运一切险(Overland Transportation All Risks)。指除包括上述陆运险的责任外，保险公司对被保险货物在运输途中由于外来原因造成的全部或部分损失，也负赔偿责任。

（三）航空运输货物保险

航空运输货物保险（Air Transportation Cargo Insurance）分为航空运输险和航空运输一切险两种。

（1）航空运输险（Air Transportation Risks）。航空运输险的责任是被保险货物在运输途中遭受雷电、火灾、爆炸或由于飞机遭受恶劣气候或其他危难事故而被抛弃，或由于飞机意外事故所造成的全部或部分损失。

（2）航空运输一切险（Air Transportation All Risks）。是指除包括上述航空运输险的责任外，对被保险货物在运输途中因外来原因造成的也负赔偿责任。

（四）邮包保险

邮包保险（Parcel Post Risks）是承保通过邮政局邮包寄递的货物在邮递过程中发生保险事故所致的损失。凡是以邮包方式将贸易货物运达目的地的保险均属邮包保险。邮包保险按其保险责任分为邮包险（Aarcel Post Risks）和邮包一切险两种。

（1）邮包险。邮包险的承保责任范围是保险公司赔偿被保险邮包在运输途中，由于恶劣气候、雷电、地震、洪水等自然灾害，或由于运输工具搁浅、触礁、沉没、碰撞、倾覆、坠落、失踪、失火和爆炸等意外事故所造成的全部或部分损失，还包括海运途中共同海损的牺牲、分摊和救助费用。

（2）邮包一切险（Parcel Post All Risks）。邮包一切险的责任除包括上述邮包险的各项责任外，还负责被保险邮包在运输途中由于外来原因所致的全部或部分损失。

二、货物运输保险实务

（一）办理投保手续

被保险人向保险公司投保，是一种签订契约的法律行为。被保险人发出要约，习惯上多以书面形式提出，经保险人承诺，双方就确定了契约关系。被保险人提出的书面申请，称为投保单或投保书（Application）。

（二）选择投保险别

对保险险别的选择，应根据货物的性质、包装、运输、装载、季节、气候以及安全等具体情况全面考虑，做到既要使货物得到充分的保险保障，又要注意保险费用的合理负担。例如，易碎的玻璃要保一切险（一切险承保责任范围包括破碎损失）。

（三）保险金额的确定和保险费的计算

（1）保险金额（Insured Amount）。按照国际保险市场的习惯做法，出口货物的保险金额一般按 CIF 货价另加 10% 计算，这增加的 10% 叫保险加成，也就是买方进行这笔交易所付的费用和预期利润。保险金额计算的公式是：保险金额 = CIF 货值 ×（1 + 加成率）。

（2）保险费（Premium）。投保人按约定方式缴纳保险费是保险合同生效的条件。保险费率（Premium Rate）是由保险公司根据一定时期、不同种类的货物的赔付率，按不同险别和目的地确定的。保险费根据保险费率表按保险金计算，其计算公式是：保险费 = 保险金额 × 保险费率。

在进口业务中，按双方签订的预约保险合同承担，保险金额按进口货物的 CIF 货值计算，不另加减，保险费率按“特约费率表”规定的平均费率计算；如果按 FOB 价进口货物，则按平均运费率换算为 CFR 货值后再计算保险金额，其计算公式如下：

FOB 价进口货物：保险金额 = [FOB 价 ×(1 + 平均运费率)]/(1 - 平均保险费率)

CFR 价进口货物：保险金额 = CFR 价/(1 - 平均保险费率)

（四）保险单据

保险单据是保险人与被保险人之间订立保险合同的证明文件，它反映了保险人与被保险人之间的权利和义务关系，是保险人的承保证明。当发生保险责任范围内的损失时，它是保险索赔和理赔的主要依据。国际贸易保险常用的保险单据一般有保险单(Insurance Policy)、保险凭证(Insurance Certificate)、联合凭证(Confined Certificate)、预约保险单(Open Policy)和批单(Endorsement)。其中以保险单、保险凭证较为常见。

(1) 保险单，俗称大保单。它是保险人和被保险人之间成立保险合同关系的正式凭证，因险别的内容和形式有所不同。海上保险最常用的形式有船舶保险单、货物保险单、运费保险单、船舶所有人责任保险单等。其内容除载明被保险人、保险标的(如是货物应填明数量及标志)、运输工具、险别、起讫地点、保险期限、保险价值和保险金额等项目外，还附有有关保险人责任范围以及保险人和被保险人的权利和义务等方面的详细条款。保险单可转让，通常是被保险人向银行进行押汇的单证之一。在 CIF 合同中，保险单是卖方必须向买方提供的单据。

(2) 保险凭证，俗称小保单。它是保险人签发给被保险人，证明货物已经投保和保险合同已经生效的文件。证上无保险条款，表明按照本保险人的正式保险单上所载的条款办理。保险凭证具有与保险单同等的效力，但在信用证规定提交保险单时，一般不能采用保险单的简化形式。

（五）保险索赔

保险索赔指当被保险人的货物遭受承保责任范围内的风险损失时，被保险人向保险人提出的索赔要求。

索赔时应注意几个问题：

(1) 被保险人得知或发现货物已遭受保险责任范围内的损失，应及时通知保险公司，并尽可能保留现场。由保险人会同有关方面进行检验，勘察损失程度，调查损失原因，确定损失性质和责任，采取必要的施救措施，并签发联合检验报告。

(2) 当被保险货物运抵目的地，被保险人或其代理人提货时发现货物有明显的受损痕迹、整件短少或散装货物已经残损，应立即向理货部门索取残损或短缺证明。如货损涉及第三者的责任，则首先应向有关责任方提出索赔或声明保留索赔权。在保留向第三者索赔权的条件下，可向保险公司索赔。被保险人在获得保险补偿的同时，须将受损货物的有关权益转让给保险公司，以便保险公司取代被保险人的地位或以被保险人名义向第三者责任方进行追偿。保险人的这种权利，叫做代位追偿权(The Right of Subrogation)。

(3) 采取合理的施救措施。保险货物受损后，被保险人和保险人都有责任采取可能的、合理的施救措施，以防止损失扩大。因抢救、阻止、减少货物损失而支付的合理费用，保险公司负责补偿。被保险人能够施救而不履行施救义务，保险人对于扩大的损失甚至全部损失有权拒赔。

(4) 备妥索赔证据，在规定时效内提出索赔。保险索赔时，被保险人通常应提供的证据有：保险单或保险凭证正本；运输单据；商业发票和重量单、装箱单；检验报告；残损、短量证明；向承运人等第三者责任方请求赔偿的函电或其他证明文件；必要时还需提

供海事报告；索赔清单，主要列明索赔的金额和计算依据，以及有关费用项目和用途等。根据国际保险业的惯例，保险索赔或诉讼的时效为自货物在最后卸货地卸离运输工具时起算，最多不超过两年。

（六）保险的除外责任

除外责任是指保险人不予负责的损失或费用，一般都属非意外的、非偶然性的或需特约承保的风险。保险公司的除外责任包括：

①被保险人的故意行为或过失所造成的损失；

②属于发货人所负责任或被保险货物的自然消耗所引起的损失；

③在保险责任开始前，被保险货物已存在的品质不良或数量短差所造成的损失；

④被保险货物的自然损耗、本质缺陷、特性以及市场跌落、运输延迟所引起的损失和费用；

⑤由于战争、工人罢工或运输延迟所造成的损失。

海运、空运、陆运、邮运保险的除外责任基本相同。

（七）承保责任的起讫期限

汽车贸易货物运输险承保责任的起讫期限，是从被保险货物运离保险单所载明的启运地发货人的仓库或储存处所开始运输时生效，包括正常陆运和有关水上驳运在内，直至该项货物送交保险单所载明的目的地收货人仓库或储存处所，或被保险人用作分配、分派或非正常运输的其他储存处所为止。但如未运抵上述仓库或储存处所，则以被保险货物到达最后卸载的车站后，保险责任以60天为限。不过，在陆上运输货物保险中，除被保险货物保水运一切险和陆运一切险外，经过协商还可以加保陆上运输货物保险的附加险，如陆运战争险等。

拓展知识

拓展9.1 汽车贸易信用保险

传统的汽车贸易支付方式主要采用信用证结算方式，这种结算方式比较安全，风险较小，但手续烦琐，交易速度慢，交易成本高。随着科技的高速发展，非信用证结算方式成为汽车国际贸易的新趋势。据统计，在欧美等发达国家，80%以上的汽车出口贸易通过非信用证方式结算。但是，非信用证结算方式需要更多地承担收不回货款的风险，为消除这种风险，出口贸易信用保险应运而生。

一、出口贸易信用保险的概念

出口贸易信用保险是国家为推动外贸出口，保障出口企业收汇安全而制定的一项由国家财政提供保险准备金的非赢利的政策性保险业务。中国出口信用保险公司及其各地分支机构是开展该业务的唯一单位。

除了政策性、不以赢利为目的的区别外，出口信用保险公司与国际贸易中普通进出口货物保险的主要区别还在于承保的对象和风险范围不同。普通进出口货物保险是承保自然灾害、意外事故即“天灾人祸”的风险，而信用保险主要承保包括政治风险事件、买方破产或者无力偿付债务、买方拒绝受领货物等情况的风险。

二、出口贸易信用保险的特点

出口贸易信用保险是一种特殊的财产保险。它具有如下特征：

(1) 具有损失补偿和支持融资的双重职能。当出口商交付货物后，要等信用期满才能收回货款。在这个过程中，出口商可以以出口信用保险单为抵押向银行申请贷款。

(2) 出口贸易信用保险的费率拟定具有特殊性。出口贸易信用保险承保的风险是商业风险和政治风险，它们的发生往往受社会、政治环境及进口商经营情况和经营作风的影响，因而发生的规律不具有均一、稳定、重复的特征，不符合大多数法则运作的要求。因此，厘定费率时，主要不是考虑赔付情况，而是考虑进出口国的政治、经济及外汇收支情况等。

(3) 出口贸易信用保险属于政策性保险。出口贸易信用保险是以鼓励本国出口商扩大出口为目的，体现国家的政策意图。它一般由政府机构经营或政府参与经营，政府以经营者和管理者双重身份对出口信用保险的经营进行直接调节。出口贸易信用保险是国家促进对外创汇的重要措施，以收支平衡为经营原则，它的经营更侧重于社会效益。

(4) 实行多年期损益核算期。出口贸易信用保险运作的整个过程，包括生产期(从合同产生日到发货日)、信用期(从发货日到应付款日)、赔款等待期(从应付款日到应赔款日)、理赔期(从应赔款日到实际赔款日)和追偿期(从实际赔款日到结案日)。由于出口贸易信用保险业务经历的环节多，特别是追偿期又很长，因此，必须采用较长的损益核算期。按照国际惯例，出口贸易信用保险业务实行三年(或五年、或七年)结算损益的核算办法，有些特殊合同的损益核算期限甚至更长。

三、出口贸易信用保险的作用

(一) 鼓励扩大出口的政策性工具

(1) 出口贸易信用保险具有政策性。开办这项业务不是为盈利，而是为一个国家的出口和对外投资提供保障和便利，具有很强的政策导向性。它的使用与国家的外交、外经贸政策密切结合。

(2) 以政府的财政为后盾。从技术层面看，它所承担的风险受国际政治、经济等因素的影响剧烈，因此，不具备商业化运作的盈利条件；从政策层面看，由于这项业务体现政府的外交意图和外贸导向，必须有政府的主导作用才能确保其实现。

(3) 出口贸易信用保险的发展与国家的经济发展水平和国际地位相关。出口贸易信用保险产生于发达国家，它既是一个国家经济实力，尤其是国家经济的国际竞争力的晴雨表，又是一个国家经济发展和国际地位提高后的必然要求和体现。

(二) 可以给企业带来利益

(1) 出口贸易信用保险为企业提供风险防范和损失赔偿机制，帮助企业稳健经营。一旦发生损失，由出口贸易信用保险机构给予企业经济补偿，避免企业产生呆坏账，维护企业和银行权益，保证出口企业和银行业务稳健运行。

(2) 出口贸易信用保险可帮助企业采取灵活多样的贸易结算方式，开拓新市场，扩

大业务量，提高企业竞争力，扩大企业出口规模。

（3）出口贸易信用保险可以为企业提供融资便利。资金短缺、融资困难是企业共同的难题，投保信用险后，收汇有了安全保障，银行愿意提供资金融通，便于企业获得出口融资。

（4）出口贸易信用保险可以帮助企业提高风险管理水平。企业通过投保信用险，获得更多买家信息，得到买方资信调查和其他相关服务，加强应收账款管理，提高自身信用等级和风险管理水平。

四、出口贸易信用保险的种类

（一）短期出口贸易信用保险

短期出口贸易信用保险适用于期限在180天以内、最长不超过365天的出口货物信用保险，可采取D/P(付款交单)、D/A(承兑交单)或OA(赊账)等商业信用支付方式。它主要适用于批量多、重复性强的初级产品和消费性货物的出口。短期出口贸易信用保险对商业风险的最高赔付率一般不超过95%，政治风险的赔付率一般也不超过95%。短期出口贸易信用保险适用范围广，业务量大，有固定的保单格式和保单条款，是出口贸易信用保险中开办最为广泛的险种。短期出口贸易信用保险的经营方式与一般财产保险相似，业务管理较为规范，具有固定的程序。

（二）中长期出口贸易信用保险

中长期出口贸易信用保险是指信用期限超过一年，一般不超过十年的出口贸易信用保险。它适用于出口资本性货物或半资本性货物的长期信用贸易。资本性货物或半资本性货物指船舶、飞机、成套设备及承包工程等。结合国际贸易的分类形式，中长期出口贸易信用保险又可分为货物出口类、承包工程类和海外投资类等。由于资本性货物的出口一般没有持续性的交易，需要买卖双方逐项谈判并签订合同，因此，保险公司也逐项地按买卖双方签订的合同承保。保险公司通常应介入合同谈判和可行性分析工作，对不同的合同，设计不同的保单，采用不同的费率。中长期出口贸易信用保险一般没有固定的保单格式和固定的保单条款内容。

五、出口贸易信用保险的承保范围和除外责任

（一）承保范围

出口贸易信用保险承保的主要风险是拒绝付款风险。因此，出口贸易信用保险一般承保商业风险和政治风险，有的也承保汇率变动风险。

（1）商业风险。商业风险是指完全由于买方自身的商业信用产生的风险，即由于进口商的责任而不能如期偿付货款的风险，主要包括买方破产、拒收货物、拒付货款、长期拖欠货款等。

（2）政治风险。政治风险是指买卖双方均无法控制的特别风险。出口贸易信用保险承保的政治风险包括国家风险和汇兑风险。国家风险是指买方国家发生战争、内战或其他政治事件，政府阻止或禁止买方履行义务而使买方不能付款或合同无法执行而产生的风险。汇兑风险是指由于进口国外汇储备严重不足，进口商虽然有偿还能力并愿意偿还，但国家不允许其兑换足够的外汇偿付出口商货款。政治风险主要包括禁止货物进口、撤销原

已发给的进口许可证、禁止货款汇出以及发生战争或严重自然灾害等非常事件。

（3）汇率变动风险。汇率变动风险是指浮动汇率制下，由于汇率波动而使出口商收进外汇时遭受损失的风险。汇率变动风险给出口商造成损失的情况有两种：一种是出口商为执行合同必须以外汇从国外进口原材料或零部件，在支付货款时，可能因本国货币的兑换率下降要多付出本国货币而蒙受经济损失；另一种是出口商以本国货币收购在本国生产的产品，以他国货币计价出口，在收回货款时，如本国货币对他国货币比价上升，出口商实际收回的本国货币就会减少而遭受经济损失。

我国的出口贸易信用保险主要承保商业风险和政治风险。

（二）除外责任

出口贸易信用保险的除外责任主要有：

（1）应由货物运输保险或者其他保险承担的损失。

（2）由于被保险人或代表他的任何人违反合同或不遵守法律引起的损失。

（3）在将货物交付承运人前，由于买方根本违反合同或预期违反合同，被保险人已有权解除或中止合同，仍向其出口货物而发生的损失。

（4）在交付货物时，由于买方没有遵守所在国的法律、法令而未能得到进口许可证导致的损失。

（5）由于被保险人或买方的代理人或被保险人的承运人，或任何有关的银行或金融机构破产、欺诈、违约或其他行为引起的损失。

（6）信用保险合同明确约定的保险人不承担保险责任的其他风险损失。

【案例9－5】 力帆汽车获得1367万元出口信用保险赔偿

“如果把这张支票换成100元大钞，可能要用一辆卡车来拉。”昨日上午，力帆集团董事长尹明善从中国出口信用保险公司接过1367万元人民币保险赔款支票时说，有出口业务的企业一定要学会转移风险。

赔款源于力帆集团向乌克兰出口的820台轿车无法收回货款。力帆集团副总裁牟刚称，以前力帆轿车出口乌克兰时，当地的经销商付款比较守信。但去年6月至7月份，集团再次向乌克兰出口820台轿车时，当地买家无钱接货，部分轿车被经销商接去以后也收不回款。

“幸好我们买了保险。”力帆集团有关人士称，为了规避产品出口过程中的风险，他们购买了中国出口信用保险公司的出口信用保险，只要遇到国外买家出现信用问题，由保险公司赔偿出口损失。

“我们向力帆集团赔付出口损失。”中国出口信用保险公司重庆营业管理部总经理王华称，针对出口信用保险单项下的损失，中国出口信用保险公司向力帆集团快速赔付1367万元。“这笔赔款是我市出口信用保险有史以来最大的一笔赔款”。

王华称，此次向力帆集团赔付的出口损失，主要包括三大部分——由于乌克兰买家无钱接货，所以造成了运输成本损失；部分货物被乌克兰买家接去以后，现在收不回货款；已经运到乌克兰的货物，重新组织销售渠道也有损失。

“外国人现在是用中国企业的钱与我们做生意，做出口的企业受金融危机影响最大。”尹明善说，现在多数国外经销商要求先把货卖了再付款，国内企业一般都无法承受这种收

款压力。

尝到了出口信用保险的甜头，昨日上午，力帆集团与中国出口信用保险公司签订了全面合作协议。力帆集团有关人士称："我们集团对所有出口及任何收汇方式进行全部投保。"

【案例分析】

由于全球经济的不景气，个别国家或地区商家恶意逃债或违反合同的现象屡有发生，加大了我们汽车出口的收款风险。力帆这次遇到的就是这样的麻烦，最终靠中国出口信用保险公司这个"避风港"解决了问题，就是一个很好的案例。

【项目考核】

一、知识考核

1. 什么是班轮运输？班轮运输有哪些特点？
2. 什么是货运单据？不同运输方式下的运输单据有何不同？
3. 汽车贸易的支付工具主要有哪些？它们主要有哪些区别？
4. 试述出口信用保险在汽车贸易中的作用。

二、案例分析考核

各汽车企业运输物流详解

● 一汽大众　90%以上靠公路运输

据了解，一汽大众整车物流90%以上是公路运输，铁路运输比较少。不过，据经销商介绍，一汽大众发往北京的车有90%以上是铁路运输，并且火车可直接通往位于西四环的"八五四库"。铁路的好处就是运力大、运费低、安全，但时间长，如从长春发货到北京经销商提到车，可能需要一两周。同时铁路运输的总量会受到限制，而公路运输的好处是灵活、速度快，如长春到北京只需两三天，但由于轿运车的运力有限，一辆轿运车最多拉10辆轿车，且路上的各种收费太多，导致物流成本很高。

尽管发往全国不同地区的车辆运输距离差别很大，但这对于各地经销商的提货价并没有影响，因为主机厂的整车物流总成本早已被平均分摊到每一辆车上了。不过一汽大众一位内部人士表示，由于一汽大众年销量已达到百万辆规模，因而与物流公司签约时的单车成本就可以比销量小的主机厂要压得更低一些。

以一辆速腾为例，其运到北京的铁路路程长1 000公里左右，一般物流公司的报价大概在2000元，若是通过公路运输，成本约比铁路运输高30%～40%。

● 上汽通用五菱　95%的整车通过公路运输

上汽通用五菱是成本控制型的代表，在企业的运作中，整车物流是其销售的一个重要组成环节。据了解，目前上汽通用五菱的物流主要是通过与物流供应商的合作，依靠公路运输为主，有少量的铁路物流。"最近几年，每年我们都完成100万辆以上的整车物流运送工作，随着公司的快速发展，销量逐年攀升，物流量也逐年加大。"相关负责人告诉记者，在已经执行的整车物流中，95%的整车产品都是通过公路运输，而只有剩下的约5%是通过其他方式，比如铁路运输。

毫无疑问，物流成本对汽车的销售价格会带来一定的影响，但上汽通用五菱相关负责人指出，汽车产品的价格还是取决于采购和制造成本，同时也主要受控于市场供求的变化，物流成本的变化对汽车产品的价格影响相对较小。"值得注意的是，运输一辆微车和运输一辆中级轿车的运输成本相差不大，但是汽车产品的售价差别较大，因此物流成本对于不同价格的产品来说影响会有所不同。"该负责人指出，

目前公路运输和铁路运输的成本基本相同。

近年来随着物价的上涨，整车物流的成本也在快速上升，主要体现在燃油价格上升，人工成本升高，路桥费用增加，对整车物流的成本控制带来较大压力，粗略估算，目前单车物流成本较几年前几乎增长了近一倍。

以一辆五菱宏光为例，如今从柳州运输到北京所产生的费用包括人工成本、燃油消耗、各种路费，平均价格每辆车每公里1元左右。

● **长安福特　水陆联运是常用方式**

兵马未动粮草先行。这句古语正好印证了长安福特汽车物流的发展历史。据了解，长安福特物流部早在2001年就进行了组建。在整体上，长安福特的物流采取的是福特全球统一的物流系统。

由于地处山城重庆，长安福特除采用传统的公路运输和铁路运营外，还充分地利用了长江水运的方式实现整车发运计划。据长安集团内部人士透露，长安目前在重庆和武汉都建有运输码头，部分车型直接通过水运方式顺着长江漂流而下，然后在武汉中转至周边区域。长安福特表示，具体的运输是根据经销商所在地理位置，结合运输成本因素。当然，水陆联运是其常用方式。在运输成本问题上，长安福特表示因为属于公司内部机密，不便透露。但上述长安内部人士表示，目前水运成本将比公路运输低廉很多。

● **一汽丰田　成都工厂物流成本高**

一汽丰田目前物流也主要是外包给第三方物流公司，长久物流是其主要合作伙伴。就交通方式而言，一汽丰田主要用公路运输，其次是铁路，少量海运，海运主要是针对东南沿海以及靠近沿海的内陆城市，从天津港发出。公路自然最快最灵活，覆盖面最广，但成本也最高。海运成本最低廉，但最慢。

一般而言，单车物流成本都是按吨/公里这一单位来计算。车越大成本自然越高，如一辆大板车可以运16辆威驰，但只能拉10辆皇冠，那么皇冠的单车物流成本就比威驰要高近50%。物流成本不会影响到不同区域的提货价和终端售价。但据一位一汽丰田经销商透露，过去三年物流成本一直在涨。

从一汽丰田天津工厂发往北京的车基本采取公路运输，单车运费400元至500元。但从成都工厂发往北京的车成本则很高，因为考斯特和普拉多体积都很大，一辆大板车可能只能拉一两辆。据一位一汽丰田经销商透露，一辆考斯特从北京单独发往海口的运费为12000元，但若与物流公司合作，费用会明显降低，一辆考斯特从成都发往北京的物流成本为四五千元。

● **比亚迪　"板车都加长了"**

该公司相关负责人回忆起2005年的时候，曾从北京运过车到西安，那时每公里运费才6毛钱。2010年之后这个数字就蹿升到1.2元以上了。"你没看现在板车都加长了，就是为了一趟能多拉几辆车！"据介绍，以前一板车拉8辆，现在都10辆以上，"所增加的重量也成问题，S6比F3单车重400公斤左右，10辆也才4吨，一般的大货车超十几二十吨都很正常。"

除了普遍用公路运输，还可能考虑海运方式，从深圳运往天津港，但时间比较长，基本需要1个月以上。铁路运输成本相对低，但火车运力非常紧张，汽车企业能争取到的运输资源有限，"加上铁路运输有个需要担心的地方是车辆难以固定，它不像用板车运输有东西能够把四个车轮固定死，所以运输过程中有可能会发生车辆外观擦伤的情况，不幸损坏的车辆就不能当商品车流入市场，这些风险成本也是车企要考虑的。"上述负责人告诉记者。

以F3为例，从深圳坪山工厂发车到北京2 400公里，每公里运输成本不低于1.2元，摊到一辆F3上需要3 000元以上的运车成本。

● **郑州日产　郑州发车有优势**

郑州日产采购部部长曹卫民表示，郑州日产现在运输方式主要依靠公路，铁路运输部分不到1/3。实际上，铁路运输的价格大部分地区会比较高，比方说去广州、上海的价格偏高。"现在汽车物流成本日益上涨几乎是所有车企都面临的问题，我们从郑州运到最远的西藏、新疆这些地方摊算下来每辆高达4 000～5 000元。现在郑州最大的物流优势在于进大于出，也即外面运到郑州的车辆比郑州发出的车辆

要多，所以从郑州运往各地的线路会有一定的折扣，优惠幅度大概每辆车每公里能省 3 毛到 5 毛钱。”

以皮卡锐骐为例，从郑州运到广州公路距离是 1 800 公里左右，单车运费大概 1 000 多元。

试问：

1. 各汽车企业整车运输主要采用什么运输方式？
2. 从以上案例分析影响汽车运输成本的主要因素有哪些？

项目十　汽车商检、索赔、不可抗力和仲裁

【知识目标】

1. 掌握汽车商检方式及索赔的各种条款；
2. 分析不可抗力的内容，熟悉不可抗力的应用范围；
3. 熟悉仲裁与诉讼的区别。

【技能目标】

1. 能够根据汽车各种检验结果(含交通事故)进行汽车索赔工作；
2. 掌握汽车经济纠纷处理的一般方法。

◇引导案例◇

保险杠是原厂还是副厂生产

孙先生拥有一轴桑塔纳轿车，2010 年 3 月发生了交通意外，前保险杠严重损坏，他将车送到了特约维修站进行更换，维修站承诺用原厂配件给其更换，更换好后孙先生为此支付了 800 元人民币。过了一段时间，孙先生和朋友一块喝茶说起此事，因朋友在汽车方面是个专家，帮他一看，发现维修站给更换的保险杠根本不是原厂的，而是副厂生产的，原厂生产的保险杠和副厂生产的保险杠成本差 400 ～500 元。孙先生找到维修站，但维修站坚称更换的是原厂的，不予退回差价，孙先生一气之下诉诸法院。

引导问题

1. 哪方面的检验机构能证明保险杠是原厂还是副厂生产的?
2. 法院该如何判决?

必备知识

在汽车贸易中，商品的检验、索赔、不可抗力和仲裁，虽然不是交易合同的要件，但这些条款都涉及合同在履行过程中可能发生争议的预防和处理。所以，交易双方必须注意交接过程中的商品检验，如发生纠纷，引起争议，可通过仲裁机构解决。在双方交易过程中，如一方违约，受害者有权提出索赔；发生不可抗力因素造成合同的不能履行或不能按照预期的时间履行，可根据有关条款的规定，免除当事人的责任。商品的检验、索赔、不可抗力和仲裁是汽车贸易合同不可缺少的重要组成部分。

任务10.1　汽车商品的检验

一、商品检验

贸易中的商品检验(Commodity Inspection)，简称商检，是对卖方交给买方的货物的品质、数量、包装、残损以及货物装运技术条件等进行检验和公正鉴定。

商检还包括根据一国的法律或行政法规对某些货物进行卫生、安全、动植物病虫害的检疫。所以，在汽车国际贸易中，商检机构的选定，决定了在双方的交易履行过程中由谁进行检验和出具有关的证书，关系到双方各自的利益。商品检验是贸易合同中交易双方关注的主要条款之一。检验的机构及检验的时间、地点经双方协商后，也要在合同中具体订明。

【案例10－1】　　“调试情况报告”的纠纷

2012年4月3日，某汽车买卖双方按CIF条件和信用证付款方式签订了购买汽车零配件生产设备的进口合同。合同订立后，卖方依约发货，买方依约支付了合同总价85%的货款。按合同附件规定，15%的剩余货款，应在买方收到卖方提交的3份发票后15天内用电汇方式支付。当用户出具“调试情况报告”后，买方认为调试未成功，便拒不支付余款。卖方经交涉无果，遂向中国国际经济贸易仲裁委员会上海分会提请仲裁。

在庭审过程中，作为申请人的卖方引用了合同附件关于“验收合格报告”应由买卖双方签署，并须经中国质检局复验的规定。但被申请人辩称，“验收合格报告”不能作为合同约定的检验机构出具的检验报告，不具终局效力，对双方并无约束力。当买方发现货物存在质量瑕疵时，应向卖方提出索赔，但必须以合同约定的检验机构出具的报告作为行使补救措施的依据。因此，被申请人的答辩主张不能成立，作为被申请人的买方应向卖方支付15%的余款。

【案例分析】

本案事实表明，作为被申请人的买方仅凭出具的“调试情况报告”而拒付15%的余款，既无合同和法律依据，而且也未满足行使补救权利的形式条件。因为，合同附件规定，验收合格报告应由买卖双方共同签署，而不是凭单方面出具。交货品质是否合格，应由双方约定的中国质检局复验。“调试情况报告”显然不能视作合同约定的检验机构出具的复验报告，它对双方并不具有法律上的约束力。正确的做法应该是，当买方通过“调试情况报告”认为卖方交货品质存在缺陷时，应当及时向卖方提出品质异议，同时申请双方约定的检验机构进行复验并出具复验报告，以作为其行使补救措施的依据。只有这样，才能做到有理有据。否则，其主张是不能成立的。

【案例10－2】　　进口交货品质争议

2011年我某进出口公司(简称S公司)与德国某跨国钢铁公司新加坡公司(简称M公司)签订进口1万吨汽车产品所用拉丝盘条合同，金额为USD341 000，付款方式为L/C

180 DAYS SIGHT。检验条款规定以SGS验货报告为付款依据，以中国质检局商检结果作为索赔依据，同时约定如有争议在香港仲裁，以香港法律为准。M公司收到S公司开证后，及时发运货物并提供了全套单据，S公司接受了单据，并批示银行承兑。

货物到港后，S公司发现到货数量、质量均与合同不符，便立即通知对方。一周后M公司德国总部通过其北京办事处转来传真答复，认为中国质检局的检验方法有问题，并声称其提供的货物与合同相符，后经S公司多次交涉，对方仍无解决问题的诚意。在此情况下，S公司及时制订索赔计划并采取措施，多方调查取证，向香港国际仲裁中心提交仲裁申请，并向当地法院通报此案，以寻求支持。后由于合同中没有订明仲裁机构的具体名称，而M公司又同意再签仲裁协议，故香港国际仲裁中心不受理本案。

根据上述情况，S公司立即向当地法院提出诉讼申请，同时向法院申请诉讼保全，并就法院签发的止付令，命令开证行暂时停止支付本案项下全部货款。当对方银行提示付款时，开证行回复："由于接到法院止付令，该笔货款已被冻结，请速洽出口商，尽快解决其法律纠纷。"至此，案情急剧变化，S公司由被动反而变为主动。

这时，M公司一反常态，每天电话、传真不断，并主动派人来S公司面谈，一再表示道歉，强烈要求S公司撤诉。最后，M公司新加坡总裁亲自来北京谈判，双方终于达成和解协议。本案以M公司同意退货50%，其余货物每吨降价69美元了结。

【案例分析】

本案对外索赔终于获得圆满成功，的确来之不易！我们应吸取处理本案成功的经验。其中主要的有下列几点：

第一，对外商违约做两手准备。

当S公司发现外商交付的货物与合同规定不符时，立即向对方提出异议，力争通过友好协商求得合理解决。当发现对方根本没有解决问题的诚意时，该公司也同时准备通过仲裁或诉讼途径解决问题，并及时制订了索赔计划。事实表明，这种两手准备的经验是可取的。

第二，重视调查取证和寻求法律保护。

鉴于仲裁庭和法院处理争议案，通常都是以事实为依据，以法律为准绳，所以S公司十分重视调查取证工作。本案争议出现后，S公司通过多方调查，取得了大量有说服力的证据，足以证明交付的货物与合同规定完全不符，实属卖方欺诈行为，便及时采取果断措施，向当地法院起诉，并要求法院向银行签发止付令，以冻结本案货款。由于S公司的起诉要求有理有据，故法院受理本案并签发了止付令，从而使S公司的合法权益得到了法律上的保护。

第三，采取原则性与灵活性相结合的做法。

S公司对本案争议的处理，采取了既有原则又比较灵活的做法。比如，当对方毫无解决问题的诚意时，则坚持原则，诉诸法院。当发现对方态度有所转变，要求我方撤诉，并表示愿意面谈时，则相机行事，并本着双赢的原则与其进行谈判。经过艰苦谈判，最终达成了双方满意的和解协议。S公司这种行之有效的做法，也是可取的。

商品的检验是双方在磋商交易时的重要环节。尤其在国际汽车贸易中，双方分处不同的国家或地区，相距甚远，可能会因商品的质量、数量引起争议，所以有必要对所交的商

品进行检验并出具检验证书，作为双方交接货物、支付货款、索赔和理赔的主要依据之一。

各国对于商品的检验都有相应的法律或法令。中国于2002年颁布实施了《中华人民共和国进出口商品检验法》（以下简称《商检法》）。《商检法》规定："商检机构和国家商检部门、商检机构指定的检验机构，依法对进出口商品进行检验。凡未经检验的进口商品，不准销售、使用；凡未经检验合格的出口商品，不准出口。"由此反映出商品的检验在对外贸易中的地位及其重要性。

汽车国际贸易合同中的商检条款的主要内容包括：检验时间和地点、商品检验机构以及检验证书。在有些情况下，还在合同中列出具体的检验方法和标准。

二、检验时间与地点

在国际汽车贸易中，对货物检验时间和地点的确定，不仅关系到买卖双方的权利和义务，而且还经常牵扯到有关国际贸易法律和惯例的规定。

1. 检验时间

检验时间就是指检验的有效期限。对进口商品而言，检验时间就是索赔期限。进口商品在索赔期内检验才有效，超过合同规定的期限，一般就认为买方已经丧失了检验和索赔的权利，除非另有约定或卖方同意延长索赔期。而出口商品的检验时间就是出口装运的期限，卖方要确保货物在装运前检验并取得检验证书。

2. 检验地点

检验地点就是实际检验的地点，直接与检验权相联系。如果卖方行使检验权，检验地点一般就设在装运口岸；如果买方行使检验权，检验地点就在目的口岸。按照国际通行做法，客商选择行使检验权的检验地点，一般有以下做法：

（1）以离岸品质和离岸数量(Shipping Quality and Shipping Quantity)为准。在装运口岸装运之前，由卖方委托商检机构对商品的品质、数量等进行检验，并作为货物是否符合合同规定的最后依据。也就是说，这种做法剥夺了买方的检验权，即使买方检验后，认为货物不符合合同规定，也无权提出赔偿，这种做法显然有失公平。

（2）以到岸品质和到岸数量(Landed Quality and Landed Quantity)为准。在货物运抵目的地口岸卸货后，由买方委托商检机构对进口商品的品质、数量等进行检验，出具检验证书。检验证书作为证明货物品质、数量的最后依据。这种情况卖方不要负责货物装运前的品质、数量的检验，但要为货物运到目的口岸的品质、数量承担责任。即使卖方在装运前对货物作过检验，证明与合同相符，其检验结果也是没有约束力的，这种做法显然对卖方不利。

（3）在出口装运港(地)检验，在进口目的港(地)复验。货物在发货前进行检验，取得检验证书。检验证书作为卖方向买方要求付款，或向银行议付货款的有效凭证。货物到进口国后，买方有复验权，经过双方同意的检验机构复验后，如果出现货物与合同规定不符，复验证书作为买方向卖方提出索赔的依据。这种做法比较公平合理，它既承认卖方提供的检验证书是有效的文件，是交换货物和结算货款的依据之一，同时又承认买方具有检验货物的权利。我国在签订对外贸易合同时，普遍采用这种做法。

三、检验机构

世界各国都有自己的商检机构和公证鉴定机构。有些机构属于综合性的，有的属于专业性的；有国家设立的，也有私人或同业公会经营的。如美国食品药物管理局是国家设立的，日本海事鉴定协会是私人或同业公会经营的。还有一些非官方的商检机构，但已被政府认可并委托办理一定范围内的商检工作，如美国的“担保人实验所”。

我国的商检机构是中国质量监督检验检疫总局及其在全国各地的分支机构，对进出口商品的检验统一按照《商检法》的有关规定办理。商检机构的任务包括：

（1）法定检验。法定检验是指对重要进出口商品执行强制检验，未经检验的商品不准输入或输出。法定检验的范围包括列入《商检机构实施检验的进出口商品种类表》的商品和其他法律、法规规定的需经商检机构检验的进出口商品。属于法定检验的出口商品，未经检验合格的，不准出口；属于法定检验的进口商品，未经检验的，不准销售、使用。

（2）监督管理。监督管理是指通过行政手段，推动和组织进口商品的收货、验货和出口商品的生产经营、储运等有关部门对商品按规定要求进行检验；对有关部门、检验机构的商品检验工作实施监督管理，进行抽样检查；对重要的进出口商品及其生产企业实行质量许可制度。

（3）公正鉴定。公正鉴定是指商检机构根据对外贸易关系人的申请、外国商检机构的委托或受仲裁及司法机关的指定，以公正的态度，办理对进出口商品进行的检验和鉴定业务，并签发各种鉴定证书，作为对外贸易关系人办理进出口商品的交接、结算、计费理算、报关、纳税和处理索赔争议的有效凭证。商检机构对进出口商品实施法定检验后签发的检验证书，同样具有公正鉴定作用。

为加强进口汽车检验管理工作，中华人民共和国国家出入境检验检疫局根据《商检法》及其实施条例，制定了《进口汽车检验管理办法》，自 2000 年 1 月 1 日起施行。其中进口汽车入境口岸检验检疫机构对进口汽车的检验包括：一般项目检验、安全性能检验和品质检验。

（1）一般项目检验。在进口汽车入境时逐台核查安全标志，并进行规格、型号、数量、外观质量、随车工具、技术文件和零备件等项目的检验。

（2）安全性能检验。按国家有关汽车的安全环保等法律法规、强制性标准和《进出口汽车安全检验规程》（SN/TO792—1999）实施检验。

（3）品质检验。品质检验及其标准、方法等应在合同或合同附件中明确规定，进口合同无规定或规定不明确的，按《进出口汽车品质检验规程》检验。

整批第一次进口的新型号汽车总数大于 300 台（含 300 台，按同一合同、同一型号、同一生产厂家计算）或总值大于 100 万美元（含 100 万美元）的，必须实施品质检验；批量总数小于 300 台或总值小于 100 万美元的新型号进口汽车和非首次进口的汽车，检验检疫机构视质量情况，对品质进行抽查检验。品质检验的情况应抄报国家检验检疫局及有关检验检疫机构。

任务10.2 索 赔

一、索赔的产生

索赔(Claim)是指在进出口交易中，因一方违反合同规定，直接或间接地给另一方造成损失，受损方向违约方提出赔偿要求，以弥补其所受损失。一方对另一方提出的索赔进行处理，则是理赔(Claim Settlement)。

国际汽车货物买卖履约时间长，涉及面广，业务环节多，一旦在汽车贸易的货物生产、运输、资金移动等任何一个环节发生意外或差错，都可能给合同的顺利履行带来影响。加上国际市场变幻莫测，一方当事人往往有可能在市场行情发生不利变化时，不履行合同义务或不完全履行合同义务，致使另一方当事人的权益受到损害，从而导致索赔和理赔，甚至引起争议。

争议(Disputes)是指双方的一方认为另一方未能全部或部分履行合同规定的责任与义务引起的纠纷。在实际的交易中，引起争议的原因主要有下列几种情况：

(1) 卖方违约。在合同的履行中，卖方不交货或不按合同规定的交货期交货，或卖方所交的货物与合同规定的货物的品质、数量和性能不符等，属于卖方违约。

(2) 买方违约。在合同的执行过程中，在双方按信用证成交的条件下，买方不按期开立信用证或不开证；不按合同规定的期限付款赎单，无理拒收货物；在FOB价格术语条件下，买方没有按照合同的规定如期派船接货等；都属于买方违约。

(3) 交易双方均有违约责任。由于双方在签订合同时，一些主要条款规定欠明确，造成双方对合同条款的理解或解释不一致，对合同是否成立产生不同的看法，在履行合同中，双方均有违约行为。从违约的性质来看，可能是一方当事人的故意行为导致违约，引起争议，产生纠纷；也可能是一方当事人的过失或疏漏，对业务生疏而导致违约，引起争议。

【案例10－3】 买卖汽车配件的索赔

温州某外贸公司(买方)与香港某商人(卖方)签订了一项买卖汽车配件的合同，实际上该项进口的汽车配件国内也能生产，而且质量不错，并向国外出口，且出售价格合理。由于卖方交付的货物，实际上是从台湾厂商购进的二手货，安装后不能正常运转，于是买方就品质问题提出索赔，卖方也同意赔偿损失，买卖双方便另行签订一项赔偿协议。该协议规定：卖方应赔偿买方的损失金额为11万美元，卖方将为买方在市场上购买汽车配件赔偿买方，如汽车配件的价款低于赔偿金额，则用现金补足。赔偿协议签订后，卖方就拟赔偿的汽车配件，以大大高于市场价格水平的价格向买方报价。买方表示价格过高，不能接受，要求重新报价。卖方拖延一段时间后，再次报价，仍然高得出奇。后来，尽管买方多次拒绝，但卖方的报价仍居高不下。买方在忍无可忍的情况下，只好提请仲裁，而卖方对此则置之不理，既不进行答辩，也不派人出席庭审。

【案例分析】

本案事实表明，买方在处理这笔交易和异议索赔案中，确有失误之处，应当吸取如下教训：

第一，买方需要的汽车配件，国内能够供应，且质量不错，价格合理，就不应舍近求远用外汇从境外购买。

第二，当发现卖方交付的货物是台湾厂商淘汰下来的二手货，因其无法使用而与卖方签订了索赔协议，但该协议的规定又有下列不当之处：

（1）应明确规定偿还11万美元赔偿金的具体日期，并坚持付现金，而不应当规定购买汽车配件偿还。

（2）即使双方约定购买汽车配件偿还赔款，则对汽车配件的品质、规格、性能和价格应具体订明，以免对方钻空子。

（3）在赔偿协议中，还应明确：如用购买汽车配件偿还，而在价格等方面不能按时达成协议时，卖方仍应以现金赔偿。如有此项规定，就不会出现卖方报价居高不下的情况。

第三，在今后实际业务中，应加强对客户资信情况的调查了解，对自己经营的商品的购销渠道，应慎重选择，对产品质量应货比三家，对市场价格水平应认真比较，以便做出正确的抉择，克服工作中的盲目性。

二、索赔与理赔

在汽车贸易的索赔和理赔中，必须注意索赔依据、索赔期限、索赔金额和罚金条款等问题。买卖合同中的索赔条款通常包括索赔依据，主要规定索赔时必须具备的证据，以及出具证明文件的机构。

（1）索赔依据。索赔依据包括法律依据和事实依据两个方面，前者是指买卖合同和适用的法律规定；后者则是指违约的事实、情节及其书面证明。

（2）索赔期限。索赔期限是指受损害方有权向违约方提出索赔的期限。按照有关法律和国际惯例，受损害方只能在索赔期限内提出索赔，否则即丧失索赔权。索赔期限有约定的，也有法定的。《联合国国际货物销售合同公约》规定，索赔期限为自买方收到货物之日起两年之内。我国合同法规定，涉及货物买卖合同提起诉讼或者申请仲裁的期限为4年。

（3）索赔金额。如果买卖合同有约定的损害赔偿的金额，通常应按约定的金额提出索赔；如果合同未作具体规定，应根据有关的法律和进出口贸易业务的实际情况确定损害赔偿金额。

（4）罚金条款。在一般买卖合同中，多数只规定索赔依据、索赔期限和索赔金额，只有在买卖汽车这些大宗商品和机构设备一类商品的合同中，除规定索赔依据、索赔期限和索赔金额外，需另订罚金条款。

罚金条款也称为违约金条款或罚则，是指在合同中规定，合同当事人一方未履行或未完全履行合同义务而应向对方支付的一定数额的违约金。从性质上看，罚金具有惩罚性和补偿性两重性质。罚金条款一般使用于卖方延期交货、买方延期接货或买方迟开信用证延期付款的场合，它的特点是预先在合同中规定罚金的数额或罚金的百分率。

对于合同中的罚金条款，各国法律有不同的解释和规定。有些国家的法律对于罚金条款是给予承认和保护的，他们认为违约金可以作为惩罚违约方或作为预先约定的损害赔偿的方法。但有些国家的法律则认为，对于违约只能要求赔偿，而不能予以惩罚。我国法律规定：当事人可以在合同中约定，一方违约时向对方支付违约金，也可以约定违约产生的损失赔偿额的计算方法。但约定的违约金低于或过分高于违反合同所造成的损失，当事人可以请求法院或者仲裁机构予以增加或适当减少。我国法律还规定：当事人迟延履行约定构成违约的，违约方支付违约金后，还应当履行债务。

拓展知识

拓展 10.1　不可抗力

一、不可抗力的含义

不可抗力(Force Majeure)是指在合同签订以后，不是由于任何一方当事人的过失或疏忽，而是由于发生了当事人所不能预见、也无法事先采取预防措施的意外事故，造成合同无法履行或不能如期履行。

不可抗力事故范围较广，通常可分为两种情况：一种是由于“自然力量”引起的，如水灾、火灾、暴风、大雪、暴风雨、地震等；另一种是“社会力量”引起的，如战争、罢工、政府禁令等。各国法律一般都允许当事人在合同中订立不可抗力条款时商定不可抗力的范围。

一般而言，构成不可抗力事件应具备以下条件：①事件是在合同成立以后发生的；②不是由于任何一方当事人的故意或过失造成的；③事件的发生及其造成的后果是当事人无法预见、无法控制、无法避免和不可克服的。

凡属不可抗力而使合同的履行成为不可能，通常可解除合同。但若只是暂时阻碍合同的履行，则可推迟合同的履行。当发生这类事故时，遭遇事故的一方应提供必要的证明，并应将事故情况及时通知对方。

对造成不可抗力事故原因的解释，各国并非完全一致，如美国习惯上认为不可抗力事故仅指由于自然力量所引起的意外事故，而不包括由于社会力量所引起的意外事故。尽管在国际贸易条约和各国法律上对不可抗力没有完全一致的解释，但其基本精神还是大致相同的。对签约后价格的暴涨暴跌、货币的突然升值或贬值，虽然对任何当事人来说也是无法控制的，但这是交易中的常见现象，所以不属于不可抗力的范畴。同时，在一笔进出口交易中发生的事故是否属于不可抗力事故，还要根据合同条款的规定，看发生事故的时间、地点、规模，以及事先是否可以预见，事后是否采取必要的措施加以克服，事故是否大到使合同的履行失去基础等情况来确定。

【案例 10-4】　　不可抗力事件的确定

2011 年 3 月 7 日，买卖双方按信用证付款方式签订一份购销 200 辆汽车的售车确认书。确认书签订后，买方依约通过银行开出了信用证，但卖方未交付货物。2012 年 12 月 25 日，买方遂向中国国际经济贸易仲裁委员会提请仲裁，要求卖方赔偿其经济损失。在庭审过程中，作为被申请人的卖方辩称，本案确认书签订后，国家出口退税政策进行了重大调整，致使约定的货价发生重大变动，使卖方无能力继续履行合同。这是属不可抗力的影响，合同不能履行属免责范围，被申请人不负赔偿责任。作为申请人的买方则认为，政府退税率的变动与进口商无关，它不能构成不可抗力。后仲裁庭裁定，中国政府对出口退税率的调整，不构成不可抗力事件，不应成为被申请人不履行合同的免责理由，被申请人应负相应的赔偿责任。

【案例分析】

不可抗力事件的范围，一般包括两大类：一类是自然原因引起的水、旱灾害和地震等；另一类是社会原因引起的战争、暴动、政府封锁禁运等。中国的出口退税政策是国家为鼓励出口而制定的一项国内政策，它并不属于通常国际货物贸易中的成本项，也不涉及国外买主的权利与义务。即使中国出口退税政策的调整对价格有影响，那也与国外买主所说的不可抗力无关，因为，价格变动是正常的贸易风险，交易双方一旦约定了合同价格，任何一方就不得随意改变，更不得以此为由而不履行合同。

在本案结论中，仲裁庭认为，中国政府对出口退税率的调整，并不构成不可抗力事故，不应成为被申请人不履行合同的免责理由。

二、不可抗力的内容

在不可抗力条件中，一般应包括：不可抗力事故的范围，不可抗力事故的法律后果，出具事故证明的机构和不可抗力通知的期限和方式。

（1）不可抗力事故的范围。前面已经提到不可抗力事故包括自然现象中的地震、水灾、火灾、飓风、暴风雪和社会现象中的战争、动乱、罢工、政府禁令等。在规定不可抗力事故的范围时，首先要根据国家的方针政策，不要把政策所不允许的内容列进去；其次，应当规定得具体一些，不能笼统或含糊不清，以免产生不同的解释，带来不必要的麻烦。

（2）不可抗力事故的法律后果。各国一般认为不可抗力事故引起的法律后果主要有两种情况，即解除合同与迟延履行合同。当事故使合同履行成为根本不可能时，可解除合同；当事故只是暂时阻碍合同的履行，只能是迟延履行合同。

（3）出具事故证明的机构。在国外一般是由事故发生地的商会、注册的公证人出具这种证明，在我国则一般由中国国际贸易促进委员会负责。

（4）不可抗力通知的期限和方式。我国《合同法》第 118 条规定：“当事人一方因不可抗力不能履行合同的，应当及时通知对方，以减轻可能给对方造成的损失，并应当在合同期限内提供证明。”《联合国国际货物销售合同公约》第 79 条 4 款规定：“不履行义务的一方必须将障碍及其对他履行义务能力的影响通知另一方。如果该项通知在不履行义务的一方已知道或理应知道此障碍后一段合理时间内仍未为另一方收到，则他对由于另一方未收到通知而造成的损害应负赔偿责任。”在合同中应按这一规定订明通知的期限和方式，以明确责任。

三、不可抗力条件在合同中的订明方式

（1）概括式。即在合同中不具体订明哪些现象是不可抗力事故。如，“由于人力不可抗拒事故影响而不能履行本合同的一方，经与另一方协商同意后，可根据实际所受影响的时间，延长履行合同的期限，对方对由此而产生的损失不得提出赔偿要求。”这样只作概括的规定，比较含混。

（2）列举式。是合同双方当事人把他们认为可以作为不可抗力的事件都一一加以明确规定，凡没有订明的就不作为不可抗力事件。这种方式比较明确，可以采用，但容易遗漏。

（3）综合式。即把概括式和列举式结合起来订明。这种方式是将主要的不可抗力因素一一列举，再加上“以及其他卖方力所不能及之事”。这种方式比较灵活，采用者较多。例如：“如因战争、地震、严重的风灾、雪灾、水灾、火灾以及双方同意的其他人力不可抗拒的原因，致使任何一方不能在本合同规定的有效期内履行合同，如此种行为或原因在合同规定的有效期后继续存在三个月，则本合同未交货部分即视为取消。遭受事故影响一方，不负任何责任，但应及时书面通知对方，并提供发生此类事故的证明书。该证明文件，如由卖方提出时，应由中国国际贸易促进委员会出具；如由买方提出，应由×××出具。”

拓展10.2　仲　　裁

一、仲裁的概念

仲裁(Arbitration)又称公断，是贸易双方在执行合同中发生争议，按协议将有关争议提交仲裁机构裁决。

仲裁是解决贸易中买卖双方争议的一种重要方式。在贸易中，交易双方如果发生了贸易纠纷，可以采取协商、调解、仲裁或诉讼等方式解决。采用协商或调解方式解决纠纷，气氛比较和善友好，有利于今后双方业务的发展。但是，在某些情况下，经过协商或调解，仍然难以达成协议，就不能不通过法律途径解决，或者是提交仲裁，或者是向法院起诉。诉讼与仲裁两者比较，一般认为仲裁方式较好。

仲裁分为质量仲裁和技术性仲裁两种。前者是因商品的品质、规格问题引起的；后者是因单据的解释不同而引起的。兼有质量问题和技术性问题的仲裁，叫做“混合仲裁”。如果是国际贸易，由于当事人是处于不同国家的商人，也有人把这种仲裁称为国际仲裁。

二、仲裁与诉讼的区别

仲裁是解决对外贸易争议的一种方式。它是由买卖双方达成仲裁协议，如有争议通过协商不能解决时，自愿将有关争议提交给双方同意的第三者进行裁决。

诉讼是发生争议案件时，有关当事人依法通过法院进行审理。诉讼也是解决对外贸易争议的一种方式。它虽然没有仲裁那样被普遍采用，但也是常见的一种方式。

仲裁与诉讼的不同之处主要有以下方面：

（1）仲裁必须经双方当事人同意，并向仲裁机构提交申请书和书面的仲裁协议，仲裁机构才有权受理。仲裁协议是指双方当事人表示愿意将有关纠纷或争议提交仲裁的书面文件，它有两种形式：一种是在合同中订上一条仲裁条款，这是在双方当事人在争议还未发生之前订立的；另一种是由双方当事人在争议发生后订立的表示同意交付仲裁解决的仲裁协议，是独立于合同之外的文件。而诉讼是由一方当事人单方面向法院提出的起诉。诉讼不需要双方当事人事先或事后达成什么诉讼协议，只要一方向有管辖权的法院起诉，另一方就必须应诉。但是，对外贸易争议案件是具有涉外因素的案件，究竟哪国的法院对案件有管辖权，就成为一个突出的复杂问题。对管辖权问题各国法律规定的标准是不同的，国际上也没有被普遍接受的规则或惯例。但大多数国家的法律和某些国际条约中一般都承认协议管辖的原则。

（2）仲裁员是双方当事人选定的，法官则是由法院指定的。仲裁员多为国际贸易和法律问题专家，处理贸易纠纷相对比法院快。

（3）仲裁裁决一般都是终局裁决，双方当事人都不可以向法院或者其他机关提出变更的要求；而诉讼的法院判决，则都是允许上诉的。

（4）仲裁比诉讼具有较大的灵活性，时间较短，费用较少，气氛也比诉讼缓和，仲裁裁决也较易为双方所接受和执行。因此，仲裁作为解决对外贸易纠纷与争议的一种方式，在国际上已逐渐成为一种普遍采用的制度。

【案例 10－5】 仲裁条款的作用

中国某公司曾与美国某商人签订一项买卖汽车零配件的合同，合同背面载有仲裁条款。后在履约过程中，双方发生争议，美国商人遂向美国法院起诉中方公司。该法院受理此案后，即向中方公司发出传票，中方公司即以合同背面载明的仲裁条款为证，提出抗辩，要求美国法院不予受理，美国法院核实材料后，只好承认它对本案无管辖权。后来，该争议案仍按双方约定的仲裁条款，通过仲裁途径解决。

【案例分析】

仲裁协议最主要的作用就是，排除了法院对该争议案的管辖权，并使约定的仲裁机构取得对该争议案的管辖权。因此，在本案合同订有仲裁条款的情况下，争议双方不得就彼此间的争议诉诸法院，法院也无权受理该争议案。本案争议只能由双方约定的仲裁机构来解决。本案合同项下的申请人向美国法院起诉，不仅违反双方协议，而且也有悖国际贸易法律的一般规定，中方及时就此提出抗辩，以维护自身的合法权益，是十分必要的。通过本案事实，说明在合同中规定仲裁条款，具有重要的法律和实践意义。

三、仲裁形式和机构

（一）仲裁形式

仲裁有临时仲裁和机构仲裁两种。

（1）临时仲裁。这是指由争议双方共同指定的仲裁员自行组织成临时仲裁庭所进行的仲裁。临时仲裁庭是为审理某一具体案件而组成的，案件审理完毕，仲裁庭自行解散。仲裁起源于临时仲裁。

（2）机构仲裁。这是指由双方当事人约定的常设仲裁机构按照其仲裁规则或双方当事人选定的仲裁规则所进行的仲裁。所谓常设仲裁机构，是指根据一国法律或有关规定设

立的，有固定名称、地址、仲裁员设置和具备仲裁规则的仲裁机构。一般来说，双方当事人约定由哪个常设仲裁机构仲裁，就应按该机构的仲裁规则进行仲裁。但有的国家也允许双方当事人自由选用他们认为合适的其他仲裁规则。国际商事仲裁大多采用机构仲裁。

（二）仲裁机构

在国际上，有些国际组织和许多国家或地区，都成立了常设仲裁机构。除设在巴黎的国际商会仲裁院外，有英国伦敦仲裁院、瑞典斯德哥尔商会仲裁院、瑞士苏黎世商会仲裁院、美国仲裁协会、日本国际商事仲裁协会以及中国香港国际仲裁中心等。我国常设的涉外仲裁机构主要是中国国际经济贸易仲裁委员会，该委员会设在北京，在上海和深圳分别设有分会。此外，我国有些省市和地区，近年来还按实际需要酌情设立了若干地区的仲裁机构。

四、仲裁协议的形式和仲裁地点

仲裁协议必须是书面的。它有两种形式：

（1）合同中的仲裁条款（Arbitration Clause），这是指在争议发生之前，合同双方当事人在买卖合同中订立的仲裁条款。

（2）提交仲裁协议（Submission），这是指由双方当事人在争议发生之后订立的，同意将争议提交仲裁的协议。

仲裁协议的形式虽有不同，其法律作用和效力是相同的。

我国仲裁规则确认了仲裁协议的独立性，即合同中的仲裁条款应视为与合同其他条款分离的、独立存在的条款，附属于合同的仲裁协议也应视为与合同其他条款分离的、独立存在的一个部分；合同的变更、解除、终止、失效或无效以及存在与否，均不影响仲裁条款或仲裁协议的效力。

确定仲裁地点十分重要。因其与仲裁所适用的法律程序以及按哪一国的规则来确定合同的实体法密切相关。在哪一国仲裁，就应用哪一国的仲裁程序，当事人未作法律选择的，按照该国的规则选择实体法以解决争议。我国对外贸易合同中对仲裁地点规定了三种情况：

（1）在中国进行仲裁。由中国国际经贸仲裁委员会及海事委员会仲裁。我们应该争取到这一点。

（2）在被告所在国常设机构进行仲裁。做不到在中国进行仲裁时，采用此方式也是国际上常用的方法。

（3）在第三国仲裁。应慎重选择对我友好、仲裁法律和规则合理、国际声誉好的仲裁机构。

五、我国的仲裁程序

仲裁程序是指仲裁的全部过程中，关于仲裁机构、仲裁人员、双方当事人（代理人、证人、鉴定人）应遵循的规则。仲裁程序是当事人、仲裁员应遵循的行为准则。按照我国国际商会涉外仲裁委员会仲裁程序规则的规定，申诉人应向仲裁机构提出仲裁申请书，申请书的内容有：

①申诉人、被申诉人的全称、地址；

②申诉要求和依据的事实、证据；

③申诉人指定一名仲裁员或委任仲裁委员会代为指定；

④申诉人预缴仲裁费，金额为争议标的的0.5%。仲裁委员会收到仲裁申请后，应将有关文件通知被申诉人，被申诉人必须在规定的时间内做出答复。

按我国仲裁规则规定，争议案件一般由一名首席仲裁员和两名仲裁员组成合议仲裁庭，共同审理。如果争议双方同意，也可共同选定一名仲裁员对争议案件进行审理。案件的审理，一般在北京进行，必要时，经仲裁委员会主席批准，也可在我国其他地方进行。至于开庭日期，一般由仲裁委员会主席或首席仲裁员决定。在审理前，我国仲裁委员会力求促使双方当事人通过友好协商解决纠纷，重视在双方自愿的基础上进行调解。如调解能达成和解协议，仲裁委员会便按双方协议作出《调解书》结案。调解无效，始按仲裁程序进行审理。采用调解与仲裁相结合的办法解决争议，这是我国对外贸易仲裁的一个显著特点。

裁决是程序的最后一个步骤。裁决作出后，审理程序即告终结。根据各国仲裁规则的规定，仲裁裁决必须以书面形式作出。仲裁裁决是终局的，双方当事人均不可以向法院起诉要求变更。我国《仲裁法》与国际上的多数国家一样，对仲裁实行一裁终局制度，即仲裁是终局的，对双方当事人均有约束力。

六、仲裁裁决的承认与执行

仲裁裁决的承认是指法院根据当事人的申请，依法确认仲裁裁决具有可予执行的法律效力。裁决的执行是指当事人自动履行裁决事项，或法院根据一方当事人的申请依法强制另一方当事人去执行裁决事项。国际贸易中仲裁裁决的承认与执行涉及一个国家的仲裁机构所作出的裁决要由另一个国家的当事人去执行的问题。由于仲裁机构未被赋予强制执行的权力，在此情况下，国外的当事人一方拒不执行仲裁裁决，仲裁机构则无能为力。为了解决在执行外国仲裁问题上产生的矛盾，曾订有关于承认和执行外国仲裁裁决的国际公约。在联合国主持下，于1958年在纽约缔结的《承认和执行外国仲裁裁决公约》（简称1958年纽约公约），是这方面的一个最重要的国际公约。我国于1987年1月22日加入此公约，并作了“互惠互留”和“商事保留”。该公约强调两点：一是承认双方当事人所签订的仲裁协议有效；二是根据仲裁协议所作出的仲裁裁决，缔约国应承认其效力，并有义务执行。

【项目考核】

一、知识考核

1. 商品检验的地点有哪几种规定方法？我国对进口汽车的检验有哪几项？
2. 引起争议的原因有哪几种情况？如何理解罚金条款？
3. 构成不可抗力事件的条件有哪些？不可抗力的内容有哪些？
4. 仲裁与诉讼有何区别？仲裁有哪些程序？

二、案例分析考核

私自改装　后果自负

王先生于2009年12月23日在某汽车经销店购得奥拓车一辆，同日在该经销店内的甲保险公司受理

点办理了一份机动车保险合同，当时投保险种为车辆损失险、第三者责任险等共5项，保险期限为2009年12月26日至2010年12月25日。过了一个月后，王先生加入了某赛车俱乐部，为了参加比赛，王先生对自己的车进行了改装，主要改动了车架部分。两个月后，王先生驾车上路，发生重大交通事故，并被判令赔偿被害人12万余元。经检验，事故是由王先生私自改装车辆造成的，主管部门依据《道路交通事故处理办法》作出交通事故责任认定书，认定驾驶员因私自改装车辆，造成事故，负全部责任。事后，王先生依据机动车保险合同向保险公司索赔，保险公司以保险条款上有明确免责事由而拒赔。王先生起诉到法院，被判决败诉。

? 试问：

王先生起诉到法院，为何败诉？

项目十一　二手车贸易

【知识目标】

1. 了解二手车贸易；
2. 熟悉二手车估价的主要方法。

【技能目标】

掌握二手车估价的基本操作程序和主要方法。

◇引导案例◇

美国二手车的质量

过去十年，美国新车的年平均销量为 1 600 万辆，而二手车的年销量却高达 4 000 万辆以上，基本上是新车的 2 ～3 倍。美国的二手车市场总体上是一个具有很强自我规范能力的主体，政府在市场运作、车辆流通等环节的参与和干预力度都非常有限。在政策层面，美国联邦贸易委员会实行的《二手车法规》(Used Car Rule)是针对国内二手车流通管理的一部最重要的规定，主要内容包括以下两方面：

(一) 执照申领。《二手车法规》规定，在一个年度(12 个月)之内出售 5 辆二手车以上的经销商必须申领二手车销售执照，执照的发放由各个州自行管理。

(二)《买车指南》(Buyers Guide)。《二手车法规》提供了统一格式的《买车指南》，规定二手车经销商在出售二手车的同时，必须填写完整《买车指南》，并张贴在车内的明显位置，以供买方参考。《买车指南》的主要内容包括车辆的基本信息、质量状况、维修历史、厂家或经销商的质保承诺等重要信息，并且成为购车合同的一个重要组成部分，从而在法律上确保经销商提供的二手车信息的准确性，同时将消费者关心的保修承诺合同化，保证了消费者的权益。

上述《二手车法规》中规定的《买车指南》，便是政府强制规定二手车经销商增加透明度，解决买卖双方的信息不对称问题，以保护消费者的合法权益。另外，在实际流通过程中，美国的二手车市场也形成了以下两条非常有效的做法，对于保证二手车质量起到了非常重要的作用。

1. 推广认证制度

从 20 世纪 80 年代开始，美国开始出现“认证(Certified)”二手车，起初是由一些规模较大的经销商对自己出售的二手车进行认证，目前这项制度已经推广到几乎所有品牌的汽车生产商。所谓二手车质量的认证制度，就是由汽车生产商或者大型经销商对二手车进行全方位的质量检测，以确保汽车的品质达到一定的出售标准，同时，经过认证的二手车还可以在一定时期内享受与新车同样的售后保障。

2. 建立历史档案

美国有专业而且独立的汽车评估公司，利用车辆识别代码(VIN)的唯一性，为每辆车

建立档案，撰写“车辆历史报告”。报告的内容包括：所有权及变更、里程数、尾气排放检验结果、使用、维修、抵押、事故等众多重要信息。这些信息来源于生产商、车辆使用者、管理检验部门、消防与警察部门，以及租赁拍卖公司等多个途径，一方面确保了车辆历史报告的全面性，另一方面保证了信息的准确性和公正性。

消费者在购买二手车的时候，可以通过支付少许费用获得此类报告，从而对二手车的使用历史及质量情况做到心中有数，避免了由于信息不全而造成的购车盲目性。

引导问题

美国的二手车市场管理对中国二手车市场发展和管理有何借鉴？

必备知识

任务11.1　二手车贸易概述

一、二手车贸易的概念

二手车，是二手机动车的简称，由外来语 Secondhand vehicle 或 used auto 翻译而来。本章所说的二手车，特指二手汽车。

二手车贸易(Secondhand vehicle trade)，指通过正常贸易渠道将汽车的产权作两次以上的转移。这是一个颇为宽泛的概念。在我国，一辆在车管部门刚刚上了牌照的新汽车，哪怕汽车轮子根本没有转动过，或者已到了报废期限临界点前的老旧汽车，只要通过贸易途径做产权变更，都可以称之为二手车贸易。随着汽车总量的日益增加及私家车的普及，二手车资源快速增多，二手车贸易已逐渐成为汽车贸易市场的重要组成部分，也将是我国发展汽车贸易的一个重要经济增长点。

二、二手车贸易的作用

（一）二手车贸易促进汽车新车贸易的发展

发达国家的二手车交易市场已很成熟。美国 1997 年汽车交易量为 5 030 万辆，其中新车销售量为 1 530 万辆，二手车交易量为 3 500 万辆，占到交易总量的 70% 。正因为有如此巨大的二手车流通市场做后盾，美国才有如此巨大的新车市场，汽车工业也因此大受其益。在法国，汽车市场的年销售量 700 万辆左右，而其中 450 ～500 万辆是二手车，占整个市场的 2/3 以上。从这两个发达国家的例子我们可以看到，二手车市场是发展汽车工业的一个重要支撑，二手车市场的发展可以大大促进新车消费市场的发展。

随着经济的发展和人民生活水平的提高，我国居民对新汽车和二手车的需求量都在迅速增长。我国地域辽阔、人口众多，地域经济类型和经济发展水平差别很大，人们的消费理念和购买力水平也各不相同，对新汽车和二手车各有所选。汽车二手车贸易能加快我国汽车的普及，提高人们对汽车在现代生活中所起的重要作用的认同率。二手车贸易的发展不但不会取代新车市场和影响新车市场的发展；相反，二手车贸易能加快缩短汽车的更新周期，促进和带动汽车新车市场的发展。

（二）二手车贸易是汽车产业价值链的增值点

由于二手车贸易能带动汽车整修翻新、二手车鉴定评估、二手车保险、二手车信贷等多个相关行业的发展，因而能创造汽车流通领域的新价值，是汽车产业价值链的增值点。迅速发展我国汽车二手车贸易，是形成我国完整的汽车产业链、营建完整的汽车贸易流通体系的必经之路。

（三）二手车贸易平衡各地汽车市场的发展

与我国各地区的经济发展不平衡一样，各地区的汽车市场发展也不平衡。各地区之间二手车的流通在某种程度上缓解了新车高车价与低收入之间的矛盾，对于平衡我国各地区汽车市场的发展起着重要的作用。

任务11.2 国内外二手车贸易的现状与特点

一、国外二手车贸易现状

世界上很多国家，特别是发达或者较发达国家的二手车贸易已基本形成了完整的、科学规范运作的贸易系统，二手车贸易成为汽车贸易的重要组成部分。

美国、德国、日本、澳大利亚、新西兰等发达或较为发达国家的二手车贸易都十分活跃，二手车市场发育较成熟；二手车交易的相关政策和法律法规也比较健全完善，市场管理十分规范，中介组织十分发达；办理手续简便快捷，售后服务也非常完善。同时，这些国家和地区的二手车贸易形式多样化，交易手续快捷，交易规模和交易量大。美国、德国、日本等国家的二手车销售量都在新车销售量的2倍以上。

这些国家的二手车经销商都非常重视企业形象，营业厅环境整洁、明快，氛围高雅，设施现代化。二手车经销企业的资格由有关部门审批和管理。二手车都有严格的质量标准和修复行驶标准及具体的检验措施。在价格制定方面，有专门的资质鉴定估价机构。有关部门、机构或行业组织开展二手车的鉴定估价、质量检验、维修技术、售后服务等多方面的培训，在一些大学里也有相关课程对二手车贸易人员进行专业的培养和训练。

二、国外二手车贸易的特点

（一）二手车贸易产业化

在发达国家，二手车贸易的产业化特点非常明显，主要表现在以下几个方面：

（1）二手车商品化的概念清晰。产业化需要有具体的商品和商品流通，而最终进入消费市场的是商品。二手车是一种商品，在国外，二手车商品化的概念是很清晰的，二手车车龄、行驶里程等都有明确要求。同时，二手车又具有真实意义上的价值和使用价值，能给经营者带来利润，能满足消费者的利益需求。

（2）二手车贸易体系科学化。发达国家都十分重视二手车市场的发展，二手车市场发育已比较成熟。相关政策和法律法规完善，有严格的质量标准、修复行驶标准、具体的检验措施和资质鉴定估价机构；交易体系完善，市场管理规范，办理手续简便快捷，售后

服务周到。二手车贸易体系基本实现了管理科学化、宣传科学化、操作科学化、技术科学化及定价科学化。

（3）二手车贸易已形成社会规模。不少发达国家的二手车贸易形式多样，配套成龙，有二手车交易市场、二手车品牌专营、二手车置换业务、二手车拍卖批发、二手车自由贸易等。二手车贸易已形成社会规模。例如，美国、德国、瑞士、日本等国家的二手车销售量分别是新车销售量的3.5倍、2倍、1.4倍、2倍。无论是贸易体系还是贸易总额都显现出二手车贸易产业化的社会规模。

（4）二手车贸易网络化。二手车的贸易供求信息和相关资料可从Internet、地域网络上查询；还可以在汽车电子商务网络上进行二手车交易。

（5）二手车服务社会化。不少发达国家的二手车贸易鉴定、估价有着相当健全的中间指导组织，形成了强大的社会化服务体系。如德国的二手车估价，由德国汽车工业协会统一制订估价手册；在美国，也有官方颁布的二手车估价法规文件。

（二）二手车交易行为自发性

国外二手车市场的另一个显著的特点是交易行为的自发性。这种交易行为的自发性来自“供”、“需”、“商”各方的各种因素：

（1）消费观念。发达国家和较发达国家的民众经济实力相对比较雄厚，有超前的消费观念，追逐潮流，更新自己的汽车的愿望比较突出，汽车所有者在车子的使用达到一定的年限或使用达到一定旧损程度后就会自发性地产生出售的要求。例如，美国人“喜新厌旧”的观念就特别突出，汽车更新率高，新车使用三四年就认为款式陈旧了，车主基本上每三年换一次车。正是这样的消费观念驱使车主将他们认为已经旧的车子送到二手车交易市场进行交易，更换新车子。这样，“供”方提供源源不断的货源，是二手车交易频繁的基本保证。

（2）需求的客观性。由于汽车的价格因素和民众经济实力的差异，社会上存在对二手车需求的庞大人群，如中低下收入者、领取救济金的失业者和高校大学生等。尽管这庞大人群的成员在发生动态变化，但社会中这一阶层的客观存在成了二手车的固定需求者。

（3）法规的影响。车子旧了作为垃圾扔掉未尝不可，但在不少国家扔汽车垃圾是要交费的。例如德国，处理一辆旧车至少要交80欧元，如果要别人把车拖到处理厂则还要昂贵的拖车费。受这些收费法规的影响，与其将旧车丢弃还不如将其送入二手车交易市场获取经济收益。

（4）商业利润的驱动。二手车交易过程简便快捷，售后服务完善，市场管理规范等等，为供需双方赢得了时间和金钱，使二手车贸易具有较大的商业利润空间，是吸引商业投资者进入二手车贸易市场的强大磁石，也是二手车贸易市场得以生存和迅速发展的根本动力。

（5）售后服务完善。很多国家都制定了二手车售后服务标准，使购买二手车的消费者享受与购买新车相同的售后服务。另外，为二手车提供汽车配件、汽车用品、汽车饰品等渠道也很畅通，使二手车车主没有后顾之忧。

（6）行业协会的作用。在不少国家，二手车行业协会的作用很突出。政府基本上不干预二手车交易，行业协会在加强行业管理和行业自律、制定行业标准等方面为繁荣二手车贸易市场发挥了重要作用。美国、德国都有汽车经销商协会。在德国，二手车贸易还受

到汽车工业协会和汽车检测协会的监督，所有车行出售的二手车都必须持有德国技术检测协会(TUV)的合格证书。德国的汽车工业协会为了规范市场价格，为所有的品牌车编制了价格总目录，定期更新，其中包括汽车出厂的年份、品牌、型号、行驶里程等。因此，车行的工作人员只需要根据车主提供的产权证书、车辆的使用证件(如行驶证、保险卡)及行驶里程等资料，参照价格总目录就可以给出一辆二手车统一的基本价位，然后再根据其他一些因素如是否出过事故、有无大修情况、车体有无划痕等来评估出二手车的价值。二手车行业协会这些自律性行为，等于给了二手车顾客放心的承诺，这是二手车贸易市场良性发展的重要原因之一。

三、我国二手车贸易的现状

我国的二手车贸易起步较晚，经过较短时期的培育和发展，目前我国二手车市场处于导入期向成长期过渡的关键时期。据专家预测，我国二手车市场的成长期至少需要20年时间，在成长阶段，二手车的交易递增速度将保持在每年15%以上。二手车市场的容量主要取决于汽车(其中主要是轿车)的产销量和汽车保有量。

(一) 我国二手车贸易的基本状况

据中国汽车流通协会公布的数据，2011年全国二手车累计交易量突破400万辆，北京市场二手车交易量接近40万辆，与新车销量比例首次达到1:1。专家分析预测2012年，新车市场将以10%的增速平稳增长，二手车市场将以20%的增速迎来更快的增长。2012年将会是二手车交易市场扩张迅速的一年，二手车交易量有望突破500万辆。到2014年前后，中国市场二手车交易总规模将有望达到1 000万辆，到2020年，中国汽车市场进入成熟期，新车、二手车的交易规模会达到1:1，规模在3 500万～3 600万辆的水平。

基本乘用车(轿车)依然是国内二手车市场的绝对主力，2010年共成交235.48万辆，同比增长12.23%，交易额超过1 180亿元。此外，越野车也成为近年来二手车市场的新宠，2010年共交易7.82万辆，同比增长9.78%。

从目前国内二手车交易特点来看，车龄在2～5年的二手车最受欢迎，成交量也占到一半以上；当车龄超过5年时，随着车龄增加，成交量越来越低。

从国内不同排量车型的二手车价格分析，2011年，车龄在3～5年的车型中，最为常见的1.0L～1.6L、1.6L～2.0L和2.0L～2.5L排量的二手车交易，均价分别为5.05万元、14万元和18.7万元。

从地域上来看，我国的二手车贸易相对集中于经济发达、汽车保有量大的一些中心城市；从二手车的流向来看，是由经济发达地区流向中西部省份；就全国而言，60%的二手车是流向乡镇和农村。

(二) 我国二手车贸易市场的潜力与不足

我国二手车贸易市场潜力巨大。目前发达国家二手车交易量是新车交易量的2～3倍，而我国二手车交易量却仅占新车交易量的1/3左右，所以我国二手车市场有很大的发展空间，发展潜力巨大。

但由于我国二手车贸易市场起步晚，二手车贸易体系发展不成熟，与发达国家相比差距明显，主要体现为：交易主体单一，交易功能及交易体系的发育不健全，各功能之间缺乏顺畅的衔接和配合，交易方式落后，交易行为不规范，流通渠道混乱，市场管理不规

范，税费税种不统一，尚未建立统一的评估体系和评估标准，对二手车的评估随意性大，售后服务功能不完善，缺乏完善的市场信息和交易网络等等，使我国的二手车交易未能形成规模和规模效益，交易量和交易额与新车的比例偏低，制约着我国汽车市场的发展。

此外，我国二手车贸易的法律法规还有待建立和健全，综合性、大规模的汽车配件和汽车用品、汽车装饰用品市场也刚刚起步。这些现状已引起政府有关部门和汽车行业各方面的关注和重视，我国二手车贸易的市场潜力是巨大的，前景是看好的。

（三）我国二手车贸易的发展趋势

（1）由于我国已意识到发展二手车市场的重要性，积极制定二手车贸易的有关政策，扶持二手车市场的发展，针对时弊进行市场整顿。尤其是2005年8月10日中国商务部《汽车贸易政策》颁布实施后，我国二手车市场经营秩序和管理水平有了显著改善，二手车交易量以每年20%～30%的速度递增。

（2）我国二手车市场流通的硬件(交易场所、展厅规模、主要检测设备、计算机办公设施等)已基本具备，不但可以支撑现行市场的运行，而且在一段时间内仍可以满足和适应潜在扩张的需要。

（3）我国二手车贸易市场的主要商品是轿车，二手车的主要流向是从经济发达地区向非发达地区流动。随着部分求车族观念的转变和开发西部战略的深入实施，二手车的需求量可能急剧增加，而且在相当长一段时间内二手车的这种流向不会改变。

（4）目前我国二手车交易中心基本集中在比较发达的东部大城市，轿车制造业也相对集中在这些地方。这些城市和地区商贸发达，信息网络完善，人才和科技水平领先，与国际和国内各地交流频繁。在全国二手车贸易软环境不断净化的同时，这些地方的二手车贸易中心正在同心协力建立现代化的二手车贸易平台，并通过培训、示范等方式由点带面，向其他地区和城市推广。

（5）二手车置换可能成为拓展我国二手车市场的热点。狭义的二手车置换，是指“以旧换新”业务，即经销商通过二手车的收购并数量上对等返销新车获取利益，使二手车和新车市场互相带动，共同发展；广义的二手车置换，除了“以旧换新”业务，还包括二手车的整新、跟踪服务，二手车的再销售乃至折抵分期付款等一系列业务组合。客户既可以通过支付新旧车之间的差价来一次性完成车辆的更新，也可以选择通过其原有二手车的再销售来抵扣购买新车的分期付款。二手车置换业务，可以拓宽二手车贸易的内容，促进二手车品牌经营，大大增强客户对二手车市场的信任度，繁荣二手车贸易市场。

任务11.3　二手车贸易的内容

二手车贸易是一个广泛、完整的体系，贸易内容涵括二手车的收购、质量和价格评估、整修翻新、配送、销售、置换、租赁及售后服务等多个方面，是一个完整的有机系统。

一、二手车收购

对二手车进行收购，是在全社会充分挖掘二手车资源、保证二手车有充足货源的有效途径。能否成功发挥二手车收购功能，关键在于建立起一个资质优良的二手车收购网络。

这个网络可由散点分布的回收站和固定收购点两部分组成。前者主要收购社会上分散的私人二手车，后者则负责收购固定单位或团体的大批量二手车。

开展二手车的收购，还要建立二手车的质量和价格评估体系。通过这些体系，对每一辆拟收购的二手车进行质量认证和价格评估，从而以统一的价格标准收购符合质量要求的二手车。这样可以使二手车市场的“入口处”操作规范化，对进入的商品质量状况有明确的评定。

我国出租车的数量是很可观的。很多城市的出租车公司平均2～5年会对其出租车进行一次普遍更新。这些使用了几年的出租车在性能等方面尚良好，但由于行驶里程数高，零部件老化及磨损的情况日趋显现，使这些车的维修和保养费用增高，从而运营成本增高，利润下降，定期、批量更新换代势在必行。对出租车公司更换下来的出租车及时收购是二手车收购的很好渠道。来自私人用户的二手车，情况比较复杂，因而收购工作比较烦琐，收购工作需要耐心细致。

二、二手车整修翻新

由于收购的二手车来源不一，有些二手车在使用性能、安全性能或外观上存在一定的瑕疵或缺陷。对这类收购回来要进入二手车市场的二手车，应进行整修翻新，使二手车商品的使用性能、安全性能和外观都达到一定的要求，这样做既体现了对二手车购买者和社会的负责，也提升了二手车贸易公司在客户中的形象。同时，对二手车的整修翻新，可以大大提升二手车的商品价值，提高经济收益。这项业务在欧美国家已开展得非常广泛和成熟。

二手车的整修翻新有以下两种途径：

（1）建立二手车整修翻新工厂。利用规模化的设备、技术、工艺和系统的整修翻新标准(包括品牌标准)对收购来的二手车进行整修翻新。这种二手车整修翻新工厂，既可以专门服务于某个二手车贸易公司，也可以以合同协作关系为二手车贸易行业内各贸易商进行二手车整修翻新。

（2）建立二手车整修翻新站。为那些需要对自己的二手车进行美容、更换部件或装饰等的二手车用户提供整修翻新个性化服务。

三、二手车配送

（一）国内配送

任何国家不同地区的二手车保有量、二手车消费量、交通环境以及消费观念等方面都存在差异，因而要根据各地区的具体情况和地区间的差异，在地区间开展二手车配送业务，平衡各地区的二手车供需关系。我国就目前情况而言，主要是经济发达地区与一些经济欠发达地区之间开展二手车的配送业务，配送的走向是经济发达地区向经济欠发达地区配送。

消费观念的差异在较大程度上影响二手车的配送流向。在一些欠发达地区，汽车的更新率是比较低的。经过较长时间的使用，车主对自己的车的运行状况及故障维修情况已心中有数，一般不愿意将车折价或低价卖出，而这些地区随着生活水平的逐步提高，二手车的需求量也在逐步增加，这就使得本地区自供的二手车车源短缺，必然促使二手车从经济

发达地区向这些地区配送流动。

另外，我国目前各地区的工业发展程度和居住人口密度等差异较大，对汽车运行环保方面的要求也不一样，像北京、上海、广州等大城市对限制汽车尾气排放等指标要求都较高，而中西部一些城市及县城乡镇对限制汽车尾气排放等指标的要求则相对低一点，这种情况也会促使一些不符合较发达城市环保要求的二手车配送到内地。

（二）国际配送

二手车国际配送，是指通过二手车国际配送渠道和配送网络，根据各国经济水平和汽车工业发展水平，开展国际间二手车配送及二手车贸易。对于我国来说，开拓国际二手车资源，为国内二手车消费者引进适当数量的国外二手车，在一定程度上可以促进国内二手车资源的质量水平和二手车贸易水平的提高，促进国内二手车贸易与国际接轨，并对平衡国际二手车的资源分配起到积极作用。

四、二手车销售

二手车的销售有以下几种方式：

（1）二手车超市。指建立二手车超级市场，统一销售各种不同品牌的二手车，同时逐步形成二手车贸易公司的总体品牌。

（2）二手车特许经销。指建立二手车销售网点，通过二手车贸易公司的特许经销商对各种品牌的二手车进行统一销售。这种方式需要建立一个二手车贸易特许经营体系，处理二手车贸易公司和特许经销商之间的营销关系。

（3）与新车同地销售。指借用新车经销商的车辆展示厅展示与新车同一品牌的二手车，使新车销售与二手车的销售产生相互促进的作用。

（4）互联网销售。在网上建立二手车贸易平台，通过互联网进行二手车销售。

（5）二手车拍卖。对二手车进行公开拍卖，使二手车贸易更透明化，对规范二手车市场也起到积极的促进作用。尤其是网上拍卖，客户不需到二手车拍卖现场就可以进行二手车的拍卖业务，大大地节省了二手车拍卖的工作时间，提高二手车贸易效率。

五、二手车置换

二手车置换也是一种销售方式，只不过在这种销售方式下，付款方式同时为实物兑现和支付现金。发挥二手车贸易的置换功能，关键在于对物流、资金流进行控制与协调，与汽车维修、车辆流通等相关领域衔接配合，以及做好与车辆管理所、客管处、工商、税务等政府机关进行横向沟通和纵向疏导工作。

六、二手车租赁

用户选择租赁二手车，可减小一次性投资，降低投资风险。另外，用户可根据阶段性的需要调整租车数量和时间，既方便又经济。我国实行长假制以来，二手车租赁业务大有起色。为了避免二手车租赁公司各自为政，相互间展开价格战或恶性竞争等情况，政府应实行服务规范化、统一租赁价格等，为二手车租赁的发展营造良好的氛围。

目前国外还兴起一种称为“租售”的二手车贸易新方式，即在客户购买二手车之前，可以先租赁二手车一段时期，按例支付租金，租赁期满后用户可根据租赁期对该车的满意

度，依照租售合同中的相应条款决定是否购买该车。

七、二手车售后服务

二手车售后服务对二手车贸易的发展有着十分重要的影响。建立一个统一的二手车售后服务体系并进行有效的工作，充分发挥售后服务功能，是提高用户对二手车贸易信任度、满意度，树立二手车经销商形象和成功拓展二手车贸易市场的重要条件。

二手车的售后服务既可由二手车贸易公司独立开展，也可采取与各地维修商(维修站)相联合的方式开展。例如，客户购得二手车后的一定期限内，车辆发生非事故性故障，凭注明购买日期的贸易公司的售后服务卡，可前往二手车贸易公司任何一个维修站进行免费维修，其维修费用由贸易公司向维修站定期统一支付。供应零配件也是售后服务中的一项重要内容。

二手车贸易是综合上述七大功能的全方位贸易过程。目前我国很多地区的二手车贸易还只是限于二手车交易层面，未提升到贸易地位，这在很大程度上与我国尚未建立起通畅的、覆盖全国各地乃至与国际接轨的二手车流通体系有关。

任务11.4　二手车贸易体系

一、特许经销体系

特许经销的概念在项目三中已经介绍。特许经销的汽车贸易方式同样适用于二手车贸易。

民间个体资本对我国二手车市场初期的培育和繁荣客观上所起的作用是不容否定的。但落后的商业理念和无序无规的经营行为不能适应和推动“二手车大市场”的发展。借鉴国际上二手车贸易的成功经验，建立起二手车贸易特许经销体系是推动我国二手车贸易发展的有效措施。在这种体系下，二手车贸易公司可以在对特许经销商进行严格的审核之后，向其提供统一回收、翻新后的二手车，按统一的品牌和标志，实行统一规范的价格，确保统一的售后服务，并且提供一套完整的管理和营销制度，如店址选择、人员培训、技术指导，商务建设等。这样，才能建立起“4S”二手车贸易网络，在二手车贸易中有以下作用：

（1）利用电脑信息系统充分调动总部、分销中心、特许经销商的库存，操控统一的物流体系，实行二手车车辆的调配，科学利用仓储流动资金。

（2）将各特许经销商的有限资金集合起来，形成巨大的促销资金，以使特许经销网络的总部能集中专业的市场策划人员进行营销策划工作，组织各种形式的广告及公关活动，安排专业机构对市场人员进行培训。特许经销网络对推动二手车市场发展和快速、有效地提升我国二手车贸易公司的品牌知名度都是极有好处的。

（3）实施统一的硬件要求和服务标准，将进一步增强我国二手车贸易的品牌形象，为二手车贸易公司的销售和赢利提供坚实的市场基础；特许经销商又因为二手车贸易公司的全国性广告、公关活动而受益，从而形成全方位品牌销售管理的规模优势。

二、售后服务体系

在现代市场竞争中，售后服务问题已经愈来愈受到人们的关注，特别是汽车这种技术复杂的耐用消费品，售后服务更成为竞争的焦点。在现代汽车工业中，单纯靠生产、制造所获得的利润已经降至10%以下，更多的利润来源于不断完善的服务。目前，汽车行业公认的最有效的汽车营销模式是整车销售、零配件供应、售后服务、信息调查反馈“四位一体”的4S销售服务模式。而售后服务则是四位一体的核心。如果说，产品价格和质量是“第一次竞争”的话，那么，售后服务则是“第二次竞争”，而且这场竞争层次更深，要求更高，更具有长远战略意义。

（一）完善二手车售后服务体系的重要性

（1）二手车商品及其交易特性，决定了二手车贸易需要有完善的售后服务体系。消费者在购买高价值耐用消费品时，最关注的就是其质量和售后服务，购买二手车时更是这样。二手车商品质量不一致，使用者不用上一段时间，是很难真正了解到车况究竟如何的。一般说来，二手车总会存在一些不完善的部位或某种未来隐患，运行过程中的故障率要比新车高。所以，消费者在选购二手车时除了千方百计想尽办法了解二手车的实际质量外，又会想到如果发生故障，由谁来负责维修、到哪里进行维修等问题。由于目前二手车交易中还存在一些不规范、不完善的地方，二手车发生质量问题，无法在交易中心得到相应的维修服务，消费者的利益常常得不到保障。虽然经销商和消费者之间是买卖合同的关系，《合同法》对买卖合同确立了“谁销售，谁负责”的原则，可是客户在购买二手车以后，一旦遇到问题，销售商往往会以各种理由或手段推卸责任、拖延时间，客户在无奈之下只能自己解决。所以，为保护消费者的合法权益，二手车贸易更需要建立完善的售后服务体系。

（2）完善售后服务体系对塑造二手车贸易品牌形象是必不可少的。没有完善的售后服务体系，就不能消除消费者购买二手车时的种种顾虑，二手车贸易就难以得到消费者的认同和信任。反之，如果建立了完善的售后服务体系，能切实帮助消费者解决购买二手车后遇到的质量问题或更换零部件等其他问题，解除消费者的后顾之忧，则会得到消费者的认同和信任，就会在消费者心中树立起二手车贸易良好的品牌形象。

另外，从营销方式来看，在二手车贸易公司购买，若能得到品牌、信誉、维修技术、配件供应、服务态度等一系列的保障，就能与那些“场外游击队”竞争对手明显相区别，从而提高市场竞争力。所以，建立完善的售后服务体系对于塑造二手车贸易良好的品牌形象是必不可少的。

（3）完善售后服务体系，是促进二手车贸易公司改善经营管理、不断发展的推动力。二手车贸易网点和特许经销商的功能之一就是提供完善的售后服务。本着“谁销售，谁负责”的原则，经销者要对自己销售的二手车做好售后服务工作：建立销售档案，通过售后服务体系，跟踪所售二手车的质量状况，及时了解消费者在使用二手车过程中遇到的问题，一旦所销售的车出现质量问题，应及时提供维修服务。只有这样，才能解除消费者购买二手车时的疑虑及后顾之忧，消费者才能心情愉快地将其消费欲望付诸实现，放心购买二手车，二手车贸易的潜力才能得到充分发挥。通过售后服务体系，可以广泛征求顾客对交易方式和服务的意见，充分掌握顾客的要求和希望，并把这些信息迅速反馈给经营管

理部门，有针对性地不断进行改进，完善售后服务体系，从而促进二手车贸易公司改善经营管理、不断发展。

（二）售后服务网络的构成

二手车售后服务网络主要由两部分组成：一是二手车贸易网点和特许经销商；二是各品牌汽车生产商已有的特约维修站。其中，各贸易网点和特许经销商是二手车贸易售后服务体系的主体，有责任对贸易网络中销售的二手车进行维护；各品牌汽车的特约维修站可以和二手车贸易中心（公司）通过适当的形式达成协议，进行合作，对本品牌的二手车提供维修、保养等服务。各品牌汽车生产商已有的特约维修站纳入售后服务网络中后，在对本品牌的二手车实行维修保养、跟踪服务过程中，有利于各个汽车生产商树立品牌形象，提高了消费者的忠诚度和满意度，对新车销售将产生促进作用，形成新旧车贸易的良性循环。另外，利用设备、技术、人员等各方面条件都已较成熟的维修站，可以不用另行投资去重新创建专门的二手车维修中心，将大大节约成本，充分利用资源。

总之，可以充分利用各种资源，多方联合、合理规划、有效整合，建设布局合理、功能完善的售后服务体系，为二手车用户提供最大的方便和最优质的服务。

（三）售后服务网络的功能建设

售后服务网络与用户的关系如图 11－1 所示。从图中可以看出，售后服务网络的主要功能应包括下面几个方面：

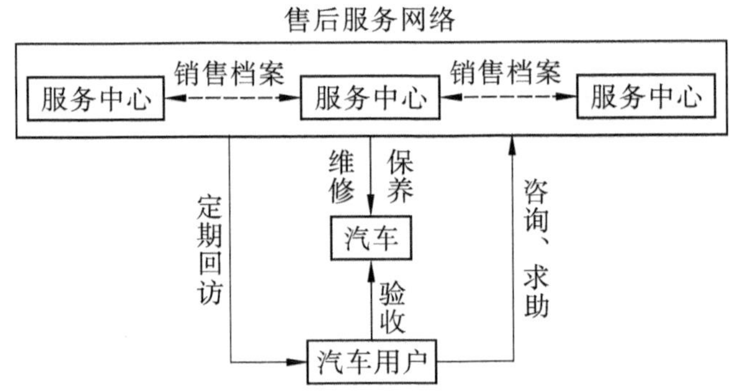

图 11－1　售后服务网络与用户的关系示意图

（1）建立销售服务档案，包括用户地址、联系方法，所售车的基本情况，维护保养情况及日常服务计划等详细信息，利用现代信息技术，使销售服务档案能为整个售后服务网络的各个维修中心或站点所调用，加强与用户的联系，以便所售车在销售地点以外也能及时得到维修服务。

（2）提高维修技术，完善维修设备。汽车是一种技术含量较高的耐用消费品，对其维修保养需要较高的技术技能水平和较完善的装备。绝不能因为是二手车，就降低对维修保养技术技能水平和必要的维修装备的要求；相反，有效的维修和养护，是顺利安全使用二手车、保持二手车良好车况的关键。由于二手车的车况各不相同，维修人员只有掌握过硬的维修技术，才能对各种状态的二手车进行定期有效的养护，才能正确诊断二手车的故障和隐患，并熟练操作维修设备，高质量地及时维修和处置好故障二手车。

二手车维修业务的基本流程如图 11－2 所示。

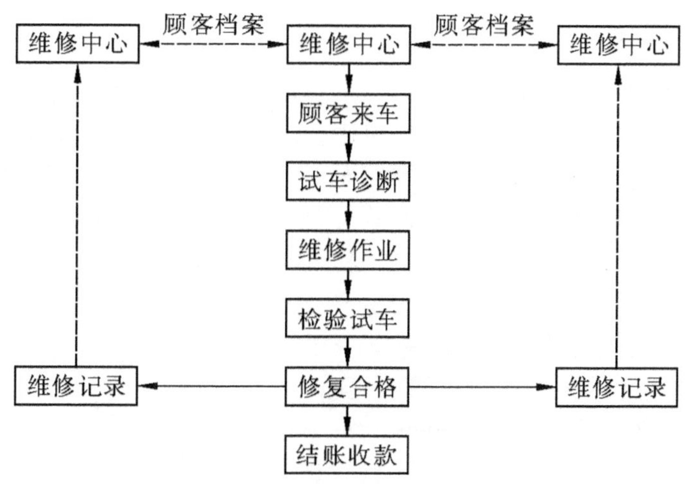

注：——为二手车维修的业务流程
······为档案或记录的流程过程

图 11－2 二手车维修业务的基本流程

(3) 提供备品配件，满足不同需求。维修中心要备有品种、规格齐全的汽车配件，避免因为缺少合适的配件而延误汽车的及时维修和正常使用。对在预期的使用寿命内的车型较老、现在已较少生产的产品，也要保持备品配件供应；为了合理分配流动资金，应对销售服务档案进行客观和科学的分析，掌握这类二手车的型号、数量和零部件更换情况，控制好备品配件品种数量。另外，要尽量满足客户不同层次的需求，如改装车身、更换内饰、功能配置等。这样，既提高了用户满意度，又拓宽了二手车售后服务创利空间。

(4) 设立咨询热线，保持售后服务网络与用户之间的联系渠道畅通，是很受用户欢迎的。通过售后服务专线电话，可以接受并快速回应顾客的投诉，耐心详细地回答用户的咨询和接受求助(例如，在条件允许的情况下向发生故障的车送零部件)；可以对消费者进行指导和即时服务(例如，使用二手车的注意事项、维护的基本常识和现场简单故障的查找和排除方法等)。

(5) 建立信息网络，各个维修中心之间建立良好的合作关系，实现组织网络化、信息网络化服务，才能真正发挥售后“网络”服务的优势，使用户满意度最大化。

(四) 售后服务人员的培训

再完整的服务体系，再完善的硬件设施，如果没有一定数量的高素质的服务人员，优质的售后服务工作也只能是一纸空文。由于二手车的特殊性，可能在使用过程中遇到的问题会比较多，维修起来会比较麻烦，这就要求服务人员既要有耐心和热情的工作态度，又要有过硬的知识和技术；要非常熟悉各种车辆的构造和性能特点，掌握汽车维修和保养的娴熟技术，及时为顾客排忧解难。为此，不断提高售后服务人员的综合素质，对他们进行严格的培训和考评是非常必要的。培训要有针对性、系统性，培训的内容应包括售后服务理念和技术两个方面。考评的目的主要是督促服务人员认真做好售后服务工作，同时也是售后服务体系的运作质量和效能的分析评判依据之一。

三、网上拍卖体系

网络以其高速的信息传递、丰富的信息共享和大量的浏览客户成为当代商家重要的贸易渠道。作为一种集采购、交易、销售、租赁、置换、售后服务等功能为一体的大型综合贸易的二手车贸易，也已进入了这一领域。如日本的 AUCNET 公司就成功地开发了二手车的卫星网上拍卖系统，并与丰田、日产等大型汽车生产企业进行了二手车贸易领域的全面合作，成功地开展了二手车的网上拍卖。利用因特网建立二手车网上信息中心、二手车网上交易和拍卖体系，不仅使客户不到交易现场就可以调查了解到有关信息和进行二手车的拍卖业务；同时，还可以起到规范二手车市场的辅助功能，使二手车贸易进一步地透明化、规范化。目前网上拍卖主要是以下两种模式。

1. B2B 服务，即 Business to Business。

B2B 服务是在二手车网络贸易交易平台上进行 B2B 的电子商务，可以将该领域内的买卖双方，包括异地他国的企业联系起来，使公司几乎能够实时(Just In Time)把二手车供应商和二手车购买商融入其交易过程。极大地促进企业间二手车的推介和交易，推动二手车贸易。

2. B2C 服务，即 Business to Customer。

B2C 服务是发展二手车贸易公司对消费者之间的电子商务关系。消费者可以在家里光顾世界各地的网上商店。目前，二手车的 B2C 服务发展还处于较低阶段，因而有很大的市场潜力。我国个人电脑上网率发展极其迅速，轿车正不断走入普通家庭。在这么一个大环境下，开展二手车网上的 B2C 服务就有了一个很好的发展基础。

目前，我国二手车交易网站大多相互独立，各个网站对其二手车的评估标准有差异，用户在某个二手车交易网站上所获得的某辆二手车的评估结果在另一个网站上可能就会有偏差。因此，不但有必要建立统一的二手车交易网络，而且应该有一套统一的二手车质量评估体系和唯一的二手车评估标准。对于网上发布的每一辆二手车，按该标准进行评估，并将评估结果可以用1 ～4 颗星(星数越高，评价越高)的形式直接公布在网上，让用户可以直接了解到该二手车的评价结果，在不同评估结果的二手车群中理智选择购置对象。

二手车贸易的网络化应和国际化紧密联系在一起。关于二手车信息网络的基本构架、语言描述规范化的要求、认证系统及交易形式等将在下面叙述。

四、国际贸易体系

俄罗斯等国由于大量进口二手轿车和商务用车而对本国的汽车工业造成巨大冲击，因而被迫采取增加关税或限制进口量等措施保护本国的汽车工业。这类经验教训值得我们深思。但开展二手车贸易终究不应也不可能只局限于我国国内，这是国际经济大趋势，特别是我国加入 WTO 之后，更应做好准备，不但要迎接“狼”来，更要向着走出国门开展国际二手车贸易的方向发展，要在稳步发展我国国内贸易市场的基础上，建立一个二手车的国际贸易体系，积极开展国际二手车贸易。

(一) 引入国外二手车贸易理念和模式

目前，国外的二手车贸易已比较成熟，二手车贸易理念和模式值得我们借鉴。通用公司推出了一个叫 ADVENTAGE 的品牌，是一个提供经营任何品牌二手车的专用品牌。通

用公司在其新车品牌特许经营商中筛选出了80%左右的经营商，使他们同时获得ADVANTAGE的特许经营权。这种二手车贸易理念和模式已逐步被欧美、日本和韩国一些汽车公司所借鉴、引用。

我国的二手车市场也可以引入这种二手车的贸易理念和模式。二手车贸易公司可以创立一个自己的二手车品牌，这个品牌的特许经销商将可以出售任何牌子的二手车，但这些二手车必须符合一个统一的销售标准(例如对二手车车龄或行驶里程的统一限制)，这个销售标准必须符合我国国情和二手车市场行情。这些二手车在售前将要经过公司统一的整修翻新，并在售出后享有统一的售后服务，以整体、统一的形象来开展二手车贸易。引入这种贸易理念和模式，对改变我国现有的二手车贸易公司规模小、贸易层次低、二手车贸易市场尚不很规范等现状，将有很大的促进作用，对推动我国二手车贸易的健康发展有积极意义。

（二）引入国外投资，拓展国际合作渠道

按照我国《"九五"发展规划和2010年发展纲要》的规定，汽车工业将成为我国国民经济的支柱产业，二手车贸易也将得到迅速发展。二手车贸易公司可通过吸引外商的投资，引进国外资金和设备，并且借助国外投资主体的力量建立和拓展国际销售渠道，开展更为广泛的国际合作。当然，要坚决避免不符合市场需求的盲目投资、盲目扩张的做法。

（三）二手车评估和质量认证体系与国外接轨

目前，国外的二手车贸易大多采取了一个统一的评估和质量认证体系。通过该体系，只要一些主要参数(如车龄、行驶公里数、有无主配件损坏等)相同，则二手车的收购基价或出售基价就相同；然后根据每辆车的具体情况，在基价的基础上允许有相应的浮动。

为了开展二手车国际贸易，我国的二手车贸易公司应该使二手车评估和质量认证体系与国外接轨。二手车评估和质量认证体系不一致，就很难实现国际间二手车车源正常渠道的流动或调配，就无法保证国际间二手车贸易的合法利润，就不能建立一个功能完善的国际贸易体系；也就会让国内外某些唯利是图的不法商贩(机构、团体或个人)因有更多的获利机会而互相勾结，不择手段地通过非法途径走私二手车。

五、信息网络体系

当今时代，网上交易、网上购物等已被人们所熟悉。二手车贸易作为一种集采购、交易、销售(包括拍卖)、租赁、置换、售后服务等功能为一体的综合贸易，应该利用信息网络发布和获得二手车贸易方面的信息，利用信息网络进行交易。

在建立二手车网络信息中心和二手车网上交易平台的基础上，可以开发和建立一个我国二手车贸易的信息网络体系，其基本构架如图11－3所示，其中销售系统包括特许经营和拍卖。建立二手车贸易信息网络体系，可以起到规范二手车市场的辅助功能，并且能使我国的二手车贸易进一步地透明化、规范化，并能大大节省二手车贸易的工作时间，提高二手车贸易的效率，从而促进我国二手车贸易的发展。

网上交易主要有两种方式：一是全程交易，指用户和公司在网上完成整个二手车交易活动，其流程如图11－4所示；二是半程交易，其初始阶段基本与全程交易相同，不同之处在于用户选定了欲购二手车之后，即直接查询该二手车所属经销商的联系方式，然后与该经销商联系，直接进行线下交易。

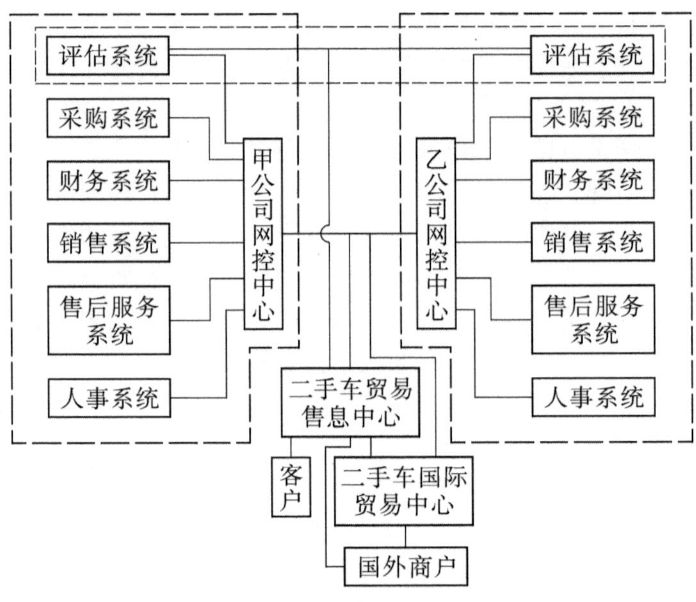

图 11－3　二手车信息网络系统的基本架构

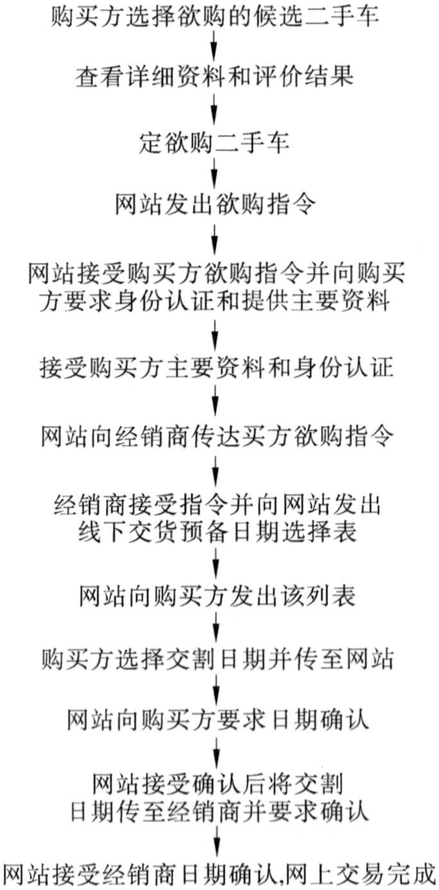

购买方选择欲购的候选二手车
↓
查看详细资料和评价结果
↓
定欲购二手车
↓
网站发出欲购指令
↓
网站接受购买方欲购指令并向购买方要求身份认证和提供主要资料
↓
接受购买方主要资料和身份认证
↓
网站向经销商传达买方欲购指令
↓
经销商接受指令并向网站发出线下交货预备日期选择表
↓
网站向购买方发出该列表
↓
购买方选择交割日期并传至网站
↓
网站向购买方要求日期确认
↓
网站接受确认后将交割日期传至经销商并要求确认
↓
网站接受经销商日期确认,网上交易完成

图 11－4　网上全程交易流程图

当然，网络的跨地区性、跨国界性是其信息共享的基础，也是它的一大优势，但同时也要求网上的资料有能适应大众的特点，要能为大众所接受。作为二手车贸易网上信息中心，其信息内容就具有一定的专业性，因而它采取的语言就应基本符合其专业的要求和惯例，由于要向不同国家和地区发布，它就要能为不同国家和地区所理解和接受。所以，贸易公司应在其内部制订一套符合国际惯例的、能在最大多数国家和地区通用的语言，用于其网上信息中心对二手车的性能加以描述。该语言应满足以下几点要求：

①专业化词汇符合 ISO 国际标准化的要求；

②非专业词汇要便于各种语言间的切换，尽量采取常用词，各种语言的含义要一致；

③尽量采用书面语的形式；

④不同时期的描述要前后一致。

为了确保二手车网上交易的真实性和可信性，二手车贸易的信息网络体系应建立网上认证系统，对客户预选定的二手车和对该车的经销商进行认证。认证系统应建有二手车的数据库，包含所有贸易公司经销的二手车的型号、车号和其在贸易公司中的编号，各经销商的有关资料。用户对于所选二手车可向该数据库要求认证，即可查清该车的入库时间、车号与型号及该车在贸易公司中的编号；系统可同时调出享有公司特许经营权的经销商的列表，该表中标明经销商的身份、资质、联系方法、办公地点及线下交易地点等信息，可供客户选择，增强用户购车的安全性和可靠性。二手车网上认证系统流程如图 11 －5 所示。

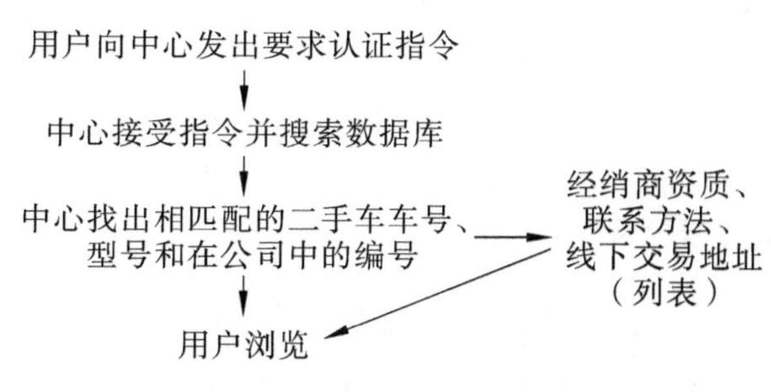

图 11 －5　二手车网上认证系统流程图

六、价格评估体系

二手车价格评估，是指依法设立的具有二手车价格评估资质的价格评估机构，接受二手车处置权人的委托，运用科学方法，依据法定程序和规范标准，对二手车的时点价值进行鉴定和价格估算。

（一）二手车价值的几个重要概念

（1）二手车原值。二手车原值是二手车原始成本价值的简称，是指车主购置或以其他方式取得新车时所发生的全部货币支出，包括购买价、运杂费、汽车购置附加费、消费税、新车登记注册等费用。

（2）二手车净值。二手车随着使用过程的延续将不断发生有形损耗。有形损耗也称有形贬值或实体贬值，是指由于自然力作用而使二手车实体发生损耗，其原始价值也随之减少。在企业，原始价值的减少(折旧额)转入企业成本，企业从折旧基金中提取折旧额用

于车辆磨损或老化的补偿。提取折旧后，剩余的机械净值，反映车辆现有的价值。私人二手车的净值可参考企业的折旧计算方法来确定。

(3) 二手车残值。二手车报废清理时回收的那些材料、废料的价值称为二手车的残值，它体现二手车丧失运行或生产能力以后可利用的残余价值。

(4) 二手车重置价。二手车重置价是二手车重置成本价值的简称。指按现行的市场价格购置与被评估的二手车功能、型号等完全相同的全新车辆所需要的全部支出(包括购买价、增值税、购置附加费、消费税、购置车辆发生的管理费、注册登记手续费、专项贷款利息、保险费等)。

二手车重置价的计算，会根据不同的评估目的区别对待。属于所有权转让的经济行为或为司法部门提供证据的鉴定行为，一般只按现行市场价作被评估车辆的重置价，税费不计；属于企业产权变动的经济行为，如企业合资、合作经营、合并兼并或企业取得无法确定原价的车辆(如捐赠车)，则被评估车辆的重置价除考虑现行市场价外，将税费一并计入。

(5) 二手车评估价。指遵循一定的鉴定标准、计价标准和评估方法，确定二手车的现值。二手车价格评估是时点价格评估，是根据二手车的实际状况评出的基准日价格，它与重置成本价的关系为：

$$\text{二手车评估价} = \text{重置成本价} - (\text{有形损耗} + \text{无形损耗}) \quad (11-1)$$

对二手车进行价值评估时，无形损耗主要指二手车的功能性贬值。功能性贬值是指由于技术陈旧、功能落后导致二手车相对贬值。对目前在市场上能购买到的厂家继续生产的全新车辆，采用评估基准日的新车市价作为二手车的重置成本价，一般可认为该车辆的功能性贬值已体现在市价内了。所以，式(11-1)可改写为：

$$\text{二手车评估价} = \text{重置成本价} - \text{有形损耗} \quad (11-2)$$

(二) 二手车价格评估方法

1. 市价法

市价法，又称市场比较法，是参照与被评估二手车相同或相似的市场二手车价格，再考虑差异因素确定被评估二手车价格的一种方法。该方法是二手车价格评估中最简单、最直接和较常用的方法。

2. 重置成本法

重置成本法，即以二手车重置价确定被评估二手车价格的一种方法。采用重置成本法对二手车进行鉴定估价时，可运用以下公式计算二手车的评估值：

$$\text{二手车的评估价} = \text{重置成本价} \times \text{成新率} \quad (11-3)$$

$$\text{成新率} = (\text{重置成本价} - \text{有形损耗}) / \text{重置成本价} \quad (\%) \quad (11-4)$$

因此，二手车评估值的计算公式也可写为：

$$\text{二手车的评估价} = \text{重置成本价} - \text{有形损耗} \quad (11-5)$$

二手车的成新率可以通过零部件鉴定法、综合鉴定法、使用年限法、行驶里程法、修复费用法等确定。

(1) 零部件鉴定法，是通过对二手车实体各主要部位实地观察以及使用仪器测量等方式进行技术鉴定，并综合分析车辆设计、制造、使用、维护、修理、大修、保养、改装等情况，从而判断被评估二手车成新率的方法。

（2）综合鉴定法，是通过对车身、车体、驾驶室、轮胎等进行外观检查及驾驶、行驶检查，进行各项评分，得出成新率。

（3）使用年限法，是通过被评估二手车已使用年限与该车辆预期可使用年限的比率来确定二手车有形损耗。其数学公式为：

$$有形损耗 = 重置成本 \times 有形损耗率 \quad (11-6)$$

其中：

$$二手车有形损耗率 = 已使用年限 / 法定使用年限 \quad (11-7)$$

或为：

$$二手车有形损耗率 = 已使用年限/(已使用年限 + 剩余可使用年限) \quad (11-8)$$

$$使用年限成新率 = (1 - 已使用年限/规定使用年限) \times 100\% \quad (11-9)$$

（4）行驶里程法：

$$行驶里程成新率 = (1 - 已行驶里程/规定行驶里程) \times 100\% \quad (11-10)$$

$$成新率 = \min(使用年限成新率，行驶里程成新率)$$

用行驶里程法评估时，同时要对待估车辆进行必要的勘察鉴定，若勘察鉴定结果与按上述方法确定的成新率相差较大，则应进行适当的调整；若两者结果相当，则不进行调整。

（5）修复费用法，也叫功能补偿法，是通过被评估二手车恢复原有的技术状态和功能所需要的费用补偿，来直接确定二手车的有形损耗。这种方法是对交通事故车辆进行评估的常用方法。其数学公式为：

$$二手车有形损耗 = 修复后的重置成本价 - 修复补偿费用 \quad (11-11)$$

一般认为，零部件鉴定法和综合鉴定法是依据最为可靠、应用最为普遍的两种鉴定方法。对于重置成本不高的车辆，可采用使用年限法估算其成新率；对于重置成本价值中等的车辆，可采用综合法；对于重置成本价值高的车辆，可采用零部件鉴定法。

3．收益法

收益法在二手车价格评估中用得较少。对一些有特定目的或用途的二手车进行价格评估时会用到收益法。

收益法评估二手车价格的基本原理是，通过估算二手车未来的预期收益，并折算成现值，成为二手车评估价值。换言之，收益法对二手车进行价格评估所确定的二手车价值，是被评估二手车获得预期收益的权益所支付的货币总额。例如，起重车、混凝土搅拌车、油罐车等二手车，能给买主赚多少钱？带来多少收益？该车的获利能力与二手车的评估价值相关。

4．处置清算法

处置清算法由于种种原因成为资产快速处置变现的一种评估方法。在二手车评估中运用此方法时，主要根据二手车的技术状况，运用市价法、成本法或收益法估算其正常价值，再根据处置情况和变现要求，确定一个折扣率，最后确定估价结果。

从严格意义上来说，处置清算法不能算为一种独立的评估方法，只能算是市价法、成本法或收益法的具体运用。通常运用处置清算法进行评估的二手车对象为：企业破产车、抵押车、无主车、走私车、被盗车、抵税车和罚没车等。

（三）二手车价格评估工作的相关资料

在二手车价格评估工作中，各阶段的工作应及时填写二手车鉴定估价作业表。下面所列的三种表格（表11－1～表11－3）可供估价人员参考选用。

表 11－1　二手车鉴定估价作业表

车主		所有权性质	公/私	联系电话	
住址				经办人	
车辆名称		型号		生产厂家	
牌照号		发动机号		车架号	
载重量/座位数/排量		燃料种类		车籍	
初次登记日期	年　　月	已使用年限	年　　个月	累计行驶里程	万公里
账面原值(元)		账面净值(元)		成交价格(元)	
重置价格(元)		成新率(%)		评估价格(元)	
鉴定评估目的:					
鉴定估价说明:					

鉴定估价师(签名)________________　　　　日期________________

审核人(签名)　________________　　　　日期________________

表 11－2　鉴定估价作业表

车主		所有权性质	公/私	联系电话	
住址				经办人	
车辆名称		型号		生产厂家	
结构特点		发动机号		车架号	
载重量/座位数/排量			燃料种类		
初次登记日期	年　　月	牌照号		车籍	
已使用年限	年　　个月	累计行驶里程	万公里	工作性质	
大修次数	发动机　　(次)		工作条件		
	整车　　(次)				
维护情况			现时状态		
事故情况:					
技术状况鉴定:					
账面原值(元)		账面净值(元)		成交价格(元)	
重置价格(元)		成新率(%)		评估价格(元)	
鉴定评估目的:					
鉴定估价说明:					

鉴定估价师(签名)________________　　　　日期________________

审核人(签名)　________________　　　　日期________________

表 11－3　旧机动车鉴定估价作业表

车主		所有权性质	公/私	联系电话	
住址				经办人	
车辆名称		型号		生产厂家	
牌照号		发动机号		车架号	
载重量/座位数/排量		燃料种类		车籍	
初次登记日期	年　月	已使用年限	年　个月	累计行驶里程	万公里
账面原值(元)		账面净值(元)		成交价格(元)	
重置价格(元)		成新率(%)		评估价格(元)	
鉴定评估目的：					
鉴定估价说明：					
成新率估算明细表					

总成部件	权重(%)	成新率(%)	加权成新率(%)
发动机及离合器总成			
变速器及传动轴总成			
前桥及转向器、前悬架总成			
制动系统			
车架总成			
车身总成			
电器设备及仪表			
轮胎			
合计			

鉴定估价师(签名)________________　　　　日期________________

审核人(签名)　________________　　　　日期________________

【案例 11－1】　　二手车评估实例

某城市公路运输局 2004 年 12 月购置一辆 WS6482 型 10 座万山旅行车作为公务用车。该单位想出卖该旧车，并于 2009 年 3 月来湖北旧机动车交易中心交易，要求中心对旧机动车鉴定估价作为买卖双方成交的底价。

鉴定估价操作程序及估价分析：

(1) 与客户进行业务洽谈，了解车辆用途、行驶及使用的基本情况。

(2) 现场查验车辆购置原始发票、车辆购置附加税证明、机动车行驶证、养路费交讫证明、年检证明及保险单等各种票据和证明，并与实物核对。本车除养路费黄标牌遗失外，其他手续齐全有效，核对车辆产权、证照与实物均相符合。

(3) 对车辆进行技术状况鉴定。对整车的状况进行技术勘查鉴定，从了解的情况可

知，该车来源为机关单位，使用强度正常，工作条件一般，车辆维护保养正常，整车动力性、经济性、可靠性、排放污染等与车辆新旧程度相适应，前门有轻度撞伤，但经过修复，无损整车车况。鉴定结果认为：技术状况较好，对成新率的估算值有增加的可能，但考虑该车辆属淘汰产品，故不考虑成新率的增值。

(4) 估算价格，采用重置成本法估算价格。该车属淘汰产品，通过市场调查询价得知，与该车类似的车辆成交价一般为48 000元。由于车辆属低档车，使用情况正常，价值较低，故采用使用年限法估算成新率为58.3%，最后计算评估值为28 000元。

(5) 填写二手车鉴定估价登记表(表11－4)和二手车鉴定估价作业表(表11－5)，一起存档备查。在二手车交易市场中发生的交易类评估业务中，可以将二手车鉴定作业表与二手车鉴定估价登记表一同存档，作为鉴定评估资料备查，可不必另写二手车鉴定估价报告；但对发生的咨询服务类评估业务，除了存档备查的二手车鉴定作业表与二手车鉴定估价登记表外，还应向委托单位出具二手车鉴定估价报告书。

表11－4　二手车鉴定估价登记表　　　　日期：2009年3月16日

<table>
<tr><td>车主</td><td colspan="2">××城市公路运输管理局</td><td>所有权性质</td><td>公</td><td>联系电话</td><td></td></tr>
<tr><td>住址</td><td colspan="3"></td><td colspan="2">经办人</td><td></td></tr>
<tr><td rowspan="3">原始情况</td><td>车辆名称</td><td>万山旅行车</td><td>型号</td><td>WS6482</td><td>生产厂家</td><td>湖北远安</td></tr>
<tr><td>结构特点</td><td>普通</td><td>发动机号</td><td>8241025</td><td>车架号</td><td>94023725</td></tr>
<tr><td colspan="2">载重量/座位数/排量</td><td>10座</td><td colspan="2">燃油种类</td><td>汽油</td></tr>
<tr><td rowspan="7">使用情况</td><td>初次登记日期</td><td>2005年1月</td><td>牌照号</td><td></td><td>车籍</td><td></td></tr>
<tr><td>已使用年限</td><td>4年2个月</td><td>累计行驶里程</td><td>14.3万公里</td><td>工作性质</td><td>一般</td></tr>
<tr><td rowspan="2">大修次数</td><td>发动机</td><td>2(次)</td><td rowspan="2">工作条件</td><td rowspan="2" colspan="2">一般</td></tr>
<tr><td>整车</td><td>1(次)</td></tr>
<tr><td>维护保养情况</td><td colspan="2">一般</td><td>现时状态</td><td colspan="2">在用</td></tr>
<tr><td>事故情况</td><td colspan="5">前门有轻微撞伤，已修理补漆</td></tr>
<tr><td>现时技术状况</td><td colspan="5">较好</td></tr>
<tr><td rowspan="2">手续情况</td><td>证件</td><td colspan="5">养路费黄牌标识遗失</td></tr>
<tr><td>税费</td><td colspan="5">齐全、有效</td></tr>
<tr><td rowspan="2">价格反映</td><td>购置日期</td><td>2005年12月</td><td>账面原值(元)</td><td>58 300</td><td>账面净值(元)</td><td>34 980</td></tr>
<tr><td>车主报价(元)</td><td>30 000</td><td>重置价格(元)</td><td>48 000</td><td>初步估价(元)</td><td>28 800</td></tr>
</table>

鉴定估价师(签名) ________________　　　　日期________________

审核人(签名)　 ________________　　　　日期________________

表 11－5　二手车鉴定估价作业表　　　　编号:98031601

车主	××城市公路运输管理局	所有权性质	公	联系电话	
住址			经办人		
车辆名称	万山旅行车	型号	WS6482	生产厂家	湖北远安
结构特点	普通	发动机号	8241025	车架号	94023725
载重量/座位数/排量		10 座	燃油种类		汽油
初次登记日期	2005 年 1 月	牌照号		车籍	
已使用年限	4 年 2 个月	累计行驶里程	14.3 万公里	工作性质	一般
账面原值(元)	58 300	账面净值(元)	34 980	成交价格(元)	25 000
重置价格(元)	48 000	成新率(%)	58.3	评估价格(元)	28 000
鉴定估价目的	买卖双方成交的参考底价				
鉴定估价说明	该车为淘汰产品,在市场上询问到类似车辆的现行市价为 48 000 元,采用重置成本法估算价格,采用使用年限法估算成新率。				

鉴定估价师(签名)＿＿＿＿＿＿＿＿　　　　日期＿＿＿＿＿＿＿＿

审核人(签名)＿＿＿＿＿＿＿＿　　　　日期＿＿＿＿＿＿＿＿

需要说明的是，被评估的二手车的价值或二手车的净值是一个客观存在的价值量，对二手车的鉴定估价就是要通过对车辆的全面认识和判断来力求反映其客观价值。这就要求鉴定评估专业人员，不但要有高的技术水准，还要有高尚的职业道德和科学态度，努力缩小二手车的评估价格与其客观价值之间的差距。

对于二手车客户来说，一个影响他们购车的很重要的因素就是二手车价格与性能质量的比值。建立二手车评估体系，将投放二手车市场的所有二手车放在一个统一的标准上进行估价，不但有利于规范我国二手车贸易市场的价格，使客户对有意向选购的二手车的价格放心，而且客户能更多地了解到相关二手车的性能情况，由此增强客户对市场的信任度和进行交易的欲望。

拓展知识

拓展 11.1　二手车鉴定评估师

二手车鉴定评估师是经人力资源和社会保障部确认的国家职业资格，是中国六类资产评估职业资格之一，职业等级分为中级二手车鉴定评估师(国家职业资格四级)和高级二手车鉴定评估师(国家职业资格三级)两个等级；由国家劳动和社会保障部颁发相应等级的职业资格证书，并实行统一编号等级管理和国家劳动部官方网站网上查询，是相关人员

求职、任职、晋升、出国等法律上的有效证件，可记入档案，全国通用。

1. 证书用途

随着二手车市场的进一步发展和规范，二手车鉴定评估师职业资格证书将成为进入二手车经营领域的通行证，其作用不可低估：

（1）国家劳动法及《二手汽车流通管理办法》都明确规定二手车估价实行职业资格准入制度，只有持二手车鉴定评估师/旧机动车鉴定估价师职业资格证书者，才能合法从事旧机动车估价职业。

（2）注册二手车鉴定公司、二手车评估机构等，必须有三名以上取得国家职业资格证书的二手车鉴定评估师，地方工商行政管理局才受理核发营业执照。

（3）上述注册的公司在年检、核查时或者产生法律纠纷取证时，二手车鉴定评估师职业资格都可作为有效合法的证明和证据。

2. 就业方向

从事二手车买卖、评估、经营、经纪、租赁、拍卖、置换、检测、资产评估及抵押典当、车贷、报废回收、车险及维修等行业。

3. 行业前景

（1）二手车市场交易量日趋增大。我国新车销售火爆，但相比发达国家，二手车交易仍处于萌芽阶段。美国2010年新车销量仅为1 177万台，但二手车交易量却高达4 000多万台，新旧车销量比为1:3，而国内这一比值仅为3:1。但随着汽车保有量的快速提升，加上近年来上海、北京等地实施了机动车限购政策，推动着二手车市场逐渐繁荣起来。近年来国内二手车市场不愠不火，交易量从2008年273万辆，2009年330万辆，2010年410万辆，到2011年预计突破500万辆。2009年起，国家商务部推动全国24省区40个二手车交易市场的升级改造，现已取得突破性进展。预计在近期内，一批规模庞大、布局合理、运营科学、管理规范的示范性新市场将逐渐替代老旧二手车市场，成为二手车舞台上的主角。昔日人气旺盛的旧市场，也将逐渐接受升级和改造。与此同时，国家还将逐渐推出和落实二手车鉴定评估技术规范，对于二手车交易和评估，将有更加详细和严格的规定。届时，国内二手车行业广受诟病的诚信问题、专业问题及价格问题等，都将在政府的规范和引导下逐渐完善和解决。预计在未来两年内，中国二手车市场将首次迎来井喷行情。随着国家对二手车市场的经营行为进一步规范化，将进一步推动二手车市场的快速繁荣。同时，对于从事二手车业务的单位和个人，国家也在逐步落实资质备案和持证上岗制度，加速优胜劣汰的进程，以提升经营企业和从业人员的专业素质，进一步推动二手车市场的健康发展。

（2）国家政策扶持。2004年国家发改委出台《汽车产业发展政策》，明确鼓励二手车流通，并要求积极培育和发展二手车市场。2005年《二手车市场管理办法》的出台，标志着国家正在积极推动、培育、引导和规范二手车市场的发展。2009年国务院发布《汽车产业调整和振兴规划》，对规范和促进二手车市场发展，提出了更高的期望和要求，也给二手车市场发展带来了新机遇。二手车市场是汽车市场的重要组成部分，相对于新车经营来说，二手车经营利润十分可观。巨大的发展空间和丰厚的利润，吸引了广大汽车制造厂商、汽车经销商、汽车服务企业及汽车行业机构、投资机构纷纷上手二手车项目，二手车业务如雨后春笋般兴旺起来。二手车交易中最关键的一环是价格评估。由于二手车价

格构成有一定特殊性，需要有一套科学、统一的鉴定估价标准和方法来客观反映旧机动车的现时价格。国内二手车评估交易专业人才缺口在逐年扩大，当前人才缺口达10万人以上。

【项目考核】

一、知识考核

1. 二手车贸易与新车贸易相互之间有什么关系？
2. 当今世界发达国家中的二手车贸易有哪些主要特点？
3. 目前我国二手车市场主要存在哪些问题？
4. 汽车二手车贸易有哪些主要内容？
5. 什么是二手车重置成本价值？什么是二手车的评估价值？二者之间有何关系？
6. 简述二手车成新率的基本含义。二手车成新率与其评估价之间有什么关系？
7. 建立统一的二手车价格评估体系对促进二手车贸易的发展有何作用及意义？
8. 简述二手车售后服务的主要内容。建立和完善二手车售后服务体系的重要意义是什么？你对二手车销售公司做好售后服务有何建议？

二、案例分析考核

某车辆相关信息如下：

1. 车辆基本信息

品牌：上海大众帕萨特	型号：GLI
车辆类型：轿车	国产/进口：国产
产地：上海	发动机型号：L4 自然吸气发动机
变速器类型：自动4档	排量：1.8
车身颜色：蓝色	行驶里程：99 000 公里
燃油种类：汽油	上牌日期：2002 年 7 月

2. 手续、费用情况

相关证件齐备，税费齐备，无保险理赔记录，2009年费用齐全。

3. 车辆配置

电动门窗、电动真皮坐椅、CD、ABS、EBD、中控门锁、倒车雷达、电动后视镜、双安全气囊、自动恒温空调。

? 请介绍上述车辆鉴定估价操作程序和估价方法。

项目十二　汽车报关

【知识目标】

1. 掌握报关的基本知识；
2. 熟悉汽车进出口报关的政策和报关流程；
3. 掌握汽车贸易的关税与非关税措施；
4. 了解保税进出口通关和加工贸易货物的通关。

【技能目标】

1. 能够准确填制进出口报关单；
2. 能够掌握汽车《自动进口许可证》的申请与使用；
3. 能够运用汽车进出口报关政策和报关流程开展工作。

◇引导案例◇

上海汽车整车进口监管管理

全国进口汽车基本集中在天津、上海、广州三个口岸，去年，天津口岸进口汽车占40%，上海口岸占29%，广州口岸占15%，大连口岸占5%。

据不完全统计，2004年上海口岸进出口汽车4万辆，2005年为6.3万辆，2006年为11.4万辆，2007年为20万辆，2008年为31.5万辆，2009年为32.5万辆，2010年达60万辆。

2008年上海口岸进口汽车关税为200亿元，2009年为253亿元。

汽车进口作业流程包括办理报关、审单、报检查验放行、打印联系单、签发《汽车进口证明书》等。

（1）报关。主要由国外品牌汽车的中国总公司进口，少数由代理公司申报进口。

（2）接单、审单、征税。进口汽车是上海海关第一大税源。上海海关将十大世界汽车品牌列为优质企业，在审单处设置专岗，专司进口汽车报关接单。

（3）报检查验放行。目前上海海关和检验检疫部门对汽车整车的查验主要是在汽车码头陆域进行，查验内容为发动机号、车架号、品牌、排气量及新旧程度等。外高桥检验检疫局为进口汽车报检安排绿色通道，专人受理，随到随报，进口汽车检验完毕后出具《进口机动车辆随车检验单》，一车一证。海关查验以抽查为主，平均查验率约为10%，A类企业查验率为1%，其他企业的查验率为5%，旧车100%查验。

（4）打印联系单。汽车进口企业递交证明书申领表，海关将其与报关单证核对无误后进入“进口汽车《货物进口证明书》管理系统”录入汽车发动机号、车架号等信息，打印联系单，进口企业凭联系单、报关单复印件、查验单复印件申请《汽车进口证明书》。

（5）签发《汽车进口证明书》。由现场海关审核后签发《汽车进口证明书》，凭《汽车进口证明书》办理进口汽车注册登记及执照手续。

（6）进口汽车保税展示。具有相关品牌代理进口资质、海关记录资信良好的厂商、经销商提出申请并获得批准后，即可在洋山保税港区内开展进口汽车保税展示业务。目前上海海关对进口汽车保税展示采取两种监管办法：一是对部分落地征税后的汽车暂时留在

展厅进行展示。二是参照《中华人民共和国海关暂时进出境货物管理办法》(海关总署令第157号)的有关规定,对洋山保税港区内的进口汽车保税展示实施监管,经海关批准以保税展示为目的进入洋山保税港区的进口汽车,须在指定的展示区域存放。对参照海关总署第157号令实施监管的保税展示进口汽车,如需交易,可根据规定办理进口报关手续并缴纳关税后进入国内市场。

引导问题

1. 根据海关对进口汽车的监管,你需要掌握哪些报关知识?
2. 我国的汽车进出口政策对报关作业有哪些影响?

必备知识

任务12.1 报关基本知识

一、海关、关境、报关

1. 海关

海关(Customhouse)是依法执行进出口监督管理的国家行政机关。它的职责是监管进出关境的运输工具、物品及货物,征收关税(Customs Duties or Tariff)和其他税、费,查缉走私,查验货物,编制海关统计报告和办理其他海关业务。

海关有权对不符合国家法律规定的进出口物品不予放行,进行罚款甚至没收或销毁。海关在依法行使职权时,不受行政区域的限制,任何单位、个人不得非法干预海关的执法活动。海关一般设在沿海一带和陆地边境线上,也常在首都或大城市设立海关。

2. 关境

关境(Customs Area)是国际通用概念,指适用于同一海关法或实行同一关税制度的领域。

一般情况下,关境等于国境,但结成关税同盟的国家如欧盟,其成员国之间,货物进出国境不征收关税,只对来自和运往非同盟成员国的货物在进出共同关境时征收关税,因而对每个成员国来说,其关境大于国境;若国内设立自由港、自由贸易区等特定区域,因进出这些特定区域的货物是免税的,因而该国的关境小于国境。在我国,台湾、香港、澳门享有单独关境地位,因此,我国的关境小于国境。

为了与国际海关规范接轨,近年我国海关进行了根本性的改革,海关货运监管体系从以往相对分立的货管、征税、统计三大分工演变为以审单、查验、稽查、调查高度结合为基础,以综合技术信息、政策法制、综合协调、情报等专业分工为支撑保障的现代化海关监管模式。

3. 报关

报关(Customs Clearance)是指进出境运输工具的负责人、进出境物品的所有人、进出口货物收(发)货人或者他们的代理人向海关办理运输工具、物品、货物进出境手续及相关事务的过程。

制定报关制度的目的在于海关核实每项运输工具、物品及货物是否依法进出关境。

二、报关的程序

（一）货物申报

进出口货物的收、发货人或者他们的代理人，在货物进出口时，应在海关规定的期限内，按海关规定的格式填写进出口货物报关单(或电子数据报关单)，随附有关的货运、商业单据，同时提供批准货物进出口的证件，向海关申报。货物申报的主要单证有以下几种。

1. 进出口货物报关单(表 12－1)

进口货物报关单和出口货物报关单的填写要与进出口货物的实际情况相符。如填报有误或需变更填报内容而未主动、及时更改，报关后发生退关情况的，报关单位应在三天内向海关办理更正手续。

2. 随报关单交验有关的货运和商业单据

任何进出口货物通过海关，都必须在向海关递交已填好的报关单的同时，交验有关的货运和商业单据。海关审核各种单证是否一致，审核合格后加盖印章放行，作为进出口人提取或发运货物的凭证。

随报关单同时交验的货运和商业单据有：海运进口提货单，海运出口装货单，陆、空运单，货物发票，货物的装箱单等。如海关认为必要，还应交验贸易合同、订货卡片、产地证明等。另外，按规定享受减、免税或免验的货物，应在向海关申请并已办妥手续后，随报关单交验有关证明文件。

表 12－1　中华人民共和国海关进口货物报关单

预录入编号：　　　　　　　　　　　　　　　　海关编号：

进口口岸	备案号	进口日期	申报日期
经营单位	运输方式	运输工具名称	提运单号
收货单位	贸易方式	征免性质	征税比例
许可证号	起运国(地区)	装货港	境内目的地

批准文号	成交方式	运费	保费	杂费
合同协议号	件数	包装种类	毛重(公斤)	净重(公斤)
集装箱号	随附单据		用途	

标记唛码及备注

项号	商品编号	商品名称	规格型号	数量及单位	原产国(地区)	单价	总价	币制	征免

税费征收情况

录入员　录入单位	兹声明以上申报无讹并承担法律责任	海关审单批注及放行日期(签章) 审单　　审价
报关员 单位地址 邮编　　电话	申报单位(签章) 填制日期	征税　　统计 查验　　放行

3．进（出）口货物许可证（表 12－2、表 12－3）

我国与大多数国家一样，采用进出口货物许可证制度对进出口货物实行全面管理。凡按国家规定应申领进出口货物许可证的商品，报关时都必须交验由对外贸易管理部门签发的进出口货物许可证，并经海关查验合格无误后始能放行。

商务部所属的进出口公司、经国务院批准经营进出口业务的各部委所属的工贸公司、各省（直辖市、自治区）所属的进出口公司，在批准的经营范围内进出口商品，视为已取得许可，免领进出口货物许可证，只凭报关单即可向海关申报；只有在经营进出口经营范围以外的商品时才需要交验许可证。

表 12－2 中华人民共和国进口许可证

IMPORT LICENCE OF THE PEOPLE'S REPUBLIC OF CHINA　　No.

<table>
<tr><td colspan="3">1. 进口商：
Importer</td><td colspan="3">3. 进口许可证号：
Import licence No.</td></tr>
<tr><td colspan="3">2. 收货人：
Consignee</td><td colspan="3">4. 进口许可证有效截止日期：
Import licence expiry date</td></tr>
<tr><td colspan="3">5. 贸易方式：
Terms of trade</td><td colspan="3">8. 出口国（地区）：
Country/Region of exportation</td></tr>
<tr><td colspan="3">6. 外汇来源：
Terms of foreign exchange</td><td colspan="3">9. 原产地国（地区）：
Country/Region of origin</td></tr>
<tr><td colspan="3">7. 报关口岸：
Place of clearance</td><td colspan="3">10. 商品用途：
Use of goods</td></tr>
<tr><td colspan="3">11. 商品名称：
Description of goods</td><td colspan="3">商品编码：
Code of goods</td></tr>
<tr><td>12. 规格、型号
Specification</td><td>13. 单位
Unit</td><td>14. 数量
Quantity</td><td>15. 单价（　）
Unit price</td><td>16. 总值（　）
Amount</td><td>17. 总值折美元
Amount in USD</td></tr>
<tr><td></td><td></td><td></td><td></td><td></td><td></td></tr>
<tr><td></td><td></td><td></td><td></td><td></td><td></td></tr>
<tr><td></td><td></td><td></td><td></td><td></td><td></td></tr>
<tr><td></td><td></td><td></td><td></td><td></td><td></td></tr>
<tr><td>18. 总计
Total</td><td></td><td></td><td></td><td></td><td></td></tr>
<tr><td colspan="3" rowspan="2">19. 备注：
Supplementary details</td><td colspan="3">20. 发证机关签章：
Issuing authority's stamp & signature</td></tr>
<tr><td colspan="3">21. 发证日期：
Licence date</td></tr>
</table>

表 12－3　中华人民共和国出口许可证

EXPORT LICENCE OF THE PEOPLE'S REPUBLIC OF CHINA　　No.

<table>
<tr><td colspan="3">1. 出口商：
Exporter</td><td colspan="3">3. 出口许可证号：
Export licence No.</td></tr>
<tr><td colspan="3">2. 发货人：
Consignor</td><td colspan="3">4. 出口许可证有效截止日期：
Export licence expiry date</td></tr>
<tr><td colspan="3">5. 贸易方式：
Terms of trade</td><td colspan="3">8. 进口国(地区)：
Country/Region of purchase</td></tr>
<tr><td colspan="3">6. 合同号：
Contract No.</td><td colspan="3">9. 支付方式：
Payment conditions</td></tr>
<tr><td colspan="3">7. 报关口岸：
Place of clearance</td><td colspan="3">10. 运输方式：
Mode of transport</td></tr>
<tr><td colspan="3">11. 商品名称：
Description of goods</td><td colspan="3">商品编码：
Code of goods</td></tr>
<tr><td>12. 规格、型号
Specification</td><td>13. 单位
Unit</td><td>14. 数量
Quantity</td><td>15. 单价(　　)
Unit price</td><td>16. 总值(　　)
Amount</td><td>17. 总值折美元
Amount in USD</td></tr>
<tr><td></td><td></td><td></td><td></td><td></td><td></td></tr>
<tr><td></td><td></td><td></td><td></td><td></td><td></td></tr>
<tr><td></td><td></td><td></td><td></td><td></td><td></td></tr>
<tr><td></td><td></td><td></td><td></td><td></td><td></td></tr>
<tr><td>18. 总计
Total</td><td></td><td></td><td></td><td></td><td></td></tr>
<tr><td colspan="3">19. 备注：
Supplementary details</td><td colspan="3">20. 发证机关签章：
Issuing authority's stamp & signature

21. 发证日期：
Licence date</td></tr>
</table>

4. “入境货物通关单”和“出境货物通关单”

我国检验检疫货物的通关模式为“先报验，后报关”，实行“一次报检、一次取样，一次检验检疫，一次卫生除害处理，一次收费，一次发证放行”的工作规程和“一口对外”的国际通用的检验检疫模式。对进出口检疫的货物启用“入境货物通关单”和“出境货物通关单”，并在通关单上加盖检验检疫专用章。对列入《出入境检验检疫机构实施检验检疫的进出口商品目录》范围内的进出口货物(包括转关运输货物)，海关一律凭货物报关地出入境检验检疫局签发的“入境货物通关单”或“出境货物通关单”验放。汽车整车产品属《出入境检验检疫机构实施检验检疫的进出境商品目录》内的商品。

海关要求报关单位出具“入境货物通关单”或“出境货物通关单”，一方面是监督法

定检验商品是否已经接受法定的商检机构检验；另一方面是取得进出口商品征税、免税、减税的依据。

根据《中华人民共和国进出口商品检验法》以及《商检机构实施检验的进出口商品种类表》(简称《种类表》)规定，凡列入《种类表》的法定检验的进出口商品，均应在报关前向商品检验机构报验。报关时，对进出口商品，海关凭商检机构签发的“入境货物通关单”或“出境货物通关单”、“进口货物报关单”上加盖的印章验收。

（二）接受申报

接受申报指海关审核收、发货人(或其代理人)递交的货物申报单证是否齐全、准确、有效、清楚。

（三）进出口货物的查验

进出口货物除海关总署特准免除查验的以外，都应接受海关查验。查验的目的是核对报关单证所报内容与实际到货是否相符，有无错报、漏报、瞒报、伪报等情况，审查货物的进出口是否合法。

海关查验货物，在海关规定的时间和场所进行。如有特殊理由，可事先报经海关同意，海关派人员在规定的时间和场所以外查验。申请人应提供往返的交通工具和住宿并支付费用。

海关查验货物时，要求货物的收、发货人或其代理人必须到场，并按海关的要求负责办理货物的搬移、拆装箱和查验货物的包装等工作。海关认为必要时，可以自行开验、复验或者提取货样，货物保管人应当到场作为见证人。

（四）征收税费

进出境的运输工具、货物等经海关查验后，除海关特准免税外，必须缴纳有关税款，或提供担保，委托银行代缴。

（五）进出口货物的放行

海关经审核报关人的申报单据和查验货物，并确认报关人办理了有关税费手续后，在有关单据上签盖放行章，进出口货物才予以放行。

（六）后续管理

海关对各类货物包括保税货物、特定减免税货物、暂时进出境货物、转关运输货物等自放行之日起3年内依法实行后续管理，包括查账、稽查、核销、查处补税等。

（七）结关

当进出境运输工具、货物、物品的所有报关手续(包括后续管理)全部履行后，才准予办理结关手续，解除海关监管。

【案例12－1】 正确填报报关单证

一般贸易进出口货物，主要是指具有进出口经营权的企业单边对外订购进口，或者接受境外客户单边出口订货的正常贸易进出口货物。现在的进口汽车贸易大多数为一般贸易。

《海关法》规定，货物或运输工具进出境时，其收、发货人或其代理人必须向进出境口岸请求申报，交验规定的证件和单据，接受海关人员对其所报货物和运输工具的查验，依法缴纳海关税、费和其他由海关代征的税款，然后才能由海关批准货物和运输工具的放

行。从海关方面看，海关对一般进出口货物的监管，其业务程序是：接受申报、查验货物、征收税费、结关放行。其中申报、查验、放行构成海关监管制度的核心。作为进出境货物收、发货人，相应的报关手续应为：由进出境环节向海关申报、陪同海关查验、缴纳进出口税费和提取或装运货物等4个基本环节组成。

某年7月，深圳某公司从美国进口一批100吨的牛皮卡纸。由于到货港是香港，所以深圳某公司还得安排从香港到深圳的陆路运输，时间紧、任务重。同时，由于深圳某公司仓库库容有限，装卸能力又差，因此不可能同时把总共五个40英尺的集装箱一次拉进深圳，完成卸货任务。7月底，第一批三个集装箱进入文锦渡海关，深圳公司的报关员立刻带齐所有的单据(美国公司寄来的原始发票、装箱单、海运提单，由报关公司电脑打制的报关单、司机簿及香港运输公司重新填制的进境汽车清单)，赴海关报关大楼报关。但报关第一步就受挫，因为此批货物是三辆货柜车，而美国原始发票是整批货物五个集装箱一起开立的，海关关员不同意深圳公司以此报关。于是，深圳公司立即电告美国公司，让美国公司赶制两份发票及装箱单，一份为三个集装箱，另一份为两个集装箱。次日，深圳公司报关员再度报关。结果，海关拒受美国方面开来的原始发票，因为美方开来的发票只有签名而没有印鉴。由于中美文化习俗上的差异，美方注重的是签名，而中国注重的是印鉴，所以又造成了麻烦，深圳公司只得再与美国公司联系。但由于时差关系，等到外商急件传真过来已是第三日的早晨。深圳公司的报关员只有三度出击，可是此时又节外生枝了。深圳公司报关的是牛皮卡纸，而司机载货清单上赫然写着“白板纸”三个字。这问题严重了，因为牛皮卡纸只有每吨280美元，而白板纸却要每吨1 100美元左右，两者之间有着天壤之别。说得轻一点，是以假乱真，偷逃国家税款；说得重一点的话，则要背上走私的罪名。事到如此，只得让海关关员开箱检查，纸卷外层被捅破足有五六厘米，造成了不必要的损失。最后检查下来的结果证明是牛皮卡纸，但三个集装箱在深圳耽误两夜，共损失1.8万元港币的租箱费，这还不包括司机过夜费、临时停车场费等。

【案例分析】

这个案例给我们一个很深的教训。第一，货物的名称一定要填报清楚，以免引起不必要的麻烦。第二，要注意中国与西方国家习俗上的差异，在中国报关就一定要尊重中国的法律、习俗，以印鉴为准。第三，进出口的货物的名称、数量等一定要与所提交的单据一致，如有分批运进，则发票等各类单据也一定要分门别类地列出。

三、报关期限及滞报金

进出口货物的报关期限在我国《海关法》中有明确的规定，出口货物报关期限与进口货物报关期限不一样：出口货物除海关特许外，应在装货24小时以前向海关办理通关申报手续，如果没有按这一规定的期限向海关申报，海关可以拒绝接受申报；进口货物应自载运该货物的运输工具申报进境之日起14天内向海关办理进口货物的通关申报手续，超期报关的，由海关自第15天起征收滞报金。

滞报金按日计征，一般情况下，以运输工具申报进境之日起第15天为起征日(起征日如遇法定节假日，则顺延至其后第一个工作日)，以海关接受申报之日为截止日，起征日和截止日均计入滞报期间。滞报金的起征点为人民币50元。

四、报关单位

在我国现行的报关体系中，负责进出口货物报关手续的报关单位主要有两类：一类为自行办理报关的进出口货物收发货人，另一类为专门从事代理报关的报关企业。

报关企业是指经海关准予注册登记，接受进出口货物收发货人的委托，以进出口货物收发货人名义或者以自己的名义，向海关办理代理报关业务的境内企业法人。代理报关分为直接代理报关和间接代理报关。

（1）直接代理报关。指报关企业接受进出口货物收发货人的委托，以委托人的名义办理报关手续的法律行为。在直接代理的条件下，报关企业承担对报关行为合理、审慎的义务，即报关企业对在报关当中出现的按照报关企业的情况应该可以预防或制止的差错负相应的法律责任，而进出口货物收发货人对进出口货物的合法性承担完全的法律责任。

（2）间接代理报关。指报关企业接受进出口货物收发货人的委托，以自己的名义办理报关手续的法律行为。在间接代理的条件下，报关企业对报关行为承担与收发货人相同的法律责任。

五、报关注册登记

报关注册登记是指报关人向海关提交规定的文件、资料，申请报关权，经海关确认其报关资格并予以登记的制度。

我国《海关法》第十一条规定："进出口货物收发货人、报关企业办理报关手续，必须依法经海关注册登记。报关人员必须依法取得报关从业资格。未依法经海关注册登记的企业和未依法取得报关从业资格的人员，不得从事报关业务。"报关人只有履行了报关注册登记才具备了报关权，才可以开展相关进出口货物的报关业务。不具有报关权的，必须委托有报关权的报关企业代理报关。

注册地海关依法对报关人提交的申请注册登记材料进行核对，对符合规定的，由注册地海关核发《中华人民共和国海关报关企业报关注册登记证书》。报关企业注册登记许可的条件：

①具备境内企业法人资格；

②企业注册资本不低于人民币 150 万元；

③健全的组织机构和财务管理制度；

④报关员人数不少于 5 名；

⑤投资者、报关业务负责人、报关员无走私记录；

⑥报关业务负责人具有 5 年以上从事对外贸易的工作经验或者报关工作经验；

⑦无因走私违法行为被海关撤销注册登记许可记录；

⑧有符合从事报关服务所必需的固定经营场所和设施；

⑨海关监管所需要的其他条件。

报关企业根据业务的发展情况，如需要在注册登记许可区域以外的关区从事报关业务，则可向拟注册登记地海关递交报关企业分支机构注册登记许可申请，获批准后可依法设立分支机构。报关企业对其分支机构的行为承担法律责任。

六、报关企业注册登记许可的变更、延续和注销

(一) 报关企业注册登记许可的变更

报关企业注册登记许可中的单位名称、企业性质、企业住所、注册资本、法定代表人(负责人)等海关注册登记内容如发生变更，报关企业应持《中华人民共和国海关报关企业报关注册登记证书》、企业变更决议等材料原件及复印件以书面形式到注册地海关申请变更注册登记许可。经注册地海关初审后，报直属海关决定。直属海关对符合法定条件、标准的，应当准予变更，并且做出准予变更决定。报关企业凭直属海关的变更决定到相关管理部门办理变更手续。

(二) 报关企业注册登记许可的延续

报关企业及其跨关区分支机构注册登记许可期限均为 2 年。被许可人需要延续注册登记的，应当在有效期届满 40 日前向海关提出申请。

(三) 报关单位注册登记的注销

报关单位有下列情形之一的，应当以书面形式向注册地海关报告，海关在办结有关手续后，依法办理注销注册登记手续：

①破产、解散、自行放弃报关权或者分立成两个以上新企业的；

②被工商行政管理机关注销登记或者吊销营业执照的；

③丧失独立承担责任能力的；

④报关企业丧失注册登记许可的；

⑤进出口货物收发货人的对外贸易经营者备案登记表或商业投资企业批准证书失效的；

⑥其他依法应当注销注册登记的情形。

任务 12.2　汽车贸易的关税与非关税措施

一、汽车贸易的关税措施

关税是指进出口商品经过一个国家关境时，由该国政府所设置的海关向进出口商征收的税。其征收的对象是进出口货物，执行者是海关。

(一) 关税的主要特点

(1) 关税具有强制性、无偿性和预定性。关税由代表国家的海关部门强制征收，并通过法律形式予以确定。海关征收的税款全部上缴国家财政，不给纳税人任何补偿，也不再偿还。关税的税收项目、税率、种类、征收方式等内容均有明确具体的规定，并具有相对的稳定性，不得随意改动。

(2) 关税的税收主客体明确。关税的税收主体是本国的进出口商，客体是进出口商品。

(3) 关税能有效调节本国进出口贸易。国家可以通过制定和调整关税的税率来调节进出口贸易，主要的做法是，通过低税、免税和退税来鼓励商品出口，通过调整税率的高低、减免来调节商品的进口。

(4) 关税是国家对外贸易政策的重要手段。关税体现一个国家的对外贸易政策，关

税的高低直接影响着进口贸易，影响一国与其他国家的经济贸易关系的发展。

（二）关税的种类

关税的种类繁多，按不同的标准进行划分，可分为以下几类：

（1）按征收对象或商品的流向划分，可分为进口税、出口税和过境税。

①进口税（Import Duty）是指进口国家的海关在外国商品输入时，根据海关税则对本国进口商所征收的关税。

②出口税（Export Duty）是指出口国家的海关在本国产品输出国外时，对出口商征收的关税。

③过境税（Transit Duty）是指一国对通过本国国境或关境的外国货物所征收的关税。

（2）按照征收的目的划分，可分为保护关税和财政关税。

①保护关税（Protective Tariff）是指以保护本国工业或农业发展为目的而征收的关税。

②财政关税（Revenue Duty）是指以增加国家财政收入为目的而征收的关税。其征税的条件必须具备三个条件：第一，征税的进口货物必须是国内不能生产或无法替代的商品，以避免对国内市场形成影响；第二，征税的进口货物在国内必须有大量的消费；第三，关税税率必须适中，否则达不到增加财政收入的目的。

（3）按照征收关税的依据，关税可分为正税和附加税。

①正税（Regular Tariff）是指根据颁布的税率而征收的关税，是相对于附加税而言的。

②附加税（Additional Tax or Surtax）是指进口国对进口商品征收进口税以外，根据某种目的加征的关税。

（4）按关税保护的程度和有效性，关税可分为名义关税和有效关税。

①名义关税（Nomin Tariff）是指某种商品进入该国关境时，海关根据海关税则所征收的关税。

②有效关税（Effective Tariff）是指对某个工业产品每单位"增值"部分的从价税，代表着对本国同类产品的真正有效的保护程度。

（三）关税的经济效应

关税的经济效应体现在关税的征收会对进口国产生价格效应（Price Effect）、贸易条件效应、保护效应和税收效应。进口关税会提高进口商品在国内市场上的销售价格，正常情况下其涨价幅度与关税税率成正比。进口商品关税的提高，会导致进口商品销售价格的提高，促使国内消费者转向购买国产的相应商品，扩大国内企业的生存空间，一些效益较低的企业也能获得较好的甚至超额利润，从而导致进口需求的减少，扩大进口竞争。税率越高，关税的保护作用越大。当然，过度的保护会对国民经济的其他部门产生不良的影响；同时，进口减少会使国家减少税收的净值。

（四）我国汽车贸易的关税措施

关税措施又称关税壁垒，是一个国家执行对外贸易政策的重要手段。为了限制汽车消费和保护本国汽车产业免受进口汽车的影响，在较短的时间内获得同先进国家相抗衡的能力，中国过去一直通过实行高价引进产品或技术自主生产和高强度的贸易壁垒来限制国外汽车尤其是轿车的进口政策。

进入20世纪90年代以来，为了适应国内汽车产业与国外合资合作的发展以及汽车产业全球化的需要，中国政府逐步调整汽车进出口贸易措施：

“入世”前，我国汽车整体关税税率为38.8%，关键零部件最高关税税率为50%，65个项目整车平均关税税率为56%，其中轿车关税税率80%～100%，比烟酒的关税税率还高。进口整车的价格水平高达其到岸价格的2.2～2.5倍，高于国内同类产品价格的40%以上，甚至数倍。进口轿车的档次越高，税费比例就越大，销售价格上涨幅度也越大。“入世”后，轿车的关税税率从“入世”前的70%～80%逐年下调，至2006年7月降至25%，即总体上要降45%～55%。在5年的缓冲期里，平均每年降低4%～8%；货车关税从40%～50%降低到10%～20%；汽车大多数零部件关税税率从“入世”前的25%，到2006年降至10%。

过去，我国长期以来的汽车贸易政策虽然限制了进口，保护了本国汽车产业免受进口汽车的影响，但也带来了一些不良的后果：如打击了国外企业进入中国市场的信心，诱发了外资企业在国内的短期化行为，造成了国内企业的低能力惰性垄断等。

二、汽车贸易的非关税措施

非关税措施又称非关税壁垒(Non-Tariff Barriers)，指关税以外的一切限制进口的各种措施，它和关税措施一起充当政府干预贸易的政策工具。非关税措施具有以下特点：

（1）灵活性和针对性。一般来说，关税税率的制定必须通过立法程序，并像其他立法一样要求具有一定的延续性。但制定和实施非关税壁垒通常采用行政手段，程序比较简便，能随时针对某国的某种商品采取或更换相应的限制进口措施，较快达到限制进口的目的。

（2）有效性。关税措施是通过征收高额关税，提高进口商品成本和价格，削弱其与本国同类产品的竞争能力，间接地达到限制进口的目的。如果出口国采用出口补贴、商品倾销等对抗办法降低出口商品的成本和价格，关税就难以起到限制作用。这时，一些非关税措施如进口配额，就能有效地将超额商品拒之门外，起到关税不能起到的作用。

（3）隐蔽性和歧视性。与关税措施相比，非关税壁垒比较隐蔽、复杂、灵活，内容的范畴也较广泛，对手国家很难及时有效应对。一般来说，关税税率确定后，往往以法律形式公之于众，依法执行，进出口商比较容易获得相关税率。但非关税壁垒措施往往不公开，或者规定极为繁琐的复杂标准和手续，使出口国难以对付和适应。

中国汽车工业的发展还很不成熟，加入WTO以后面对全球激烈的市场竞争，中国汽车企业能否经受起严峻的考验，关键取决于政府能否在有限的保护期内，对我国的汽车产业采取有效的保护措施。世贸组织的一些成员国在限制进口方面，在进口商品的价格、费用、技术标准、质量认证、商检、反倾销、反补贴等方面，根据本国的国情制定了许多“保护”政策，有针对性地变通国内立法及引导国内消费。这些成功的做法，值得我国汽车工业借鉴。

综观世贸组织成员国保护国内汽车产业的做法，其实质上包含两个方面的内容，一是对世贸组织许可的保护措施给予充分的运用；二是绕过其协议的规定，变相制定一些关税或非关税壁垒，以寻求对本国汽车产业尽可能的保护。例如：

第一，在限制进口方面，一是采取进口配额或数量限制措施，对一些商品的进口实行数量限制，或迫使出口国实行出口限制；二是灵活运用关税配额制度，对某一进口产品在一定数量内征收较低关税，超过该数量则适用较高的税率。这是近年来国际上通行的惯例。这一制度要达到的目的是，既可满足国内的合理需求，又可限制进口产品对国内市场

相关产业产生巨大冲击。世贸组织协议中没有对关税配额制度做明确限制，在亚太经合组织的讨论中，也把关税配额作为关税手段加以保留。

第二，在标准、认证和商检方面，在世贸组织技术性贸易壁垒项目中，允许发展中国家在国际标准不适用的前提下制定适合本国的标准，并在关贸总协定的附属协议——《贸易技术壁垒协议》（TBT 协议）中加以指出。这样就赋予了技术性壁垒以合法性。各国往往打着保障安全、保护环境和节约能源的旗号，通过制定苛刻的技术法规、产品标准和认证程序，使外国生产者难以适从。通常做法包括：

（1）有针对性地制定技术标准。例如发达国家制定严格的汽车油耗及排放限制法规，从而把欠发达国家和发展中国家的汽车挡在国门之外；有些右侧通行的国家采取禁止右置转向盘式车辆进入等限制措施。

（2）制定强制性技术法规或绿色技术法规。在世贸组织规则中的 TBT 协议里，技术法规是指强制执行的、规定产品特性或生产方法、包括可适用范围的行政管理文件。根据 TBT 协议的规定，世贸组织成员国的强制性技术法规从发布到实施会有一段间隔，而生产者适应一个新法规所需的时间则更长，因此强制性法规的制定会给外国汽车制造商带来很大不便。

绿色技术法规是以保护生态环境、自然资源、人类和动植物的健康为由而限制进口的措施，包含：国际环保公约；各国环保法规、标准；自愿性措施；加工和生产方法（PPM）标准；环境成本内在化问题等。这些法规、标准都是按照发达国家的生产技术水平制定的，对产品的整个生产、使用以及最后处理都有严格的要求。符合环保要求的产品可得到“绿色通行证”，即绿色环境标志。例如，为保护臭氧层，各发达国家对还在使用 R－12 制冷剂的汽车严禁进口等。

（3）采用有利本国的认证制度或制定本国的认证制度。这里所说的认证多指质量合格认证。国际标准化组织在 ISO 第 2 号指南《标准化认证与试验室认可的一般术语及其意义》中对合格认证的定义为：“经权威机构确认并通过合格证书或合格标志来证明某一产品或服务符合相应标准或规范的活动。”

在 TBT 协议中，对进口商品的认证要求坚持非歧视和国民待遇的原则，坚持认证制度的开放，以消除认证制度对贸易的影响。其具体规定有，对其他国家同类机构的认证证书，应尽可能给予承认；对已有的国际认证制度和区域性认证制度，应积极采用，而不要另外设立认证制度。但是，认证毕竟属于国家主权范畴，故也成为非关税壁垒的措施之一。

（4）设置繁杂的汽车进口检验手续，拖延国外汽车产品进入本国市场的时间。这是由于进口检验的一般程序为接受报检、抽样、检验、评定结果和得出结论，各道程序都要花费一定的时间。在这方面，各国的做法各不相同。俄罗斯的商检制度极为繁杂，在一定程度上限制了国外汽车的进口；欧洲则要求汽车产品必须提供样品检验；而美国最近也专门提出要对汽车进行翻车可能性方面的严格检验。有些国家出于非关税壁垒的需要，甚至对同一厂家不同的车型进行分别抽样检验，检验的内容也不相同，包括进口车与其本身标定的技术参数及性能的相符性等。

第三，在反倾销、反补贴方面。倾销是指一项产品以低于正常价格进入另一国市场的行为；补贴是指“在某一成员国的领土内，由政府或任何公共机构提供的财政补贴”。补贴又细分为“禁止的补贴”、“可起诉的补贴”等。“禁止的补贴”是指以出口实绩为条件提供的补贴；“可起诉的补贴”是指对其他成员国造成不利影响的补贴。

世贸组织允许各国制定相关的反倾销与反补贴条例。当进口成员方一旦发现进口产品存在倾销、被禁止的补贴和可起诉补贴现象，查证落实后，即可以征收反倾销税和反补贴税。该协议是世贸组织最重要的协议之一，也是最容易引起争议的协议。这种争议不仅出现在发达国家与发展中国家之间，也广泛地出现在发达国家之间。

在20世纪80年代，反倾销法主要为发达国家所利用。进入90年代后，越来越多的发展中国家也频繁启动反倾销程序。这种贸易自由化的“例外措施”已成为一般性贸易保护的工具。在未来的国际贸易中，反倾销法仍然是十分敏感的问题。

中国自1997年3月开始实施《中华人民共和国反倾销和反补贴条例》以来至2006年，只有5起反倾销调查案见诸报端。相反，自1979年欧盟对中国糖精发起首起反倾销指控以来，至2000年11月，已有28个国家和地区对我国提起反倾销、反补贴和保障措施案，共约400起，涉及钢铁金属、机械电子、轻工产品、纺织品以及农产品等4 000多种商品。其中，对中国进行反倾销位居前列的则是欧盟与美国。

随着经济全球化脚步的加快，在全球汽车生产能力过剩、发达国家的汽车生产和销售重心均已向发展中国家转移的大背景下，作为世界上一个具有最大潜在汽车市场的中国，已成为世界各大汽车公司的目标，因此不能排除世界各主要汽车公司向我国倾销其汽车产品的可能。因而我国相关部门应高度重视，为汽车行业的反倾销做好准备。

第四，在价格、费用政策方面，通过各种优惠降低国内产品的成本从而降低它的最终价格，或者直接影响进出口商品的成本从而影响它的最终价格，以这两种手段来改变本国产品与进口产品的价格差，从而达到限制国外汽车进口的目的。这是许多国家的通常做法。

（1）对国内汽车企业进行补贴。欧盟对汽车工业的保护措施有：向研究机构和开发机构提供资助；对环保设施的改造商提供资助；对从事汽车行业过剩的劳动力进行资助等。日本采取的措施主要有：资金方面的援助措施，例如对设备投资的资金给予低息融资及其他优惠的税制政策；从国外引进的技术可以优先分配外汇，以促进汽车产业基础的巩固；根据行业的意向，做出实现贸易、资本自由化的计划，并指出将来的发展方向等。韩国的做法主要有：提供政策性优先贷款；提供基础设施的带补贴的投入；削减公共事业费用，对出口车辆进行税收补偿等。

（2）收取进口押金和实行进口通道管制。世界贸易组织协议中允许采用某些保护性措施，这也为非关税壁垒留下了空间。进口押金指的是国外商品在进口时必须预先按进口的金额在指定的银行无息存放一笔现金。收取进口押金不但占用了进口商的资金，也为其带来利息损失，因而增加了进口汽车的成本。成本提高的损失最终要由进口商转嫁给消费者，其结果是导致进口汽车价格的提高。

实行进口通道管制，是指有些国家明文限定某几个港口可以进口汽车，致使进口汽车排队等候入关，从而人为地拖延了进口汽车进入境内的时间。韩国海关采取把有些允许进口的产品进行重新细化分类，将其中一些产品列在限制进口的商品之列的进口通道管制措施。而美国则经常定期和单方面地改变进口商品的分类，从而增加进口商品关税或单方面扩大受限商品的范围。

第五，引导国内消费方面。一是通过各种媒体和舆论的宣传引导，提高国民对国产车价值的认同感和民族自豪感，培养起国民对进口轿车在消费意识和观念上的“贸易壁

垒”；二是为汽车市场的发育提供政策支持，如美国为了鼓励汽车更新，对使用年限不同的车在税费中加以区别；日本在《轻四轮法》中明确提倡使用轻型车和低污染车，同时对小排量车和大排量车的征收税额有很大的区别；意大利与厂商共同采取措施，以优惠政策鼓励使用低污染汽车，并对以旧车换新车给予较大补偿以促进汽车的更新；德国对低污染汽车实行低关税优惠政策。

加入世贸组织后，我国不应放弃对本国汽车工业的保护，但不恰当的保护则不利于汽车行业的发展。对于我国来说，汽车行业既是支柱产业又是幼稚产业，国家应以国家政策扶持为主，各种非关税保护手段为辅，通过各种产业政策加以引导，集中有限的资金扶持重点企业，促使企业加大对新技术及新车型的研究开发力度，并应出台优惠政策鼓励国内汽车走向世界汽车市场，参与世界范围内的竞争。争取在有限的保护期内，缩小同发达国家汽车工业的差距，尽早地与先进的国外汽车工业站在同一起跑线上，真正进行公平的竞争。

【案例 12－2】 日本政府出手救市 将启动“旧车换现金”措施

网易汽车编译 2011 年 12 月 27 日报道：日本政府近日已经提议向其汽车业丢出一根救命稻草，而这根救命稻草就是重新启动“旧车换现金”计划。该计划曾在 2009 年 10 月成功增加日本汽车销量。然而美国品牌的汽车是否将被排除于该计划之外还不得而知。

据日本贸易部公布的消息显示，日本政府将拨出 38.5 亿美元给这个新计划作为震后预算费的一部分。如果追加的预算能够得到通过，那么这笔补贴将适用于那些节能型汽车。此外日本近日还调整了新车购买税，并且提议将一系列购买节能型汽车税收优惠政策延期三年。

日本汽车制造协会主席 Toshiyuki Shiga 称，如果预算通过，日本汽车销量将在 2012 年增加约 90 万辆，而 2011 年日本汽车销量预计会减少 14% 至约 425 万辆。“我们预期，当税收减免和补贴政策实施后，2012 年汽车销量将以 2009 年的增长速度增加。”

据了解，日本政府在 2009 年 10 月实施的“旧车换现金”计划支付给了那些使用至少 13 年老旧车换购符合日本 2010 年排放标准的新车的购车者 3 209 美元。那时美国品牌的汽车被排除在该计划之外，因为这些汽车得不到检验并且早被证明符合或者超过日本 2010 年节能标准。

美国品牌汽车得不到检验的原因是对日本开放市场措施的讽刺，多年前，全球多数国家都心照不宣地意识到日本的节能标准与世界节能标准有多么的不同步。

现在还不知道汽车将符合什么标准才有资格参加这个重新启动的计划。但是美国贸易官员应该让日本知道新标准应该明确以纸质文件公布出来以便允许美国品牌节能汽车有资格申请该津贴。但日本将会拒绝。毕竟该计划的真正目的并不是为环境着想。该计划的初衷和最终目的还是增加饱受 3 月 11 日地震海啸影响的日本汽车制造商的汽车销量。

【案例解析】

日本利用非关税壁垒促进本国汽车的销售，从而起到振兴本国汽车工业的作用。

【阅读材料 12－1】 世贸组织呼吁各国增加非关税措施透明度

新华网日内瓦 2012 年 7 月 16 日报道：世界贸易组织 16 日发布报告称，各国政府使

用非关税措施呈上升趋势，对全球贸易将产生重要影响，相关措施的透明度有待加强。

当天发布的《2012 年世界贸易报告》聚焦非关税措施，包括与制造业相关的贸易技术壁垒，与农产品、食品安全相关的动植物卫生检验检疫措施，以及与服务业相关的国内规制。报告说，20 世纪 90 年代开始，世贸组织成员对非关税措施的使用就日益增加，这些措施能够为合法的公共政策目标服务，但也可能成为保护主义手段。

世贸组织总干事拉米说，相比于保护国内生产者免受竞争，各国政府目前使用非关税措施更多是为了实现相关领域的公共政策目标。“挑战在于如何实现广泛领域的政策协调，既不破坏其公共政策目标，也不让它们对贸易产生不必要的负面影响。”

报告指出，不是所有非关税措施都会对贸易产生负面影响。一些检验检疫的标准可能会限制农产品贸易，但制造业，尤其是高科技部门，相关标准的实施则可能对贸易有积极影响。此外，统一标准和增加互认都可能促进贸易。

目前，非关税措施的相关信息相对缺乏，主要是因为其与关税相比更难界定和衡量。报告呼吁各国增加这一领域的透明度，同时为相关措施制定更加有效的标准，加强国内规制的相互协调；在贸易技术壁垒、动植物卫生检疫和与服务业相关的国内规制的国际合作方面的能力建设也有待加强。

【阅读材料 12－2】　主要汽车生产国汽车工业的非关税措施

▲日本

贸易技术壁垒：实行严格的法规与产品检查手续，从而使进口车增加成本；根据发动机的排量和功率制定不同的物品税和道路税；限制进口车的销售网络；由企业对其所使用的全部零部件负有认证等所有权利。

作用分析：在不同的时期应采取不同的壁垒措施，起到不同的效果。

▲韩国

限制外国汽车进口：实施技术限制，制定国内税法限制汽车进口，提倡使用国产车，对进入汽车工业的外资予以限制。

▲欧盟

保护方式：对进口汽车实行梯级关税。

支持工业发展的措施：实行补贴。

“集团免除”规定：鼓励竞争，确保服务、维修网络系统。

汽车贸易的技术壁垒：制定透明的标准。

对投资的财政优惠：免税和补贴。

▲美国

制定严格的环保标准，通过贸易谈判限制汽车及零部件进口，北美自由贸易协定的安排，应用其他反倾销和反补贴措施保护汽车产业。

任务 12.3　汽车报关政策与报关流程

近年来，由于国家汽车产业政策的不断调整，我国汽车的国际贸易市场尤其是汽车进口市场、汽车进口关税、汽车报关流程等都发生了较大的变化。

一、汽车报关相关政策的变化

2004 年 6 月 1 日颁布实施的《汽车产业发展政策》及 2005 年 8 月 10 日商务部发布的《汽车贸易政策》，在汽车进口贸易方面有了不少新的规定。

（一）取消实行了多年的进口汽车保税政策

进口汽车保税政策是指进口车进入保税区期间不用缴税，只有汽车从保税区进入内地市场销售时才缴税。从 2005 年起，所有进口口岸保税区不得存放以进入国内市场为目的的汽车。取消汽车保税业务后，进口汽车一到口岸就必须纳税报关。

在保税政策下，汽车进口商通行的做法是：汽车从港口运到保税区之后，先不用完税，只需交纳车价款，如有客户确定要买，就需要先交一部分订金，进口商就用这笔钱替这辆车完税并办理进口报关手续，然后买家可以在完税后的一两天时间内将车提走。但现在国家实行汽车“落地完税制”，汽车进口商必须一次性付清车价款和相关税款，才能进入国内市场销售，导致进口商的资金成本大幅增加。如进口一辆价格为 50 万元的汽车，在保税政策时期，虽然其综合税率高达 74.99%，但汽车进口商只需有 50 万元资金交纳车价款就可以了；如在“落地完税”制下，即使进口汽车关税在 2006 年 7 月 1 日前降到 25%，加上 17% 的增值税和 3%～8% 的消费税，进口汽车的综合税率仍然在 50% 左右，需缴纳 20 多万元的税款，加上车价款，就需要 70 多万元。

实行落地完税制，会占用汽车进口商大量的资金，必然会使进口商的成本增加，提高了行业准入门槛，进而影响进口汽车的总体数量。

（二）汽车进口关税下调

2004 年，我国进口排气量为 3 升以下（含 3 升）和 3 升以上的汽车的关税税率分别是 34.2% 和 37.6%。按照我国加入世界贸易组织的承诺和国家相关产业政策，从 2005 年 1 月 1 日起，进口车关税税率统一下调至 30%，这是加入世贸组织后第四次下调汽车进口关税。根据承诺，我国 2006 年 7 月 1 日汽车进口关税降至 25%。

关税下调与消费者对汽车降价的心理预期相吻合，将会促进进口汽车的消费。

（三）进口汽车实行自动进口许可管理

根据商务部颁布的《汽车产品自动进口许可证签发管理实施细则》，自 2005 年 1 月 1 日起，我国取消实行了 20 年的汽车进口配额管理，同时对汽车进口施行自动进口许可管理，进口汽车由审批制改为自动登记制。进口汽车的企业凭《自动进口许可证》办理汽车进口报关手续。

1.《自动进口许可证》的申领

一般贸易、易货贸易、边境小额贸易、租赁、援助与赠送、捐赠等方式进口列入《货物自动进口许可商品目录》的汽车产品，进口企业向海关申报前，须向商务部或其授权的地方、部门机电产品进出口办公室（以下简称“发证机构”）申领《自动进口许可证》（表 12－4）。

表 12－4　中华人民共和国自动进口许可证

AUTOMATIC IMPORT LICENCE OF THE PEOPLE'S REPUBLIC OF CHINA　　　　No.

1. 进口商： Importer			3. 自动进口许可证号： Automatic import licence No.		
2. 进口用户： Consignee			4. 自动进口许可证有效截止日期： Automatic import licence expiry date		
5. 贸易方式： Terms of trade			8. 贸易国(地区)： Country/Region of trading		
6. 外汇来源： Term of foreign exchange			9. 原产地国(地区)： Country/Region of origin		
7. 报关口岸： Place of clearance			10. 商品用途： Use of goods		
11. 商品名称： Description of goods			商品编码： Code of goods	设备状态： Status of equipment	
12. 规格、型号 Specification	13. 单位 Unit	14. 数量 Quantity	15. 单价(　) Unit price	16. 总值(　) Amount	17. 总值折美元 Amount in USD
18. 总计 Total					
19. 备注： Supplementary details			20. 发证机关签章： Issuing authority's stamp 21. 经办人签字： signature 22. 发证日期： Licence date		

中华人民共和国商务部监制(2004)

申领汽车《自动进口许可证》须具备的材料：

(1) 进口单位从事货物进出口的资格证书、备案登记文件或者外商投资企业批准证书(以上证书、文件仅限公历年度内初次申领者提交)。

(2) 自动进口许可证申请表。

(3) 货物进口合同。

(4) 属于委托代理进口的，应当提交委托代理进口协议(正本)。

(5) 申请进口汽车用于销售的，需提交汽车品牌经销授权证明材料(公历年度首次申请时提供)。

(6) 以一般贸易方式申请进口自用的，申请进口单位需提交企业营业执照或组织机构证书(复印件)；以援助、捐赠、赠送等方式申请进口汽车用于自用的，需提交企业营业执照或组织机构证书(复印件)和相关的援助、捐赠、赠送的证明文件。

(7) 汽车生产企业申请进口成套散件(含 SKD 和 CKD)、部件总成(系统)用于生产汽

车的，需提交所生产车型列入的《道路机动车辆生产企业及产品公告》。

（8）商务部规定的其他应当提交的材料。

2.《自动进口许可证》申请的形式

申请汽车产品《自动进口许可证》可通过计算机网络，也可以以书面形式向发证机构提交申请。

（1）网上申请。登录商务部授权网站(www. chinabidding. com)，进入进口许可证联网申领系统，按要求如实在线填写《机电产品进口申请表》等资料，同时向相应的发证机构提交相关的申领材料。

（2）书面申请。可到发证机构领取或从商务部授权网站(www. chinabidding. com)下载(或复印)《机电产品进口申请表》。按要求如实填写，并采用送递、邮寄或其他适当方式，与其他相关的申领材料一并递交发证机构。

3.《自动进口许可证》的签发

（1）申请进口列入《货物自动进口许可商品目录》中属商务部管理的汽车产品，申请材料需经地方、部门机电产品进出口办公室(下称“机电办”)核实。地方、部门机电办收到齐备的申请材料后，立即核实，最长不超过3个工作日。核实后将申请材料递交商务部。商务部在收到内容正确、形式完备的申请后，应当立即签发《自动进口许可证》；在特殊情况下，最长不超过10个工作日。

（2）申请进口列入《货物自动进口许可目录》中属地方、部门机电办管理的汽车产品，地方、部门机电办在收到内容正确、形式完备的申请后，应立即签发《自动进口许可证》；在特殊情况下，最长不超过10个工作日。

（3）经有关部门核定，进口属于构成整车特征的汽车零部件，商务部在签发的《自动进口许可证》的备注栏中打印标注“构成整车特征”。

4.《自动进口许可证》的使用

（1）汽车产品《自动进口许可证》实行“一批一证”或“非一批一证”管理。证面内容不得更改，其有效期为6个月，且仅在本公历年度内有效。

（2）汽车产品《自动进口许可证》的延期或变更一律重新办理，旧证应交还原发证机关并同时撤销。如在有效期内无法使用或未使用完，应在有效期内退回原发证机关。

（3）汽车产品《自动进口许可证》如有遗失，申请进口单位应当立即向原发证机关以及自动进口许可证上注明的进口口岸地海关书面报告挂失。经核实无不良后果，原发证机关可予重新补发；如造成不良后果，予以警告直至暂停发放其《自动进口许可证》。

（4）汽车产品《自动进口许可证》对进口数量没有明确的限制，放宽了对进口车的管理，让进口车更加市场化。

（四）进口汽车实行品牌经营

根据中华人民共和国商务部颁布的《汽车产品自动进口许可证签发管理实施细则》第五条第一款规定：“申请进口汽车用于销售的，需提交汽车品牌经销授权证明材料(公历年度首次申请时提供)。”从2005年1月1日起，只有得到国外汽车厂家授权的企业才有资格进口和销售进口汽车，这就意味着今后进口车销售必须实行品牌授权制。

对进口车商实施品牌管理后，汽车生产厂家对经销商的控制权将不断增加。未来的进口车市场将由各大汽车厂商以品牌授权的途径掌控，这将有利于市场的规范和稳定。

（五）“整车特征”办法取消

工业和信息化部、国家发展和改革委员会决定，2009年9月1日起修改《汽车产业

发展政策》中关于"进口管理"的内容，同时，海关总署、国家发展和改革委员会、财政部、商务部宣布，自2005年4月1日施行的《构成整车特征的汽车零部件进口管理办法》已于2009年9月1日起停止执行。这是对世界贸易组织(WTO)2008年12月裁决上述《管理办法》违规的回应。2006年欧盟和美国联合把中国告上WTO，起诉中国执行该《管理办法》违规。经过审理与上诉程序，WTO上诉机构终裁判定该办法违反了国民待遇的规则，中国不得不取消这项规定。

为了防止跨国汽车企业以半散件进口方式在中国国内组装整车，以偷逃关税，中国于2005年4月1日开始实施《构成整车特征的汽车零部件进口管理办法》。该办法规定，对等于或超过整车价值60%的进口零部件征收与整车相同的关税(零部件关税是10%，整车关税是25%)。

在《管理办法》废止前，由于涉及整车特征进口的汽车零部件关税偏高，所以一部分汽车零部件都在国内采购，如一汽丰田的皇冠系列轿车所配备的3GR发动机、6速手自一体变速器；一部分汽车零部件属于目前国内无法生产的只能靠进口，如一汽大众奥迪A6L车型的发动机、变速箱。涉及整车特征进口的汽车零部件主要有一汽奥迪、丰田陆地巡洋舰等高端车型的发动机、变速箱、驱动桥的进口。在《管理办法》废止后，涉及整车特征的汽车零部件进口由于降低了关税为企业节约了成本；原来由于进口关税高在国内采购的一部分汽车零部件也将会采用进口方式代替国内采购。因此，《管理办法》的废止将会对汽车零部件的进口有所拉动。

（六）遏止汽车出口下滑政策出台

2010年10月23日，商务部、发改委、工信部、财政部、海关总署、质检总局发布《关于促进我国汽车产品出口持续健康发展的意见》，以提振受金融危机影响而大幅下滑的汽车出口局面。

该政策首次提出了中国汽车出口的目标：汽车及零部件出口从2009年到2011年力争实现年均增长10%；到2015年，汽车和零部件出口达到850亿美元，年均增长约20%；到2020年实现我国汽车及零部件出口额占世界汽车产品贸易总额10%的战略目标。同时，还提出了一些促进出口的措施，比如加强知识产权保护，积极应对和化解贸易摩擦，鼓励企业增强自主创新能力，优化出口产品结构，鼓励出口基地企业自主创新和技术改造。重点支持基地企业技术创新、技术改造和新能源汽车及关键零部件发展。不过，这项政策的实施效果仍然要取决于中国汽车企业是否将出口作为一项战略来实施。如果中国汽车企业仍然认为出口只是国内销售可有可无的补充，而且，只知道出口整车，不考虑售后和服务设施，那么中国汽车出口仍然难以突破。

（七）有关汽车的进出口税则归类编码

海关确定商品税则归类编码和适用关税税率、依法计征关税的法律依据是《中华人民共和国海关进出口税则》；税则中规定的商品分类系统结构、基本原则、程序与方法、各种商品的属性特征、内在联系和相互区别等都是从事报关工作人员必须掌握的知识和技能。

有关车辆及其零部件的商品编号详见《进出口商品名称及编码》。

二、进口汽车报关的基本流程

(1) 进口列入《货物自动进口许可商品目录》的汽车产品，进口单位在办理海关报关手续前，须向商务部或其授权的地方、部门机电办提交自动进口许可证申请，并取得

《自动进口许可证》。

（2）进口汽车的收货人或其代理人在货物运抵入境口岸后，应持合同、发票、提（运）单、装箱单等单证及有关技术资料向口岸检验检疫机构报检，填写“进口机动车辆检验检疫工作记录”（参见表 12－5），口岸检验检疫机构审核后签发“入境货物通关单”。经检验合格的进口汽车，由口岸检验检疫机构签发“入境货物检验检疫证明”，并一车一单签发“进口机动车辆随车检验单”（参见表 12－6）；对进口汽车实施品质检验的，“入境货物检验检疫证明”须加附“品质检验报告”。

表 12－5　广东出入境检验检疫局进口机动车辆检验检疫工作记录(A 版)

<table>
<tr><td colspan="2">报 验 号：</td></tr>
<tr><td>货物名称：</td><td>安全质量许可证号：</td></tr>
<tr><td>报验数量：</td><td>规格/型号：</td></tr>
<tr><td>生产国别：</td><td>进口日期：</td></tr>
<tr><td>合 同 号：</td><td>发 票 号：</td></tr>
<tr><td>装箱单号：</td><td>底 盘 号：</td></tr>
<tr><td>提 单 号：</td><td>发动机号：</td></tr>
<tr><td>提单日期：</td><td>质量保证期：</td></tr>
<tr><td colspan="2">检验处理意见：</td></tr>
<tr><td colspan="2">一般项目检验情况：</td></tr>
<tr><td>1. 车辆外观是否存在肉眼可见的缺陷</td><td>是　　否</td></tr>
<tr><td>2. 车辆规格型号是否与合同、装箱单所列相符</td><td>是　　否</td></tr>
<tr><td>3. 随车工具、技术文件、零备件是否与合同、装箱单所列相符</td><td>是　　否</td></tr>
<tr><td>4. 车辆底盘号、发动机号、VIN 号是否与合同、装箱单所列相符</td><td>是　　否</td></tr>
<tr><td>5. 车辆是否已加贴安全标志</td><td>是　　否</td></tr>
<tr><td>6. 空调器制冷工质是否为 CFC－12</td><td>是　　否</td></tr>
<tr><td colspan="2">安全性能检验情况：（检验标准：SN/T0792—1999）</td></tr>
<tr><td colspan="2">评定：（安全性能检验项目中有一项不合格，即判定该车安全性能不合格）</td></tr>
<tr><td>检验地点：</td><td>检验日期：</td></tr>
<tr><td>检验检疫人员：</td><td>审核：</td></tr>
</table>

表 12-6　中华人民共和国出入境检验检疫进口机动车辆随车检验单

报检单位：　　　　　　电话：　　　　　　编号：______

<table>
<tr><td rowspan="2">收货人</td><td colspan="3">（中文）</td></tr>
<tr><td colspan="3">（外文）</td></tr>
<tr><td rowspan="2">发货人</td><td colspan="3">（中文）</td></tr>
<tr><td colspan="3">（外文）</td></tr>
<tr><td>入境日期</td><td></td><td>合同号</td><td></td></tr>
<tr><td>发货港（外文）</td><td></td><td>发票号</td><td></td></tr>
<tr><td>卸货港</td><td></td><td>发票所列数量</td><td></td></tr>
<tr><td>运输工具</td><td></td><td>提运单号</td><td></td></tr>
<tr><td rowspan="2">品名及型号
（中、外文）</td><td rowspan="2"></td><td>提/运单日期</td><td></td></tr>
<tr><td>质量保证期</td><td></td></tr>
<tr><td>发动机号</td><td></td><td colspan="2" rowspan="3">标记及号码</td></tr>
<tr><td>底盘（车架）号</td><td></td></tr>
<tr><td>车辆识别代号（VIN）</td><td></td></tr>
<tr><td colspan="4">检验情况
1. 一般项目检验

2. 安全性能检验

签字：　　　　日期：　　　　年　　月　　日</td></tr>
</table>

注：1. 用户办理正式行车牌证前持第一联并车辆到当地检验检疫机关办理换证手续。

2. 销售单位凭第二联到当地工商行政管理部门办理进口汽车国内销售备案手续。

3. 在质量保证期内车辆不得改装；如遇质量问题，到当地检验检疫机关申请检验，检验检疫机关凭本单出具证书。

4. 本单应妥善保管，切勿遗失，涂改及复印无效。

（3）进口汽车的收货人或其代理人在向海关申报进口时，应提交以下单证、资料：

①《进口货物报关单》，进口汽车报关单“商品名称”一栏应填写“车辆品牌（即厂牌＋牌名，如丰田＋普瑞维亚，可填写车辆的英文厂牌及牌名）”＋以毫升为单位的排气量（注明 mL）＋车型（如小轿车、越野车等），且不得插入空格或其他字符。

②购车发票。

③进口汽车的装箱单（装箱清单）。

④进口汽车的提货单（或运单）。

⑤汽车《自动进口许可证》。

⑥入境货物通关单、入境货物检验检疫证明、进口机动车辆随车检验单。

⑦海关估价审批表与价格申报表。

⑧其他有关海关认为必要的文件，如贸易合同、原产地证明（Certificate of Origin）和其他有关单证、账册等，代理报关的还需授权委托协议。

⑨保证函。保证函格式如下：

保　证　函

保证人(经营单位/收货单位)：

保证货物为：

品名：　　　　　　数量：　　　　　　报关单号：

经我公司实际核查上述货物并确认后，作出如下保证：

车辆品牌：

数　　量：

型　　号：

实际排气量：

新旧程度：

颜　　色：

生产日期：

产　　地：

车 架 号：

发动机号：

我公司保证上述内容正确无误，如有差错与海关无关，并愿承担由此产生的一切责任。

保证人：(签章)

保证日期：

（4）海关接受申报后，对递交的单证、资料进行审核，确认单证是否齐全、准确、有效、清楚。然后海关根据情况查验实际进口的汽车与单证申报是否相符，检查有无瞒报、伪报和申报不实等走私违规事情。

（5）按照海关审定的进口汽车的完税价格计算出的进口关税和增值税，收货人或其代理人必须按规定缴纳或提供担保，委托银行代缴。如收货人或其代理人认为海关审定的完税价格过高，可以要求“具保跟踪审价”，即按海关暂时审定的完税价格交纳相当于税款的保证金后提取货物，由海关对进口汽车的价格跟踪调查。“具保跟踪审价”一般在3个月内结案，届时海关按已经核实的完税价格计征税款，将已收取的保证金多退少补，转为税款入库。

（6）办妥有关通关手续后，海关凭加盖机电产品自动进口许可证专用章的《自动进口许可证》办理验放手续，在单证上签印放行。进口单位凭《自动进口许可证》向银行办理售汇和付汇手续。

（7）外商投资企业进口自用汽车(整车)在报关时还需提供批准证书、营业执照、自用物品申请表和申请书等，在申请书中要有“知晓海关对进口的汽车有六年的监管期，期间不得私自转让、出售”等文字。

（8）一些必要的说明：

①加工贸易进口汽车产品，应按规定复出口。如因故不能出口需内销的，属商务部管理的汽车产品，由经营企业按一般贸易的有关规定向商务部申请，商务部签发《自动进口许可证》；其他汽车产品，由经营企业向所在地机电办或所属部门机电办申请，由地

方、部门机电办签发《自动进口许可证》。各省级商务加工贸易主管机构按照《汽车加工贸易审批和内销管理办法》的有关规定，凭《自动进口许可证》签发《加工贸易保税进口料件内销批准证》。出口加工区内汽车产品需销往区外境内的，进口单位需办理《自动进口许可证》。

②汽车生产企业进口构成整车特征的汽车零部件，应当在企业所在地海关办理报关手续并缴纳税款。若从其所在地以外口岸进口构成整车特征的汽车零部件，须在完成备案登记和税款总担保手续后，向企业所在地海关申请办理转关运输，海关按照转关运输的有关规定办理转关手续。

③汽车生产企业在办理汽车零部件报关手续时应当向海关递交进口货物报关单、标明“整车特征”的汽车零部件自动进口许可证、其他有关许可证件以及海关要求的随附单证等。

④汽车生产企业向海关申报构成整车特征的汽车零部件时，报关单“征免性质”栏填报“整车征税”，“成交方式”栏填报“CIF”；企业向海关申报不构成整车特征的汽车零部件时，“征免性质”栏填报“零部件征税”，“成交方式”栏填报“CIF”。“收货单位”栏应当填写汽车生产企业名称。不同车型的汽车零部件，应当分别填写报关单。

⑤构成整车特征的进口汽车零部件从报关放行到纳税前，由企业所在地海关比照保税货物实施监管。

⑥海关在对构成整车特征的进口零部件按照整车归类征税时，如果其中由配套厂家提供的零部件在进口时已经缴纳了进口关税和进口环节增值税，并且汽车生产企业能够提供进口纳税证明的，已经缴纳的税款应当扣除。

⑦汽车生产企业进口的汽车零部件，1 年之内未用于生产汽车整车的，应当在 1 年届满之日起 30 日内向海关作纳税申报，海关按照有关规定办理征税手续。

⑧汽车生产企业应当自整车特征国家专业核定中心出具构成整车特征的核定报告后的次月起，每月第 10 个工作日前，向企业所在地海关作纳税申报。如不构成整车特征，应在核定报告出具后 30 日内向所在地海关申报其已进口但尚未缴纳税款的汽车零部件，海关按照汽车零部件税率计征关税和进口环节增值税。

⑨汽车生产企业的所有备案车型经整车特征国家专业核定中心核定均不构成整车特征，并且企业已缴清有关税款的，海关应当通知企业办理解除税款总担保手续。

汽车进口报关流程如图 12－1 所示。

任务 12.4　进出境展览品的报关

一、进出境展览品的概念

进出境展览品是指为举办技术交流会、商品展示会或类似活动而进境的货物，包括在展览会中展示或示范用的货物、物品；为示范展示的机器或器具所需用的物品；展览者设置临时展台的建筑材料及装饰材料；供展览品作示范宣传用的电影片、幻灯片、录像带、录音带、说明书、广告等。

展览品暂准进出口使用通用的国际海关单证《暂准进口单证册》（简称 ATA 单证册）

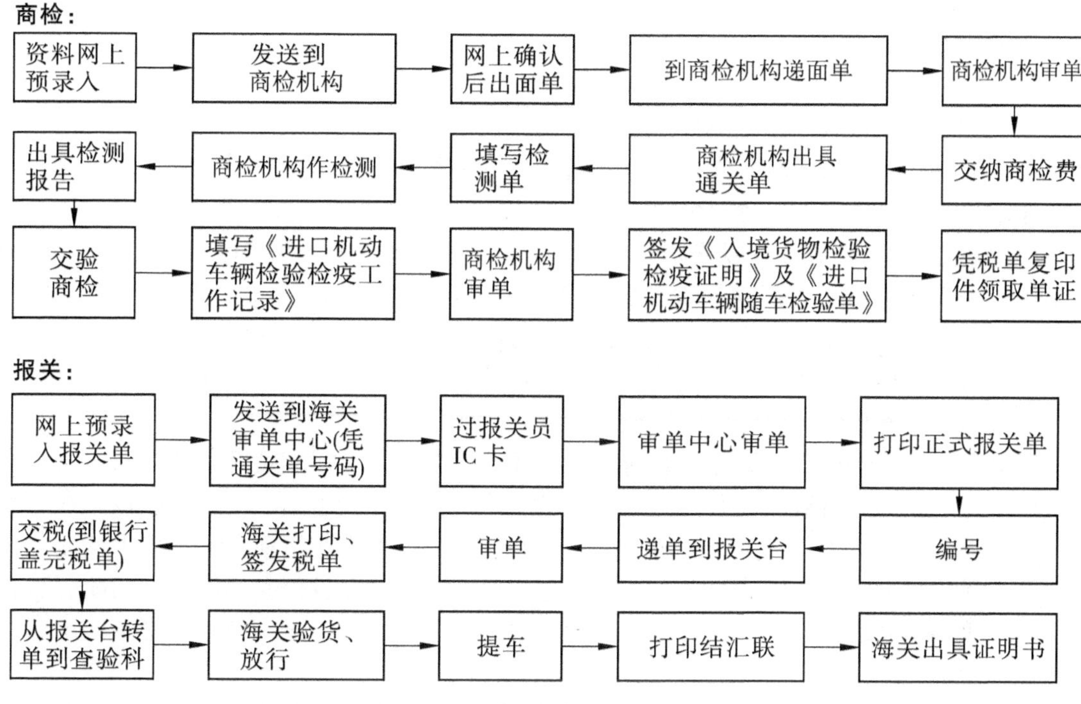

图 12－1　汽车进口报关流程图

取代海关报关单。ATA 单证册包括出口、进口、复出口、复进口以及过境报关六个单页，可用此册办结两国海关之间的报关手续。

展览品属海关同意的暂时进口货物，进口时免领许可证、免交进口关税和其他税费。进口展览品自进境起到复运出境止，出口展览品自出境起到复运进境向海关核销止，都应在海关监督管理之下。

外国来华和我国出国举办展览会，根据不同性质都要经过有关主管部门批准，由具有主办单位、承办单位资格的法人负责举办。一般情况下出国（境）举办展览会由中国国际贸易促进委员会及其各地的分会、全国性进出口商会、中国外商投资企业协会负责举办。

二、外国来华展览会进出口展品的报关

来华举办展览会的主办单位应将有关主管部门批准文件事先抄送展览地海关。由主办单位或其委托的运输代表负责向海关办理报关手续，海关不单独接受其他展商个人的申报。进口展览品的报关手续如下。

（1）举办单位应会同报关、运输代理在展览品进境前，持下列文件向海关办理备案手续：

①国家主管机关对举办展览会的批准文件。

②主办单位注册登记表。

③主办单位备案申请表。

④报关、运输代理委托书。

⑤海关认可的担保，可为相当于税款金额的保证金、银行或其他金融机构的担保书以及经海关认可的其他方式的担保。

⑥其他海关认为必要的文件。

（2）展览品进口前，应向展览地海关提供展品清单一式两份。

清单上应详细列明展品名称、规格、数量价值、箱号等，并按顺序编号，合订成册，清单如用英文，应译成中文对照填写。

（3）凭ATA单证册进口展览品，可免填进出口货物报关单并免向海关提供进口税费的担保。ATA单证册项下货物如属我国法令、法规限制进出口的，应按照有关规定办理检验或批准手续，如商品检验、药品检验、动植物检疫。无线电等展览品进口时，展方应向入境地海关直接递交驻展览地海关签发的通知单，以及运单、装箱单等报关，经海关审核后，按海关监管货物转运至展览场地。

展品运至展览场所后，展方应及时通知驻场海关，同时申报准备开箱的时间，并在海关查验时派人到场。对展览所用的印刷品和音像制品应事先交海关审查同意后，方得使用。展品中如有根据中国有关法令规定应受管制的物品，展方应事前办理批准手续后，方得使用。对中华人民共和国政治、经济、文化、道德有害的以及侵犯知识产权的印刷品和音像制品，不得展出或者使用，并由海关根据情况予以没收、退运出口或者责令展出单位更改后使用。

（4）展览品展出时，未经海关批准，不得擅自移出展览会场所，其他物品按以下方法办理。

展方运进为展览会招待用的含酒精饮料、烟叶制品及燃料，应照章征税。

海关根据展览会的性质、参展商品的规模、观众人数等情况，在数量和总值合理的范围内，对下列进口后不复运出境的货物，免征进口关税和进口环节税。

①在展出活动中能够代表国外货物的小件样品，包括原装进口的或在参展期间用进口的散装原料制成的食品或饮料（不含酒精）的样品，但应符合以下条件：

a. 由参展商免费提供并在展出期间专用于免费分送给观众个人使用或消费的；

b. 单价很低，作广告样品用的；

c. 不适用于商业用途，且单位容量明显小于最小的零售包装容量的；

d. 食品及饮料的样品虽未按本项c规定的包装分发，但确系在活动中消耗掉的。

上述货物，需超出限量进出口的，超出部分应照章纳税。

②在展览会中专为展出的机器或器件进行操作示范所进口的，并在示范过程当中被消耗或损坏的物料。

③展出者为修建、布置或装饰展台而进口的一次性廉价物品，如油漆、涂料及壁纸等。

④参展商免费提供并在展出期间专门用于向观众免费散发的与活动有关的宣传性印刷品、商业目录、说明书、价目单、广告招贴、广告日历及未装框照片等。

⑤进口供各种国际会议使用或与其有关的档案、记录、表格及其他文件。

第②、③项所述物料其未使用或尚未被消耗的部分，如不复运出境，应按规定办理进口手续并照章征税；第④项所述物品，展览会结束后需留在国内的，主办单位或其代理人应按照我国对印刷品进口的管理规定办理进口手续并照章纳税。

（5）展览品出售。对进境展览品留在国内销售的，应由主办单位或有关购买单位向展出地海关办理正式进口手续。凡出售给外贸（工贸）公司或其他有进出口经营权单位的，由购买展品的公司、单位办理进口手续；出售给外国驻华外交机构、外交官或其他驻华机构人员的，由该机构或人员办理进口手续；出售给其他国内单位、个人的，由展览会主办单位办理进口手续。办理出售展品进口手续时，应按国家有关规定提供进口许可证或其他有关批件，并按规定缴纳进口关税和进口环节税。上述进口手续办妥后，海关放行有关展览品。

（6）展览品转异地续展的，展方应向海关申请批准，并填写“转关运输货物申报单”随附装载清单，按转关运输海关监管货物办理转运手续。

（7）展览品赠送。作为礼品或样品赠送的展览品，主办单位应向展出地海关提供列明品名、数量、价值、受赠对象等内容的展品赠送确认书，由受赠对象向海关办理进口手续。海关根据进口礼品或样品的管理规定办理征免税验放手续。

（8）展览品放弃。对展出后放弃的展览品，主办单位应向展出地海关提供列明名称。数量、价值和处理方法的放弃展品清单。有接受单位的，由接受展品单位向海关办理进口手续，并按规定缴纳进口税款；对无接受单位的，主办单位应将放弃的展品交由海关按规定处理。

（9）展览品因毁坏、丢失或被窃而不能复运出境的，展览会主办单位或其代理人应及时向海关报告，并办理有关手续。对于毁坏的展览品，海关根据毁坏程度估价征税；对于丢失或被窃的展览品按照进口同类产品照章征税。展览品因不可抗力遭受损坏或灭失的，海关根据其受损状况，减征或免征关税和进口环节税。

（10）展览品应自进境之日起6个月内复运出境。展览品复运出境时，展方应向驻场海关递交“转关运输货物申报单”和装载清单一式二份，按海关监管货物转运至出境地海关监管出境。展览会或类似活动中展出或使用的暂准进口货物，其复运出境的期限应为自暂准进境之日起的6个月，延长期限需报主管海关批准。延长期满后，除经海关总署特准外，不再予以延长。展品在复出境时，如ATA单证册未经我国海关核销、签注，我国海关在接受他国海关出具的证明货物已远离我国关境的凭证时，我国海关按国际惯例和国际公约收取调整费，每票ATA单证册人民币350元。

展览会结束后，展方应于10天内将全部展品的处理情况开列清册一份（或利用原向海关备案的展品清册逐项注明），向海关办理结案手续，并退还保证金或注销保证函。

三、出国展览会展品的报关

在国外举办展览会的主办单位持有关主管部门批准文件、主办单位备案申请表、主办单位注册登记表、主办单位的报关运输代理委托书等有关文件到展览会所在地海关办理备案手续。

（1）展览品的出口报关。出国展览会或参加国际博览会的展品出口报关时，出展单位或其代理人应向出境地海关提交下列单证：

①填写《货物暂准进口单证册》（ATA单证册）。

②对外贸（工贸）公司主办出国展览会所带展品，属国家限制出口或需申领出口许可证、缴纳出口税的商品，海关可要求持证人提供担保。

海关在审核并履行担保手续后，在清单上注明查验放行情况和日期，一份由出境地海关留存，一份转出展单位所在地海关。

为出国举办展览会所需运出的展卖品（既展又卖，展品则只展不卖）、小卖品，在向海关申报时应在出境展品清单中注明，对属于国家实行许可证管理的商品，应提供出口许可证，对属于应征出口税的商品，还应缴纳出口关税。

（2）展品复运进口的报关。出展品复运进口时，使用原《货物暂准进口单证册》（ATA 单证册）报关。

经入境地海关审核查验后，在 ATA 单证册海关批注栏内签注查验放行情况和日期，留存凭证。

（3）展览品复运进口后的核销。出展单位在展品复运进口后，应向其所在地海关办理展品的销案，核销时应将展品在外出售、赠送、放弃、消耗或留我驻外机构等情况向海关报明，对在外出售的展品应当另填写《出口货物报关单》，海关据以办理核销手续。

（4）展品容器内不得装入个人物品和非展品。

（5）展出单位在外购买、接受的物品、样品、礼品和其他资料，应当另行包装并开列清单，向海关申报，由海关根据有关规定办理。

拓展知识

拓展 12.1 保税进出口通关制度与报关

一、保税货物、保税仓库、保税区

（一）保税货物

按我国《海关法》第一百条的定义，保税货物（Bonded Goods）是指经海关批准未办理纳税手续进境，在境内储存、加工、装配后复运出境的货物。经海关批准可以存入保税仓库的货物有：

①加工贸易进口货物；

②转口货物；

③供应国际航行船舶和航空器的油料、物料和维修用零部件；

④供维修外国产品所进口寄售的零配件；

⑤外商进境暂存货物；

⑥未办结海关手续的一般贸易进口货物；

⑦经海关批准的其他未办结海关手续的进境货物。

（二）保税仓库

保税仓库（Bonded Warehouses），是指经海关批准设立的专门存放保税货物及其他未办结海关手续货物的仓库。

保税仓库分公用型、自用型和专用型三类。公用型保税仓库是根据公众需要设立的，可供任何人存放货物；自用型保税仓库是指只有仓库经营人才能存放货物的保税仓库，但

所存放货物并非必须属仓库经营人所有；专用型保税仓库是专门用来存储具有特定用途或特殊种类商品的保税仓库，包括液体危险品保税仓库、备料保税仓库、寄售维修保税仓库和其他专用保税仓库。

申请设立保税仓库，由企业向仓库所在地主管海关提交书面申请，提供能够证明下列条件已经具备的有关文件：

①经工商行政管理部门注册登记，具有企业法人资格；

②注册资本最低限额为300万元人民币；

③保税仓库经理人有向海关缴纳税款的能力；

④经营特殊许可商品存储的，应当持有规定的特殊许可证件；

⑤经营备料保税仓库的加工贸易企业，年出口额最低为1 000万美元；

⑥具有专门存储保税货物的营业场所及海关要求的其他条件。

（三）保税区

保税区（Bonded Area），是指经国务院批准在中华人民共和国境内设立的由海关进行监管，具有加工、转口、仓储等功能的特定区域。外国商品在海关监管下，可暂时不缴纳进口关税而存入保税区的保税仓库中。商品从保税区复出口时不需缴纳出口税，但如果进入国内市场则必须缴纳进口税。

目前，我国共设立了15个保税区：上海外高桥、天津港、深圳福田、深圳沙头角、大连、广州、江苏张家港、青岛、宁波、福州、厦门、汕头、海口、深圳盐田港和珠海保税区。

我国保税区为海关监管区，海关对保税区实行严格的管理，依法对进出保税区的货物、运输工具和个人携带的物品进行监管。

二、保税进出口通关制度

保税进出口通关制度，简称保税通关制度或保税制度，是一项适用于因贸易或生产加工需要，货物需临时进境的海关管理制度。货物在进口时缓办纳税手续，进口后在海关监管下按规定储存或加工，在复出口或重新办理进口报关纳税手续后，经核销解除海关监管。

保税通关制度因其在税收征管方面所体现出来的灵活性，成为一项具有简化手续、便利通关、促进经济发展等作用的海关管理制度。

（一）保税通关制度的基本形式

根据我国现行的法律法规，对于以储存、加工为目的的临时进出口业务，适用保税通关制度；而以使用为目的的临时进出口业务，则适用其他通关制度。保税通关制度的基本形式有如下两种。

1．保税储存

指进口货物在海关监管下储存于指定场所并暂缓缴纳进口税的一种保税形式。保税储存的场所一般是保税仓库。保税储存的目的在于使进口货物在暂缓缴纳进口税的状态下暂时存放于保税仓库，等待最终进入贸易或生产环节。因此，保税储存是一种以仓库为依托、以储存为基础的保税形式。

根据我国《海关法》规定，货物可以以寄售、维修、免税销售、转口、结转加工等为目的临时进口，存放于经海关注册登记的保税仓库，再根据经营需要将货物提离仓库。

如果在储存期内无法实现上述经营目的，货物将复运出境或经办理进口手续后转为内销。

2．保税加工

指拟用于制造、加工的货物，这些货物在海关监管下暂缓缴纳进口税，作为原料或半成品临时进口，经加工后复运出口的一种保税形式。

从事国际贸易并涉及通关的货物，除有贸易需求外还有工业加工方面的需求。货物将有可能在国际分工的背景下先投入跨国的加工工序，然后再进入国际贸易的流通领域。这种跨国加工工序引发的通关活动，因其货物具有临时进口性质，故可暂缓办理纳税手续，形成另一种区别于储存的保税形式，称为保税加工。

（二）保税通关制度的管理特征

1．暂缓办理纳税手续

关税的征收一般取决于两个因素：一个是对征税对象进入关境内进行经济循环这一经济行为实施的经济措施，另一个是用经济手段阻挡国外经济对国内经济的冲击。

保税管理下的货物进境后主要用于临时储存或加工出口产品，原则上复出口前并不投入境内的经济循环，因此对国内经济基本上不产生冲击。在此情况下，关税征收的经济基础并不存在，因此，对暂时进口储存或加工的货物，在其尚未决定最终去向时，在关税征收上采取了暂缓办理的措施。

2．原则上暂时免受进出口国家管制

如前所述，储存加工货物的临时进口性质，对国内的经济基本不产生冲击，反而对保证国际贸易和收支平衡以及促进出口有一定的贡献。因此，除国家需要实施特别经济保护或货物进口有悖于国家安全、公共卫生、社会文化、道德的要求以外，通常不适用贸易的禁限措施。但货物一旦将其最终去向确定为内销或超过规定的储存、加工时限，不仅有关税征收的要求，如果是进出口国家管制的货物，必须按一般进口申领进出口国家管制的许可证件。

3．海关放行后，货物尚未结关

鉴于货物因暂时进出口而未办纳税手续和未交缴进出口国家管制的证件。因此，在办妥进出境通关现场的海关放行手续时，其通关手续仍未完结。这种放行未结关的状态也意味着有关货物仍属海关监管货物范畴，并在加工、储存直至核销结案期间，报关人还须继续承担办结通关手续的义务。

4．在货物的最终去向确定时，办理相应的通关手续

保税货物虽然原则上须复运出口，但实际上还有内销、结转保税等经济用途。无论其去向如何，均应按去向所确定的进出境经济用途办理相应的通关手续。

5．核销后结案

在保税通关制度下，海关给予的通关便利是以受益人证明其规定的义务已经履行的前提下实现的。这项义务就是复出口或按其他通关制度办理最终手续，这种证明行为在通关业务中被称为核销。只有在对暂时进出口加工或储存的货物与复出口或办理最终手续的货物在外观、技术特征及数量上关系加以确认后，海关的监管才能解除，通关手续才意味着办结。

三、进出保税区货物的报关

海关对保税区的进出境货物实行“备案制”与“报关制”相结合的申报制度：对保税

区加工贸易所需进境的料件、转口货物、仓储货物和由保税区运往境外的出境货物，实行“备案制”；对保税区与非保税区之间进出的货物和对区内企业进口自用合理数量的机器设备、管理设备、办公用品以及工作人员所需自用合理数量的应税物品，实行“报关制”。

（1）备案制。保税区内的货物可以在区内企业之间转让、转移，双方当事人应当就转让、转移事项向海关备案；保税区内的转口货物可以在区内仓库或区内其他场所进行分级、挑选、刷新标志、改换包装形式等简单加工。

（2）运入保税区货物的报关。一般货物可以从两种途径运入保税区，一种是直接从境外运入，一种是从非保税区运入。从非保税区进入保税区的货物，按出口货物办理手续；从非保税区进入保税区供区内使用的机器、设备、基建物资和物品，使用者应当向海关提供货物或物品的清单，经海关查验后放行。如果货物或物品为进口的，其已经缴纳的进口关税、增值税和消费税，不予退还。

（3）运出保税区货物的报关。从保税区进入非保税区的货物，按进口货物办理手续，海关对此按照国家有关进出口管理的规定实施监管。保税区的货物需从保税区口岸进出口，或保税区内的货物运往另一保税区的，应当事先向海关提出书面申请，经海关批准后，按海关转关运输及有关规定办理。

【案例 12－3】

香港A公司在宝安、东莞均设有工厂，国外的原材料到香港码头后，转由福汉兴福保或盐田物流园保税仓库/堆场存放。待国内工厂需要用料时，通知福汉兴报关部直接报关进口或转关至东莞海关拆关。

【案例分析】

利用保税通关制度，既可以节省可观的仓租和拖车费用，也可以让报关员无须出境而确保报关数据准确无误。

拓展12.2　加工贸易货物的报关

一、加工贸易的概念

加工贸易（Processing Trade），俗称“两头在外”贸易，即料件从境外进口，在境内加工装配后以成品运到境外的贸易。

按照海关的监管方式，加工贸易有来料加工、进料加工、外商投资企业履行产品出口合同、保税工厂、保税集团等五种形式。

二、加工贸易货物报关

加工贸易货物的报关，是在所有加工贸易（含来料加工、进料加工及外商企业投资的加工贸易）的合同项下，从境外进口料件或从保税区、保税仓库中提取料件向境外出口产成品，或成品进入保税区、运出监管仓库的报关操作。

（一）加工贸易货物报关应准备的单证

①《加工贸易登记手册》；

②已预录入的进口或出口货物报关单；

③海关要求的其他有关单证。

（二）来料加工进出口货物报关应提交的单证

①填有进、出口货物数量、价值、规格等项目并带有经海关认可的报关单位签章的《来料加工进出口货物专用报关单》；

②《来料加工进出口货物登记手册》；

③进出口货物的运单、发票、装箱单及海关认为必要的其他单证。

（三）出料加工进出口货物的报关

出料加工合同项下出口的货物，应比照暂时出口货物的有关规定填写出口货物报关单向海关办理出口手续，其中对出口涉及国家禁止和统一经营的商品，应递交商务部批准文件，对国家实行许可证配额管理的，应交验省(自治区、直辖市或计划单列市)外经贸主管部门签发的批准文件；对涉及应征出口关税的商品，应交纳相当于出口税款的保证金。

出口加工合同项下复运进口货物时，企业应持原出口货物报关单及填写新的进口货物报关单一并向海关申请办理进口报关手续。

在出料加工进出口货物方面，我国对进口货物关税和进口环节税的征免规定如下：

（1）对复运进口后不再加工出口的货物，海关以其进境到岸价格与原出境货物的相同的、类似的货物在进境时的到岸价格之间的差额作为完税价格计征进口关税和进口环节税。若以上计税方法难以确定完税价格的，可参考出料加工货物在境外支付的加工费、运费、保险费估价征税。

（2）对复运进口后转作进料加工的，海关按进料加工的有关规定办理进口货物的征免税手续。

（3）出料加工原则上不得改变原出口货物的物理形态。对完全改变原出口货物物理形态的境外加工，不属出料加工范围，应按一般贸易出口货物办理有关手续。出料加工货物在境外加工期限为6个月，如确需延期的，须报海关核准，但延期的最长时间不得超过3个月。出料加工的经营单位应按海关规定如期将原出境经加工后的货物复运进口，逾期不复运进口，或有走私出口等违法事情，海关将依法处理。

外商投资企业经营出料加工的审批手续也按上述规定办理。

（四）补偿贸易和加工装配货物报关

补偿贸易(Compensation Trade)，是以产品作为支付手段，以进口设备生产的产品或其他经协商同意的产品偿还进口设备款项；进口与出口是相互联系、不可分割的，进口设备必须在出口产品中得到补偿一种贸易方式。补偿贸易双方除以实物交换外，还会发生信贷关系，出现债权债务现象。

加工装配(Process and Assemble)，是一种委托加工的贸易方式。由国外委托方提供全部或部分原材料、辅料、零部件、元器件、配套件和包装物料，必要时提供设备，由承接方按委托方的要求进行加工装配，成品交委托方在国外销售，承接方收取加工费；对于委托方提供的设备价款，可结合补偿贸易的做法，以劳务所得的加工费抵偿。

补偿贸易和加工装配货物的报关程序：

1. 申报

补偿贸易项下的料、件、设备进口和加工装配成品或补偿产品出口时，货物收发人或其代理人分别持由主管海关核发的《对外加工装配进出口货物登记手册》或《加工装配和中小型补偿贸易进出口货物登记手册》向入、出境地海关申报。

2. 海关查验放行

海关对经营补偿贸易的单位交验的所有单证进行审核并查验货物，如符合进出境要求的，由海关在进出口专用报关单上加盖印章，予以放行(海关认为必要时，可对进口料、件取样，并派员或指定有关人员押运)。

3. 货物的监管与合同的核销

(1) 补偿贸易进口的料、件、设备和加工装配的成品，均属保税货物性质。上述料、件自进口之日起至成品出口之日止，设备自进口之日起至全部偿还止，均属海关监管货物。未经对外经贸行政管理部门许可和海关批准，任何单位或个人均不得出售、转让调换、抵押或移作他用。

(2) 补偿贸易的合同执行完结后，经营单位应于合同到期或最后一批成品或产品出口之日起1个月内，凭当地税务机关在海关《登记手册》内签章的核销表，连同进出口货物报关单及有关单证向主管海关办理核销结案手续。

(3) 加工装配合同必须在合同到期或最后一批加工成品出口后的1个月内，凭当地税务部门在海关《登记手册》内签章的核销表，连同有关进出口货物报关单及相关单证向主管海关办理核销手续。海关审核后，确定对进口料、件的不同监管方式(如实施全额保税或按比例征免税等)，并核发《登记手册》。经营单位凭《登记手册》办理有关进出口和最终核销等手续。

(4) 加工装配项下进口的料、件经加工成品后如不直接出口，而是转让给另一家承接进口料、件加工成品复出口的加工单位进行再加工装配时，转让单位须会同接受转让的加工单位持双方签订的购销或委托加工合同等有关单据，向海关办理结转和核销手续。

(5) 加工装配项下有关料、件和加工成品，如因故需要转为内销或因外商单方面中止合同，加工单位要求以所存料、件或加工成品内销以抵偿工缴费的，须经原审批机关批准和海关核准，再按一般进口货物的规定办理进口报关手续，按章纳税。属于国家限制进口的商品，尚须申请并向海关交验《进口货物许可证》。

【案例12-4】 加工贸易报关程序案例

专营进料加工集成块出口的外商投资企业A公司，是适用海关B类管理的企业。该企业于3月份对外签订了主料硅片等原材料的进口合同，按企业合同(章程)部分加工成品内销，另一部分加工成品外销，原料交货期为4月底。5月初又对外签订了生产集成块所必需的价值20 000美元的三氯氧磷进口合同。6月初与境外某商人订立了集成块出口合同，交货期10月底。9月底，产品全部出运，仅有些边角余料残次品没有处理。作为A公司的报关员，完成这个进料加工业务，需要做些什么工作?

【案例解析】

(一) 外销部分申领(登IE手册)

A公司是海关分类管理B类企业，因主料硅片等材料并非限制商品类，所以设台账

"空转"。作为A公司的报关员应当在4月底之前申领《外商投资企业履行产品出口合同登记手册》(以下简称"《登记手册》"),以便使料件按合同期限收货。

申领《登记手册》的程序和手续如下:

(1)持主料进口合同到外经贸委审批,取得外经贸委进料加工批件,并填写"企业生产能力状况"表由外经贸委确认签章。

(2)填写《登记手册》,将合同基本情况预录入后,持合同、批件、状况表等到主管海关备案。主管海关审核无误后,按企业合同(章程)内外销比例批注保税比例,开出"设立银行保证金台账联系单"。

(3)持"设立银行保证金台账联系单"到海关指定的中国银行设立台账。因空转,不付保证金,付100元手续费后取得"设立银行保证金台账通知单"。

(4)持"设立银行保证金台账通知单"到海关取《登记手册》。

(二)主料报关进口

(1)货物到港后,按企业合同(章程)规定的内外销比例将货物拆成两部分预录入通关:

①加工成品内销部分报"一般贸易",提供发票、装箱单、提货单。应当提供相应的许可证件需要许可证件。

②加工成品外销部分报"三资进料加2E",全额保税,提供《登记手册》、发票、装箱单、提货单。审单通过后,将单据交现场海关接单人员。

(2)如海关决定查验,则陪同查验,搬移货物、开拆包装、重封包装。

(3)从接单人员处取得"税款缴纳证",到银行付税。保税部分免征监管手续费。

(4)凭银行收税款后签章的"税款缴纳证"正本到现场海关取得海关签放行章的提货单。

(5)凭此提货单到口岸提货。

(三)三氯氧磷报批领证

(1)三氯氧磷为能够制造化学武器的化工原材料,应报化工管理部门批准。

(2)凭化工管理部门的批准件到外经贸部申领许可证。

(3)有了许可证货物才能到港。

(四)材料增补和报关

(1)三氯氧磷是加工增补材料,应以"变更"方式办理,因为价值已超过10 000美元,所以要到外经贸委审查批准后,将增补材料预录入。

(2)主管海关凭批件和许可证开"变更联系单"。

(3)凭"变更联系单"到银行办台账变更手续,银行出具"变更通知单"。

(4)凭"变更通知单"到主管海关办理登记手册变更手续。

(5)凭《登记手册》和许可证报关:同样要按内外销比例拆单。内销部分要征税,保税部分免征监管手续费。

(五)出口合同办手册

(1)进料加工出口合同签订均以变更的方式将出口合同的内容做进《登记手册》,同样要外经贸委做合同变更审批,预录入,海关开"变更联系单",银行变更台账开"变更通知单",海关变更《登记手册》。

（2）凭变更后的《登记手册》办理产品出口手续。

（六）报核和注销台账

（1）10月底以前必须报核，报核申请要对边角余料说明处理意向。

（2）从主管海关处取得“核销联系单”。

（3）凭海关“核销联系单”到银行办理台账销账。

【项目考核】

一、知识考核

1. 简述进出口货物报关的程序及报关时限。
2. 报关企业如何申请报关注册登记？
3. 加工贸易保税货物因故内销，经营单位应如何办理海关手续？
4. 保税区内的生产企业使用进口料件加工的产品销往区外境内时，应如何办理海关手续？
5. 如何申领“汽车产品自动进口许可证”？
6. 请写出汽车整车进口的报关流程。

二、案例分析考核

国际汽车展览会参展汽车进口报关

2010年北京举办国际汽车展览会，德国大众公司参展品有最新款汽车、概念车模型等，另准备了供展览宣传用的光盘、广告和免费分送给观众的纪念品钥匙链等，展览品及其他相关用品从天津新港海关进境后转关运至北京。

根据上述案例，解答下列问题(选择正确的答案)：

1. 展览时免费送给观众的纪念品：

A. 属展览用品范畴，由海关核定，在合理范围内，进口时免征进口关税和进口环节税

B. 属展览品范畴，进口时免征进口关税和进口环节税

C. 属于一般进口货物，进口时应当缴纳进口关税和进口环节税，但免予交验许可证件

D. 属于一般进口货物，进口时应当缴纳进口关税和进口环节税，属许可证件管理的商品，应当交验许可证件

2. 参展产品及相关用品准予暂时进境的期限为：

A. 6个月，不能参展

B. 6个月，经申请可以延期3个月

C. 3个月，经申请可以延期3个月

D. 6个月，超过6个月的，可以向海关申请延期，延期最多不超过3次，每次延长期限不超过6个月

3. 展览品在展出结束后：

A. 可复运出境后核销结关

B. 可转为正式进口，由展览会主办单位或其代理人向海关办理进口手续

C. 可放弃交由海关处理，由海关依法变卖后将款项上缴国库

D. 可赠送给境内企业或个人，受赠人应当向海关办理进口手续

参考文献

1 苏水. 汽车贸易理论与实务［M］. 北京：机械工业出版社，2004.

2 薛伟，姚喜贵，马光. 汽车国际贸易［M］. 广州：中山大学出版社，2004.

3 肖国普. 汽车服务贸易［M］. 上海：同济大学出版社，2004.

4 傅江景. 国际贸易理论与政策［M］. 北京：中国财政经济出版社，2002.

5 彭福永. 国际贸易［M］. 上海：上海财经大学出版社，2002.

6 李京文，姚蔚. 发展我国自主汽车工业的战略选择［J］. 中国软科学，2004（5）.

7 郑树清. 论汽车工业的特征和一般发展规律［J］. 上海经济研究，2004（8）.

8 冯波. 汽车工业发展模式的比较与选择［J］. 天津汽车，2004（2）.

9 韩林. 我国汽车工业发展走势及对策［J］. 中国军转民，2005（4）.

10 李怀彬.《汽车贸易政策》出台：汽车市场会更加规范［J］. 商用汽车杂志，2005（9）.

11 李骏阳，陈艺春，夏爱萍. 上海汽车贸易现状经营模式研究［J］. 上海商业，2005(1，2).

12 刘彩玲. 中国汽车贸易现状及未来发展趋势研究［J］. 中国农业大学学报(社会科学版)，2002（4）.

13 陈友新. 汽车营销艺术通论［M］. 北京：北京理工大学出版社，2003.

14 李海鹏. 加入世贸组织后中国汽车工业的应对策略［M］. 北京：外经贸研究院，2002.

15 陈志友. 进出口贸易实务［M］. 第二版. 上海：立信会计出版社，2004.

16 黎考先. 进出口合同条款与案例分析［M］. 北京：对外经济贸易大学出版社，2003.

17 兰菁. 国际贸易理论与实务［M］. 北京：清华大学出版社，2003.

18 费景明，罗理广. 进出口贸易实务［M］. 北京：高等教育出版社，2002.

19 陈震. 如何签订进出口合同［M］. 北京：中国审计出版社，1999.

20 韩常青. 国际贸易［M］. 北京：中国财政经济出版社，2004.

21 陈同仇，薛荣久. 国际贸易［M］. 北京：对外经济贸易大学出版社，2002.

22 尹翔硕. 国际贸易教程［M］. 上海：复旦大学出版社，2001.

23 丁梅生，陈桂芳. 国际贸易教程［M］. 北京：中国财政经济出版社，1999.

24 李左东. 国际贸易理论、政策与实务［M］. 北京：高等教育出版社，2002.

25 吴百福. 进出口贸易实务教程［M］. 第三版. 上海：上海人民出版社，2001.

26 刘文广. 国际贸易实务［M］. 北京：高等教育出版社，2002.

27 张晓堂. 国际贸易惯例通论［M］. 北京：人民出版社，1999.

28 侯铁珊. 国际贸易实务［M］. 第三版. 大连：大连理工大学出版社，2001.

29 严思忆，严启明. 2000 年国际贸易术语解析［M］. 北京：中信出版社，2002.

30 徐忠海. 国际贸易理论与实务［M］. 北京：知识产权出版社，2001.

31 王文举. 国际贸易理论与实务［M］. 合肥：安徽大学出版社，2001.

32 杨俊. 从汽车巨头的全球采购看中国汽车零部件行业应对策略［J］. 中国物流与采

购, 2005 (3).
33 樊建廷. 商务谈判 [M]. 大连: 东北财经大学出版社, 2001.
34 杨晶. 商务谈判 [M]. 北京: 清华大学出版社, 2005.
35 李景霞. 国际商务谈判 [M]. 北京: 机械工业出版社, 2004.
36 李品媛. 国际商务谈判 [M]. 第四版. 大连: 东北财经大学出版社, 2003.
37 宫捷. 现代商务谈判 [M]. 第二版. 青岛: 青岛出版社, 2004.
38 范云峰, 贾文华. 谈判高手 [M]. 北京: 京华出版社, 2004.
39 何继志. 二手汽车市场的发展现状与前景展望 [J]. 中国工程咨询, 2003 (2).
40 陈永革, 何瑛. 建立汽车流动新体系, 推动二手车贸易发展 [J]. 上海综合经济, 2002 (2).
41 朱玉. 红火的二手车交易 [J]. 汽车维修, 1997 (10).
42 程军. 建立我国的二手车市场 [J]. 汽车研究与开发, 2004 (4).
43 廖力平, 廖庆薪. 进出口业务与报关 [M]. 第五版. 广州: 中山大学出版社, 2005.
44 章国胜, 涂琳. 报关实务教程 [M]. 北京: 中国对外经济贸易出版社, 1999.
45 谢国娥. 海关报关实务 [M]. 上海: 华东理工大学出版社, 2001.
46 杨千里. 电子商务技术与应用 [M]. 北京: 电子工业出版社, 1999.
47 姜旭平. 电子商贸与网络营销 [M]. 北京: 清华大学出版社, 1998.
48 罗汉洋. B2C 电子商务模式分析与策略建议 [J]. 情报杂志, 2004 (2).
49 鲁耀斌, 等. 符合汽车行业特点的电子商务模式及对策 [J]. 商贸经济, 2002 (6).
50 威文, 邢何明, 杨利强. 第一流的汽车营销: 经典案例全接触 [M]. 北京: 机械工业出版社, 2002.
51 张铎, 周建勤. 电子商务物流管理 [M]. 北京: 高等教育出版社, 2002.
52 张福荣. 电子化供应链管理: e-Business 管理 [M]. 北京: 中国税务出版社, 2005.
53 陈畴镛, 于俭, 曹为国. 电子商务供应链管理 [M]. 大连: 东北财经大学出版社, 2002.
54 马士华, 林勇, 陈志祥. 供应链管理 [M]. 北京: 机械工业出版社, 2000.
55 石涛. 我国汽车业供应链管理研究 [J]. 汽车工业研究, 2005 (7).
56 黄慧川. 德国汽车物流的特点 [J]. 综合运输, 2005 (1).
57 焦志伦. 基于模块化理论的汽车行业供应链研究 [J]. 物流技术, 2005 (6).
58 杨名杰. 面向大规模定制的汽车企业动态联盟供应链管理 [J]. 上海汽车, 2005 (7).
59 刘冰, 李西秦. 信息技术在汽车产品包装中的应用 [J]. 包装工程, 2004 (4).
60 Gramm, Teresa Beckham. Costly Factor Reallocation and Reduced Productivity Effects in International Trade. Review of International Economics. Sep 2005. Vol 13. Issue 4: 822 ～ 839.
61 Aquino Karl, Becker Thomas E. lying in Negotiations: how individual and situational factors influence the use of neutralization strategies. Journal of Organization Behavior. Sep 2005. Vol 26. Issue 6: 661 ～679.
62 Baek Kim, Jin; Segw, Arie. A Web Services-enabled Marketplace architecture for negotia-

tion process management. Decision Support Systems. Jul 2005. Vol 40. Issue 1: 71 ~87.

63 Reinhardt Andy. Moon Ihlwan. A Whole New Wireless Order. Business Week. Oct 2005. Issue 3957.

64 Albrecht, Conan C, Dean Douglas L, Hensen James V. Marketplace and Technology Standards for B2B e-Commerce: progress, challenges and the state PF the art. Information & Management. Sep 2005. Vol 42. Issue 6: 865 ~875.

65 Vincent Lynn. The Business Case for Cyber-Marketing. Advisor Today. May 2001. Vol 96. Issue 5: 48.

66 Kirby James. Cyber Marketing with your permission. Jun 2000. Vol 22. Issue 21: 85.

67 Adam N, Yesha Y. Electronic Commerce: Current Research Issues and Application. New York: Springer, 1996.

68 Efraim Turban, Jae Lee, David King, Michael Chung H. Electronic Commerce. By Prentice-Hill, Inc, 2000.

69 McGrath S. XML by Example: Building e-Commerce Applications. Prentice Hall, 1998.

70 Bowersox D J, Closs D J. Logistical Management: The Integrated Supply Chain Process. McGraw-Hill Inc, 1998.

71 Coyle J J, etc. The Management of Business Logistics. West Publishing Company, 1996.

72 Doug Aldrich. The New Value Chain. Information Week. Sep 1998: 278 ~280.

73 Fitzgerald J. Business Data Communication and Networking(5th Edition). Wiley Publishing Co. , 1996.

74 Chamberlin, E. H. The theory of monopolistic competition. Harvard University Press, 1962.

75 Piller, F. Mass customization. Wiesbaden Gabler, 2003.

76 Edwards Leonie. Transport Logistics 2005. Logistics & Transport Focus. May 2005. Vol 7. Issue 4: 46 ~48.